Šamati

(Slyšel jsem)

Jehuda Ašlag se synem Baruchem Ašlagem

Šamati

(Slyšel jsem)

LAITMAN
KABBALAH
PUBLISHERS

Jehuda Leib HaLevi Ašlag (Ba'al HaSulam)

Šamati. Slyšel jsem / Ba'al HaSulam.
1. vyd. – Praha: Laitman Kabbalah Publishers, 2023. – 335 s.
ISBN 978-1-77228-152-1

Author: Jehuda Leib HaLevi Ašlag (Ba'al HaSulam)
Compilation © Michael Laitman, 2007
Translation: Jindra Ratajová, 2023
Hebrew Consultant: Luba Wissotsky
Proofreading and Editing: Československá skupina Bnei Baruch
Cover Design: Richard Monje

Články jsou napsané podle slov Jehudy Ašlaga (Ba'ala HaSulama) jeho synem a žákem, Baruchem Ašlagem (Rabašem). Publikace byla zpracována pod vedením Michaela Laitmana, žáka a nejbližšího pomocníka Barucha Ašlaga.

Překlad do českého jazyka byl zrealizován převážně z ruského překladu hebrejského originálu. Výjimku tvoří články 244 až 247, které byly přeloženy z anglického jazyka. Jedná se o články, které dosud nebyly publikovány a prozatím nejsou v ruském jazyce dostupné. Jejich publikování je tedy naprosto mimořádné. Současně jde o první knižní vydání Šamati v českém jazyce.

Ruský překlad z hebrejštiny byl zvolen jako zdroj s přihlédnutím k tomu, že v něm je částečně vysvětlen unikátní text Ba'ala HaSulama. I když není ruský překlad doslovný, významově odpovídá originálu.

Tato kniha je předurčena k duchovnímu pozvednutí člověka a hovoří o duchovních pojmech, které se nacházejí mimo veškerou souvislost s předměty a jevy materiálního světa. Je to neobyčejná kniha, která k člověku přitahuje Vyšší světlo, jež působí na čtenáře, a on se neustále mění, otevírá své srdce. Toto Světlo září na člověka, vyvolává v něm nové myšlenky a touhy, rozvíjí jeho „šestý smysl", bez něhož není možný vstup do duchovního světa. V článcích Šamati jsou postupně a metodicky vysvětleny všechny stavy, kterými člověk musí projít, aby dosáhl vnímání duchovního světa.

Obsah

Ke čtenáři 13
Zářivý 23
1. Není nikoho jiného kromě Něho 25
2. *Šchina* ve vyhnanství 28
3. Podstata duchovního porozumění 29
4. Příčina potíží v anulování se ve prospěch Stvořitele 33
5. *Lišma* je probuzení Shora a proč je nutné probuzení zdola 35
6. Pomoc, kterou poskytuje Tóra v duchovní práci 38
7. Co v práci znamená, když se zvyk stává druhou přirozeností? 42
8. Rozdíl mezi Svatým stínem a stínem *Klipot* 43
9. Tři důvody, které rozšiřují rozum člověka 44
10. Co v duchovní práci znamená „můj přítel se skryl"? 45
11. Raduj se, když se chvěješ 45
12. To nejdůležitější v práci člověka 46
13. Podstata granátového jablka 46
14. Co znamená velikost Stvořitele? 47
15. Co znamenají „jiní bozi" v práci 47
16. Den Stvořitele a noc Stvořitele 50
17. Nečistá síla se nazývá „království bez koruny" 53
18. V temnotě plač, duše moje 55
19. Proč Stvořitel nenávidí těla (touhu se těšit ve svůj prospěch) 56
20. *Lišma* 65
21. Doba vzestupu 67
22. Tóra „*Lišma*" 68
23. Milující Stvořitele, nenáviďte zlo 69
24. Zachraňuje je z rukou zločinců 70
25. Vycházející ze srdce 71
26. Budoucnost člověka závisí na jeho vděčnosti za minulost 72
27. Veliký je Stvořitel, a pouze nicotný Ho uvidí 73
28. Nezemřu, ale budu žít 74
29. Když přicházejí pochybnosti 74
30. Nejdůležitější je toužit odevzdávat 75
31. Ve shodě s duchem stvoření 76

32. Osud je přání Shora 76
33. Osud *Jom Kipur* a Hamana 77
34. Země má výhodu ve všem 85
35. O životní síle Svatosti 91
36. Tři těla v člověku 95
37. Článek o svátku *Purim* 96
38. Jeho bohatství – bázeň před Stvořitelem 104
39. A sešili listy fíkovníku 107
40. Jaká by měla být víra v Učitele 108
41. Malá a velká víra 108
42. *ELUL* (Já k Milovanému svému a Milovaný ke mně) 111
43. Pravda a víra 116
44. Rozum a srdce 118
45. Dva stavy v Tóře a v práci 118
46. Moc Izraele nad *Klipot* 119
47. Tam, kde najdeš Jeho velikost 120
48. Nejdůležitější základ 121
49. Základní je rozum a srdce 122
50. Dva stavy 122
51. Když tě urazí hrubián 125
52. Hřích nezruší Přikázání 125
53. Omezení 127
54. Cíl duchovní práce 128
55. Kde je v Tóře zmínka o Hamanovi 130
56. Tóra se nazývá „ukazující" 131
57. Přibliž ho k přání Stvořitele 133
58. Radost – ukazatel dobrých činů 135
59. Hůl a Had 135
60. Přikázání způsobené hříchem 140
61. Je velmi těžko blízko Stvořitele 141
62. Padá a podněcuje, pozvedává se a obviňuje 142
63. Půjčujte a Já vrátím 143
64. Z *Lo Lišma* přejdou k *Lišma* 144
65. Odkryté a skryté 145
66. Darování Tóry 146
67. Vzdaluj se od zla 148
68. Spojení člověka se *Sfirot* 149
69. Nejprve nastane náprava celého světa 152
70. Silnou rukou a projevením hněvu 153

71. Ve tmě plač, má duše 154
72. Jistota – oděv Světla 155
73. Po zkrácení 156
74. Svět, rok, duše 157
75. Budoucí svět a tento svět 158
76. Ke každé oběti přidej sůl 158
77. Duše člověka učí 159
78. Tóra, Stvořitel a *Jisra'el* – jeden celek 159
79. *Acilut* a *BJA* 159
80. Zády k zádům 160
81. Pozvednutí *MaN* 161
82. Modlitba, která je vždy nezbytná 162
83. „*Vav*" pravé a „*Vav*" levé 163
84. A vyhnal Adama z ráje, aby nevzal ze Stromu života 164
85. Plod velkolepého stromu 166
86. A postavili chudá města 167
87. *Šabat Škalim* 174
88. Veškerá práce je na rozcestí dvou cest 176
89. Aby bylo pochopeno napsané v Knize *Zohar* 177
90. V Knize *Zohar, Berešit* 177
91. Podstrčený syn 178
92. Smysl štěstí 178
93. Ploutve a šupiny 179
94. Opatrujte duše svoje 180
95. Odseknutí předkožky 181
96. „Odpady humna a vinohradu" v duchovní práci 182
97. „Odpady humna a vinohradu" – 2 185
98. Duchovním se nazývá věčné 187
99. Hříšník, nebo spravedlivý – není řečeno 187
100. Písemná a ústní Tóra 192
101. Vítězi nad růžemi 193
102. A vezměte si plod citrusového stromu 195
103. Dobrotivý srdcem 196
104. Škůdce byl ukryt v povodni 197
105. Nelegitimní žák mudrce má přednost před nejvyšším knězem – jedním z lidu země 197
106. Dvanáct šabatních chlebů 200
107. Dva andělé 201
108. Když Mě opustíš na den, opustím tě na dva dny 201

109. Dva druhy masa 205
110. Pole požehnané Stvořitelem 206
111. Výdech, hlas, řeč 208
112. Tři andělé 209
113. Modlitba „Šmone Esre" (Osmnáct požehnání) 216
114. Podstata modlitby 217
115. Neživé, rostlinné, živočišné, člověk 218
116. Přikázání nepotřebují záměr 219
117. Vynaložil úsilí a nenalezl – nevěř 219
118. Kolena, která se sklonila před pánem 220
119. Žák, který se učil tajně 221
120. Proč nejedí ořechy na Nový rok? 222
121. Podobná lodím obchodním 223
122. Vysvětlení k Šulchan Aruch 224
123. Odstrkuje a současně nabízí Svoji ruku 226
124. Šabat Stvoření světa a šesti tisíciletí 226
125. Těšící se Šabatem 227
126. Mudrc přišel do města 229
127. Rozdíl mezi základním naplněním a přidáním Světla ... 230
128. Z hlavy této padá rosa na Ze'ir Anpin 232
129. Schina v prachu 234
130. Tverjo mudrců našich, jak dobré je tě spatřit 234
131. Ten, kdo se přichází očistit 234
132. V potu tváře budeš jíst chléb 235
133. Světlo Šabatu 235
134. Opojné víno 235
135. Čistého a spravedlivého nezabíjej 235
136. Rozdíl mezi prvním a posledním dopisem 236
137. Clafchad sbíral klestí 236
138. Bázeň a strach někdy ovládnou člověka 237
139. Rozdíl mezi šesti dny Stvoření a Šabatem 237
140. Jak miluji Tóru Tvoji 238
141. Svátek Pesach 238
142. Stěžejní boj 238
143. Jenom pro blaho Izraele 239
144. Je jeden národ 240
145. Proč je moudrost dána právě mudrcům 240
146. Vysvětlení ke Knize Zohar 242
147. Práce v přijímání a v odevzdání 242

-8-

148. Volba mezi hořkým a sladkým, pravdou a lží 242
149. Proč je třeba přitahovat Světlo moudrosti 243
150. Opěvujte Stvořitele, neboť On veliké stvořil 243
151. A spatřil *Jisra'el* Egypťany 244
152. Podplácení zaslepí mudrce 244
153. Myšlenka je důsledkem touhy 245
154. Na světě by neměla být žádná prázdnota 246
155. Čistota těla 246
156. Aby nevzal ze Stromu života 247
157. Spím, ale mé srdce je vzhůru 248
158. Proč není během svátku *Pesach* obvyklé jíst na návštěvě 249
159. A uplynul dlouhý čas, když se to stalo 250
160. Skromnost v Přikázáních 251
161. Darování Tóry 251
162. Proč říkají „Buď silný!" po skončení oddílu studijní lekce 253
163. O čem hovořili autoři Knihy *Zohar* 254
164. Rozdíl mezi materiálním a duchovním 254
165. Prosba Elíši k Elijášovi 254
166. Dvě úrovně v porozumění 255
167. Proč se „*Šabat* pokání" nazývá takto 256
168. Zvyky Izraele 256
169. Dokonalý spravedlivý 257
170. Nechť nebude v tvojí kapse kamene velkého 257
171. Kniha *Zohar, Emor* 258
172. Překážky a nesnáze 260
173. Proč říkají „*Le-Chajim!*" 261
174. Ukrytí 261
175. Jestliže pro tebe příliš dlouhá bude cesta 262
176. Když pijí víno po skončení svátečního dne 263
177. O původu vykoupení 264
178. Na stvoření člověka se podílejí tři 264
179. Tři linie 265
180. Jak je napsáno v Knize *Zohar, Emor* 267
181. Úcta 268
182. Mojžíš a Šalamoun 268
183. Mesiáš 269
184. Rozdíl mezi vírou a rozumem 269
185. Když k prostému člověku přijde *Šabat* 270
186. Učiň *Šabaty* každodenními a staneš se nezávislým 270

187. Volba spočívá ve větším úsilí 270
188. Práce je možná, pokud existují dvě cesty 271
189. Činy vytvářející mysl 271
190. Každý čin zanechává otisk 272
191. Období pádu 274
192. Podstata osudu (losu) 275
193. Jedna Stěna jim slouží oběma 276
194. Sedm celých dnů 278
195. Staňte se hodni duchovního rozvoje 279
196. Přisávání egoismu 280
197. Kniha, autor, příběh 281
198. Svoboda 281
199. Každý z Jisra'ele 281
200. Zeslabení clony 282
201. Duchovní a materiální 282
202. V potu tváře budeš jíst svůj chléb 283
203. Povýšenost ponižuje člověka 283
204. Cíl duchovní práce 284
205. Moudrost promlouvá na ulici 285
206. Víra a potěšení 286
207. Smysl přijímání kvůli odevzdání 286
208. Význam úsilí 287
209. Tři podmínky pro modlitbu 288
210. Krásná vlastnost v tobě 288
211. Jako ten, kdo stojí před Králem 289
212. Objetí zprava a objetí zleva 289
213. Odhalení touhy 290
214. Známý v městské bráně 291
215. Podstata víry 292
216. Pravé a levé 293
217. Pokud ne já sám sobě, tak kdo mi pomůže? 293
218. Tóra a Stvořitel – jedno 294
219. Smysl sebeobětování 295
220. Smysl utrpení 296
221. Společné vlastnictví 296
222. Část, která je odevzdávána nečisté síle, aby opustila Svatost. 296
223. Oblečení – hrubá látka – lež – ořech 297
224. Ženský základ a mužský základ 298
225. Pozvednout sám sebe 298

226. Písemná a ústní Tóra 299
227. Odměnou za splnění Přikázání je samo Přikázání 299
228. Ryba před masem 299
229. Kapsy Hamana 300
230. Veliký je Stvořitel a jen nicotný Ho uvidí 301
231. Náprava touhy po sebepotěšení 302
232. Završení úsilí 302
233. Odpuštění, pokání a vykoupení 303
234. Ten, kdo opouští slova Tóry a pouští se do rozhovorů 305
235. Dívaje se znovu do knihy 305
236. Nepřátelé mne proklínají celý den 305
237. Vždyť Mne člověk nemůže spatřit a zůstat naživu 306
238. Šťastný člověk, který na Tebe nezapomíná a vyvíjí pro Tebe
úsilí 307
239. Rozdíl mezi Světlem svátku *Šavu'ot*
a šabatní denní modlitbou 307
240. Přivolej ty, kteří Tě hledají a požadují odhalení Tvé tváře 308
241. Volejte Ho, dokud je blízko 310
242. Potěšit chudáka ve sváteční den 311
243. Proč prověřují stín v noci *Hošana Raba* 312
244. Všechny světy 312
245. Před zrozením novorozence 316
246. Vysvětlení, co je štěstí 319
247. Myšlenka je považována za výživu 319

Hebrejská abeceda 323
Další knihy Michaela Laitmana v češtině 325
Připravujeme 329
O organizaci *Bnei Baruch* 331
Kontakt 334

Ke čtenáři

Před vámi je nejcennější kniha na světě. Vždyť je schopna dovést člověka k cíli jeho života.

Je to zápisník mého Učitele, *Rava* Barucha Šaloma Ašlaga (Rabaše),[1] staršího syna velkého kabalisty – Jehudy Ašlaga (Ba'ala HaSulama).[2] Když jsem ho doprovázel na cestách jako jeho asistent, sekretář, řidič a žák, vždy měl tento zápisník s sebou. Napsal jej již v době, kdy se učil cestám duchovní práce a metodice přiblížení ke Stvořiteli, odhalení Vyšší síly – což je ve skutečnosti podstatou kabaly. To vše bylo zahrnuto v těchto článcích, které sepsal podle slov svého otce a Učitele, Ba'ala HaSulama. Nikdy se s tímto zápisníkem nerozloučil a neustále jej četl.

Rabaš jako jediný z jeho žáků zapisoval to, co „slyšel" od Ba'ala HaSulama. A nikdo kromě něho to neudělal! Jakou duchovní, vnitřní sílu musel mít, aby procítil všechno, co slyšel od otce, zapamatoval si to (vždyť on nedovolil, aby bylo během lekce cokoliv zaznamenáváno) a potom odešel a slovo od slova zapsal do zápisníku?! A stávalo se, že nestačilo napsat desítku či stovku slov, nýbrž tisíc!

A o tom, že si vše opravdu slovo od slova zapamatoval, nemám ani nejmenší pochybnosti. Protože si byli blízcí nejen jako otec a syn, ale také jako dva stupně duchovního žebříku – jeden předával druhému to, co nikdo z ostatních žáků neslyšel. Ani nemohl slyšet. Protože neměli, jak říkal Rabaš, levou linii – neměli žádné pochybnosti.

Na rozdíl od jiných jsem já ničemu nevěřil, měl jsem spoustu otázek a byl jsem neustále nespokojen se sebou samým i se Stvořitelem. Když jsem Rabaše vozil autem, často jsem se neudržel a vyptával jsem se ho. A on odpovídal. Cítil jsem, že nechce, abych mlčel, že se mu otázky líbí. A tak jsem mu pokládal pronikavé otázky: o svobodné vůli, že pokud

---

[1] Rabi **B**aruch **Š**alom HaLevi Ašlag (רבי ברוך שלום הגוי אשלג), zvaný Rabaš (HaRa-Baš, הרב"ש), žil v letech 1906–1991.
[2] Rabi Jehuda Leib HaLevi Ašlag (רבי יהודה ליב הלוי אשלג), zvaný Ba'al HaSulam (בעל הסולם), dosl. Pán žebříku, podle jeho stěžejního díla – komentáře ke Knize *Zohar* s názvem „Žebřík", hebr. *Sulam*, žil v letech 1884–1954.

je Stvořitel jediný, tak proč jsem byl stvořen ze dvou sil a tak dále, a tak dále...

A pak, jednou, když jsem byl zkroušený bolestí, že ničemu nerozumím, nic necítím a že takto nemohu žít, mě přerušil. Právě jsme přijeli domů, když řekl: „Počkej, něco ti dám." Odešel k sobě do bytu. Čekal jsem v autě. Vytáhl ošuntělý zápisník a podal mi ho. Na obálce bylo uvedeno *Šamati* – Slyšel jsem. Řekl: „Přečti si, co jsem napsal."

Jakmile jsem pohlédl na první větu – „Není nikoho jiného kromě Něho" – pocítil jsem, jak mi buší srdce. Když jsem přečetl první odstavec, rozbušilo se ještě více. Dál jsem nečetl. Letěl jsem do obchodu, zkopíroval jsem celý zápisník a trochu jsem se uklidnil teprve tehdy, když jsem si uvědomil, že ho teď mám ve svých rukou.

Jakmile jsem přijel domů do Rechovotu, zamkl jsem se v pokoji, nešel jsem do práce a začal číst: „Slyšel jsem v týdnu *Jitro*, 12. den měsíce *Š'vat* v roce *Tav-Šin-Dalet* (6. února 1944)." Najednou jsem pochopil, že to byl sám Rabaš, který slyšel, co říkal Ba'al HaSulam. A já nyní držím tyto zápisky ve svých rukou!

Cítil jsem, že jsou mi odhalována tajemství, jež byla přede všemi skryta po staletí, že jsem celý život hledal právě toto, že zrovna toto je odhalení Stvořitele člověku v tomto světě... Zápisky přímo obracely mozek naruby. Vše, co obsahovaly, bylo pro mě odhalením, průlomem do nového, mně zcela neznámého stavu. Byla to bitva se sebou samým.

O mnoho let později, těsně předtím, než Rabaš opustil náš svět, mi tento zápisník předal a řekl: „Vezmi si jej a uč se z něho." Stalo se to pozdě v noci, v nemocnici, a když jsem od něho uslyšel tato slova, cítil jsem, že se nepochybně blíží něco hrozného. A opravdu, následující den ráno zemřel.

Zápisník zůstal u mne, a protože jsem od něho nedostal pokyny, co s ním mám udělat, dlouho jsem přemýšlel a nakonec jsem se rozhodl jej zveřejnit. Vždyť jsme vstoupili do nové éry, kdy je věda kabala povinna se odhalit a přivést celý svět k nápravě. Podle toho, co říkají všichni kabalisté, je to naše povinnost a mělo by se to stát v těchto dnech. Čas se dal do pohybu a rychle běží vpřed. Na všech místech na Zemi se lidé začínají zajímat o duchovní pozvednutí a zabývat se otázkou smyslu svého života. Jelikož považuji tyto články za mimořádně důležité, rozhodl jsem se knihu publikovat a odhalit ji světu. Články musí být zpřístupněny každému člověku!

Články obsahují popis všech vnitřních stavů, kterými člověk prochází na cestě k odhalení Stvořitele. Všichni žijeme ve světě, ve kterém vnímáme jen malou část reality. Ale je tu s námi ještě jedna – obrovská skrytá část reality a my musíme rozvinout dodatečný smyslový orgán, který se nazývá „duše", „šestý smysl", abychom uvnitř duše cítili Vyšší realitu, Vyšší sílu. A tento zápisník vypovídá o všech stavech, kterými krok za krokem na této cestě procházíme, a vysvětluje, jak si má člověk ve svém nitru objasňovat všechny jevy a všechny složky, aby skrze ně začal cítit nový svět.

V dvojrozměrném zobrazení existují takové speciální trojrozměrné obrazy (stereogramy), které je možné spatřit pouze rozostřením svého zraku. Když zmizí zaostření, začneš vidět, co se děje uvnitř tohoto obrazu. A to samé platí zde. Když se člověk přestane soustředit na hmotný svět a učí se speciální metodiku zvanou kabala, metodiku vnímání hlubší vnitřní reality, pak ve chvíli, kdy zmizí zaostření, začne skrze tento materiální obraz vnímat duchovní svět.

Články *Šamati* postupně a metodicky vysvětlují všechny stavy, kterými člověk musí projít, aby doplnil k našemu obvyklému pociťování našeho světa ještě vnímání dalšího světa – duchovního. K tomu je také předurčena věda kabala, která je definována jako „metodika odhalení Stvořitele stvořením" – čili člověku v tomto světě.

Věda kabala byla skryta tisíce let, byla tajně předávána z učitele na žáka, aby byla zachována do našich dní a začala se odhalovat světu. Ba'al HaSulam, *Rav* Kook a další kabalisté říkali, že jsme dosáhli konce svého vyhnanství a dospěli jsme k nutnosti se osvobodit. Rozdíl mezi slovy „vyhnanství" (hebr. *Gola*, גולה) a „spása" (hebr. *Ge'ula*, גאולה) spočívá pouze v jediném písmenu *Alef* (א), které znamená „První na světě" (*Alufo Šel Olam*). Když se vydáme z vyhnanství směrem ke spáse, zůstaneme ve stejném světě, pouze k němu doplníme odhalení Vyšší síly, jež tento svět naplňuje. A pak začneme chápat, co se děje a proč a jak funguje celá příroda. Začínáme vidět nekonečnou realitu, nekonečný a věčný tok života. Proto není nic důležitějšího než tato kniha, která je zde proto, aby přivedla člověka na nejvyšší úroveň existence.

Daná kniha je určena pro toho, kdo studuje kabalu již dlouho, i pro úplné začátečníky – pro každého! Nezáleží na tom, nakolik člověk chápe, nebo nechápe. Obsahuje tolik skrytého Světla, že mění člověka, jenž tuto knihu čte. Světlo otevírá jeho srdce a rozvíjí v něm nový duchovní orgán vnímání, prostřednictvím kterého člověk odhalí duchovní svět.

Když můj Učitel opustil tento svět s tím, že předal tento zápisník pouze mně osobně, zmocnil se mne strach – není přece možné, aby takový drahocenný poklad, tak nesmírně důležitý pro svět, zůstal tajemstvím?! Byl jsem trýzněn pochybnostmi, dokud jsem se nerozhodl, že jej nemohu tajit – svět se musí začít měnit! Vždyť jsem toto poslání obdržel od svého Učitele, který chtěl, aby se kabala odhalila celému světu a aby se ji lidé začali učit podle článků Ba'ala HaSulama. Tak jsem pochopil, že tuto knihu musím odhalit světu.

Rabaš zapsal slovo od slova všechno, co slyšel od svého otce, a tímto způsobem zaplnil zápisník. Tyto články jsou Světlem bez *Kli* (bez nádoby, která by toto Světlo dokázala přijmout). Jsou to odhalení a pochopení, kterých dosáhl Ba'al HaSulam, a čtenář podle svých *Kelim* (mn. č. od *Kli*) tyto články vnímá vždy novým a odlišným způsobem. Pokaždé, když člověk čte některý článek, připadá mu, že to není tentýž článek, který četl předtím. Probouzí ho, mění, pokaždé v něm náhle otevírá nové vrstvy a on začíná cítit a přemýšlet novým způsobem, a to jak rozumem, tak i srdcem. Stává se úplně jiným člověkem.

Přeje-li si čtenář následovat cestu duchovního vzestupu, při čtení v něm budou vznikat otázky. Ty je možné klást v souvislosti s každým článkem, a to vždy jiné a jinak na každém ze 125 stupňů, kterými člověk na cestě duchovního vzestupu prochází. Kniha *Šamati* je podobná Světlu bez nádob pro Jeho pociťování – tyto nádoby (*Kelim*) se pozvolna vytvářejí při čtení. Vždyť jednotlivé články rozvíjejí a naplňují duši člověka Světlem. Proto budou vznikat nekonečné otázky, které neustanou ani za minutu, ani za den, ani za deset let. A právě jimi se formuje nádoba, kterou pak naplní Světlo.

Je to neobyčejná kniha, která přitahuje k člověku Vyšší světlo – a člověk se neustále mění. Toto Světlo v něm ustavičně ozařuje různá místa, vyvolává nové myšlenky a touhy a člověk se nepřetržitě proměňuje. Cítí, jak ho kniha mění, a chápe, co ještě v sobě pomocí této knihy potřebuje změnit, aby trochu více pokročil ve svém duchovním rozvoji.

Kniha přináší odhalení. Kabalistická kniha není kniha pro rozptýlení. Když v knize čteme o našich vyšších a pokročilejších stavech a toužíme se k nim pozvednout, přichází k nám odtud síla, která nás vynáší vzhůru. Kniha je doslova vynášející silou.

Kniha hovoří o mně, avšak pouze na úrovni, která je o trochu vyšší než ta, kde jsem nyní, a kterou v daném okamžiku pociťuji. Je speciálně připravena tak, aby mi odhalila něco málo více, než je můj současný stav. A když ji čtu, vlastně čtu o sobě, avšak „o sobě + 1" – tedy o svém následujícím stupni. A ukazuje se, že svou touhou dosáhnout tohoto stupně probouzím sílu, která se nachází na daném vyšším stupni, a ta mne vynáší a pomáhá mi stoupat.

Stejný princip působí i v našem světě. Pokud se chci naučit něco nového, tudíž se něco dozvědět o tom, co je trochu nade mnou, pak zásluhou mé touhy po poznání nakonec těchto znalostí dosáhnu. Jediný rozdíl spočívá v tom, že v tomto případě chápu svým materiálním rozumem a srdcem. Když však studujeme kabalistickou knihu, jsme povinni se změnit. Toto čtení nás mění, neboť duchovní musí vstoupit do nových *Kelim*, do myšlenek a tužeb, které jsme dříve neměli, a nikoliv do materiálních, pozemských myšlenek a tužeb tohoto světa. Člověk musí získat nové *Kli*, nový pocit nazvaný duše. A tato kniha v tobě vytváří „duši", *Kli* pro odhalení duchovního, ve kterém začínáš cítit Vyšší realitu.

Daná kniha popisuje duchovní činnost, kterou musí člověk splnit sám a na sobě samotném. Podívejme se, jak nás kniha článek za článkem vede touto cestou.

„Není nikoho jiného kromě Něho" – zde se hovoří o Vyšší síle, jež jediná ovládá a řídí celý vesmír.

„Podstata duchovního odhalení" je příběh o tom, že existuje Stvořitel a stvoření a celý systém vztahů mezi nimi. Člověk musí tento systém vztahů odhalit a zásluhou toho odhalí Vyšší sílu – Stvořitele.

„Proč je obtížné se v zájmu Stvořitele anulovat?" Proč je tak obtížné odhalit Vyšší sílu, odhalit duchovní? Proč je pro člověka tak těžké to učinit? Protože v sobě člověk musí rozvinout dodatečný smyslový orgán, kterým může vnímat duchovní. Duchovní nemůže být pocítěno našimi materiálními smyslovými orgány – zrakem, sluchem, chutí, čichem nebo hmatem. Není to možné, neboť se duchovní nachází za hranicemi vnímání všech živočišných, tělesných smyslových orgánů. A proto nutně potřebujeme nový smyslový orgán.

„*Lišma* je probuzení Shora" – proč tuto duchovní sílu musíme probudit? Proč ke mně nepřijde sama od sebe? Jakým způsobem mohu ovlivnit, abych se sám změnil a aby se změnilo působení této síly na mne tak, abychom se konečně navzájem setkali?

V čem tkví „Pomoc, kterou v duchovní práci poskytuje Tóra"? Na co se mohu na této cestě spolehnout?

„Co znamená v práci, když se zvyk stává druhou přirozeností" – jaké návyky získám na duchovní cestě, jež se stávají mojí druhou přirozeností, kterou mohu použít a postupovat s její pomocí vpřed?

„Rozdíl mezi Svatým stínem a stínem *Klipot*" – rozdíl mezi vlastním duchovním odhalením, tím, co se nazývá „Svatostí", Vyšší silou, a svým vlastním egoistickým charakterem, který se nazývá „nečistá síla", *Klipa* (mn. č. *Klipot*), „nečistota", sobecká touha.

A tak dále: každý článek, který začínáme číst, nás po všech stránkách víc a více napravuje, vede nás správným směrem na cestu, na které můžeme během života v tomto světě odhalit svět duchovní.

Na všechny tyto texty je třeba pohlížet jako na jeden celek, vždyť hovoří o tomtéž: jak stvoření hledá svého Stvořitele, dokud se k Němu nepřiblíží, dokud s Ním nedosáhne splynutí. V souladu s tímto cílem se pomocí člověka pozvedává a připojuje ke Stvořiteli celá realita, všechny světy a vše, co v nich existuje. A proto musíme pochopit, že celý vesmír, všechna stvoření a všechny světy jsou uzavřeny uvnitř jednoho člověka. Každý si musí představovat, že právě on stojí naproti Stvořiteli – dosud stále ještě naproti Němu – a že pouze jemu je uloženo, aby tuto práci vykonal a dosáhl podobnosti vlastností, spojení a splynutí se Stvořitelem. Všechny články v knize *Šamati* hovoří právě o tomto.

Každý, kdo čte tuto knihu, čte ji společně s Rabašem, Ba'alem HaSulamem a společně se všemi kabalisty, kteří žili před nimi ve všech generacích a předávali moudrost kabaly z úst do úst, z učitele na žáka, dokud se nedostala k Rabašovi, velikému kabalistovi, a od něho k nám prostřednictvím knihy *Šamati*, jež je nyní odhalena všem. Tato kniha je rádcem na cestě duchovního vývoje člověka.

Michael Laitman

Rukopis *Šamati* Barucha Ašlaga

Zářivý

Zářivý! A z Nebes On září.
Tam – za oponou clony.
Tajemství spravedlivých se odhalí
a společně září Světlo a tma.

Jak dobré je ponořit se do Jeho činů,
ale vystříhej se svou rukou dotknout se Ho.

Potom Ho uslyšíš a setkáš se s Ním,
ve věži síly, Všezahrnujícím Jméně.

Najdeš zalíbení ve slovech pravdy,
abys říkal neposkvrněná slova.

A spatříš všechno,
tvé oči to uvidí, oko cizince však ne!

Ba'al HaSulam

1. Není nikoho jiného kromě Něho

Slyšel jsem v týdnu Jitro, 12. den měsíce Š'vat v roce Tav-Šin-Dalet (6. února 1944)

Je řečeno (*Deuteronomium*, 4, 35): „Není nikoho jiného kromě Něho," což znamená, že na světě není žádná jiná síla, která by mohla něco učinit proti Stvořiteli. A příčina toho, že člověk vidí, že na světě existují věci a síly, které popírají existenci Vyšších sil, tkví v tom, že takové je přání Stvořitele. A to je metoda nápravy nazvaná „levá ruka odstrkuje a pravá přibližuje" (*Sanhedrin* 107, 2), a to, že levá ruka odstrkuje, je součástí nápravy. To znamená, že na světě existují věci, které od samého počátku přicházejí s úmyslem srazit člověka z přímé cesty a odvrhnout ho od Svatosti.

A prospěch z těchto odstrkování spočívá v tom, že s jejich pomocí člověk získává potřebu a úplnou touhu po Stvořiteli, aby mu Stvořitel pomohl, neboť vidí, že jinak bude ztracen. Nejenže nepostupuje v práci, ale vidí, že se vrací nazpět, to jest dokonce k „pro sebe", a nemá sílu plnit Tóru a Přikázání. A Tóru a Přikázání může plnit pouze opravdovým překonáváním všech překážek vírou výše rozumu. Avšak nemá vždy sílu k tomu, aby překonával vírou výše rozumu – to znamená, že je nucen odbočit z cesty Stvořitele, dokonce se záměrem „pro sebe sama".

A vždy má zborceného více než stabilního, pádů mnohem více než vzestupů a nevidí konec těchto stavů. Domnívá se, že navždy zůstane vně Svatosti, protože vidí, že je proň obtížné splnit dokonce i ten nejmenší duchovní čin pouze překonáním vírou výše rozumu. Avšak není vždy schopen překonat – tak jak to skončí?

A tehdy dospěje k rozhodnutí, že není nikdo jiný, kdo by mu mohl pomoci, jenom sám Stvořitel. A proto se v něm rodí skutečná potřeba Stvořitele, aby mu On otevřel oči a srdce a opravdu ho k Sobě přiblížil a on s Ním navždy splynul. Ukazuje se, že všechna odstrkování, která cítil, pocházela od Stvořitele, a nikoliv z toho důvodu, že by byl špatný a neměl sílu k překonání.

A jenom tomu, kdo se chce opravdu přiblížit ke Stvořiteli, poskytnou pomoc Shora a nedovolí mu se spokojit s málem a zůstat na stupni malého nerozumného dítěte, aby nemohl říci, že díky Bohu má Tóru a Přikázání a dobré skutky – tak co jiného mu ještě schází?

Pouze tehdy, má-li člověk skutečně opravdovou touhu, obdrží pomoc Shora a vždy mu je ukazováno, nakolik je v současném stavu špatný – to znamená, že jsou mu posílány myšlenky a úvahy namířené proti duchovní práci. A to všechno proto, aby viděl, že není v plné jednotě se Stvořitelem.

A ať by se snažil přemoci sebevíc, vždy vidí, že je ve stavu, jenž je daleko od Svatosti ve srovnání s ostatními pracujícími, kteří se cítí v úplném spojení se Stvořitelem. Stále má stížnosti a požadavky a nemůže ospravedlnit, jak se vůči němu Stvořitel chová. A to mu působí bolest – proč není ve shodě se Stvořitelem? Dokud nedospěje k pocitu, že v něm opravdu žádná Svatost není. Ačkoliv občas dostane jisté probuzení Shora, které ho na chvíli vzkřísí, okamžitě klesne zpět do stavu nízkosti. Avšak právě to ho donutí, aby si konečně uvědomil, že pouze Stvořitel mu může pomoci a patřičně ho k Sobě přiblížit.

Člověk by se měl vždy snažit postupovat cestou splynutí se Stvořitelem, aby byly všechny jeho myšlenky pouze o Něm. A dokonce i tehdy, když se nachází v hrozném stavu, když již nemůže nastat větší propad, než je tento, nesmí vystoupit zpod vlády Stvořitele a říkat, že existuje jiná moc, která mu nedovolí vejít do Svatosti a v jejíchž silách je tvořit dobro nebo zlo. To znamená, že není možné si myslet, že nečisté síly mají moc a nedovolí, aby člověk vykonával dobré skutky a následoval cestu Stvořitele, ale naopak, je třeba mít na paměti, že všechno činí Stvořitel.

A jak napsal Ba'al Šem Tov: „Ten, kdo říká, že na světě existuje jiná síla čili *Klipot*, se nachází na stupni služby jiným bohům." A nedopouští se přestupku svou nevírou ve Stvořitele, ale tím, že si myslí, že kromě Stvořitele existuje jiná moc a síla. Právě v tom spočívá jeho přestoupení. Navíc, pokud se člověk domnívá, že má vlastní sílu, tudíž říká, že včera sám nechtěl jít cestou Stvořitele, to se také nazývá spácháním přestupku nevíry. Vždyť nevěří, že pouze Stvořitel je vládcem světa.

Pokud se však dopustil nějakého přestupku, pak samozřejmě musí činit pokání a litovat, že porušil zákon. Musí také pochopit, čeho lituje a proč činí pokání – tudíž v čem vidí příčinu svého přestupku? Přesně toho by měl litovat.

A pak by měl člověk činit pokání a říci, že přestoupil, protože ho Stvořitel odhodil ze Svatosti do špinavého pustého místa, místa odpadků. Jinými slovy, Stvořitel dal člověku touhu se pobavit a nadýchat se vzduchu na páchnoucím místě. (A je možno citovat knihy a říci, že člověk někdy přichází do tohoto světa vtělen do prasete. A řečené je možno vysvětlit takto: člověk dostane touhu se těšit tím, co již uznal za odpadky, avšak teď z nich chce znovu získat výživu.)

A když člověk cítí, že je nyní na vzestupu a má trochu chuti k práci, neměl by říci: „Teď jsem ve stavu, kdy jsem pochopil, že stojí za to pracovat pro Stvořitele." Musí vědět, že nyní nalezl v očích Stvořitele milost, a proto ho Stvořitel k Sobě přibližuje a on cítí chuť k práci pouze díky tomu. A musí si dát pozor, aby nikdy nevystoupil zpod vlády Svatosti, řka, že existuje ještě někdo jiný, kdo kromě Stvořitele koná.

(Avšak z toho vyplývá, že nalezení milosti v očích Stvořitele nebo naopak nezávisí na samotném člověku, ale výlučně na Stvořiteli. A proč se nyní těší přízni Stvořitele a potom ne, není člověk schopen pochopit svým vnějším rozumem.)

A když lituje, že ho Stvořitel k Sobě nepřibližuje, musí si také dát pozor, aby se nebál sám o sebe, o svoje oddálení se od Stvořitele. Vždyť v tom případě se bude starat o to, aby získal svůj vlastní prospěch, a přijímající je oddělen od Stvořitele. Tehdy by měl litovat, že je vyhnána *Šchina*, čili toho, že způsobuje *Šchině* utrpení.

Jako příklad je třeba si představit, že ať by člověka bolel jakýkoliv malý orgán, bolest je vždy cítěna převážně v rozumu a v srdci, protože srdce a rozum jsou podstatou člověka. A samozřejmě nelze srovnávat sílu pocitu jednotlivého orgánu se silou pocitu organismu jako celku, v němž je v podstatě bolest cítěna.

Je to stejné jako bolest, kterou člověk cítí kvůli tomu, že je daleko od Stvořitele. Vždyť člověk je pouze jednotlivý orgán Svaté *Šchiny*, poněvadž Svatá *Šchina* je společenství duší Izraele. A proto není pocit dílčí bolesti srovnatelný s pocitem celkové bolesti. To znamená, že *Šchina* trpí, jsou-li od Ní odděleny Její orgány a Ona nemůže všem Svým orgánům poskytovat výživu.

(A je třeba připomenout, co je o tom řečeno mudrci: „V době, kdy člověk lituje, co říká *Šchina*? – Hanba[3] na Moji hlavu, hanba za Moji pravou ruku."[4]) A protože nepřičítá lítost z oddálení na svůj vrub, je zachráněn před pádem pod nadvládu vůle přijímat pro sebe sama – do vlastnosti, která odděluje od Svatosti.

Stejným způsobem, když se člověk cítí trochu přiblížen ke Svatosti a má radost z toho, že byl poctěn přízní Stvořitele, je povinen říci, že

---

[3] Též bolest.
[4] *Sanhedrin* 6, 5.

nejdůležitější v jeho radosti je to, že je nyní radost Nahoře, ve Svaté *Šchině*, protože ho měla možnost k Sobě přiblížit, Svůj oddělený orgán, a nemusí ho odloučit.

Sám člověk má radost z toho, že byl hoden poskytnout radost *Šchině*. A to všechno je připisováno na stejný účet. Vždyť pokud má radost dílčí, je to jen část celkové radosti. A s pomocí těchto výpočtů ztratí svou oddělenost a neocitne se v moci nečistých sil, které chtějí přijímat pro svůj vlastní prospěch.

Přesto je touha přijímat potěšení nevyhnutelná, protože to je celý člověk. Vždyť vše, co má člověk kromě této touhy, nepatří stvoření, nýbrž Stvořiteli. Avšak tato touha se těšit musí být napravena, stát se altruistickou – ve prospěch odevzdávání. To znamená, že musí přijímat radost a potěšení pouze proto, že na nebesích zavládne potěšení, když se stvoření raduje. Vždyť Cíl stvoření spočívá v tom, aby byla potěšena stvoření. A toto se nazývá radostí *Šchiny* ve Vyšším světě.

A proto je člověku uložena povinnost poslouchat rady, jak může poskytnout potěšení Stvořiteli. A pokud se člověk bude těšit, samozřejmě bude potěšen také Stvořitel. Proto se musí vždy snažit, aby byl v palácích Stvořitele, a pak bude mít možnost se veselit v Jeho klenotnicích, čímž samozřejmě poskytne potěšení i Stvořiteli. Veškeré jeho záměry by tudíž měly být pouze ve jménu nebes.

2. *Šchina* ve vyhnanství

Slyšel jsem v roce Tav-Šin-Bet (1941–1942)

Kniha *Zohar* říká: „On – *Šochen* a Ona – *Šchina*" a řečené je nutno objasnit.

Je známo, že ve Vyšším světle nedochází k žádným změnám, jak je psáno (Malachiáš 3, 6): „Já jsem svoje *HaVaJaH*[5] nezměnil." A všechna jména a názvy vznikají pouze z pocitu Světla v *Kelim*, které jsou touhou se těšit včleněnou do *Malchut*, jež je kořenem Stvoření. A odtud všechno sestupuje do našeho světa ke stvořením.

A všechna tato stádia, počínaje *Malchut*, jež je kořenem Stvoření světů, a konče stvořeními, jsou nazývána jménem *Šchina*. A celá ná-

---

[5] *HaVaJaH* [čti: havaja] se používá namísto Jména Stvořitele (י-ה-ו-ה), které se nevyslovuje.

prava spočívá v tom, že se v nich Vyšší světlo rozzáří ve vší dokonalosti a Světlo, které osvětluje *Kelim*, se nazývá *Šochen* a všechny *Kelim* společně se nazývají *Šchina*. Světlo *Šochen* zaplňuje *Šchinu* a nazývá se Světlem *Šochen* proto, že přebývá (hebr. *Šochen*) uvnitř *Kelim*, a souhrn všech *Kelim* se nazývá *Šchina*.

Dokud se v nich Světlo nerozzáří v konečné dokonalosti, nazývá se to „dobou nápravy", během které uskutečňujeme nápravy, dovolujíce Světlu zcela naplnit všechna stvoření. A než to nastane, zůstane *Šchina* „ve vyhnanství" – vždyť ve Vyšších světech stále ještě není dokonalost.

A v našem, nejnižším ze všech světů, musí Vyšší světlo naplnit touhu po potěšení, jejíž náprava se nazývá „přijímání ve jménu odevzdávání". Ale dokud je egoistická touha plna nízkých a nesmyslných vášní, není v ní místo pro odhalení velikosti Stvořitele. A srdce namísto toho, aby bylo sídlem Vyššího světla, se stalo místem odpadu a nečistot – to znamená, že zcela zabředlo do nízkých tužeb.

A toto se nazývá „*Šchina* v prachu". Je totiž pokořena tak, že je zadupána do prachu. Vždyť všichni a každý opovrhují Svatostí a nemají žádnou touhu a přání Ji z prachu zvednout, ale vybírají si nízké hodnoty. A tím *Šchině* působí utrpení – vždyť Jí nedopřejí místo ve svém srdci, jež by se stalo příbytkem Světla Stvořitele.

3. Podstata duchovního porozumění

Slyšel jsem

Ve světech rozlišujeme mnoho stupňů a mnoho definic. A je nutné vědět, že všechny světy s množstvím stupňů, jež se v nich nacházejí, existují pouze z hlediska duší, které od světů přijímají podle pravidla: „To, co nepostihneme, nemůžeme pojmenovat". Protože slovo „jméno" znamená porozumění, jež je podobné tomu, jak člověk dává nějaké jméno poté, co pojmenovávanou věc postihl, v souladu se svým porozuměním.

A proto je veškerá realita z hlediska duchovního porozumění rozdělena na tři části:
1. *Acmuto* – podstata Stvořitele,
2. Nekonečno,
3. Duše.

1. O podstatě Stvořitele vůbec nehovoříme, protože kořen a místo Stvoření začínají Myšlenkou stvoření, v níž jsou začleněny, a smysl

toho je ukryt ve slovech: „Výsledek děje je vložen do prvopočáteční Myšlenky".

2. Nekonečno představuje Myšlenku stvoření, jež je skryta ve slovech: „Jeho přání je těšit Svá stvoření" na úrovni nekonečna, což se nazývá Nekonečnem (*Ejnsof*). A to je spojení, které existuje mezi *Acmutem* a dušemi. Toto spojení chápeme jako tajemství přání těšit stvoření.

Nekonečno je počátkem všeho a nazývá se „Světlem bez *Kli*", avšak tam má počátek kořen stvoření – to znamená spojení, které existuje mezi Stvořitelem a stvořeními a nazývá se Jeho přáním těšit Svá stvoření. A toto přání začíná ve světě Nekonečna (*Ejnsof*) a sestupuje do světa *Asija*.

3. Duše, jež přijímají potěšení, které je zahrnuto v Jeho přání těšit.

„Nekonečno" je pojmenováno takto, poněvadž to je spojení mezi *Acmutem* a dušemi, které chápeme jako tajemství Jeho přání těšit Svá stvoření. Kromě tohoto spojení nic nepostihujeme, a proto o ničem jiném nemůžeme hovořit. Tam je počátek všeho. A to se nazývá „Světlo bez *Kli*". Avšak má tam počátek kořen Stvoření – to znamená spojení, které existuje mezi Stvořitelem a stvořeními a nazývá se Jeho přáním těšit Svá stvoření. A toto přání začíná ve světě Nekonečna (*Ejnsof*) a sestupuje do světa *Asija*.

A všechny světy jsou samy o sobě definovány jako „Světlo bez *Kli*" a my o nich nehovoříme. Jsou definovány jako Jeho podstata a jsou naprosto nepostihnutelné. A nediv se, že tam rozpoznáváme mnoho vlastností. Vždyť je to proto, že jsou tam tyto vlastnosti založeny v potenciálu jako síly.

A poté, když přijdou duše, tyto vlastnosti se projeví v duších, jež přijímají Vyšší světla v souladu s tím, co napravily a daly do pořádku takovým způsobem, aby je duše mohly přijmout. Každý podle své síly a přípravy. A tehdy se tyto vlastnosti odhalují v činech. Avšak v době, kdy duše Vyšší světlo nepostihují, je všechno samo o sobě považováno za Jeho podstatu.

Ale pokud jde o duše, jež od světů přijímají, jsou světy definovány jako „Nekonečno" (*Ejnsof*), protože spojení, které je mezi světy a dušemi, čili to, co světy dávají duším, pochází z Myšlenky stvoření a představuje vztah mezi *Acmutem* a dušemi. A toto spojení se nazývá „Nekonečno" (*Ejnsof*), jak bylo zmíněno výše. A když se modlíme a prosíme Stvořitele, aby nám pomohl a dal nám to, oč prosíme, máme na mysli Nekonečno (*Ejnsof*). Vždyť tam je kořen Stvoření, který si jim přeje dát blaho a potěšení, nazývaný „Jeho přání těšit Svá stvoření".

Modlitba je směřována ke Stvořiteli, který nás stvořil a jehož jméno je: „Přání těšit stvoření". A On se nazývá Nekonečnem (*Ejnsof*), protože se jedná o stav před zkrácením (*Cimcum*). A dokonce ani po zkrácení v Něm nenastaly žádné změny. Ve Světle nedochází k žádným změnám a On se vždy nazývá tímto jménem.

A veškeré množství jmen existuje pouze z hlediska přijímajících. Proto se První jméno, které se odkrývá ve slovech „Kořen stvoření", nazývá Nekonečnem. A odhalení tohoto jména zůstává bez jakýchkoliv změn. Všechna zkrácení a množství změn probíhají pouze z hlediska přijímajících. Zatímco On vždy svítí Prvním jménem definovaným jako „Jeho nekonečné přání těšit Svá stvoření". A proto se modlíme ke Stvořiteli, nazvanému „Nekonečno" (*Ejnsof*), jenž svítí bez zkrácení (*Cimcum*) a konce (*Sof*). A to, že je poté stvořeno zakončení, je kvůli nápravám přijímajících, aby mohli přijmout Jeho světlo.

Vyšší světlo v sobě obsahuje dva pojmy: postihující a postihované. A všechno, co říkáme o Vyšším světle, je pouze dojem postihujícího z postihovaného.

Avšak každý z nich sám o sobě – čili pouze postihující, nebo pouze postihované – se nenazývá Nekonečnem. Postihované se nazývá *Acmuto* a postihující se nazývá „duše" – něco nového, jež je součástí celku. A nové je to, že v něm je otištěna touha těšit. A z tohoto hlediska se stvoření nazývá „něco z ničeho" (*Ješ me-Ajn*, יש מאין).

Samy o sobě jsou všechny světy definovány jako prostá jednota. V nich samotných nedochází k žádným změnám, což je smyslem řečeného: „Já jsem Své Jméno *HaVaJaH* (י-ה-ו-ה) nezměnil." To znamená, že v samotném Stvořiteli není možné rozeznat *Sfirot* (mn. č. od slova *Sfira*) a stupně. Vždyť ani ty nejvytříbenější jména nevyjadřují podstatu samotného Světla, neboť to se vztahuje k Jeho podstatě, jež je naprosto nepostihnutelná. A pokud jde o *Sfirot* a všechny rozpoznávané specifičnosti, je to jen z hlediska toho, co v nich člověk postihuje. Protože si Stvořitel přál, abychom postihli a pochopili Světlo hojnosti (*Šefa*), což je podstatou Jeho přání těšit Svá stvoření.

A abychom mohli pochopit Jeho přání, porozumět a postihnout tajemství Jeho přání těšit Svá stvoření, Stvořitel stvořil a dal nám takové smyslové orgány, které když vnímají Vyšší světlo, rozeznávají v něm množství pocitů. Vzhledem k tomu, že se náš společný smyslový orgán nazývá „touha přijímat potěšení", rozpoznává v tom, co přijímá, množství částí a odstínů, vzestupy a pády, naplnění Světlem a jeho ztrátu.

A poněvadž se touha po potěšení nazývá „stvoření" a „něco nového", vzniká možnost popsat vnímání v míře pocitu právě z toho místa, kde v této touze začíná uvědomění. To již znamená vzájemný vztah Vyššího světla a touhy a nazývá se „Světlo a *Kli*" – potěšení a touha. Zatímco o Světle vně *Kli* nelze nic říci, neboť Světlo bez postihujícího patří k *Acmutu*, k podstatě Stvořitele, o níž je zakázáno hovořit, poněvadž je nepostihnutelná. A jak je možné hovořit o nepoznatelném?

A z toho pochopíme, že když se modlíme ke Stvořiteli, aby nám poslal vysvobození, uzdravení a podobně, je třeba rozlišovat mezi dvěma kategoriemi:
1. Stvořitel,
2. To, co z Něho vychází.

První je definováno jako *Acmuto* a je o Něm zakázáno hovořit, jak je uvedeno výše. Druhé – to, co z Něho vychází, je definováno jako Světlo vstupující do našeho *Kli*, tedy do naší touhy se naplnit, a to se nazývá Nekonečno (*Ejnsof*). A je to spojení, které má Stvořitel se stvořeními, je to vyjádření Jeho přání těšit stvoření. Takže se touha po potěšení týká Světla, které ji naplňuje a které nakonec dospěje k touze.

A v době, kdy se touha po potěšení naplňuje Světlem, které se do ní odívá, nazývá se toto Světlo Nekonečnem. Dostane se k přijímajícím prostřednictvím mnoha ukrytí, která nižšímu umožňují toto Světlo přijmout. Proto všechna pochopení a změny probíhají pouze v samotném přijímajícím, tudíž v míře jeho vnímání přijímaného naplnění. Je však třeba upřesnit, o co se jedná. Jestliže ve světech hovoříme o vlastnostech, hovoříme o potenciálních vlastnostech, jež se ztělesňují v realitě pouze v pocitech přijímajícího.

Duchovní porozumění je tím místem, kde se současně objevuje postihující společně s postihovaným, protože bez postihujícího nemá ani postihované žádnou formu; vždyť není nikdo, kdo by tuto formu pocítil.

Proto je tento stupeň definován jako *Acmuto*, o němž je naprosto nemožné hovořit. Vždyť jak je možné říci, že vnímané přijme nějakou formu samo o sobě vně našich pocitů?

Z toho důvodu nemůžeme hovořit o ničem jiném kromě svých pocitů, nakolik jsme vzrušeni působením Světla, které nás naplňuje a které je vyvoláno Jeho přáním těšit Svá stvoření, a to jen tehdy, když toto Světlo skutečně dospěje k přijímajícím.

Je to podobné tomu, jak vnímáme stůl, který naším hmatem cítíme jako pevný a zrakem ho hodnotíme podle určitých rozměrů. Toto vše se však nachází pouze v našich pocitech. A vůbec to neznamená, že bude stůl vnímán stejně prostřednictvím pocitů stvoření s jinými smyslovými orgány, například pocitů anděla. Ten samozřejmě bude v porovnání s námi stůl vnímat v jiné formě – v souladu se svými orgány vnímání. Z tohoto důvodu nemůžeme hovořit o tom, jak stůl vypadá v pocitech anděla – vždyť o jeho smyslových orgánech nic nevíme.

A proto stejně jako nemůžeme postihnout podstatu Stvořitele, nemůžeme hovořit ani o tom, jakou formu mají světy ze strany Stvořitele. Ve světech chápeme pouze to, co pociťujeme, protože přáním Stvořitele je, abychom Vyšší světy odhalili tímto způsobem.

Proto je řečeno: „Světlo se nemění." A všechny změny probíhají jenom v *Kelim*, tedy v našich pocitech. Vše měříme a hodnotíme pouze z hlediska našeho vnímání. Z toho důvodu, pokud se mnoho lidí dívá na stejný duchovní objekt, každý ho chápe jinak podle svých individuálních představ a pocitů. A proto všichni vidí jinou formu. A tento duchovní objekt se může také měnit, pokud se jedná o stejného člověka, v důsledku změny jeho stavů – jeho vzestupů a pádů. Světlo samo o sobě je jednoduché, nemá žádnou formu a všechny změny probíhají pouze v postihujících.

A nechť je touha, abychom byli hodni přijmout Světlo Stvořitele a kráčet Jeho cestami, pracovat pro Něho, abychom Ho potěšili, a nikoliv proto, abychom získali odměnu. Nechť je touha pozvednout *Šchinu* z prachu, abychom se stali hodni splynutí se Stvořitelem a Stvořitel se odhalil Svým stvořením.

4. Příčina potíží v anulování se ve prospěch Stvořitele

Slyšel jsem 12. den měsíce Š'vat v roce Tav-Šin-Dalet (6. února 1944)

Je nutné vědět, že příčina potíží, které zakouší člověk, jenž se chce anulovat ve prospěch Stvořitele, aby se vůbec nestaral sám o sebe, spočívá v tom, že člověk cítí, jako by celý svět zůstal na svém místě, ale on z tohoto světa mizí a ve jménu anulování se před Stvořitelem opouští svoji rodinu a přátele. Příčina této nesnáze je jednoduchá a nazývá se „nedostatek víry". To znamená, že nevidí, před kým a pro koho by se měl anulovat, jestliže necítí existenci Stvořitele. Právě to způsobuje potíže.

Avšak jakmile člověk Stvořitele pocítí, jeho duše ihned zatouží po spojení s Kořenem, aby se k Němu připojila a sama sebe bez nejmenšího zaváhání anulovala jako svíčka před pochodní, protože to v něm nastane přirozeným způsobem.

Proto je nejdůležitější a nutné, aby člověk dosáhl vnímání Stvořitele a pocítil, že je Jeho velikostí naplněn celý svět. A pro dosažení tohoto pocitu musí člověk prokázat veškerá úsilí ve své duchovní práci, aby si uvědomil, že to jediné, co mu chybí, je víra ve Stvořitele. A nechť nemyslí na nic jiného než na stěžejní odměnu, kterou by chtěl získat za svou práci – být odměněn vírou ve Stvořitele.

A je třeba vědět, že není žádný rozdíl mezi velkou a malou září, kterou člověk postihuje, protože ve Světle nikdy nedochází k žádným změnám. Ale všechny změny v pocitech pocházejí z toho, že se mění *Kelim*, jež přijímají Vyšší světlo. Jak je psáno: „Já jsem Své *HaVaJaH* (ה-ו-ה-י) nezměnil."

Proto, je-li člověk schopen zvětšit svoje *Kelim* (přání), ve stejné míře zvětšuje množství Světla, které do nich vstupuje. Otázka zní: jak můžeme zvětšit *Kelim*? Tím, že člověk vychvaluje a vyvyšuje Stvořitele ve svých vlastních očích, cítí vděčnost za to, že ho Stvořitel k Sobě přiblížil a poskytl mu možnost trochu pocítit Jeho světlo a přemýšlet o tom, jak je proň spojení se Stvořitelem důležité. A čím větší význam tomu člověk přikládá, tím větší se stávají jeho *Kelim*, a tím více záře v nich cítí.

Ale poněvadž se pocity člověka vždy nacházejí pouze uvnitř jeho tužeb, nikdy není schopen přesně posoudit skutečnou úroveň svého spojení se Stvořitelem. Avšak ve stejné míře, v jaké si spojení cení, chápe také jeho velikost a význam. A takovým způsobem může být odměněn tak, že v jeho *Kelim* zůstane Světlo navždy.

5. *Lišma* je probuzení Shora a proč je nutné probuzení zdola

Slyšel jsem v roce Tav-Šin-Hej (1944–1945)

Jak se stát hoden vlastnosti *Lišma* (pro Stvořitele),[6] člověk není schopen pochopit. Protože si lidská mysl není sto uvědomit, jak k něčemu takovému může v našem světě dojít. Vždyť na základě všeho, co se děje, člověk chápe, že veškerá práce v Tóře, na Přikázáních i odměna musí být zaměřeny na vlastní prospěch. Vždyť jinak člověk nemůže vykonat ani jediný pohyb. A proto je *Lišma* Světlem Shora. A pochopit může pouze ten, kdo ho cítí. Proto je řečeno: „Ochutnejte a přesvědčíte se, jak nádherný je Stvořitel."

A pokud je to tak, je nutné pochopit, proč člověk musí vynakládat všemožná úsilí, plnit rady a snažit se dosáhnout *Lišma*. Vždyť člověku nepomohou žádné rady. A jestliže mu Stvořitel nedá jinou přirozenost, která se nazývá přáním odevzdávat, k dosažení vlastnosti *Lišma* mu nepomohou ani žádná úsilí.

Odpověď spočívá v tom, co je řečeno mudrci (*Avot* 2, 21): „Dokončení této práce není na tobě, ale nemůžeš ji ani svobodně odmítnout." To znamená, že je člověk povinen vynaložit maximální úsilí zdola (aram. *Itaruta de-Letata*, hebr. *Hit'orerut mi-Lemata*, dosl. probuzení zdola), což se nazývá modlitba. Protože modlitbou se nazývá nedostatek, bez jehož pocítění není možné naplnění. A když člověk cítí potřebu vlastnosti *Lišma*, pak k němu přichází naplnění Shora, odkud k němu přijde odpověď na modlitbu – to znamená, že obdrží požadované naplnění. Ukazuje se, že je práce člověka pro obdržení vlastnosti *Lišma* nezbytná k získání nedostatku a *Kli*. Avšak naplnění nikdy nezávisí na člověku, nýbrž je darem Stvořitele.

Ale modlitba by měla být úplná – to znamená z hloubi srdce, když si je člověk naprosto jistý, že na světě není nikdo, kdo by mu mohl pomoci, kromě samotného Stvořitele. Ale jak může člověk rozpoznat, že mu nikdo na světě kromě samotného Stvořitele nemůže pomoci? Toto poznání může člověk získat pouze tehdy, když vynaloží veškerá možná úsilí, jakých je schopen, a přesvědčí se, že mu již nikdo nepomůže. Proto je člověk povinen učinit všemožné skutky, aby byl uznán za hodna obdržet vlastnost odevzdání Stvořiteli. Teprve tehdy se

---

[6] Dosl. pro Její jméno, kde „Její" se vztahuje k Tóře.

stane schopen se modlit o pomoc z hloubi svého srdce – a tehdy Stvořitel jeho modlitbu uslyší.

Avšak když se člověk snaží dosáhnout vlastnosti odevzdání, musí se snažit pracovat pouze pro odevzdávání a nepřijímat nic pro sebe. Teprve tehdy člověk odhaluje, že nemá ani jedno přání, které by souhlasilo s prací pro odevzdání. Nyní dospěje ke konečnému závěru, že nemá jiné východisko než si u Stvořitele vyprosit, aby mu pomohl podřídit všechny své touhy Jemu bez jakýchkoliv podmínek. Poněvadž člověk vidí, že není v jeho silách přesvědčit své tělo k anulování svého „já". Znamená to, že když člověk zjistí, že nemá žádnou naději, aby jeho přání dobrovolně souhlasila s odevzdáváním ve prospěch Stvořitele, teprve tehdy se může modlit z hloubi srdce – a pouze taková modlitba je přijata Stvořitelem.

Je nutné vědět, že když člověk nabývá vlastnost odevzdání, umrtvuje svůj egoismus. Vždyť egoismus je touha požívat – a získané přání odevzdávat anuluje vůli přijímat, takže jí neponechá možnost jednat, což znamená, že umrtvuje egoismus, jelikož odstraňuje jeho používání. A nevyužitý egoismus je definován jako mrtvý.

A pokud si člověk uvědomí, co může být v tomto životě nejdůležitější, pro co by stálo za to se namáhat, zjistí, že již není tak těžké se podřídit Stvořiteli ze dvou důvodů:

1. V každém případě, ať chce nebo nechce, musí v tomto světě vynakládat úsilí. A co mu zbyde na konci všech těchto jeho snah?
2. Když však pracuje pro odevzdání, získává obrovské potěšení dokonce i během práce.

A můžeme uvést příklad, který poskytl velký kabalista z Dubna, aby vysvětlil frázi: „Nikoliv Mne jsi volal, Jákobe, neboť jsi byl Mnou sužován, *Jisra'eli*." Řekl, že to vypadá jako podobenství o bohatém člověku, který vystoupil z vlaku s malým kufrem a postavil jej tam, kam si všichni cestující pokládají svá zavazadla. A nosiči berou zavazadla a odnášejí je do hotelu, kde se zdržují bohatí obchodníci. Nosič si myslel, že si cestující malý kufřík zajisté vezme sám a že k tomu nepotřebuje nosiče, a tak vzal velký balík. A boháč mu chtěl zaplatit malou částku, kterou byl zvyklý platit. Nosič ji však nechtěl přijmout a řekl: „Přinesl jsem do hotelového skladu obrovský balík a velmi jsem se vysílil. Sotva jsem tvoje břemeno uvlekl – a ty mi chceš dát tak malou odměnu?"

Poučení je, že když člověk přijde a říká, že vynakládal hodně úsilí během plnění duchovní práce, Stvořitel mu odpoví: „Nikoliv Mne jsi volal, Jákobe!" To znamená: „Moje břemeno sis nevzal! Toto břemeno patří někomu jinému. Pokud říkáš, že jsi byl nucen vynakládat hodně úsilí, když jsi plnil duchovní práci, pak jsi zajisté pracoval pro jiného pána. Proto běž pro odměnu k němu," „Neboť jsi byl Mnou sužován, Jisra'eli."

Ten, kdo pracuje pro Stvořitele, nemusí vynakládat žádná úsilí, ale naopak, cítí potěšení a povzbuzení. Když však má při práci na mysli jiný cíl, nemůže se obrátit na Stvořitele s požadavkem, aby mu Stvořitel dal povzbuzení v jeho práci. Vždyť nepracuje pro Stvořitele! Tak proč by mu měl Stvořitel za jeho práci platit? To znamená, že se člověk může obracet s požadavky o naplnění potěšením a životní silou pouze k těm, pro něž pracuje.

A protože je práce ve stavu *Lo Lišma*[7] zaměřena na řadu různých cílů, člověk může vyžadovat, aby mu cíl, pro který pracoval, poskytl odměnu čili radost a životní sílu. A o tom je řečeno: „Nechť podobné jim bude to, co vytvoří, a všichni, kdo se na ně spoléhají!" (Žalm 115)

Avšak vidíme, že dokonce i tehdy, když na sebe člověk přijímá práci pro Stvořitele, aniž by měl jakýkoliv jiný záměr, stále necítí žádné nadšení, které by ho zavazovalo k tomu, aby na sebe přijal práci pro Stvořitele, a toto břemeno na sebe přijímá pouze vírou výše rozumu, tudíž s přemáháním, navzdory svému přání. A tehdy vyvstává otázka: „Proč člověk k této práci cítí takovou obtíž a odpor, že se jeho tělo chce neustále této práce zbavit, když z ní necítí žádné povzbuzení?" A pracuje-li člověk v pokoře a nemá-li opravdu žádný jiný cíl než práci ve prospěch odevzdání, tak proč mu Stvořitel neumožní, aby ke své práci cítil chuť a nadšení?

Jedná se o to, že je skrývání potěšení velkou pomocí, bez níž by se člověk nemohl napravit. Vždyť jestliže by s rozhodnutím zahájit duchovní práci okamžitě začal cítit Světlo duchovního potěšení, souhlasily by s touto prací také všechny jeho egoistické touhy – to znamená, že by s ní člověk souhlasil proto, že získává potěšení a povzbuzení.

A pokud by to bylo tak, neexistovala by žádná možnost, aby člověk dosáhl vlastnosti odevzdání (*Lišma*). Vždyť by byl povinen pracovat pro svůj egoismus, poněvadž by v duchovní práci cítil mnohonásobně

---

[7] Dosl. ne pro Její jméno, kde „Její" se vztahuje k Tóře.

větší potěšení než při jakékoli pozemské činnosti. Proto by byl odsouzen k tomu, že by se nikdy nevymanil z práce pro sebe sama (*Lo Lišma*) a neustále by ze svého úsilí přijímal uspokojení. A pokud člověk přijímá uspokojení, není schopen nic změnit; vždyť nemůže pracovat bez odměny. Z toho důvodu, jestliže by člověk získal uspokojení v práci ve svůj prospěch, musel by v ní zůstat navždy.

Je to podobné tomu, jak lidé pronásledují zloděje a on běží první a křičí: „Chyťte zloděje!" A je nemožné určit, kdo je skutečný zloděj, aby ho chytili a vrátili majiteli, co ukradl. Ale pokud zloděj, to jest egoismus, necítí potěšení v naší práci pro získání vlastnosti odevzdání, pak pracuje-li člověk vírou výše rozumu a nutí sám sebe, jeho egoismus této práci proti egoistické touze po potěšení uvykne. Pro člověka tak vyvstává možnost přejít na tento druh práce, kde se jeho cílem stane potěšení Stvořitele, protože to zásadní, co je od člověka vyžadováno, je to, aby v důsledku svého úsilí dosáhl splynutí se Stvořitelem, tudíž dosáhl totožnosti vlastností, a také, aby byly všechny jeho činy zaměřeny na odevzdání.

O takovém stavu se říká: „Právě tehdy se potěšíš Stvořitelem," kde „právě tehdy" znamená, že na začátku práce člověk nemůže cítit žádné potěšení, ale naopak, veškerá jeho práce je prováděna s vynakládáním úsilí navzdory přání těla. Ale poté, co se naučil pracovat pro odevzdání bez veškerého vztahu k odměně a věří, že svým úsilím poskytuje potěšení Stvořiteli, člověk začne pociťovat Stvořitele. Člověk musí věřit, že Stvořitel přijímá jakákoliv jeho úsilí bez ohledu na to, jak je sám hodnotí. Stvořitel se dívá pouze na záměry člověka, v nich spočívá potěšení Stvořiteli, v důsledku čehož je člověk odměněn vyššími potěšeními.

Proto by již na počátku své práce měl člověk pociťovat potěšení z toho, že pracuje pro Stvořitele. Vždyť úsilí vynaložené prostřednictvím přinucení připravuje člověka na pravou duchovní práci pro Stvořitele. A člověku je dána možnost, aby se těšil svým úsilím pro Stvořitele také v období ukrytí.

6. Pomoc, kterou poskytuje Tóra v duchovní práci

Slyšel jsem v roce Tav-Šin-Dalet (1943–1944)

Když se člověk učí Tóru a chce dosáhnout toho, aby byly všechny jeho činy ve prospěch odevzdání, musí se snažit zajistit, aby mu Tóra vždy sloužila jako podpora. A pomoc Tóry jsou síly, které živí člověka: láska a rozechvění, pozvednutý stav ducha, čilost a podobně. A to vše musí najít v Tóře – to znamená, že mu Tóra musí poskytnout takovýto výsledek.

A když se člověk učí Tóru, a takový výsledek nedostává, znamená to, že se Tóru neučí, protože Tóra znamená Světlo, jež je v Tóře obsažené. A mudrci je řečeno: „Stvořil jsem zlý počátek (sklon ke zlu, *Jecer ha-Ra*, יצר הרע) a stvořil jsem Tóru pro jeho nápravu," čímž je míněno Světlo, které je v ní uzavřeno, poněvadž Světlo obsažené v Tóře vrací ke Zdroji.

A ještě je nutné vědět, že Tóra je rozdělena na dvě části:
1. Tóra,
2. Přikázání.

A není možné porozumět pravému smyslu těchto dvou částí, dokud člověk není hoden kráčet cestou Stvořitele, cestou tajemství řečeného: „Stvořitel je pro ty, kdož se před ním chvějí." Když se člověk teprve připravuje vstoupit do paláce Stvořitele, nemůže pochopit cesty pravdy, ale je možné uvést příklad, aby i člověk v přípravné fázi mohl pochopit alespoň něco. Jak je řečeno mudrci (*Suta* 21): „Přikázání zachraňuje a ochraňuje, když ho dodržují, a Tóra zachraňuje a ochraňuje, když se jí učí i když se jí neučí."

Jde o to, že splnění Přikázání znamená přítomnost Světla, kterého člověk dosáhl. Přikázání může sloužit člověku pouze v době, kdy má Světlo a z toho přebývá v radosti. Toto se nazývá Přikázáním. To znamená, že člověk dosud není hoden Tóry a duchovní životní sílu mu dává pouze Světlo.

Kdežto Tóra znamená cestu, kterou pochopil a která mu může sloužit dokonce i tehdy, když se Tóru neučí, tudíž dokonce i v době, kdy nemá Světlo. A to je proto, že z ní odchází pouze záře, ale cesta, kterou pochopil ve své práci, mu může sloužit, i když záře zmizí.

Zároveň je však třeba vědět, že Přikázání je v době, kdy je plněno, důležitější než Tóra, když není studována. Jestliže tedy člověk přijímá Světlo, znamená to, že plní Přikázání, a proto je Přikázání, má-li člověk Světlo, mnohem důležitější než Tóra, když nemá Světlo – to znamená, když pro něho Tóra není životem.

Na jedné straně je Tóra důležitá, protože mu může sloužit cesta, kterou v Tóře pochopil. Ale pokud v něm není život, nazývaný Světlo, a v Přikázání přijímá život, nazývaný Světlo, je z tohoto hlediska Přikázání důležitější než Tóra.

Proto, když v člověku není život, je nazýván hříšníkem, neboť nyní nemůže říci, že Stvořitel vládne světu po dobrém. A protože obviňuje Stvořitele, je nazýván hříšníkem. Vždyť teď cítí, že v něm není život a že není proč se radovat a také není žádný důvod říci, že je teď vděčný Stvořiteli za to, že mu dává blaho a potěšení.

A nedá se očekávat, že bude věřit, že Stvořitel opravdu řídí ostatní pouze dobrem, protože cesty Tóry vnímáme prostřednictvím pocitů v těle. Pokud by člověk skutečně věřil, že přítel odhalil řízení Stvořitele jako dobré, tato víra by mu přinesla radost a potěšení, protože věří, že Stvořitel řídí svět po dobrém.

A pokud se člověk necítí dobře z toho, že je dobře druhému, když mu to nepřináší radost a život, jaký přináší prospěch říkat, že Stvořitel řídí přítele po dobrém? Vždyť nejdůležitější je to, co člověk cítí ve svém těle: buď je mu dobře, nebo špatně. A z jeho hlediska je příteli dobře jen tehdy, když se sám těší tím, že je příteli dobře.

Takže se na tělesných pocitech učíme, že není důležitá příčina, nýbrž pouze to, zda se cítí dobře. Pokud se člověk cítí dobře, říká, že je Stvořitel dobrý a přináší dobro, a pokud se cítí špatně, nemůže říci, že ho Stvořitel řídí po dobrém.

Těší-li ho však právě to, že je dobře jeho příteli, a má-li z toho dobrou náladu a radost, pak může říci, že je Stvořitel dobrý vládce. Ale pokud nemá radost a cítí, že mu není dobře, jak potom může říci, že je Stvořitel dobrý a přináší dobro?

Proto, je-li člověk ve stavu, v němž necítí život a radost, pak již nemá lásku ke Stvořiteli. Nemůže Ho ospravedlnit a být v radosti, jak se patří pro toho, kdo byl počten službou velikému králi.

A obecně bychom měli vědět, že se Vyšší světlo nachází v absolutním klidu a veškerá rozmanitá jména jsou Stvořiteli dávána nižšími. To znamená, že všechna pojmenování Vyššího světla vycházejí z toho, jak ho postihují nižší. Jinými slovy, jak postihuje Světlo člověk – to znamená, že ho nazývá podle toho, jak ho cítí.

A pokud člověk necítí, že mu Stvořitel něco dává, jaképak jméno Stvořiteli může dát, když od Něho nic nepřijímá? Jestliže však člověk ve Stvořitele věří, říká, že každý stav, který prožívá, je mu dán Stvořitelem, a dává Stvořiteli jména v souladu se svým pocitem.

To znamená, že pokud člověk cítí, že je mu dobře ve stavu, ve kterém se ocitl, pak říká, že Stvořitel je dobrý a přinášející dobro, protože to tak pociťuje - cítí, že přijímá od Stvořitele blaho. A pak se člověk nazývá spravedlivým, protože ospravedlňuje svého Stvořitele.

A pokud se člověk cítí špatně ve stavu, ve kterém se nachází, nemůže říci, že mu Stvořitel posílá dobro, a nazývá se hříšníkem, protože obviňuje svého Stvořitele.

Ale neexistuje mezistav - takový, aby člověk řekl, že ve svém stavu cítí, že je mu zároveň dobře i špatně. Může mu být buď dobře, nebo špatně. A mudrci je řečeno (Berachot 61): „Svět je stvořen buď pro úplné hříšníky, nebo pro absolutní spravedlivé." A to proto, že není možné, aby se člověk cítil zároveň dobře i špatně.

A to, že mudrci říkají, jakoby existoval mezistav, je proto, že stvoření má pojem času a mezistav se nachází mezi dvěma časovými intervaly, které následují jeden po druhém: vzestup a pád, když je člověk tu spravedlivý, tu hříšník. Není však možné, aby se člověk cítil dobře a zároveň špatně.

Z řečeného vyplývá, že Tóra je pro člověka důležitější než Přikázání v době, kdy se nezabývá ani Tórou, ani Přikázáními, čili když nemá život. Tehdy je Tóra, ve které není žádný život, důležitější než Přikázání, ve kterém není žádný život. Neboť z Přikázání, ve kterém není život, nemůže nic přijmout, zatímco z Tóry mu stále zůstává způsob práce, který získal, když se zabýval Tórou. A i když je život pryč, má způsob, který může použít.

Ale jsou chvíle, kdy je Přikázání důležitější než Tóra. K tomu dochází, když v Přikázání život je, ale v Tóře není. Proto v době, kdy se člověk nevěnuje Tóře a Přikázání, to jest, když nemá radost a život v práci, není pro něho žádná jiná rada kromě modlitby. Ale během modlitby musí vědět, že je hříšník, protože nyní necítí požehnání a potěšení, které existuje ve světě. A dokonce i tehdy, když člověk považuje za možné uvěřit, že mu Stvořitel dává jen dobro, stejně se všechny jeho myšlenky a to, co ve skutečnosti dělá, nenacházejí v rámci práce.

Člověk se nachází v rámci práce, když myšlenka vede k jednání - to znamená k pocitu v těle. Pak tělo musí pocítit, že je Stvořitel dobrý a přináší dobro, a na základě toho obdrží život a radost. A pokud nemá život, k čemu jsou mu jeho propočty? Vždyť nyní jeho tělesné orgány nemají rády Stvořitele, který jim dává blaho.

Proto by člověk měl vědět, že pokud nemá radost a životní sílu v práci, je to znamení, že je hříšník, poněvadž se necítí dobře.

- 41 -

A všechny jeho myšlenky nejsou pravdivé, pokud nevedou k pocitu v orgánech, v důsledku čehož se člověk zamiluje do Stvořitele za to, že dává potěšení stvořením.

7. Co v práci znamená, když se zvyk stává druhou přirozeností?

Slyšel jsem v roce Tav-Šin-Gimel (1942–1943)

Když si člověk zvyká na určitou věc, tato věc se pro něho stává obvyklou a každý zvyk se může stát druhou přirozeností člověka. Proto neexistuje nic, v čem by člověk nemohl cítit chuť reality. A dokonce, i kdyby zůstal k něčemu naprosto necitlivý, díky zvyku to začne cítit.

A je třeba vědět, že existuje rozdíl v pocitech Stvořitele a stvoření. Stvoření zahrnuje pociťujícího a pociťované, postihujícího a postihované – tudíž existuje někdo, kdo vnímá nějakou realitu. Kdežto realita nepřítomnosti pociťujícího se vztahuje pouze na samotného Stvořitele. A realita Stvořitele je nepostižitelná. Člověk však vnímá jakoukoli skutečnost prostřednictvím pocitů. A skutečnost je proň pravdivá v míře, ve které ji cítí, cítí její chuť. To je pro něho pravda. Jestliže ve skutečnosti cítí hořkou chuť – tudíž se v nějakém stavu cítí špatně a trpí tím – pak se v duchovní práci takový člověk nazývá hříšníkem, protože obviňuje Stvořitele, který je dobrý a koná jen dobro. A ve shodě se svým pocitem člověk přijímá od Stvořitele protikladné, tedy špatné.

A mudrci je řečeno (*Berachot* 61): „Svět je stvořen pouze pro úplné hříšníky, nebo pro absolutní spravedlivé." To znamená, že se člověk ve stávající realitě cítí buď dobře – v tom případě ospravedlňuje Stvořitele a je nazýván spravedlivým, nebo se cítí špatně – a tehdy je hříšníkem. Z toho vyplývá, že je vše měřeno v souladu s pocity člověka. Se Stvořitelem však všechny tyto pocity nesouvisejí, jak je řečeno v Písni jednoty: „Tak to bude navěky – že v Tobě nebude nic ubráno ani přidáno." Veškeré ukrytí i všechny změny se týkají pouze přijímajících a jsou závislé na porozumění, odhalení člověka.

8. Rozdíl mezi Svatým stínem a stínem *Klipot*

Slyšel jsem v měsíci Tamuz v roce Tav-Šin-Dalet (červenec 1944)

Je řečeno: „Dokud nepřivanul den a nerozprchly se stíny..." (Píseň písní, kapitola 2) A je třeba pochopit, jaké „stíny" jsou v duchovní práci a proč existují dva stíny. Jde o to, že když člověk necítí podstatu řízení Stvořitele, neuvědomuje si, že On vládne světu dobrem a pro blaho, a jeho stav je definován jako tma, která je vytvořena ze stínů, jež skrývají slunce. A jako fyzický stín, který zakrývá slunce, ho není schopen nějakým způsobem ovlivnit a nezabrání slunci, aby zazářilo ve své plné síle, také člověk, který necítí řízení Stvořitele, nemůže nijak změnit to, co se děje Nahoře. A Nahoře vše zůstává nezměněno, jak je psáno: „Já jsem své *HaVaJaH* (ה-ו-ה-י) nezměnil."

Všechny změny nastávají pouze v přijímajících. A v tomto stínu, tedy v tomto ukrytí, je možné rozlišit dva druhy. Prvním z nich je, když má člověk ještě možnost se s temnotou a s ukrytím vypořádat, ospravedlnit Stvořitele a modlit se k Němu, aby mu otevřel oči a dovolil mu pochopit, že veškeré ukrytí k němu přichází od Něho. To znamená, že to Stvořitel koná pro něho, aby Ho mohl požádat o pomoc a zatoužil se s Ním sloučit. Vždyť pouze pomocí utrpení, když nyní přijímá od Stvořitele ukrytí a utrpení, nakonec využije známý prostředek a znásobí svou modlitbu. A bude prosit Stvořitele o pomoc a záchranu ze stavu, ve kterém se ocitl. To znamená, že v tomto stavu stále ještě věří ve Stvořitele a v Jeho řízení.

Druhý spočívá v tom, že již nemůže posílit svoji víru a říci, že všechna utrpení a rány, jež cítí, pocházejí od Stvořitele, aby mu umožnil pozvednutí na následující stupeň. A tehdy, chraň Bůh, může vstoupit do stavu nevíry, protože nemůže uvěřit v řízení Stvořitele, a samozřejmě se také nebude moci ke Stvořiteli modlit a požádat ho o pomoc. Ukazuje se, že existují dva druhy stínů a v tom smyslu je řečeno: „A rozprchly se stíny," což znamená, že stíny zmizely ze světa.

Stín *Klipy* znamená: „Jiný bůh je neplodný a nepřináší ovoce." Kdežto o Svatém stínu je řečeno: „Prahnul jsem po stínu Jeho, seděl jsem v něm a jeho ovoce bylo sladké." To znamená, že všechna ukrytí a utrpení přicházejí k člověku na základě vůle Stvořitele proto, aby se z nich vymanil vírou výše rozumu. A pokud má sílu říci, že to vše nastavuje Stvořitel jemu ku prospěchu. Vždyť jakmile může začít pracovat pro odevzdání, a nikoliv pro sebe, k člověku přichází porozumění a on věří, že Stvořitele těší právě ta práce, která je zcela postavena na víře výše rozumu. A člověk již více neprosí Stvořitele, aby stíny odešly z tohoto světa, ale říká: „Vidím, že Stvořitel chce, abych pro Něho pracoval právě takto – vírou výše rozumu." A pak ať již by dělal cokoliv, řekne: „Stvořitele jistě taková práce těší! A tak mi nezáleží na tom, že pracuji při ukrytí Stvořitele." Vždyť chce pracovat ve prospěch odevzdání, to jest pro radost Stvořitele. Proto nenachází na této práci nic špatného, když cítí, že se Stvořitel před ním skrývá a že ze své práce nezískává potěšení. Naopak, člověk souhlasí s řízením Stvořitele – to jest, souhlasí celým srdcem a duší s tímto pociťováním reality Stvořitele, kterou mu Stvořitel během této práce chtěl dát. Neboť nehledí na to, čím by se mohl potěšit sám, ale hledá, čím může potěšit Stvořitele. A ukazuje se, že mu takový stín přináší život.

O tom je řečeno: „Po stínu Jeho jsem prahnul." To znamená, že člověk chce dosáhnout takového stavu, aby byl schopen určitého překonání vírou výše rozumu. A pokud se to nesnaží dělat v podmínkách ukrytí, kdy má stále ještě možnost se modlit a prosit Stvořitele, aby ho k Sobě přiblížil, nýbrž od této možnosti upouští, pak mu posílají dvojnásobné ukrytí, ve kterém se již ani nemůže modlit. A příčinou toho všechno je hřích, protože nesebral veškerou svou sílu, aby se obrátil ke Stvořiteli s modlitbou, a proto poklesl do takové nízkosti. Ocitne-li se však v takovém stavu, Nahoře se nad ním slitují a znovu mu ještě jednou Shora pošlou probuzení a on opět začne stejný kruh od samého začátku, dokud se nakonec neposílí ve víře, a tehdy Stvořitel slyší jeho modlitbu, přibližuje ho k Sobě a přivádí ho zpátky ke Zdroji.

9. Tři důvody, které rozšiřují rozum člověka

Slyšel jsem v měsíci Elul v roce Tav-Šin-Bet (srpen 1942)

Kniha *Zohar* nám objasňuje slova mudrců: „Tři důvody rozšiřují rozum člověka: krásná žena, krásný dům a krásné *Kelim*". Krásná žena – je Svatá *Šchina*. Krásný dům – je jeho srdce. Touhy člověka se nazývají *Kelim*. A stojí za to vysvětlit, že Svatá *Šchina* nemůže odhalit svou pravou krásu a přitažlivost, dokud člověk nezíská krásné *Kelim* – touhy pocházející ze srdce. To znamená, že nejprve musí očistit své srdce, aby se stalo krásným domovem. A krásným je nazýváno, když je osvobozeno od záměru „pro sebe sama" a jedná pouze ve prospěch odevzdání, a tím člověk nabyde krásné *Kelim*. A tehdy se jeho touhy, nazvané *Kelim*, nejen očistí od egoismu, ale budou také prozářené ve své vlastnosti odevzdání.

Ale pokud člověk nemá krásný domov, Stvořitel říká: „Já a on nemůžeme být pospolu," protože Světlo a *Kli* si musí být podobné. Proto, když člověk na sebe přijme víru jako očistu svého srdce a rozumu, je odměněn krásnou ženou: *Schina* se odhaluje jako krása a přitažlivost. A to rozšiřuje rozum člověka, neboť když ve svých touhách pociťuje potěšení a radost z odhalení *Schiny*, naplňuje svoje *Kelim* – a to se nazývá rozšířením rozumu.

A dosahují toho prostřednictvím závisti a vášně pro potěšení a pocty, které, jak je řečeno, vyvedou člověka z tohoto světa.

Závist – k *Schině*, když nabyde závist ke Stvořiteli.

Pocty – touha prokázat více úcty Stvořiteli.

Vášeň pro potěšení – jak je řečeno: „Přání pokorných Ty slyšíš..."

10. Co v duchovní práci znamená „můj přítel se skryl"?

Slyšel jsem v měsíci Tamuz v roce Tav-Šin-Dalet (červenec 1944)

Je nutné vědět, že když člověk začne postupovat kupředu a chce dosáhnout stavu, ve kterém budou všechny jeho činnosti ve prospěch Stvořitele, začíná prožívat vzestupy a pády. A stává se, že je pád natolik velký, že vznikají myšlenky na útěk od Tóry a Přikázání – tudíž přicházejí myšlenky, že nechce být pod vládou Svatosti. A tehdy musí člověk věřit, že je ve skutečnosti všechno naopak – to znamená, že se Svatost vyhýbá jemu. A jedná se o to, že jakmile chce člověk poškodit Svatost, ta ho předběhne a jako první se od něho odvrací. A pokud v to člověk věří a vypořádá se se situací, když se ho Svatost straní, pak se útěk (utéci, hebr. *Barach*, ברח) stane požehnáním (požehnat, hebr. *Berech*, ברך) Stvořitele, jak je řečeno: „Požehnej, Stvořiteli, jeho sílu a přej si dílo jeho rukou."

11. Raduj se, když se chvěješ

Slyšel jsem v roce Tav-Šin-Chet (1947–1948)

Radost je projevem lásky, která je podstatou bytí. A je to podobné člověku, který si staví dům a nevytváří ve stěnách žádné nedostatky. Znamená to, že nemá možnost vejít do domu, protože ve stěnách domu nejsou žádná prázdná místa, otvory, jimiž by mohl vstoupit. A z toho důvodu je nutné vytvářet prázdná místa, s jejichž pomocí člověk vstoupí do domu.

Proto tam, kde je láska, je také nutné zajistit strach, protože strach je tou prázdnotou. To znamená, že v sobě člověk musí probouzet strach, co když znenadání nebude moci získat záměr pro odevzdání? A pouze je-li láska a strach pospolu, existuje dokonalost; jinak chce jedno potlačit druhé. Proto je třeba se snažit, aby byly současně pospolu – a v tom tkví smysl toho, že jsou nezbytné láska i bázeň. Láska se nazývá život, kdežto strach se nazývá nedostatek a prázdný prostor. A pouze společně jsou dokonalostí. A to se nazývá „dvě nohy" – vždyť jen tehdy, když má člověk dvě nohy, může jít.

12. To nejdůležitější v práci člověka

Slyšel jsem na hostině druhý den svátku Roš ha-Šana v roce Tav-Šin-Chet (16. září 1947)

To nejdůležitější v práci člověka je získat a pocítit chuť k odevzdávání Stvořiteli. Vždyť všechno, co člověk dělá pro sebe sama, jej od Stvořitele oddaluje a vede k rozdílům v jejich vlastnostech. Když však vykonává nějakou činnost pro Stvořitele, dokonce i tu nejmenší, stejně se nazývá „Přikázáním".

Proto je nejdůležitější, aby se člověk snažit získat sílu, jež umožňuje pocítit chuť k odevzdávání. A kvůli tomu musí ztratit touhu k přijímání ve svůj prospěch. A pak postupně začne vnímat chuť odevzdávání.

13. Podstata granátového jablka

Slyšel jsem na hostině druhý večer svátku Roš ha-Šana v roce Tav-Šin-Chet (15. září 1947)

Mudrci říkali (*Iruin* 19), že dokonce i prázdnota v člověku je zaplněna Přikázáními, jako je granátové jablko zaplněno zrníčky. A „granátové jablko" (*Rimon*, רימון) pochází ze slova „povýšení" (*Romemut*, רוממות), což znamená „výše rozumu". A tehdy je „dokonce i prázdnota v tobě zaplněna Přikázáními" a míra zaplnění odpovídá schopnosti kráčet výše rozumu a to se nazývá pozvednutí. Prázdnota se také vztahuje k místu bez života. (Jak je řečeno: „Zavěšena je země v prázdnotě.")

A čím více se člověk pozvedává nad rozumem, tím více se zaplňuje toto prázdné místo. To znamená, že prázdnotu zaplňují pozvednutím, postupují-li vírou výše rozumu. Je třeba prosit Stvořitele, aby nám dal sílu k pozvednutí. Vždyť prázdnota nebyla stvořena a dána člověku proto, aby svoji prázdnotu cítil, nýbrž aby ji naplnil velikostí Stvořitele a vše přijal vírou výše rozumu. O tom je řečeno: „A učinil Stvořitel tak, aby se před Ním chvěli." Všechny prázdné myšlenky, které k člověku přicházejí, jsou mu dávány pouze proto, aby pochopil nutnost přijmout víru výše rozumu. Ale to vyžaduje pomoc Stvořitele a člověk Ho musí požádat, aby mu dal sílu k tomu, aby mohl kráčet výše rozumu. A právě tehdy člověk potřebuje pomoc Stvořitele; vždyť mu bude jeho vnější rozum vždycky našeptávat opak. A není žádné jiné východisko než o to požádat Stvořitele, neboť je řečeno, že egoismus člověka pokaždé zvítězí a člověk sám bez pomoci Stvořitele není schopen jej překonat. A teprve tehdy člověk chápe, že mu nikdo kromě Stvořitele nemůže pomoci – to znamená: „A učinil Stvořitel tak, aby se před Ním chvěli." Strach znamená víru, protože jen tehdy člověk potřebuje spásu od Stvořitele.

14. Co znamená velikost Stvořitele?

Slyšel jsem v roce Tav-Šin-Chet (1947–1948)

Povznést velikost Stvořitele znamená, že by Ho měl člověk prosit, aby mu dal sílu k tomu, aby mohl kráčet vírou výše rozumu. A pro povznášení velikosti Stvořitele jsou dvě vysvětlení:

1. Nenaplňovat se vědomostmi, rozumem, prostřednictvím kterého může člověk odpovědět na své otázky, ale přát si, aby na jeho otázky odpověděl Stvořitel. A toto se nazývá povznesení velikosti Stvořitele, poněvadž je každá mysl dána Shora a nepochází od člověka. A vše, co si člověk může sám vysvětlit, si vysvětluje prostřednictvím vnějšího rozumu. Jinými slovy, egoistická touha chápe, že stojí za to dodržovat Tóru a Přikázání, zatímco víra výše rozumu člověka zavazuje, aby pracoval, čili postupoval proti znalostem egoistické touhy.

2. Povznášení velikosti Stvořitele je to, že se Stvořitel stává nezbytným proto, aby člověk dostával odpovědi na své otázky. Z toho důvodu:

1. Člověk musí kráčet vírou výše rozumu a pak vidí, že je zpustošený – a tehdy potřebuje Stvořitele.
2. Pouze Stvořitel může dát člověku tuto sílu – kráčet vírou výše rozumu.

To je to, co Stvořitel dává a co se nazývá velikostí Stvořitele.

15. Co znamenají „jiní bozi" v práci

Slyšel jsem 24. den měsíce Av v roce Tav-Šin-Hej (3. srpna 1945)

Je napsáno: „Nevytvářej jiné bohy před tváří Mojí," a Kniha *Zohar* vysvětluje, že je třeba „kamenů pro zvážení její". A na to se ptá: „Jak pomocí kamenů váží práci, aby tím zjistili svůj stav na cestě Stvořitele?" A on odpovídá: vždyť je známo, že v době, kdy člověk začíná pracovat více, než je zvyklý, tělo začne vzdorovat a všemi silami se této práci brání, protože odevzdání je pro tělo jho a těžké břemeno a tuto práci nemůže snést. A odpor těla se projevuje tím, že v člověku vznikají cizí myšlenky a on začne pokládat známé otázky: „Kdo?" a „Co?" (Kdo je váš Stvořitel? Co vám dává tato práce?) A v důsledku těchto otázek člověk říká, že mu všechny tyto otázky určitě posílá *Sitra Achra* (סטרא אחרא, nečisté síly), aby ho vyrušila z práce.

Pokud člověk říká, že myšlenky přicházejí od nečistých sil, porušuje napsané: „Nevytvářejte jiné bohy před Mou tváří."

A smysl tkví v tom, že by měl člověk věřit, že tyto otázky přicházejí od Svaté *Šchiny*, protože „Není nikoho jiného kromě Něho". A Svatá *Šchina* odhaluje člověku jeho pravý stav a ukazuje, kráčí-li po cestě Stvořitele, prostřednictvím toho, že mu posílá tyto otázky, které se nazývají cizí myšlenky. To znamená, že pomocí těchto cizích myšlenek *Šchina* vidí, jak člověk odpovídá na tyto otázky, které jsou považovány za cizí myšlenky. A toto vše musí člověk vědět a musí pochopit svůj skutečný stav v práci, aby věděl, co má dělat.

A je to jako příběh o jednom příteli, který si přál zjistit, jak velkou lásku k němu jeho přítel chová. Je samozřejmé, že by to tváří v tvář zatajil kvůli studu, proto poslal někoho jiného, aby ho před jeho přítelem pomluvil. Reakci svého přítele uvidí v době, kdy je od něho vzdálen. A tehdy bude člověk moci zjistit pravdu, do jaké míry ho přítel miluje.

A smysl tkví v tom, že když svatá *Šchina* ukazuje člověku svou tvář – to znamená, že Stvořitel dává člověku život a radost – člověk se v tomto stavu stydí říci, co si myslí o tom, že má pracovat ve prospěch odevzdání a nepřijímat nic pro sebe. Avšak před její tváří není, když život a radost uhasíná, a to znamená: „ne před její tváří", neboť pak člověk může vidět svůj pravdivý stav, co se týče odevzdání. A pokud člověk věří, že „Není nikoho jiného kromě Něho", jak je psáno, a že mu všechny cizí myšlenky posílá Stvořitel – to znamená, že jen On koná – pak již samozřejmě ví, co má dělat a jak reagovat na tyto složité otázky. A vypadá to, jako by k němu *Šchina* posílala posly, aby viděli, jak ji haní, jak haní své Království Nebeské. Tímto způsobem to lze vysvětlit.

A člověk může pochopit, že všechno pochází od Stvořitele, protože je známo, že tyto cizí myšlenky, jimiž tělo zatěžuje člověka, nepřicházejí k člověku v době, kdy se nezabývá prací. Člověk vnímá naprosto zřetelně, že se tyto naléhavé myšlenky, které se rojí v jeho mozku, objevují těsně po neobvykle velkém pokroku v Tóře a v práci.

A toto se nazývá „kameny pro zvážení její". To znamená, že kameny padají do mozku člověka, když chce pochopit odpověď na tyto otázky. Vždyť se nyní chystá zvážit a zhodnotit cíl své práce – zda skutečně stojí za to pracovat ve prospěch odevzdání a pracovat tak, že odevzdá svou duši a sebe sama, aby se jeho jedinou touhou stala pouze naděje, že i kdyby v tomto světě něco získal, tak jenom za účelem práce pro potěšení Stvořitele, a ne kvůli něčemu materiálnímu.

A tehdy začíná ostrý spor, když vidí, jak tu jedna, tu druhá strana získává převahu. (Doslova: „I zde je tvář i tam".) A před tím varuje řečené: „Nevytvářejte jiné bohy před Mou tváří," abyste neřekli, že jiní bohové vám dali kameny pro zvážení vaší práce. A „před Mou tváří" znamená, že člověk musí vědět, že to je „Moje tvář". A to proto, aby člověk viděl pravou formu základu a fundamentu, na nichž je postavena budova jeho práce.

A stěžejní obtíž, která existuje v práci, vyplývá ze skutečnosti, že si tyto dva výroky navzájem odporují.

1. Vždyť na jedné straně se člověk musí snažit, aby byla veškerá jeho práce zaměřena na dosažení spojení se Stvořitelem; aby každým jeho přáním bylo pouze poskytnout potěšení Stvořiteli a nečinit nic pro svoji vlastní výhodu.
2. Na druhé straně vidíme, že se nejedná o stěžejní cíl. Vždyť Cíl stvoření nespočívá v tom, aby stvoření poskytovala potěšení Stvořiteli, poněvadž On necítí žádný nedostatek a nepotřebuje,

aby mu stvoření cokoliv dávala, ale naopak, Cíl stvoření je definován jako přání Stvořitele těšit stvoření – to znamená, aby stvoření přijímala od Stvořitele potěšení a blaho.

A tyto dvě věci si navzájem odporují. Jsou od sebe tak daleko, jak se říká, jako pól od pólu. Vždyť na jednu stranu musí člověk odevzdávat, a na druhou stranu by měl přijímat. Jinými slovy, z hlediska nápravy stvoření je nezbytné dosáhnout spojení, které je definováno totožností vlastností, aby všechny činnosti člověka byly jenom pro odevzdání, a teprve poté je možné splnit Cíl stvoření – přijímat od Stvořitele potěšení a blaho.

Avšak když v sobě člověk vypěstoval zvyk kráčet cestou odevzdání, tak samozřejmě nemá *Kelim* přijímání. V době, kdy kráčí cestou přijímání, nemá *Kelim* odevzdání. Nicméně s pomocí „kamenů pro vážení její" získává jedny i druhé *Kelim* společně. Poté, co se završily stížnosti a vyjasňování, které vznikly během práce, když překonal egoismus a přijal nad sebou vládu Stvořitele a dosáhl odevzdání v srdci i v rozumu, nyní, když se chystá přitáhnout Vyšší světlo, už má pevný základ v tom, že by všechno mělo být jen pro odevzdání. Proto, dokonce, i když přijímá nějaké záření, okamžitě ho přijme pro odevzdání.

A to proto, že celá osnova jeho práce je založena výhradně na odevzdávání a to se nazývá přijímání pro odevzdávání.

16. Den Stvořitele a noc Stvořitele

Slyšel jsem v roce Tav-Šin-Alef (1940–1941) v Jeruzalémě

Je řečeno: „Běda vám, kdož žízníte po dni Stvořitele! K čemu vám je? Vždyť je to pro vás tma, ne Světlo!" (*Amos* 5) A mudrci uvádějí pro objasnění podobenství o kohoutu a netopýrovi, kteří čekali na světlo slunce. Zeptal se kohout netopýra: „Čekám na světlo slunce, protože je moje, ale k čemu je světlo tobě?" (*Sanhedrin* 98, 2) Vzhledem k tomu, že netopýr nemá oči, aby viděl – co mu dá sluneční světlo? Vždyť toho, kdo nemá oči, sluneční světlo naopak noří do ještě větší tmy.

A snaž se pochopit toto podobenství: jak je možné vidět očima ve Světle Stvořitele, nazvaném „dnem Stvořitele"? A proč je uveden příběh o netopýrovi, který je zbaven zraku a zůstává v temnotě? A také, co znamená „den Stvořitele" a co znamená „noc Stvořitele" a jaký rozdíl je mezi nimi? Je pochopitelné, že pro člověka je den tehdy, když vychází slunce. Ale den Stvořitele? Jak ho poznat? A poznej jej podle „odhalení slunce"! Jako světlo slunce, které stoupá nad zemí, nazýváme „dnem" a jeho nepřítomnost nazýváme „tmou", také v duchovním se dnem nazývá odhalení Stvořitele a tmou Jeho ukrytí. To znamená, že když člověk dospěje k odhalení Stvořitele a vše je jasné jako den, nazývá se to dnem. O tom je řečeno (Psachim 2): „Ve Světle dne povstane vrah, zabije ubohého a zbídačeného a v noci se přemění na zloděje." A v noci se stává zlodějem proto, že ve Světle dne je jasné jako den, že přišel kvůli duším, že je vrahem – což znamená, že je možné zachránit jeho duši. Takže vidíme, že den Stvořitele je stav, ve kterém je všechno jasné jako den.

Den Stvořitele znamená absolutní jasno v tom, že vláda Stvořitele, Jeho řízení světa, je jen dobré a pro blaho stvoření. Například, když člověk prosí Stvořitele a okamžitě nachází odpověď, obdrží žádoucí a je ve všech svých činnostech úspěšný – to se nazývá den Stvořitele. Zatímco tmou nebo nocí se nazývá ukrytí Stvořitele a to v člověku způsobuje pochybnosti o Jeho dobrém a blahodárném řízení a vyvolává vznik myšlenek, jež jsou cizí duchovnímu. Ukrytí řízení, které vede ke vzniku všech těchto cizích myšlenek a názorů, se nazývá tmou nebo nocí a člověk cítí, že je tmou pokryt celý svět.

A to vysvětluje řečené: „Běda vám, kdož žízníte po dni Stvořitele! K čemu vám je? Vždyť je to pro vás tma, ne Světlo!"

Pokud člověk skutečně čeká na den Stvořitele, očekává, že bude moci kráčet „vírou výše rozumu", že jeho víra bude natolik silná, jako kdyby viděl a chápal se vší jasností a očividností, že Stvořitel řídí svět po dobrém a s cílem dobra. Avšak člověk nechce jasně vidět, jak Stvořitel řídí svět po dobrém a s cílem dobra, protože vidět znamená přestat věřit. Vždyť víra může být pouze tam, kde se neshoduje s rozumem, když člověk postupuje proti rozumu – to se nazývá vírou výše rozumu.

Tímto způsobem člověk věří, že vláda Stvořitele nad světem je dobrá a má dobrý cíl. A ačkoli to jasně necítí, neprosí Stvořitele, aby mu dal možnost vidět toto dobré řízení rozumem, ale chce zůstat ve víře výše rozumu. A prosí Stvořitele, aby mu dal tak velkou sílu víry, díky níž by svým rozumem jakoby na vlastní oči viděl dobré řízení Stvořitele v takové míře, která by mu umožnila nevnímat žádný rozdíl mezi vírou a znalostmi. Ti, kteří se chtějí spojit se Stvořitelem, takovému stavu říkají „den Stvořitele".

Pokud člověk cítí toto dobré řízení jako jasné poznání, pak tento pocit – Vyšší světlo – naplní jeho egoistické touhy, které ho oddalují od Stvořitele. Člověk to však nechce, protože tehdy zvítězí jeho egoistické touhy, jež jsou protikladné ke Svatosti, která je opakem touhy přijímat pro sebe sama. Přeje si spojení se Stvořitelem, což je možné pouze na základě podobnosti vlastností.

Ale aby měl člověk touhu po spojení se Stvořitelem, je nutné dosáhnout opaku své přirozenosti, neboť je stvořen s naprosto protikladnými vlastnostmi: s touhou přijímat potěšení jenom pro sebe sama. Ale jak je to možné udělat?

Člověk musí vynaložit velké úsilí, aby dosáhl druhé přirozenosti: touhy odevzdávat. A s touhou odevzdávat je již schopen přijímat Vyšší světlo a neškodit. Vždyť všechny přestupky vycházejí jen z touhy těšit se Vyšším světlem ve svůj prospěch. To znamená, že i když dokonce něco dělá se záměrem odevzdat, někde v hloubi se skrývá myšlenka, že za to dostane něco na oplátku. Jedním slovem, není v silách člověka uskutečnit ani jediný čin, pokud za to nedostane nějakou odměnu. Musí se těšit a každé potěšení, které přijme ve svůj prospěch, ho nutně oddálí od Zdroje života a přeruší jeho spojení se Stvořitelem. Vždyť spojení se projevuje v důsledku shody vlastností, a proto není možné dosáhnout vlastními silami čistého odevzdání bez příměsi přijímání.

Pro nalezení síly odevzdání a získání druhé přirozenosti je proto třeba, aby měl člověk sílu dosáhnout podobnosti se Stvořitelem – aby se stal takovým, jako je Stvořitel, který pouze dává, nic nepřijímá na oplátku a nemá pocit nedostatku. Vždyť On nedává proto, že by cítil nutnost dávání. Bůh chraň si myslet, že bude cítit nedostatek z toho, že někomu dává – ale je třeba to vnímat jako hru. On tudíž nedává proto, že je to pro Něho nezbytností, ale protože je to všechno jako hra.

Jako když mudrci odpověděli na otázku jedné urozené matróny: „Co dělal Stvořitel poté, co stvořil svět?" – „I seděl a hrál si s velrybou. Vždyť velryba byla stvořena k tomu, aby si s Ním hrála." A velryba označuje sjednocení a sloučení. To znamená, že spojení Stvořitele a stvoření je jenom hra, nikoliv touha a nutnost. A rozdíl mezi hrou a touhou spočívá v tom, že vše, co pochází z touhy, je nutností, a pokud nedostanou, co chtějí, cítí nedostatek. Zatímco ve hře, dokonce i kdyby něčeho nedosáhli, není to pokládáno za nedostatek. Jak se říká: žádná škoda, že jsem nedostal to, s čím jsem počítal. Není to tak důležité. Vždyť touha získat byla jen hra a nebylo to bráno vážně.

Ukazuje se, že cíl dokonalosti spočívá v tom, aby byla práce člověka absolutním odevzdáváním a aby neměl žádnou touhu získat za svou práci jakékoliv potěšení. A to je vysoký stupeň, poněvadž takto postupuje Sám Stvořitel. A den Stvořitele se nazývá dokonalostí, jak je řečeno: „Potemní ráno hvězdy, čekají na světlo, ale zmizí." Vždyť Světlo je dokonalostí.

A když člověk dosáhne druhé přirozenosti čili přání odevzdat, které mu dá Stvořitel výměnou za jeho první přirozenost – touhu přijímat potěšení, tehdy je člověk s tímto přáním odevzdat schopen pracovat pro Stvořitele v dokonalosti a to se nazývá dnem Stvořitele.

Proto ten, kdo ještě nebyl odměněn druhou přirozeností, jež dává možnost pracovat pro Stvořitele v odevzdání, ale doufá, že bude odevzdání hoden, a již vyvinul úsilí a udělal vše, co bylo v jeho silách, aby byl touto silou poctěn, ten se nazývá čekajícím na den Stvořitele. Tudíž očekává, že se jeho vlastnosti stanou podobnými vlastnostem Stvořitele. A když nastává den Stvořitele, má velikou radost ze skutečnosti, že se osvobodil z nadvlády vůle přijímat pro sebe sama, která ho oddělovala od Stvořitele, a nyní se se Stvořitelem spojuje a to je považováno za dosažení vrcholu.

Zatímco ten, jehož veškerá práce je vykonávána jen kvůli přijímání pro sebe sama, se naopak raduje jen tehdy, když si myslí, že za svou práci obdrží odměnu. Když však vidí, že jeho egoismus neobdrží žádnou odměnu, je nešťastný a smutný a někdy se dokonce vrací zpět k tomu, co již odmítl s tím, že kdyby to byl věděl předem, neodmítal by to. A pokud mu pak řeknou, že jeho odměnou za plnění Tóry a Přikázání bude den Stvořitele, to znamená, že získá sílu odevzdání, odpoví, že to je tma, a nikoliv Světlo. Vždyť mu tato zpráva přináší pocit tmy.

17. Nečistá síla se nazývá „království bez koruny"

Slyšel jsem v roce Tav-Šin-Alef (1940–1941) v Jeruzalémě

„Koruna" znamená *Keter*. A *Keter* je Stvořitel a Kořen, s nímž je spojena Svatost svou podobností vlastností. A jako náš Kořen Stvořitel vše dává svým stvořením, stejně tak i vlastnost Svatosti v člověku vše dává Stvořiteli.

Kdežto v nečistých silách člověka jsou všechny záměry pouze „pro sebe", a proto nejsou spojeny s Kořenem, s *Keterem*. Z toho důvodu je řečeno, že nečistá síla (*Sitra Achra*, סטרא אחרא) nemá *Keter*, neboť je od Něho oddělena.

A z toho můžeme pochopit, co bylo řečeno v *Talmudu* (*Sanhedrin* 29): „Každý přidávající odebírá."[8] Vždyť přidává k výpočtu, a tím odebírá. Jak je napsáno v Knize *Zohar* (*Pekudej* bod 249): „Zde je to stejné ve vztahu k tomu, co je vevnitř, o čemž je napsáno: ‚Navíc by si měl postavit svatostánek s deseti oponami.' Ve vztahu k tomu, co je venku, je napsáno: ‚Přidávaje písmena, to znamená přidávaje *Ajin* k dvanácti a odebíraje *Alef* z celkového počtu, odečítá *Alef* (číslo 1) z dvanácti, protože k dvanácti přidává *Ajin*."

Je známo, že výpočet se provádí pouze v *Malchut* (království) a pouze ona určuje výšku úrovně stupně, jež je dosahována zásluhou jejího Odraženého světla. *Malchut* se nazývá „touha se těšit pro sebe sama". A když *Malchut* anuluje své egoistické touhy, to znamená, že nechce nic pro sebe, nýbrž jenom odevzdávat Stvořiteli, a stane se podobnou Kořenu, jehož veškerá touha tkví pouze v dávání, tehdy se *Malchut*, nazvaná „já" (hebr. *Ani*, אני, písmena: *Alef-Nun-Jud*), změní na „nic" (hebr. *Ejn*, אין, písmena: *Alef-Jud-Nun*). A Světlo *Keteru* do sebe přijímá jen v tom případě, vytvoří-li se z dvanácti *Parcufim* Svatosti.

Jestliže chce přijímat pro sebe sama, stává se „zlým okem". To znamená, že místo toho, aby se změnila v „nic" (*Ejn*) anulováním se před Kořenem, *Keterem*, stává se „okem" (hebr. *Ajin*, עין, písmena: *Ajin-Jud--Nun*), jehož vlastností je vše vidět a vědět. A to se nazývá „přidat", protože chce k víře přidat znalosti a pracovat v souladu se svým rozumem a říká, že je třeba pracovat na základě znalostí, a tehdy egoismus neodporuje proti takové práci. A tímto přidáním způsobí „snížení", neboť se vzdaluje od *Keteru*, od touhy odevzdat čili od Kořene, a to kvůli rozdílům ve vlastnostech. A proto se nečistá síla (*Sitra Achra*) nazývá Království bez koruny (*Malchut* bez *Keteru*). To znamená, že *Malchut* ztrácí kontakt s *Keterem* a zůstane jenom s jedenácti *Parcufim* bez *Keteru*.

---

[8] Každý, kdo přidává, je hříšník.

A v tomto je smysl řečeného: „99 umírá ze zlého oka," protože nemají spojení s *Keterem* a jejich *Malchut* prahne po potěšení pro svůj vlastní prospěch a nechce se anulovat před Kořenem, před *Keterem*. A nechtějí proměnit „já" *(Ani)*, které se nazývá touha se těšit, v „nic" *(Ejn)* a anulovat svůj egoismus. A místo toho chtějí přidat znalosti, které se nazývají „zlé oko" *(Ajin)*. A proto padají ze svého stupně a ztrácejí spojení s Kořenem, o čemž je řečeno: „Ten, kdo je pyšný sám na sebe, nemůže být pohromadě se Stvořitelem."

Vždyť si nadutec myslí, že existují dvě vlády. Ale kdyby se anuloval před Stvořitelem ve snaze Mu odevzdat, podobně přání Kořenu, pak by byla jen jedna vláda – vláda Stvořitele. A vše, co by člověk ve světě přijímal, by bylo jen proto, aby odevzdával Stvořiteli.

Proto je řečeno: „Celý svět je stvořen jenom pro mne a já jsem byl stvořen, abych odevzdával Stvořiteli." A musím projít všemi duchovními stupni z toho důvodu, abych všechno dokázal odevzdávat Stvořiteli a mohl Mu sloužit.

18. V temnotě plač, duše moje

Slyšel jsem v roce Tav-Šin (1939–1940) v Jeruzalémě

Když na člověka sestupuje ukrytí duchovního a on vejde do stavu, v němž necítí žádnou chuť v duchovní práci, vůbec si není schopen představit ani cítit lásku ani bázeň a není ve stavu cokoli udělat se záměrem odevzdávat, nemá jiné východisko než jenom plakat a dovolávat se Stvořitele, aby se nad ním slitoval a sňal zatemnění z jeho očí a srdce.

V duchovní práci je pláč neobvykle důležitým stavem. Mudrci je řečeno: „Všechny brány ke Stvořiteli jsou uzavřeny kromě brány slz." A svět se diví: „Jestliže je otevřena brána slz, nač jsou tedy zbývající brány?"

Stejně jako když člověk prosí někoho o něco, co je pro něho velmi důležité, a když vidí, že je stále neoblomný a je zbytečné nadále prosit, rozpláče se. Proto je řečeno: „Všechny brány jsou uzavřené kromě brány slz." Teprve když se všechny ostatní brány uzavřou, je zřejmé, že je otevřena brána slz.

A dokud není jasné, že je uzavřena brána modlitby, není vidět, že je otevřena brána slz, a to znamená uzamčení. Vždyť si člověk myslí, že z jeho stavu ještě existuje nějaké východisko. A pouze tehdy, když se zavírají všechny ostatní brány, otevře se brána slz. Proto je řečeno: „V temnotě plač, duše moje." Teprve tehdy, když člověk dosahuje úplné duchovní tmy, začne jeho duše plakat, protože neexistuje žádné jiné východisko. Proto je řečeno: „Vše, co je v tvých silách učinit, čiň!"

19. Proč Stvořitel nenávidí těla (touhu se těšit ve svůj prospěch)

Slyšel jsem v roce Tav-Šin-Gimel (1942–1943) v Jeruzalémě

Kniha *Zohar* říká, že Stvořitel nenávidí těla, což je touha se těšit ve svůj prospěch, která se nazývá „tělo". Ale vždyť Stvořitel stvořil svět pro Svou slávu, jak je řečeno: „Každého, kdo se nazývá Mým jménem, pro Svou slávu jsem Já vytvořil, stvořil a učinil," (Izajáš) a proto tělo požaduje, aby bylo všechno jen pro něho, tudíž v jeho prospěch. Stvořitel však říká opak: že všechno musí být pro Stvořitele. A z toho důvodu mudrci řekli, že Stvořitel nemůže zůstat na jednom místě se samolibým.

Ukazuje se, že to hlavní, co odděluje člověka od splynutí se Stvořitelem, je jeho egoistická touha. A to je odhaleno, pokud přichází „hříšník", tudíž touha se těšit ve svůj prospěch, a ptá se: „Proč chceš pracovat pro Stvořitele?" Je možné si pomyslet, že se jedná o otázku člověka, který to chce pochopit svým rozumem. To však není pravda, protože se neptá, pro koho pracuje, což by byla rozumná otázka, která vzniká v každém, kdo má schopnost myslet.

Ale otázka hříšníka je otázka tělesná, neboť se ptá: „K čemu je ti tato práce?" – to znamená: jaký přínos získáš z úsilí, které vynaložíš? Pokud nepracuješ pro svůj vlastní prospěch, tak co z toho získá tvoje tělo nazývané touhou se těšit pro sebe sama?

A protože se jedná o požadavky těla, je zbytečné mu oponovat, ale prostě „dát mu do zubů". Vždyť je o něm řečeno, že „dokonce i kdyby tam byl (v době nápravy), stejně by nebyl spasen", protože egoistické touhy nebudou napraveny ani v době vysvobození. Neboť při spasení veškerý zisk obdrží *Kelim* odevzdání, a nikoliv *Kelim* přijímání.

A touha se těšit ve svůj vlastní prospěch by měla vždy zůstat neuspokojena. Vždyť její naplnění by znamenalo skutečnou smrt, protože svět Jím byl stvořen jen pro Jeho slávu, ale s přáním těšit stvoření, a nikoliv Sebe. A právě když člověk říká, že je stvořen, aby proslavil Stvořitele, odkrývá se v těchto *Kelim* Myšlenka stvoření těšit stvořené.

A proto člověk vždy musí prověřovat sám sebe: jaký je cíl jeho práce? Zda přinášejí všechny jeho činy potěšení Stvořiteli, protože se Mu člověk chce stát podobným, aby „byly všechny jeho činy pouze pro Stvořitele". A zda pracuje jenom se záměrem poskytnout potěšení Stvořiteli – Tomu, kdo ho stvořil.

Ale své egoistické touze musí říci: „Rozhodl jsem se, že nebudu přijímat žádné potěšení pro tvoje uspokojení, neboť mne tvoje touha odděluje od Stvořitele kvůli odlišnosti vlastností, jež vytvářejí propast a oddálení od Stvořitele."

A člověk by neměl ztratit naději, i když nemá dost sil se osvobodit od nadvlády svého egoismu, a proto se neustále nachází hned na vzestupu, hned v propadu. Ale přesto věří, že přijde den a dočká se toho, že mu Světlo Stvořitele otevře oči a dá mu sílu k překonání, aby mohl pracovat pouze ve prospěch Stvořitele. O tom je napsáno: „O jediné prosím Stvořitele, jenom jediné hledám." (Žalm 27, 4) „Jediné", to jest Svatou *Šchinu*: „abych přebýval v domě Stvořitele po všechny dny svého života". Vždyť domem Stvořitele se nazývá Svatá *Šchina*.

A pochop, co je řečeno: „A vezměte si (plod etrogu[9] atd.) první den odpočtu času v roce a veselte se." V čem spočívá radost z toho, že začíná odpočet času v roce? Potřebujeme však vědět, jak důležité je naše úsilí, které vede člověka ke kontaktu se Stvořitelem, když člověk cítí, jak nutně Stvořitele potřebuje. Vždyť když se dívá na veškerá svá úsilí, vidí, že kromě Stvořitele není na tomto světě nikdo, kdo by ho mohl zachránit ze stavu, do kterého spadl, a není v jeho silách odtud uniknout. A znamená to, že má pevné spojení se Stvořitelem, pouze když jsou všechny jeho myšlenky o Stvořiteli v naději, že mu Stvořitel pomůže; jinak vidí, že je ztracen.

V případě, že je mu uděleno Osobní vedení[10] Stvořitele nad ním samotným a vidí, že všechno činí Stvořitel, jak je psáno: „Jenom On jediný koná a bude konat všechny skutky," člověk jakoby k nim neměl

---

[9] Etrog (אתרוג) je plod citrusové rostliny zvané cedrát (*Citrus medica*). Používá se při rituálu mávání během židovského svátku Sukot. V bibli je označen jako *Pri Ec Hadar*, což bývá interpretováno jako „krásné ovoce" nebo také „ovoce přetrvávající na stromě z roku na rok".

[10] Vedení, též Prozřetelnost.

co přidat a není zde místo pro modlitbu, aby mu Stvořitel pomohl, poněvadž člověk vidí, že i bez jeho modlitby všechno činí Stvořitel. A proto nemá žádnou možnost uskutečňovat dobré skutky, poněvadž vidí, že i bez něho bude všechno vykonáno Stvořitelem. A pokud je to tak, pak nepotřebuje Stvořitele, který by mu pomohl něco učinit. Ale pak člověk nemá se Stvořitelem žádný kontakt, protože ho nepotřebuje natolik, že když mu Stvořitel nepomůže, bude ztracen.

Ukazuje se, že se Stvořitelem ztratil spojení, které existovalo, když člověk vynakládal úsilí. A podobá se to člověku, který se nachází mezi životem a smrtí a který prosí přítele, aby ho zachránil ze smrtelné postele. Jak tedy v takovém případě prosí? Samozřejmě, že prosí přítele ze všech svých sil, aby se nad ním slitoval a zachránil ho před smrtí. A nezapomene na modlitbu ani na okamžik – vždyť vidí, že jinak ztratí svůj život.

V případě, že člověk prosí svého přítele o nevýznamné věci, nemodlí se tak oddaně a vytrvale, aby přítel vyplnil jeho prosbu, aniž by na okamžik odvrátil pozornost. Znamená to, že pokud se nejedná o záchranu duše, prosící se příliš silně nepřimyká k dárci. Když však člověk cítí, že musí prosit Stvořitele, aby ho spasil před smrtí, tedy ze stavu nazvaného „hříšníci jsou během svého života považováni za mrtvé", nastane trvalý kontakt člověka se Stvořitelem. Z toho důvodu je práce spravedlivého – potřeba pomoci od Stvořitele. Vždyť jinak cítí, že je ztracen. A to je to, o čem sní spravedliví: o možnosti pracovat tak, aby se vytvořilo těsné spojení se Stvořitelem.

A pokud jim Stvořitel dává příležitost pracovat, radost spravedlivých je veliká, a proto jsou rádi, že začíná nové odpočítávání času v roce, poněvadž vzniká místo pro jejich práci. Vždyť nyní potřebují Stvořitele a mohou s Ním dosáhnout těsného spojení – kdežto se nepatří přicházet do paláce Krále bez potřeby.

A o tom je napsáno: „A vezměte sami na sebe" – právě „vy na sebe", protože „vše je v rukou nebes, kromě strachu z nebes". Znamená to, že Stvořitel může dát Světlo a hojnost, poněvadž On má Světlo! Ale temnota a nespokojenost, jež člověk cítí, nepodléhají Jeho moci.

Avšak bázeň před nebesy se rodí jen z pocitu nedostatku. A místo nedostatku se nazývá touha požívat a pouze v ní má člověk nad čím pracovat, neboť se brání a tělo se ptá: „Co ti dává tato práce?!" A člověk na jeho otázku nemá žádnou odpověď a musí na sebe vzít břemeno vlády Stvořitele výše svého rozumu „jako vůl pod jhem a osel pod nákladem" bez jakýchkoliv námitek. To znamená: „On řekl, a tak splníme jeho přání." A to je to, co se nazývá: „vy na sebe". To znamená, že se tato práce týká právě vás, a ne Mne, neboť ji člověku ukládá jeho touha po potěšení.

Pokud mu však Stvořitel Shora dá nějaké Světlo, pak se jeho egoismus skloní a člověk se anuluje stejně jako svíčka před pochodní. A v tom případě již nemá možnost, aby vynaložil úsilí, neboť nepotřebuje přijímat vládu Stvořitele s přemáháním přesně jako „vůl pod jhem a osel pod nákladem". Jak je napsáno: „Vy, kdož milujete Stvořitele, musíte nenávidět zlo!" poněvadž láska ke Stvořiteli se rodí pouze z centra zla. To znamená: jak silně člověk nenávidí zlo a vidí, jak mu jeho egoismus brání v dosažení cíle, v té míře cítí potřebu lásky ke Stvořiteli. A pokud v sobě zlo necítí, není schopen si zasloužit lásku ke Stvořiteli – vždyť ji vůbec nepotřebuje, poněvadž už má pocit uspokojení ze své práce.

Proto by si člověk neměl stěžovat, že je nucen pracovat nad svým egoismem, když překáží člověku v práci, a samozřejmě by chtěl, aby egoismus zmizel z jeho těla, neobtěžoval ho svými otázkami a nepřekážel mu v plnění Tóry a Přikázání.

Ale člověk musí věřit, že to Shora ukládají jeho egoismu, aby vytvářel překážky v práci, neboť mu tímto způsobem Stvořitel dává sílu, aby odhalil svou touhu po potěšení. A právě když se probouzí jeho egoismus, získává možnost pracovat na posílení spojení se Stvořitelem, aby člověku pomohl proměnit touhu po potěšení na záměr ve prospěch odevzdání.

A člověk by měl věřit, že poskytuje Stvořiteli radost, jestliže prosí, aby ho přiblížil ke spojení se Sebou, což znamená podobnost vlastností, anulování egoismu a práci pro odevzdávání. Stvořitel o tom řekl: „Moji synové mě překonali." To znamená: Já jsem vám dal touhu po potěšení a vy Mě prosíte, abych vám místo ní dal touhu odevzdávat.

A z toho pochop podobenství citované v *Gemaře* (*Hulin* s. 7): jednou se rabi Pinchas Ben Jair odebral vykoupit zajaté. A potok jménem *Ginaj* mu bránil v cestě. Rabi Pinchas mu řekl: „Rozestup svou vodu a nech mě projít." Potok mu odpověděl: „Jdeš splnit přání svého Pána a já svého. Ty možná splníš, a možná ne. Já však bezpodmínečně splním."

A vysvětlení je, že rabi Pinchas řekl potoku, jenž ztělesňuje egoistické touhy, aby mu umožnil jím projít a on dospěl do úrovně, na které splní přání Stvořitele – tudíž bude jednat pouze ve prospěch odevzdání a působit tím potěšení svému Stvořiteli. A potok čili egoismus mu odpověděl, že když už ho Stvořitel stvořil s takovou přirozeností, která touží přijímat potěšení a požitky, on svou přirozenost, kterou mu dal Stvořitel, změnit nechce. A začal s ním rabi Pinchas Ben Jair bojovat a snažil se z něho učinit touhu po odevzdání – a to znamená válku se stvořením, které Stvořitel stvořil s egoistickou přirozeností, jež se chce těšit. A v tomto je veškeré stvoření, které stvořil Stvořitel a které bylo nazváno stvořeným „z ničeho".

A věz, že když během práce egoismus představí před člověka s námitkami, nemá smysl s ním vstupovat do jakéhokoli sporu a nepomohou žádné rozumné důvody, neboť si člověk myslí, že jsou jeho stížnosti oprávněné, a nikdy nebude schopen překonat své zlo. Jak je napsáno, prostě: „Dej mu do zubů!" – to znamená: jednej a nepři se. A kvůli tomu je zapotřebí nasbírat co nejvíce síly a jednat na základě přinucení, v čemž je skrytý smysl řečeného: „Nutí ho, dokud neřekne: já si přeji!" Vždyť díky velkým úsilím se zvyk stane druhou přirozeností.

A pro člověka je nejdůležitější, aby získal silnou touhu dosáhnout odevzdání a překonat svůj egoismus. A síla touhy je měřena počtem zadržení a přerušení – to znamená: podle toho, kolik času uběhne mezi jedním překonáním a druhým, kdy ho člověk náhle v průběhu přeruší a zažije pád. A tento pád ho může zadržet na okamžik nebo na hodinu, den či měsíc. A pak znovu začne pracovat na překonávání svého egoismu a snaží se dosáhnout odevzdávání.

Silnou touhou se nazývá taková, kdy mu přerušení nezabere mnoho času a on se okamžitě znovu probudí k práci. Podobá se to člověku, který chce zlomit velký kámen a bere si na to velké kladivo. A buší do kamene celý den, učiní hodně úderů, ale všechny jsou slabé. To znamená, že nebuší do kamene s rozmachem, ale spouští své obrovské kladivo pomalu, zvolna. A pak si začíná stěžovat, že tato práce není pro něho a že k rozbití tohoto balvanu je zajisté zapotřebí hrdina. A prohlašuje, že se nenarodil tak silný, aby takový kámen dokázal zdolat.

Ale pokud člověk zvedá toto obrovské kladivo a buší do kamene silně a s rozmachem, tedy nikoliv pomalu a pozvolna, ale vloží do toho všechny své síly, kámen okamžitě povolí a rozpadá se pod kladivem.

A o tom je řečeno: „Jako silné kladivo rozbíjí skálu." Platí to i v duchovní práci, aby bylo přijímací *Kli* dovedeno do Svatosti, ačkoliv máme silné kladivo čili slova Tóry, která nám dávají dobré rady. Avšak v případě, že s ním člověk nebude pracovat rychle a vytrvale, nýbrž s dlouhými přestávkami, utíká z bitevního pole a říká, že se pro toto nenarodil a že je tady zapotřebí ten, kdo se narodil se zvláštními schopnostmi pro tuto práci.

Člověk však musí věřit, že každý může dosáhnout cíle a že se pouze musí snažit, aby pokaždé vynakládal stále více a více úsilí na překonání, a pak svůj kámen dokáže rozbít rychle.

Věz také: aby úsilí přivedla člověka ke kontaktu se Stvořitelem, je třeba splnit jednu velmi obtížnou podmínku: přijímat tato úsilí jako nejvyšší drahocennost, čili je považovat za nejdůležitější. Pokud si člověk svých úsilí neváží, nebude pracovat v radosti – tedy se radovat z toho, že nyní dosáhl spojení se Stvořitelem.

Právě to symbolizuje etrog, jak je o něm napsáno: „plod velkolepého stromu", jehož čistota musí být výše než vůně.

Je známo, že existují tři kvality: (1) nádherný vzhled, (2) vůně, (3) chuť.

Chuť znamená, že Světla přicházejí Shora dolů, tedy pod ústa (*Pe*), v nichž se nachází patro a pociťuje se chuť – to znamená, že Světla směřují do přijímajících *Kelim*.

Vůně znamená, že se Světla pohybují zdola Nahoru, když se dostala do odevzdávajících *Kelim*, ve Svátosti: „přijímá, ale neodevzdává" pod patrem a krkem, což znamená: „a vchází do něho duch bázně před Stvořitelem," (Izajáš) jak je řečeno o Mesiáši. Je známo, že vůně se vztahuje k nosu.

Velkolepost je krása, která je výše než nos; nemá tedy vůni. Není-li tam chuť ani vůně, tak co mu v tom případě umožňuje, aby se udržel ve svém stavu? Je v něm jenom velkolepost a to je to, co ho drží.

Vidíme, že etrog je velkolepý těsně předtím, než se stane vhodným k jídlu. Když se stává vhodným k jídlu, ztrácí svou nádheru. A to poukazuje na práci „prvního dne odpočtu času v roce". Vždyť právě během práce s názvem „a vezměte sami na sebe", což znamená, že na sebe přijímá břemeno vlády nebes, a když se tělo takové práci brání, vzniká radost z její významnosti. To znamená, že si v průběhu práce uvědomí její velkolepost a člověk se z této práce raduje. Vždyť si jí cení nejvýše ze všeho a nepohrdá jí.

Stává se, že člověk cítí k práci pro Stvořitele pohrdání a je to temný pocit, když vidí, že kromě Stvořitele není nikdo, kdo by ho z tohoto stavu zachránil, aby na sebe mohl přijmout Jeho vládu vírou výše rozumu právě jako „vůl pod jhem a osel pod nákladem". A musí se radovat, že teď má co odevzdat Stvořiteli a že se Stvořitel tímto darem těší.

Ale člověk nemá vždy sílu říkat, že je to krásná práce, která má nejvyšší hodnotu, ale naopak se za tuto práci stydí. A pro člověka je velmi obtížné tuto podmínku splnit a být schopen říci, že tuto práci upřednostňuje více než práci „ve světle dne", při které během práce nepociťuje tmu a nachází v ní zalíbení, a když nemusí bojovat se svým egoismem a nutit ho na sebe přijmout vládu Stvořitele vírou výše rozumu.

A pokud překoná sám sebe a může říci, že je mu tato práce příjemná, protože teď plní Přikázání vírou výše rozumu a považuje tuto práci za překrásnou a nejcennější, pak se to nazývá radostí z Přikázání.

A proto je modlitba důležitější než odpověď na ni. Vždyť v modlitbě má člověk příležitost vynaložit úsilí, potřebuje Stvořitele a doufá v Jeho milosrdenství. A pak dosahuje opravdového kontaktu se Stvořitelem a dostane se do paláce Krále. A naopak, s odpovědí na modlitbu už opouští královský palác, protože již obdržel to, oč prosil.

A pochop z toho řečené: „S vůní olejů tvých ušlechtilých uniká aroma jména Tvého." (Píseň písní) Olejem se nazývá Vyšší světlo v době, kdy se rozlévá v hojnosti. Uniká – znamená, že je ukončena hojnost a zůstává vůně oleje. (Takže má člověk stále vzpomínku na to, co měl. Ale nádhera a nejvyšší hodnota jsou získány tehdy, když v něm nezůstane žádné lpění – to znamená, že ho nepoutají ani vzpomínky.)

A takovými jsou Atik a Arich Anpin. Doba, kdy se Světlo rozlévá v hojnosti, se nazývá Arich Anpin – je to úroveň Chochmy, tedy neskrývané vedení. Atik (עתיק) pochází ze slova „oddělit" (va-Ja'atek, ויעתק), neboť se z něho vytratí Světlo a přestane svítit, což se nazývá ukrytím. A pak přichází doba vzepření se odívání Světla a to je doba získání královské koruny (Keter) nebo království (Malchut) Světel – to znamená království Stvořitele.

A o tom, jak je řečeno v Knize Zohar, hovoří Svatá Šchina k rabimu Šimonovi: „Je pro Mne nemožné se skrývat před tebou." Vždyť dokonce i v nejsilnějším ukrytí ze všech možných na sebe stejně s ohromnou radostí přijímá vládu Stvořitele, neboť následuje cestu odevzdání a všechno, co má, odevzdává Stvořiteli. A pokud mu Stvořitel dává více, více odevzdává. A jestliže nemá co odevzdat, pak se zastaví a zoufale křičí, přesně jako chycený pták, aby ho Stvořitel zachránil před zlými, bouřlivými vodami, a to znamená, že ani tehdy neztrácí kontakt se Stvořitelem.

A tato vlastnost se nazývá „starobylá" (*Atik*), protože *Atik* je nejvyšší stupeň, neboť čím vyšší je jakákoliv vlastnost ve srovnání s oděvem, tím je také považována za vyšší. A člověk má možnost pociťovat právě v nejabstraktnějším místě, jenž je nazýváno absolutní nulou, protože ruka člověka se tam nedotýká. To znamená, že se egoismus může přidržovat pouze toho, v čem se vyskytuje nějaké Světlo. A do té doby, než člověk vyčistí svoje *Kelim*, aby neublížily Světlu, je nemožné, aby přijal Světlo oděné do svých *Kelim*.

A pouze když se ubírá cestou odevzdání, kde nezbývá prostor pro jeho egoismus ani v rozumu, ani v srdci, může se tam objevit Světlo v naprosté dokonalosti a Světlo je odhaleno člověku jako pocit velikosti Vyššího světla.

Jestliže člověk ještě nenapravil svoje *Kelim*, aby sloužily ve prospěch odevzdání, pak v případě, že se do nich chce Světlo odít, je nuceno se zkrátit a může svítit pouze v míře čistoty *Kelim*. A pak se zdá, jako by Světlo omezilo samo sebe. Proto může Světlo zářit v naprosté dokonalosti a čistotě bez zkracování ve prospěch nižšího pouze v době, kdy není oděno do *Kelim*.

Ukazuje se, že je práce důležitá zejména v době, kdy člověk dospěje k absolutní nule – to znamená, když vidí, že anuluje veškerou svoji realitu i svoji osobnost a egoismus tudíž ztrácí veškerou moc – a teprve pak člověk může vstoupit do Svatosti.

Věz, že „Stvořitel stvořil jedno proti druhému". To znamená, že v míře odhalení Svatosti se ve stejné míře probouzí i „nečistá síla" (*Sitra Achra*, סטרא אחרא). A když člověk požaduje: „Všechno je moje" a prohlašuje, že celé jeho tělo patří ke Svatosti, jako odpověď nečistá síla také požaduje, aby celé tělo sloužilo nečisté síle.

Proto by měl člověk vědět, že pokud jeho tělo potvrzuje, jako kdyby patřilo nečisté síle, a ze všech sil pokládá známé otázky: „Co?" a „Kdo?" pak je to příznak toho, že člověk kráčí cestou pravdy, což znamená, že veškeré jeho záměry jsou poskytovat potěšení Stvořiteli.

A právě proto se v tomto stavu odehrává nejdůležitější práce a člověk by měl vědět, že to je známka toho, že tato práce směřuje přímo k cíli. Znamená to, že bojuje a posílá svůj šíp přímo do hlavy hada, poněvadž křičí a namítá: „Co?" a „Kdo?" což znamená: „Co ti dává tato práce?" – to jest, co vyhraješ, když pracuješ pouze ve prospěch Stvořitele, nikoliv sám pro sebe? A námitka „Kdo?" je otázka Faraona, který se ptá: „Kdo je Stvořitel, že bych měl poslouchat Jeho hlas?" A na první pohled se může zdát, že otázka „Kdo?" je otázka rozumná, protože je v tomto světě zavedeno, že je-li člověk poslán pracovat pro někoho jiného, ptá se: „U koho?" Z toho důvodu, když se tělo ptá: „Kdo je Stvořitel, že bych měl poslouchat Jeho hlas?" jedná se o rozumnou stížnost. Ale poněvadž mysl sama o sobě neexistuje, nýbrž slouží pouze jako zrcadlo našich pocitů, které se odrážejí v mysli, je řečeno: „Soudí podle pocitů."

Rozum soudí jen v souladu s tím, co mu říkají pocity, jež ho nutí hledat nějaké prostředky a lsti, aby byly uspokojeny požadavky pocitů. To znamená, že mysl usiluje o to, aby pocitům zaopatřila vše, co vyžadují. Sama o sobě nic neznamená a nic nevyžaduje. Z toho důvodu, když city člověka potřebují odevzdávat, mysl pracuje ve směru odevzdání a nebude klást žádné otázky, vždyť pouze slouží pocitům.

A rozum je podobný člověku, který se dívá do zrcadla a kontroluje, zda není špinavý, a pokud mu zrcadlo ukazuje, že se ušpinil, tak se jde umýt a očistit. Vždyť mu zrcadlo ukazuje, že jsou na jeho tváři takové ošklivé skvrny, které je třeba očistit.

Nejtěžší je však rozpoznat, co je považováno za ošklivost? Možná je to egoismus, v němž tělo vyžaduje vše dělat jen kvůli sobě samému? Nebo je ošklivost touha odevzdávat, která je pro tělo nesnesitelná? A není v silách rozumu tomu porozumět, přesně jako zrcadlo není schopno říci, co je ošklivé a co je krásné, a vše to závisí na pocitech a pouze ony vše určují.

Proto, když se člověk s přemáháním učí pracovat – pracovat v odevzdání, pak i rozum začne působit ve směru odevzdání a poté je zcela nereálné, aby se rozum zeptal: „Kdo?" když si již veškeré city zvykly pracovat pro odevzdání. To znamená, že se pocity již člověka neptají: „Co ti dává tato práce?" Vždyť už pracují ve prospěch odevzdání, a tudíž se samo sebou už ani rozum neptá: „Kdo?"

Ukazuje se, že nejdůležitější práce vzniká nad otázkou: „Co vám dává tato práce?" a to, že člověk slyší, jak jeho tělo stále klade otázku „Kdo?" je proto, že se tělo už nechce tak příliš ponižovat, a proto se ptá: „Kdo?" takže se zdá, že je to otázka rozumu. Faktem však je, že nejdůležitější práce je práce nad otázkou: „Co?"

20. Lišma

Slyšel jsem v roce Tav-Šin-Hej (1944–1945)

Lišma je záměr pro Stvořitele. A pro dosažení záměru *Lišma* musí být člověk hoden obdržet pomoc Shora ve formě Vyššího světla. Avšak lidský rozum nemůže pochopit, jak to je možné, a vědí to pouze ti, kteří již pomoc obdrželi, a ti říkají ostatním: „Zkuste a uvidíte, jak překrásný je Stvořitel."

Proto, když se člověk chystá na sebe přijmout duchovní zákony, které se nazývají „břemeno vlády nebes", musí být toto rozhodnutí absolutní, to znamená úplně pro odevzdání, a nikoliv pro přijímání. A pokud člověk vidí, že s tímto rozhodnutím nesouhlasí všechny jeho touhy (duchovní orgány), není nic jiného, co by mu mohlo pomoci kromě modlitby, aby v modlitbě vyznal Stvořiteli všechny tužby svého srdce a prosil o pomoc, aby jeho tělo souhlasilo, že se stane otrokem Stvořitele (to znamená, aby jeho touhy souhlasily, že se stanou stejné jako touhy Stvořitele).

Ale neříkej, že když je *Lišma* dar Shora, pokud vše závisí pouze na Stvořiteli, je zbytečné všechno úsilí člověka a všechny nápravy, které uskutečnil ve snaze dosáhnout odevzdání. Vždyť právě o tom je mudrci řečeno: „Nemá člověk právo se osvobodit z této práce a je povinen dosáhnout takové vlastní potřeby a touhy po *Lišma*, aby se mohla stát modlitbou, neboť bez modlitby toho není možné dosáhnout."

Avšak opravdová modlitba v něm nemůže uzrát, dokud nepochopí, že bez ní není možné dosáhnout *Lišma*. Proto v něm zásluhou všech úsilí, která vynakládá ve snaze dosáhnout *Lišma*, vzniká skutečná touha (napravené *Kli*) po získání vlastnosti odevzdání. A po všem svém úsilí již může přistoupit k pravé modlitbě, protože vidí, že mu všechna jeho úsilí nijak nemohou pomoci. Teprve tehdy se v něm rodí pravá modlitba z hloubi srdce a Stvořitel tuto modlitbu slyší a dává mu jako dar vlastnost odevzdání – *Lišma*.

Také je nutné vědět, že když člověk nachází vlastnost *Lišma*, zabíjí svůj egoistický záměr „pro sebe sama" s názvem „zlý počátek", protože zlý počátek znamená „přijímání pro sebe". A když je člověk hoden obdržet vlastnost odevzdání, anuluje záměr „pro sebe sama". A tak zabíjí svůj egoismus – to znamená, že již více nepoužívá svůj záměr „pro sebe sama". A ten se poté, co se stal nežádoucí a je zbaven své role, stane mrtvým.

Ale pokud si člověk uvědomí, co v důsledku svého veškerého úsilí získal, spatří, že není již tak těžké se podřídit Stvořiteli ze dvou důvodů:

1. Vždyť tak či onak, ať chce nebo nechce, stejně v tomto světě musí stále pracovat.
2. Avšak, pracuje-li v *Lišma*, pro Stvořitele, získává potěšení z práce samotné.

A při této příležitosti vzpomenu příklad Magida z Dubna, který vysvětlil výrok: „Nikoliv Mne jsi volal, Jákobe, neboť jsi byl Mnou sužován, *Jisra'eli*", vždyť člověk, který pracuje pro Stvořitele, neprožívá v průběhu své práce obtíže, nýbrž potěšení a povzbuzení.

Ale ten, kdo pracuje pro jiný cíl, nikoliv pro Stvořitele, nemůže k Němu přijít a žádat o odpověď, proč mu Stvořitel během jeho úsilí nepomáhá, proč mu neposílá sílu a povzbuzení. Vždyť pracuje pro jiný cíl. A jenom na toho, pro koho pracuje, se může obracet se žádostí, aby mu dal během práce energii a potěšení. A pro takového člověka je řečeno: „Nechť podobnými jim budou jejich bohové a všichni, kdo se na ně spoléhají." (Žalm 115)

Ale nepodivuj se, proč v době, kdy na sebe člověk přijímá vládu Stvořitele, což znamená, že si pro Něho přeje pracovat, nepociťuje žádné nadšení a inspiraci, pocit života a potěšení, aby jej toto vše zavazovalo přijmout záměr „pro Stvořitele". Ale naopak, člověk je povinen přijmout tuto podmínku „pro Stvořitele" proti své vůli, aniž by z toho cítil cokoliv příjemného, když tělo naprosto nesouhlasí s takovým otroctvím – proč v tomto případě Stvořitel člověku nedává příjemný pocit?

A jedná se o to, že je to ze strany Stvořitele obrovská pomoc. Vždyť pokud by egoismus člověka souhlasil se záměrem „pro Stvořitele", nikdy by nemohl dosáhnout *Lišma* a navždy by uvízl v záměru „pro sebe sama". Je to podobné tomu, jako když zloděj běží před davem a nejhlasitěji ze všech křičí: „Chyťte zloděje!" a není vůbec jasné, kdo je zloděj, aby ho chytili a odebrali mu to, co ukradl.

Ale když zloděj čili egoismus necítí žádné potěšení v záměru „pro Stvořitele" a není připraven na sebe přijmout jeho vládu, tělo si zvyká pracovat proti svým touhám a člověk pak má prostředky, které jsou schopny ho přivést k záměru „pro Stvořitele", aby měl jen jediný cíl:

poskytnout potěšení Stvořiteli. Předtím byla všechna jeho úsilí nasměrována proti touhám, a když si zvykl pracovat pro odevzdání, "pro Stvořitele", dosahuje potěšení z práce samotné. A to znamená, že jeho potěšení je také pro Stvořitele.

21. Doba vzestupu

Slyšel jsem 23. den měsíce Chešvan v roce Tav-Šin-Hej (9. listopadu 1944)

V době, kdy se člověk cítí na duchovním vzestupu, když má inspiraci, nemá touhu po ničem jiném než po duchovním. V takovém stavu je užitečné studovat tajné části Tóry, aby pochopil její vnitřní část.

A ačkoli člověk vidí, že navzdory všem svým úsilím alespoň něčemu porozumět stejně nic nechápe, přesto je v tomto stavu užitečné, aby se pokusil proniknout do tajemství Tóry. Přičemž by se měl stejný text učit dokonce stokrát a neměl by být zklamaný, že nic nepochopil, a říkat si, že takové studium nepřináší žádný užitek.

Tento postoj k učení má dva důvody:

1. Když se člověk něco učí a snaží se to pochopit, samotná jeho touha se nazývá "modlitba". Modlitba je to, co si člověk přeje, o co usiluje; jeho nenaplněná touha čili snaha, aby Stvořitel jeho touhu naplnil. A síla modlitby se měří silou touhy. Vždyť člověk nejvíce touží po tom, co mu nejvíce schází. A míra touhy je úměrná míře pociťování nedostatku.

Existuje pravidlo, že právě tam, kde člověk vynakládá největší úsilí, tímto úsilím zvyšuje touhu a chce získat naplnění. A touha se nazývá "modlitba", práce v srdci, protože "Stvořitel potřebuje srdce". Proto je řečeno: "Člověk se učí pouze to, k čemu tíhne jeho srdce."

Vždyť když studuje Tóru, je jeho srdce povinno se osvobodit od jiných přání a dát sílu rozumu, aby byl schopen si osvojit studované. Avšak nemá-li přání v srdci, rozum není schopen si osvojit to, co se učí. Proto je řečeno: "Člověk se učí pouze to, k čemu tíhne jeho srdce."

A aby byla jeho modlitba přijata, musí být úplná. Proto, oddává-li se plně studiu, rodí se v něm dokonalá modlitba, která je přijata Stvořitelem, a on se stává hoden odpovědi. Vždyť Stvořitel slyší modlitbu, avšak existuje podmínka: "Modlitba musí být úplná, aby v ní nebyly příměsi jiných tužeb".

2. Poněvadž se člověk do nějaké míry oddělil od egoismu a přiblížil se k "odevzdání", je v takovém stavu spíše schopen se spojit s vnitřní

části Tóry, jež se odhaluje těm, kdož dosáhli podobnosti ke Stvořiteli. Vždyť „Tóra, Stvořitel a *Jisra'el* jsou jedno". V případě, že se člověk stále ještě nachází v egoistických přáních, patří k vnější části Tóry, a nikoliv k vnitřní.

22. Tóra „Lišma"

Slyšel jsem 9. den měsíce Š'vat v roce Tav-Šin-Alef (6. února 1941)

Podstatou Tóry „Lišma" (pro Tóru, pro Stvořitele) je takové studium Tóry, kdy se člověk učí, aby dospěl k dokonale přesnému poznání a porozumění, a to bez jakýchkoliv pochybností o pravdivosti svého vědění, že „je soud a je soudce".

„Je soud" znamená, že skutečnost vidíme takovou, jaká se objevuje před našima očima, to jest, zjišťujeme, že když pracujeme ve víře a odevzdání, rosteme a den ode dne se pozvedáváme, protože pokaždé vidíme změnu k lepšímu.

A naopak, pracujeme-li kvůli přijímání a kvůli vědomostem, vidíme, že den ode dne klesáme až do nejnižšího stavu, který je vůbec možný.

A když se díváme na tyto dva stavy, vidíme, že je soud a je soudce, protože pokud neplníme zákony pravé Tóry, okamžitě dostáváme trest. A proto chápeme, že existuje spravedlivý soud. To znamená, že vidíme, že je to nejlepší způsob, který je schopen a hoden nás dovést k pravdě.

A proto se soud nazývá spravedlivý. Vždyť jen takovým způsobem lze dosáhnout stanovené dokonalosti. To znamená, že chápeme v poznání, při plném a absolutním uvědomění, které již nemůže být vyšší, že Cíle stvoření je možné dosáhnout pouze vírou a odevzdáním.

Pokud se tedy učíme pro dosažení tohoto Cíle, čili chceme pochopit, že je soud a je soudce, nazývá se to *Tóra Lišma*. A v tom tkví význam řečeného: „Veliké je učení, které vede k činu." Na první pohled by bylo třeba říci: které vede k činům, a nikoliv k činu – v množném čísle, a nikoliv v jednotném – to znamená, že je možné uskutečnit velké množství činů.

Jde však o to, že by studium mělo člověka přivést pouze k jedinému – k víře. A víra je nazývána „jediným Přikázáním", které „sklání na stranu zásluh misku vah soudu nad celým světem". Víra se také nazývá „čin", protože každý, kdo něco dělá, k tomu musí mít důvod, který zavazuje k uskutečnění tohoto činu v souladu se znalostmi. A to je spojení mezi rozumem a činem.

Ale pokud jde o to, co je výše rozumu, když znalosti nedovolují člověku uskutečnit čin, ale právě naopak, je třeba připustit, že v takovém činu absolutně chybí rozum a jedná se pouze o čin. A v tom tkví smysl řečeného: „Ten, kdo splní jedno Přikázání, je šťasten, že nachýlil sebe i celý svět na stranu zásluh," což znamená: „veliké je učení, které vede k činu," tedy k činnosti bez znalostí, jež se nazývá „výše rozumu".

23. Milující Stvořitele, nenáviďte zlo

Slyšel jsem 17. den měsíce Sivan v roce Tav-Reš-Cadi-Alef (2. června 1931)

Je řečeno: „Milující Stvořitele, nenáviďte zlo! Chrání On duše těch, kteří jsou Mu oddáni, z rukou zločinců je zachraňuje." (Žalm 97) A smysl tkví v tom, že nestačí, aby člověk miloval Stvořitele a chtěl s Ním dosáhnout spojení, ale musí také nenávidět zlo.

Nenávist ke zlu znamená nenávist k vlastnímu egoismu, k touze po sebepotěšení. Člověk vidí, že neexistuje způsob, jak se zbavit zla, ale současně naprosto nesouhlasí s tím, aby se s ním smířil a zůstal v tomto stavu. Cítí újmu způsobenou zlem, ale také vidí pravdu: že sám člověk není schopen v sobě zlo odstranit, protože je to jeho přirozenost, kterou v něm stvořil Stvořitel, jenž do něho vtiskl touhu přijímat potěšení.

A v tom případě mu říkají, co je v jeho silách udělat: nenávidět zlo a pak ho Stvořitel před zlem ochrání, jak je řečeno: „Chrání On duše těch, kteří jsou Mu oddáni." A ochrana Stvořitele spočívá v tom, že „je zachraňuje z rukou zločinců". A poněvadž má člověk spojení se Stvořitelem, třebaže jen nepatrné, nachází štěstí a úspěch.

Ale samotné zlo zůstává a slouží jako odvrácená strana (*Achorajim*) *Parcufu*. A toho je možné dosáhnout pouze pomocí náprav. Pokud naprosto upřímně nenávidí zlo, napravuje tím protikladnou stranu.

A zlo musí nenávidět proto, že pokud chce být hoden splynutí se Stvořitelem, pak podle zvyku, který existuje mezi přáteli, musí každý z nich nenávidět to, co nenávidí druhý, a milovat to i toho, koho miluje přítel.

A tehdy se spojují ve věčný svazek, který se nikdy neroztrhne.

A protože Stvořitel rád dává, musí se i nižší snažit chtít dávat. A stejně jako Stvořitel nenávidí přijímání, protože je naprosto dokonalý a nic nepotřebuje, měl by i člověk nenávidět přijímání pro sebe sama.

Ze všeho, co bylo řečeno, vyplývá, že by měl člověk nenávidět svůj egoismus nesmiřitelnou nenávistí. Vždyť všechno ničení na světě nastává pouze v důsledku tohoto egoismu. A zásluhou této nenávisti napraví touhu po vlastním potěšení a pokoří se před Svatostí.

24. Zachraňuje je z rukou zločinců

Slyšel jsem 5. den měsíce Av v roce Tav-Šin-Dalet (25. července 1944) na počest dokončení Knihy Zohar

Je řečeno: „Milující Stvořitele, nenáviďte zlo! A Stvořitel je zachraňuje z rukou zločinců." A není jasné, jaká je spojitost mezi „nenávidět zlo" a „zachraňuje je z rukou zločinců"?

A také je řečeno: „Svět je vytvořen pouze pro absolutní spravedlivé, nebo pro úplné hříšníky." Znamená to tedy, že pro úplné zločince stálo za to vytvořit svět, ale pro nedokonalé spravedlivé – nikoliv?

Jde však o to, že ze strany Stvořitele na světě neexistuje nic, co by mělo dvojí význam. A pouze nižší stvoření, která přijímají Shora, pociťují podle toho, co přijímají: cítí se dobře, nebo špatně, svět je dobrý, nebo je svět špatný. Protože každou činnost, kterou realizují, zvažují předem a nic nedělají bez cíle: chtějí zlepšit svůj stav, nebo zhoršit stav někoho jiného. Ale nesmyslné a bezcílné činy jsou naprosto nevhodné pro člověka, který má v životě cíl.

A v souladu s tím, jak ve světě pociťují řízení Stvořitele ti, kteří toto řízení přijmou, podle svých pocitů určují, zda je dobré, nebo špatné. Proto ti, kdož milují Stvořitele, chápou, že Cílem stvoření bylo poskytnout blaho stvořením a aby to stvoření pocítila, a také chápou, že to mohou pocítit pouze na základě sblížení a spojení se Stvořitelem. A pokud cítí nějaké oddálení od Stvořitele, nazývají to zlem a v takovém případě se považují za zločince. Vzhledem k tomu, že se stvoření nedostává do mezistavu, buď člověk cítí Stvořitele a jeho řízení, nebo se mu zdá, že je vše ponecháno na vůli zlého osudu a údělu.

A protože cítí, že si nemůže lhát v tom, co pociťuje a nepociťuje, takže pociťuje pravdu, okamžitě začne křičet ke Stvořiteli, aby se

Stvořitel nad ním slitoval a zachránil ho z moci nečistých sil a myšlenek. A protože člověk volá z uvědomění a z pociťování pravdy, Stvořitel jeho prosbu slyší, jak je řečeno: „Stvořitel je blízko těch, kdož se dovolávají pravdy," a zachraňuje je z rukou zločinců (vnitřních egoistických tužeb a myšlenek).

Ale dokud člověk nepociťuje pravdu čili skutečnou míru zla, které je v něm uzavřeno, dokud zlo necítí v dostatečné míře, která by ho pobídla k tomu, aby začal křičet ke Stvořiteli na základě nesmírného utrpení, které cítí z vlastního zlého egoismu, ze svojí přirozenosti, až do té doby ještě není hoden spásy od tohoto zla. Protože ještě neodhalil potřebné *Kelim* připravené slyšet modlitbu, to, co se nazývá „z hloubi srdce". Vždyť si myslí, že má v myšlenkách a touhách kromě zla také něco lepšího, dobrého.

To znamená, že ještě nepronikl do všech hlubin svého srdce a v hloubi svého srdce si myslí, že je tam alespoň trošku dobra. A nevěnuje pozornost tomu, zda v sobě chová lásku a bázeň ve vztahu k Tóře a k duchovní práci. A proto nevidí pravdu.

25. Vycházející ze srdce

Slyšel jsem 5. den měsíce Av v roce Tav-Šin-Dalet (25. července 1944)
na hostině na počest dokončení Knihy Zohar

„Vycházející ze srdce vchází do srdce." Ale proč vidíme, že dokonce i v případě, když vstoupilo do srdce člověka, on stále duchovně padá ze svého stupně?

Jde o to, že když člověk slyší slova Tóry od svého *Rava*, okamžitě s ním souhlasí a přijímá na sebe povinnost vykonávat to, co slyšel, celým srdcem a duší. Ale pak, když se dostane do jiného prostředí, mísí se s touhami a myšlenkami většiny, která se zabývá hloupostmi. A pak on, jeho myšlenky, touhy a srdce podléhají většině. A protože člověk nemá sílu k tomu, aby nachýlil celý svět na stranu zásluh, svět ho podřizuje sobě a on se mísí s jejich přáními.

A tehdy je jako „stádo vedené na jatka". Nemá na výběr: je nucen přemýšlet, přát si a požadovat stejnou věc, kterou požaduje většina. V tomto případě si vybírá cizí myšlenky, touhy a nízké vášně, jež jsou protikladné k duchu Tóry, a nemá žádnou sílu k tomu, aby odolával vlivu většiny.

V tomto případě pro něho existuje jediná rada: připoutat se na vnitřní úrovni ke svému *Ravu* a knihám, což se nazývá „živit se z knih a od jejich autorů". A pouze pomocí spojení s nimi může člověk změnit své myšlenky a touhy k lepšímu. A žádné spory a triky mu v tomto případě nepomohou změnit jeho myšlenky. Spása je jenom ve splynutí, poněvadž splynutí je zázračným prostředkem, který navrací ke Zdroji.

A jen tehdy, když se nachází ve Svatosti, může se přít sám se sebou a krásně hovořit o tom, že mu rozum ukládá, aby vždy kráčel cestou Stvořitele. Ale po všech svých argumentech a mudrování, s jejichž pomocí očekává vítězství nad nečistými touhami (*Sitra Achra*), je důsledně povinen si uvědomit, že to vše je k ničemu a není to zbraň, se kterou může vyhrát válku s egem. Protože všechny tyto rozumné argumenty jsou pouze důsledkem výše zmíněného splynutí.

Veškeré jeho rozumné argumenty, pomocí kterých vytváří své závěry, že je třeba vždy následovat cesty Stvořitele, jsou založeny na jeho sloučení s *Ravem*. A jakmile je tento základ ztracen, veškerá síla těchto argumentů zmizí. Vždyť o co se nyní bude opírat? Proto člověk v žádném případě nemůže důvěřovat svému rozumu, ale znovu se „připoutat" ke knihám a k *Ravu*. Pouze to mu může pomoci, a nikoliv rozum ani přemoudřelost, protože v nich není žádný duch života.

26. Budoucnost člověka závisí na jeho vděčnosti za minulost

Slyšel jsem v roce Tav-Šin-Gimel (1942–1943)

Je řečeno: „Veliký je Stvořitel, a pouze nicotný Ho uvidí." To znamená, že jen nepatrný může vidět velikost Stvořitele. Písmena slova *Jakar* (drahý, יקר) jsou podobná písmenům *Jakir* (známý, יכר) a to vypovídá o tom, že ve stejné míře, v jaké je člověku drahá nějaká věc, si také cení jejího významu (velikosti). Vždyť ji obdivuje pouze v míře, v jaké je pro něho důležitá, a obdiv jej vede k pocitu v srdci. A v souladu s jeho hodnocením – nakolik ví, chápe a uvědomuje si důležitost – ve stejné míře se v něm rodí radost.

Je možné, že člověk zná svoji nicotnost a chápe, že není více důležitý než všichni jeho vrstevníci ve společnosti, ale také vidí, že jsou na světě miliony, kterým Stvořitel nedal síly k duchovní práci dokonce ani v nejjednodušší podobě bez záměru „ve prospěch Stvořitele", dokonce ani egoisticky jim nedovolil zahájit cestu k věčnosti.

A on byl hoden toho, že mu Stvořitel dal touhu a myšlenky alespoň někdy být v duchovní práci, i když v té nejjednodušší. A pokud člověk může takový vztah Stvořitele k sobě ocenit, ve stejné míře, v jaké přisuzuje důležitost duchovní práci, musí Stvořiteli děkovat a chválit Jej. Vždyť pravda je taková, že nejsme schopni ocenit důležitost toho, že občas můžeme plnit Přikázání (přání) Stvořitele dokonce i bez správného záměru. A v tomto případě člověk dosahuje pocitu velikosti a radosti v srdci.

V důsledku chvály a vděčnosti, jež povznáší ke Stvořiteli, se rozšiřují jeho vjemy a on proniká do každého detailu duchovní práce a chápe, Čí je otrok, v důsledku čehož se pozvedává k novým výšinám.

A to je smysl řečeného: „Děkuji Ti za všechnu Tvoji milost ke mně!" To znamená za minulost. A neprodleně s jistotou pokračuje: „I za to, co pro mne uděláš v budoucnu!"

27. Veliký je Stvořitel, a pouze nicotný Ho uvidí

Slyšel jsem během Šabatu Truma v roce Tav-Šin-Tet (5. března 1949) v Tel Avivu

„Veliký je Stvořitel, a pouze nicotný Ho uvidí." (Žalm 138) Jak může existovat podobnost se Stvořitelem, když člověk přijímá, ale Stvořitel dává? O tom je řečeno: „Veliký je Stvořitel, a pouze nicotný Ho uvidí." Jestliže člověk anuluje svoje „já", vytratí se všechno jeho vlastní egoistické přesvědčení a moc, která ho odděluje od Stvořitele, a tehdy Stvořitele vidí, což znamená, že se stává hoden přijmout Světlo *Chochma*, Světlo moudrosti a poznání.

Ale hrdý a domýšlivý je od Stvořitele vzdálen. Ten, kdo setrvává ve svém egoismu, ve svém „já", ve své moci, se od Stvořitele vzdaluje, jelikož s Ním nemá podobné vlastnosti.

Nicotností se nenazývá to, že se člověk ponižuje před ostatními. Je to pokora, kterou člověk cítí ve své práci jako dokonalost. Ale nicotností se také nazývá pocit hanby a ponížení, když ho haní a ponižuje celý svět. V tomto případě však žádnou dokonalost necítí.

Vždyť je to zákon přírody, že člověka ovlivňuje vše, co si myslí okolí. A ten, koho lidé respektují, se cítí dokonalý, a koho zostuzují, se cítí bezvýznamný.

28. Nezemřu, ale budu žít

Slyšel jsem v roce Tav-Šin-Gimel (1942–1943)

„Nezemřu, ale budu žít." (Žalm 119) Aby člověk dosáhl dokonalosti, musí cítit, že pokud nedosáhne pravdy, bude jeho stav podobný smrti, neboť si přeje život. Proto se řečené „Nezemřu, ale budu žít," týká pouze člověka, který si přeje dosáhnout pravdy.

O tom je řečeno: „*Jona, Ben Amitaj.*"[11] Jonáš (*Jona*, יונה)[12] pochází ze slova *Ona'a* (faleš, אונאה). Syn (*Ben*, בן) ze slova „chápající" (*Mevin*, מבין). To znamená, že chápe, protože se vždy dívá na stav, v němž se nachází, a vidí, že těší jen sám sebe a nekráčí cestou pravdy. Vždyť se pravda nazývá „odevzdání", *Lišma*, „pro Stvořitele", ale on hledá jen potěšení, které je falešné (*Ona'a*) a protikladné cestě ke Stvořiteli, čili vidí, že pouze přijímá pro sebe sama. Ale protože vidí svůj pravý stav, stává se hoden *Amiti* (אמיתי) – pravdy (*Emet*, אמת).

Proto je řečeno: „Oči tvé jsou jako holubice." (Píseň písní) Oči Svatosti, oči *Šchiny*, jsou nazývány *Jonim* (יונים, holubice). Tyto oči nás klamou tím, že se nám zdá, jako by *Šchina* neměla oči, jak je řečeno v Knize *Zohar*: „Krásná dívka, která nemá oči." Pravdou však je, že ten, komu je dána pravda, vidí, že oči má, o čemž je řečeno: „Když má nevěsta krásné oči, její tělo nepotřebuje prověření."

29. Když přicházejí pochybnosti

Slyšel jsem v roce Tav-Šin-Gimel (1942–1943)

Je řečeno: „Stvořitel – stín tvůj." Pokud člověk pochybuje o Stvořiteli, pak také Stvořitel pochybuje o člověku. A když Stvořitel pochybuje, nazývá se to hora Stvořitele (pochybnosti – *Hirhurim*, הרהורים, hora – *Har*, הר). Proto je řečeno: „Kdo vystoupí na horu Stvořitele a kdo stane na místě Svatém Jeho? – S čistýma rukama a odvážným srdcem!"

Čisté ruce jsou dosaženy nápravou „… a ruce Mojžíše jsou těžké" – pozdvižením rukou ke Stvořiteli. A odvážné srdce je získáno v důsledku práce uvnitř srdce (*Avodat Liba*).

---

[11] Jonáš, syn Amitaje – יונה בן אמיתי, možné čtení: Jonáš je synem pravdy.
[12] Jonáš je holub (*Jona*, יונה, mn. č. *Jonim*, יונים), ale také jméno člověka.

30. Nejdůležitější je toužit odevzdávat

Slyšel jsem na konci Šabatu VaJikra v roce Tav-Šin-Gimel (20. března 1943)

To nejdůležitější je nepřát si nic a pouze odevzdávat pro velikost Stvořitele, protože všechny činy přijímání jsou chybné a dostat se z činů přijímání je nemožné jinak než s pomocí přechodu do protikladného stavu, tudíž k odevzdávání. A hybná síla čili síla, která přitahuje a nutí k práci, pochází pouze z velikosti Stvořitele.

A je nutné provést propočet, že jsme v tomto světě tak jako tak nuceni pracovat a pomocí právě těchto úsilí můžeme dosáhnout výsledku a potěšení. To znamená, že úsilím a snahou, jež člověk vynakládá, může buď potěšit své omezené tělo, které je podobné dočasnému hostu, nebo věčného Pána. V tomto případě není jeho úsilí ztraceno, ale je zachováno navěky.

Je to podobné člověku, který má sílu postavit celou zemi, ale staví jen dočasnou stavbu, která se sesype pod náporem větru, takže zanikne veškeré jeho úsilí. Jestliže však bylo jeho úsilí vynaloženo na duchovní a on sám zůstává v duchovním společně s ním, pak bude mít veškeré jeho úsilí trvalý výsledek. A pouze z tohoto cíle musí přijmout celý základ práce. Ostatní východiska jsou špatná.

Síla víry je dostatečná k tomu, aby člověk mohl pracovat pro odevzdání – to znamená, aby byl schopen věřit, že Stvořitel přijímá jeho práci, že Stvořitel vše přijímá i v případě, když se mu zdá, že jeho práce není tak důležitá. Všechny práce jsou Stvořiteli milé a přijímá je, pokud člověk zasvětí své úsilí Jemu.

Ale když chce člověk využít víru ve prospěch přijímání radosti, pak se pro něho stane nedostatečnou – to znamená, že začíná mít ve víře pochybnosti. Příčina tkví v tom, že v přijímání není pravda. Vždyť ve skutečnosti člověk nemá ze své práce nic – všechny její plody směřují pouze ke Stvořiteli. Proto jsou tyto pochyby pravdivé – to znamená, že tyto myšlenky, které jsou cizí duchovnímu a nyní se objevují v jeho hlavě, jsou oprávněnými výhradami.

Avšak když chce člověk svoji víru využívat k tomu, aby kráčel cestou odevzdání, pak zajisté nebude mít o víře pochyby. A pokud má pochybnosti, pak musí vědět, že dozajista nechce následovat cestu odevzdání. Vždyť víra je pro odevzdání dostatečná.

31. Ve shodě s duchem stvoření

Slyšel jsem

Je řečeno: „Každý, kdo je ve shodě s duchem stvoření..." Ale vždyť existují četné příklady velkých spravedlivých, kteří byli ve sporu, tudíž nebyli ve shodě se stvořeními?! A právě proto je řečeno: „Ve shodě s duchem stvoření," a nikoliv: „Ve shodě se stvořeními." Vždyť ve sporu a v rozporu jsou pouze těla, poněvadž každý používá svoje egoistické, tělesné touhy.

Zatímco duch stvoření je jejich duchovností, a proto je ve shodě. Vždyť spravedlivý přijímá Vyšší světlo, hojnost pro celé lidstvo. Avšak do té doby, dokud lidé nedosáhnou svého ducha, nemohou přijmout a pocítit Vyšší světlo, které pro ně spravedlivý přitáhl Shora.

32. Osud je přání Shora

Slyšel jsem 4. den měsíce Truma v roce Tav-Šin-Gimel (10. února 1943)

Je řečeno: „Osud je přání (probuzení) Shora" – to znamená, že to nižší v žádném případě nemůže nějak ovlivnit. Proto je v *Megilat Ester* o *Purim* řečeno: „Metal los (*Pur*)," čili určil osud, úděl, když Haman obvinil Židy, že neplní zákony Krále.

Smysl řečeného tkví v tom, že duchovní otroctví člověka, který nad sebou pracuje, zpočátku začíná v *Lo Lišma* – pro sebe sama. V důsledku toho nastává obviňování: nač je jim předána Tóra a poté je jim dovoleno napravit své záměry a dosáhnout *Lišma*, pro Stvořitele – cožpak jsou hodni přijímat Světlo a vyšší porozumění?

Je žalobce a obviněný. Pročpak jim jsou předána vysoká odhalení, nad nimiž nepracovali, nezamýšleli je dosáhnout, neurčili je svým cílem, neboť všechny jejich myšlenky a cíle byly pouze ve svůj prospěch, což se nazývá *Lo Lišma*?

Proto je řečeno: „Hříšník připravuje, a spravedlivý přijímá." Vždyť člověk zpočátku pracuje jako hříšník, v *Lo Lišma*, pro sebe sama. Pak je odměněn *Lišma* a veškerá jeho práce a úsilí vcházejí do Svatosti, k odevzdání, což se nazývá „a spravedlivý přijímá".

Proto jsou si podobné svátky *Purim* (פורים) a *Jom Kipurim* (יום כפורים).[13] *Purim* přichází v souladu s přáním Shora (probuzení

---

[13] *Ki-Purim*, kde *Ki* je podobný, znamená „podobný *Purimu*".

Shora) a *Jom HaKipurim* pochází z touhy zdola (probuzení zdola), od stvoření, v důsledku jejich pokání a nápravy. Je v tom však také přání (probuzení) Shora, osud, kde „je jeden osud – pro Stvořitele a druhý – pro nečistou sílu". Avšak vybírá Stvořitel.

33. Osud *Jom Kipur* a Hamana

Slyšel jsem 6. den měsíce Truma v roce Tav-Šin-Gimel (12. února 1943)

V Tóře (*Acharej, Levitikus* 16, 8) je (o *Jom Kipur*) řečeno: „A losoval Aaron mezi dvěma obětními beránky: jedním – pro Stvořitele, a druhým – pro nečisté síly." V *Megilat Ester* (Kniha Ester 3, 7) je také (o *Purim*) řečeno: „Metal los (*Pur*) a určil osud, úděl."

Losování má místo tam, kde není možné vysvětlení rozumem, protože rozum není schopen dosáhnout hlubiny posuzované události a dospět k rozhodnutí: co je dobré a co je špatné. V tomto případě se nespoléhají na rozum, ale vrhají kostky – to znamená, že se spoléhají na rozhodnutí osudu. Z toho je zřejmé, že slovo los je používáno k vyjádření jednání výše rozumu.

Sedmý den měsíce *Adar* se narodil Mojžíš a ve stejný den Mojžíš zemřel. Název měsíce *Adar* (אדר) pochází ze slova *Aderet* (אדרת) – svrchní plášť, o kterém prorok Eliáš řekl: „A přehodil přes něho svůj plášť."[14] A tento plášť je *Aderet Se'ar* (vlasová pokrývka).[15] „Vlasy"[16] a omezení označují myšlenky a touhy proti duchovní práci, které odvádějí člověka od sblížení se Stvořitelem.

Proto je nutné tyto myšlenky a touhy překonávat silou vůle proti rozumu. Ačkoli člověk vidí v duchovní práci mnoho rozporů, musí nabýt přesvědčení, že je veškeré řízení Stvořitele pouze dobré a s cílem dobra. A proto je o Mojžíšovi řečeno: „I zakryl Mojžíš tvář svou," protože viděl všechny rozpory v tom, jak Stvořitel řídí stvoření (proti Jeho jménu: „Dobrý a vládnoucí dobrem"), a posílil svou víru výše rozumu. Vzhledem k tomu, že zavíral oči před tím, že jeho rozum odhalil

---

[14] První kniha královská 19, 19: Eliáš odtud odešel a nalezl Elíšu, syna Šafatova, jak oře s dvanácti páry volů, kteří šli před ním, a on sám byl u dvanáctého páru. A prošel Eliáš kolem něho a přehodil přes něho plášť svůj.

[15] *Berešit* 25, 25: První vyšel celý červený, oděný do vlasů jako do závoje. A dali mu jméno Ezau.

[16] Slovo *Se'ar*, שער, které se podobá slovu bouře, *Se'ara*, סערה.

rozpory, „protože se bál spatřit", a kráčel vírou výše rozumu, „stal se hoden uzřít Stvořitele".

Řekl Stvořitel: „Kdo je slepý, je jako otrok můj, a hluchý jako anděl můj." Zrakem se nazývá rozum, pochopení. Když říkají: Vidoucí, daleko vidoucí, mají na mysli rozum člověka. Když pochopí, říkají: „Vidíme," protože to tak ukládá říci rozum. Proto ten, kdo kráčí výše rozumu, je podobný slepému člověku, jenž chodí poslepu – to znamená, že dělá sám sebe slepým. A také ten, kdo nechce slyšet, co mu o duchovní práci a Stvořiteli říkají vyzvědači (*Meraglim*), špatné myšlenky, kdo dělá sám sebe hluchým, nazývá se v duchovní práci hluchý.

Proto Stvořitel říká: „Kdo je slepý, je jako otrok můj, a hluchý jako anděl můj." To znamená, že ten, kdo kráčí ke Stvořiteli, sám říká: „Oči jejich nechť nevidí, uši jejich nechť neslyší," neboť nechce slyšet to, k čemu ho nabádá jeho rozum a co slyší jeho uši, jak je řečeno, že Jošua Ben Nun nikdy nepřipustil, aby do jeho uší pronikla byť jediná špatná zvěst.

A v tom tkví smysl *Aderet Se'ar* – vlasové pokrývky. Vzhledem k tomu, že měl ve svém duchovním pokroku mnoho rozporů a omezení a každý rozpor se nazývá „vlas" (*Se'ar*), který roste z prohlubní, děr v hlavě. A to naznačuje, že tyto špatné myšlenky a rozpory, které ho odvádějí od Stvořitele, mu nahlodávají a provrtávají hlavu. A když je rozporů v duchovní práci mnoho, znamená to, že má hodně vlasů, což se nazývá vlasová pokrývka (*Aderet Se'ar*).

Také o Elíšovi je řečeno: „A odešel odtud Eliáš a našel Elíšu, syna Šafatova, jenž oral s dvanácti páry volů, kteří šli před ním, a on sám šel vedle dvanáctého. A prošel Eliáš kolem něho a přehodil přes něho plášť svůj," to jest *Aderet*. Vůl, hebrejsky *Bakar* (בקר, dosl. skot), pochází ze slova *Bikoret* (בקרת, prověření, dosl. kritika). A dvanáct hovoří o dokončeném stupni, jako je dvanáct hodin nebo dvanáct měsíců. Dvanáct párů volů – protože orají pouze s párem volů, jež jsou natěsno ujařměny, a nikoliv s jedním. To vypovídá o tom, že již jsou v člověku *Se'arot* (rozpory), z nichž se rodí *Aderet Se'ar*.

Ale u Elíši to bylo z „jitra Josefa" (jitro – *Boker*, בקר), jak je řečeno: „Světlo jitra a lidé vyšli se svými osly[17]" – to znamená, že již dosáhli Světla, které se objevuje pro vyjasnění protikladů. Poněvadž se Světlo rodí právě zásluhou protikladů, nazývaných *Bikoret* (prověření), když

---

[17] Slovo osel, hebr. *Chamor*, חמור, odpovídá slovu materiál, hebr. *Chomer*, חמר.

si člověk přeje kráčet navzdory protikladům[18], jak je psáno: „Tomu, kdo se přichází očistit, pomáhají."

A proto, když přijal Světlo na všechna vyjasnění (*Bikoret*) a nemá již co dodat, pak vyjasňování a rozpory zmizí v souladu s pravidlem, že Shora nedochází k žádnému zbytečnému, nepotřebnému působení, jelikož „neexistuje působení bez cíle".

Avšak je nutné pochopit, proč se stále před člověkem objevují myšlenky a události, které jsou v rozporu s absolutně dobrým řízením Shora? Jenom proto, aby byl na tyto rozpory nucen přitáhnout Vyšší světlo, pokud se chce nad nimi pozvednout, jinak tyto rozpory nebude moci překonat. A to se nazývá „Velikost Stvořitele", kterou k sobě člověk přitahuje během pociťování rozporů, jež se nazývají soudem a omezeními (*Dinim*).

Vždyť tyto rozpory mohou zmizet pouze tehdy, pokud si je člověk přeje porazit a postavit proti nim Velikost Stvořitele. Ukazuje se, že jsou rozpory příčinou, která v člověku vyvolává projevování Velikosti Stvořitele. A to znamená: „A přehodil přes něho plášť svůj (*Aderet*)." Člověk tudíž v důsledku všeho, čím prošel, vztahuje všechny *Aderet Se'ar* (rozpory) výlučně ke Stvořiteli, protože vidí, že mu Stvořitel dal tyto rozpory (*Aderet*) speciálně proto, aby díky nim obdržel Vyšší světlo.

Avšak člověk to může spatřit teprve poté, co se stane hoden obdržet Vyšší světlo, které se projevuje právě zásluhou rozporů a omezení, jež cítil na začátku. A vidí, že bez rozporů (*Se'arot*) a pádů by nebylo možné se otevřít Vyššímu světlu, protože „není Světlo bez *Kli*, touhy". A proto člověk vidí, že veškerá Velikost Stvořitele, kterou postihl, mu byla odhalena jen díky rozporům, jež cítil na začátku. A v tom tkví smysl řečeného: „Veliký je Stvořitel na Svých výšinách," protože zásluhou *Aderet*[19] je člověk odměněn Velikostí Stvořitele.

A proto je řečeno: „Velebení Stvořitele vychází z úst jejich." To znamená, že Jeho Velikost je odkrývána prostřednictvím nedostatků v duchovní práci,[20] které člověka nutí se pozvedávat stále výš a výše. A bez pobízení by byl líný udělat sebemenší pohyb a přál by si ve svém stavu zůstat navždy.

---

[18] Chce je překonat právě tím, že na ně přitahuje Světlo.
[19] To jest překonáním rozporů.
[20] Slovo *Garon*, גרון, hrdlo, je podobné slovu *Gera'on*, גרעון, nedostatek.

Pokud však člověk klesne pod úroveň, na které by se podle svého předpokladu měl nacházet, dává mu to sílu bojovat proti pádu. Vždyť v tak hrozném stavu nemůže zůstat, nesouhlasí s tím, aby v něm setrvával! Proto je pokaždé povinen vynakládat úsilí, aby se z pádu dostal – a to ho nutí násobit Velikost Stvořitele. Avšak k tomu člověk naléhavě potřebuje získat Shora více síly, než má nyní, jinak zůstane v propadu.

Ukazuje se, že každé pocítění rozporů v člověku vyvolává uvědomění nevyhnutelnosti duchovního pozvednutí a ještě většího odhalení Velikosti Stvořitele. Dokud neodkryje všechna jména Stvořitele, nazvaná „třináct úrovní milosrdenství". O tom je řečeno: „A starší bude sloužit mladšímu," a také: „Hříšník připraví a spravedlivý oblékne" a „Bratru svému budeš sloužit."

To znamená, že všechno otroctví, všechny rozpory, které vznikají v člověku jako překážky proti duchovnímu, se nyní jeví jako pravý opak, když se mu otevřelo Světlo Stvořitele a osvětluje tyto překážky. A chápe, že zrovna tyto překážky pomáhají a slouží člověku k odhalení Světla Stvořitele, protože právě překážky vytvořily místo pro naplnění Vyšším světlem. Tyto překážky se staly oděvem, do kterého se oděla Svatost. Proto je řečeno: „Hříšník připraví, a spravedlivý oblékne," vždyť to byly překážky, které se staly nádobou, místem Svatosti.

A nyní je možné pochopit, co bylo řečeno v *Talmudu* (*Chagiga* 15, 1): „Je hoden odměny – stal se spravedlivým: přijímá svoji část a část druhého v ráji. Není hoden – stal se hříšníkem: přijímá svoji část a část druhého v pekle."

Míní se tím, že přijímá překážky a rozpory jiných lidí – tudíž celého světa. A proto je kolem člověka stvořen tak velký svět s množstvím lidí a každý má své myšlenky, názory. A všichni se nacházejí v jednom světě speciálně a výhradně proto, aby každý přijal myšlenky a názory všech ostatních. V tomto případě, když se člověk vrací ke Stvořiteli (dosl. činí pokání, hebr. *Tšuva*, תשובה), vyhrává zásluhou toho, že k sobě připojuje myšlenky a názory mnoha lidí. Vždyť pokud se chce sblížit se Stvořitelem, musí převážit sebe i celý svět, se kterým je spojen, na stranu zproštění viny, to znamená ospravedlňovat působení Stvořitele ve vztahu k sobě i k celému světu, protože je spojen s celým světem, s jeho myšlenkami a názory.

Proto je řečeno: „Zhřešil hříšník a přijal svoji část a část druhého v pekle." Když se ještě nacházel ve stavu „hříšník", což se nazývá „zhřešil", měl svou vlastní část rozporů a myšlenek, které jsou cizí duchovnímu. A navíc vzal na sebe cizí část hříchů, jež se přiřazují k peklu, neboť se spojil s myšlenkami všech lidí na světě.

Proto, když se poté stane spravedlivým, který „se stal hoden odměny" – to znamená, že se vrátil ke Stvořiteli – ospravedlňuje tím sám sebe a svět a přijímá svoji část ráje a také část, která patří ostatním. Vždyť mu bylo uloženo přitáhnout Vyšší světlo, aby napravil špatné myšlenky všech lidí na světě, a poněvadž je všechny připojuje k sobě, musí je všechny ospravedlnit. A proto spravedlivý přitahuje Vyšší světlo navzdory protikladům celého světa. A třebaže celý svět ještě není schopen přijmout Světlo, které proň spravedlivý přitahuje, neboť k němu lidé ještě necítí přání (*Kelim*), spravedlivý pro ně však přesto tuto činnost vykonává.

Nicméně existuje pravidlo, že člověk, který vyvolal šíření Světla na Vyšších stupních, ho sám přijímá ve stejné míře, poněvadž byl příčinou tohoto jevu. Nemělo by však v tom případě platit, že i hříšníci musí obdržet část Světla, které vyvolávají prostřednictvím spravedlivých?

Abychom to pochopili, je nutné především vyjasnit význam „losů osudu" a proč existují dva losy: „jeden pro Stvořitele a druhý pro nečistou sílu".

„Los" je jednání výše rozumu, a proto jeden z nich dopadne k nečisté síle, o čemž je řečeno: „A udeřila bouře na hlavu nečestných." (Proroci, Jeremiáš) Vždyť je na tyto protiklady přitahováno Vyšší světlo, zásluhou čehož se násobí Velikost Stvořitele. Není to však zapotřebí hříšníkům, kteří chtějí přijímat jen podle svého rozumu. A když je zesíleno Světlo, které přichází na základě, jenž je výše rozumu, hříšníci ustoupí a zmizí. Proto hříšníci poskytují jediné – pomoc spravedlivým, aby přitáhli Velikost Stvořitele, díky čemuž budou poté hříšníci anulováni.

A o tom je řečeno: „Je hoden se stát spravedlivým, přijímá svoji část a část druhého v ráji." (Z toho je zřejmé, že se jedná pouze o to, co pomáhá zrealizovat nápravu, aby se odhalilo Vyšší světlo zásluhou dobrých skutků, a tehdy se tato činnost uchová ve Svatosti a on obdrží Světlo, které vyvolal ve Vyšším. A když nižší vytváří místo pro odění Světla, přijímá ze stavu, který vyvolal ve Vyšším. A protiklady a omezení zmizí. Vždyť na jejich místo přichází Velikost Stvořitele, která se odkrývá ve víře výše rozumu. Protiklady a omezení si však přejí odhalení výhradně uvnitř rozumu, proto se vytratí.) Avšak celý svět se svými cizími duchovními myšlenkami nutí spravedlivého přitáhnout Velikost Stvořitele a Světlo, které je tím vyvoláno, se zachová na účtu každého. A jakmile budou schopni toto Světlo přijmout, každý také obdrží to Světlo, které si vynutil přitáhnout Shora.

A v tom tkví smysl toho, co je uvedeno v Knize *Zohar* (část 15 a v Komenáři *Sulam* bod 33 s. 56): „Běžící pěšinka, která rozděluje vlasy," čili rozděluje pravou a levou stranu. V *Jom Kipur* byli dva obětní beránci[21], což naznačuje „návrat ze strachu" (*Tšuva me-Jir'a*, תשובה מיראה). A další los je za *Purim* a to je „návrat z lásky" (*Tšuva me-Ahava*, תשובה מאהבה). Vždyť to bylo ještě před postavením Druhého chrámu a bylo nutné se vrátit z lásky. Ale nejprve bylo nutné pocítit nevyhnutelnost návratu, a proto jim byla poslána omezení a *Se'arot* (rozpory).

A z toho důvodu byla Shora Hamanovi dána moc, o čemž je řečeno: „Já postavím nad vás Hamana, aby vám vládl." A proto je napsáno, že „vrhl Haman kostky a určil osud" v měsíci *Adar*. *Adar* se nazývá dvanáctým měsícem a na stejné číslo dvanáct poukazuje dvanáct volů, s nimiž oral Elíša. Dvakrát šest – a nastává měsíc *Adar*, což znamená tajemství *Aderet Se'ar* (vlasové pokrývky) čili největší omezení. A proto Haman věděl, že porazí národ Izraele; vždyť v měsíci *Adar* zemřel Mojžíš. Ale nevěděl, že se ve stejném měsíci Mojžíš narodil, o čemž je řečeno: „A ona spatřila, že syn je dobrý." (*Exodus* 2, 2)

Vždyť když překonají nejtěžší stav, dosahují největšího Světla nazvaného Světlo Velikosti Stvořitele. A v tom tkví tajemství „propletení drahých nití" (*Šeš Mašzar*, שש משזר – z knihy *Exodus*, v kapitole o stavbě Svatostánku). To znamená, že když jsou hodni „běžící pěšinky, která rozděluje vlasy", dvakrát šest (*Šeš Šeš*, שש), vzniká „propletení" (*Maš-Zar*, מש־זר), což značí, že „se vzdaluje cizinec" (*Maš Zar*, ומש זר), nečistá síla (*Sitra Achra*). Takže mizí a odchází cizinec neboli nečistá síla, protože již splnila svou roli.

Znamená to, že všechny rozpory a omezení byly dány pouze pro odhalení Velikosti Stvořitele. Proto Jákob, který se narodil „hladký, bez vlasů", nemohl odhalit Velikost Stvořitele, neboť pro takové odhalení neměl žádný důvod; necítil, že je to nezbytné. A Jákob nemohl získat

---

[21] Stejné slovo – „obětní beránek", שעיר, a „vlasatý", שעיר.

požehnání od Izáka, poněvadž neměl *Kelim.* Vždyť „není Světlo bez *Kli".* A tak ho Rebeka naučila oblékat oděv Ezaua. A proto je o něm řečeno: „A rukou se držel za patu Ezaua." To znamená, že neměl žádné „vlasy" (rozpory), vzal si je však od Ezaua. A Izák to viděl a řekl: „Ruce jsou Ezaua," ačkoli „hlas je Jákobův." To znamená, že se Izákovi líbila tato náprava Jákoba, díky níž získal *Kelim* pro obdržení požehnání.

Právě z tohoto důvodu nezbytně potřebujeme tento svět, kde je takové množství lidí, aby se každý naplnil touhami všech ostatních. A tehdy v sobě každý jednotlivý člověk nese myšlenky a touhy celého světa, a proto se nazývá „člověk – to je celý malý svět".

A pokud si dosud „nezasloužil", tak „v pekle dostává svůj podíl i to, co mají dostat všichni ostatní", tudíž se spojuje s peklem celého světa. A navíc, jestliže nenapravil peklo, které náleží ostatním, čili všechny hříchy, které k sobě připojil z celého světa, třebaže částečně napravil své peklo – ještě to není považováno za nápravu a jeho stav se nenazývá dokonalý.

A z toho je zřejmé, že ačkoli byl sám Jákob „hladký, bez vlasů", přesto „se rukou držel za patu Ezaua" – tudíž si od něho zapůjčil „vlasy". A když se stal hoden jejich nápravy, obdržel část patřící bratru v ráji – pocítil míru velikosti Vyššího světla, které přijal kvůli nápravě těchto „vlasů" – cizích myšlenek celého světa. A stal se hoden této odměny v době, kdy celý svět sám o sobě toto Světlo nemůže přijmout, poněvadž na to ještě není připraven.

A z toho je pochopitelná podstata sporu mezi Jákobem a Ezauem. Když Ezau řekl: „Mám dost," Jákob odpověděl: „Mám všechno," to jest „dvakrát šest", což znamená „uvnitř rozumu" jakožto protiklad k „výše rozumu" nebo také touhu po potěšení jako protiklad ke Světlu spojení. Ezau řekl: „Mám dost," což je Světlo, které vchází do přijímajících *Kelim* uvnitř rozumu. Avšak Jákob řekl, že má všechno, tudíž dvě složky: používání přijímajících *Kelim* a také Světlo splynutí se Stvořitelem.

A v tom tkví podstata *Erev Rav* (ערב רב) – velikého smísení národů, jež se spojily s *Jisra'elem* při útěku z Egypta. A pak tito lidé zhotovili zlaté tele a řekli: „Zde On – Bůh tvůj, *Jisra'eli!" „*Zde" (*Ele,* אלה, dosl. tito) bez *Mi* (מי, kdo). To znamená, že se chtěli připojit pouze k *Ele,* bez *Mi* a nepřáli si je oba společně. Vždyť *Ele* spolu s *Mi* tvoří jméno *Elokim* (אלהים, Stvořitel). Nechtěli však zároveň „dost" a „všechno".

A na to poukazují cherubové nazvaní *Kravija* a *Patia*.[22] Jeden anděl stojí na konci a znamená „dost" a druhý anděl stojí na druhém konci a znamená „všechno". A v tom tkví smysl řečeného: „A slyšel Mojžíš hlas, který s ním rozmlouval z krytu Archy úmluvy, z prostoru mezi dvěma cheruby." (*Numeri* 7) Ale jak je to možné? Vždyť jsou to dva póly, které jsou k sobě navzájem opačné. A navzdory všemu musí ze sebe člověk učinit *Patia* (v překladu: blázen) a přijmout to tímto způsobem, což se nazývá „výše rozumu". Ačkoliv nechápe nic z toho, co mu říkají, stejně to dělá.

Co se týče „všeho", jež se nazývá „výše rozumu", člověk se tam musí snažit pracovat s radostí. Vždyť díky radosti se odhaluje skutečná míra „všeho". A jestliže se člověk neraduje, je smutný, že nemá radost. Ale vždyť nejdůležitější v práci je odhalit radost z toho, že pracuje ve víře výše rozumu. Z toho důvodu se musí rmoutit kvůli tomu, že nepociťuje radost z práce.

A o tom je řečeno: „Ten, jehož srdce touží (pracovat pro Stvořitele)." (*Exodus, Šemot* 25) To znamená, že cítí bolest a utrpení z toho, že v duchovní práci necítí radost, o čemž je řečeno: „Za to, že jsi nesloužil Stvořiteli s radostí a s veselým srdcem, když jsi měl všeho hojnost," (*Deuteronomium* 28) a zahodil „všechno" a vzal si jen „dost". A proto klesal stále níž a níže, dokud neztratil vše, co měl, a nezůstalo mu ani „dost". Ale pokud má člověk „všechno" a raduje se, ve stejné míře je hoden mít i „dost".

A proto je proroky řečeno o „ženách oplakávajících Tamuz" (Ezechiel 8). Raši vysvětluje, že vykonávaly práci pro modly a spadl jim do oka kousek olova. Snažily se ho roztavit, aby vytekl z očí. A plakaly, protože necítili radost; vždyť jejich oči byly plné popela. Popel, prach, označuje *Bchinu Dalet*, tedy *Malchut*, Království Nebeské – víru výše rozumu. A tato vlastnost je rovna prachu – to znamená, že nemá v očích člověka žádnou důležitost. A ten, kdo vykonává tuto práci, ochutnává pachuť prachu, protože ji vnímá jako naprosto nedůležitou přesně jako prach.

A „oplakávají ženy Tamuz", tavíce tuto práci pro modly, aby od žáru vyšel popel z olova. A to znamená, že pláčou pro práci, která jim ukládá věřit výše rozumu v řízení Stvořitele – dobrého a vytvářejícího

---

[22] Andělé umístění na obou koncích krytu archy.

dobro – v té době, kdy uvnitř rozumu vidí v Jeho řízení naprostý protiklad. A toto je Svatá práce. A chtějí vyzískat popel čili práci ve víře výše rozumu, která se nazývá popel. Oči, jež znamenají „zrak", naznačují jasné vnímání vlády Stvořitele, kterou chce člověk přijmout uvnitř rozumu, a to se nazývá modlářstvím.

A je to podobné člověku, který dokáže z hlíny obratně vytvářet džbány a nádoby, tedy hrnčíři. A posloupnost práce je taková, že nejprve musí z hlíny vyválet koule a potom v těchto koulích vytlačit otvory. A když jeho malý syn vidí, co jeho otec dělá, křičí: „Tati, proč ničíš koule!" A syn nerozumí, že to nejdůležitější v práci otce je dělat otvory. Vždyť jenom otvor se může stát přijímací nádobou. Ale syn chce naopak zakrýt otvory, které jeho otec udělal v koulích.

Jedná se o to, že tento popel, který se nachází v očích, zakrývá člověku zrak a ať by se díval jakýmkoliv směrem, vidí nedostatky ve Vyšším vedení. A právě to v něm vytváří *Kli*, ve kterém může odhalit jiskry nezištné lásky, která nezávisí na žádných podmínkách a která se nazývá radost z Přikázání.

A o tom je řečeno: „Jestliže by mu nepomohl Stvořitel, nic by nedokázal." To znamená, že pokud by mu Stvořitel tyto myšlenky neposlal, nebyl by schopen dosáhnout ani nejmenšího pozvednutí.

34. Země má výhodu ve všem

Slyšel jsem v měsíci Tevet v roce Tav-Šin-Bet (prosinec 1942 – leden 1942)

Je známo, že se všechno rozkrývá ve své pravé podobě jedině ze své protikladnosti, jak je řečeno: „Výhoda Světla – ze tmy." To znamená, že každý jev poukazuje na svoji protikladnost, a právě pomocí protikladů je možné pochopit pravou podstatu, která je s ní v rozporu.

A proto není možné cokoliv plně pochopit, pokud k tomu chybí protiklad. Například není možné ocenit dobré, není-li k němu protiklad, který ukazuje na špatné, jako například: hořké – sladké, láska – nenávist, hlad – nasycení, touha – naplnění, odloučení – spojení. Z toho je zřejmé, že je nemožné dospět k lásce a spojení před dosažením nenávisti a odloučení.

A aby člověk mohl nenávidět odloučení a oddálení, musí nejprve zjistit, co vlastně odloučení znamená a od koho je vzdálen. Jenom tehdy je možné říci, že si přeje tento stav napravit.

Znamená to, že sám člověk musí rozhodnout, od koho a od čeho je vzdálený. Teprve potom se může pokusit tento stav napravit a spojit se s tím, od něhož je odloučen. Pokud člověk chápe, že získá sblížením prospěch, může posoudit škody způsobené tím, že je vzdálen.

Zisk, nebo ztráta se hodnotí podle pociťovaného potěšení, nebo utrpení. Protože se člověk snaží od utrpení vzdálit a nenávidí to, co mu utrpení působí. A míra vzdálenosti závisí na míře pocitu utrpení. Vždyť vyhýbat se utrpení je přirozeností člověka. Proto jedno závisí na druhém a podle míry utrpení se snaží vyvinout veškerá možná úsilí, aby se vzdálil od toho, co způsobuje utrpení. To znamená, že utrpení vyvolává nenávist k jeho zdroji a ve stejné míře se člověk od něho snaží vzdálit.

Z řečeného vyplývá, že člověk nutně potřebuje vědět, co znamená podobnost vlastností, aby věděl, co musí dělat pro dosažení spojení, které se nazývá podobností vlastností. A na základě toho zjistí, co znamená odlišnost vlastností a odloučení.

Z kabalistických knih je známo, že je Stvořitel dobrý a vytváří pouze dobro. To znamená, že je Jeho řízení chápáno nižšími jako dobré. A tomu musíme věřit.

Proto, když se člověk podívá na to, co se děje v jeho okolí, ve světě, podívá se na sebe a na ostatní, pak vidí, jak všichni v důsledku Vyššího řízení trpí a vůbec se netěší, jak by měli na základě dobrého vládnutí, z něhož by to mělo vycházet, a tehdy je těžké tvrdit, že je Vyšší řízení dobré, směřuje k dobrému cíli a poskytuje nám jen dobro.

Je však nutné vědět, že v případě, když člověk nemůže říci, že Stvořitel posílá svým stvořením dobro, nazývá se hříšníkem, protože ho pocit utrpení nutí odsuzovat Stvořitele. A ospravedlňuje Stvořitele jen tehdy, když mu Stvořitel posílá potěšení, jak je řečeno: „Spravedlivým se nazývá ten, kdo ospravedlňuje skutky Stvořitele," čili tvrdí, že Stvořitel vládne světu spravedlivě.

Z toho plyne, že když člověk cítí bolest, je vzdálený od Stvořitele, protože se samozřejmě na základě své přirozenosti změní v nepřítele a nenávidí toho, kdo mu utrpení posílá. Ukazuje se, že namísto toho, aby člověk Stvořitele miloval, nenávidí Ho.

Co tedy musí člověk dělat, aby dosáhl lásky ke Stvořiteli? Potřebujeme k tomu „zázračný prostředek" (*Sgula*) – studium Tóry a Přikázání (kabaly) – protože Světlo, které je v ní uzavřeno, vrací člověka ke

Stvořiteli. Neboť v Tóře je Světlo, které poskytuje člověku možnost cítit hrozbu oddálení se od Stvořitele. A pokud se člověk snaží postihnout Světlo Tóry, postupně v něm vzniká nenávist k oddálení se od Stvořitele. To znamená, že začne cítit příčinu, proč se on a jeho duše nachází v odloučení a oddělení od Stvořitele.

Člověk tudíž musí věřit, že je řízení Stvořitele dobré a má dobrý cíl.

Ale člověk zabředl do egoismu, což způsobuje protikladnost jeho vlastností ke Stvořiteli, kvůli tomu, aby mohl uskutečnit nápravu „pro Stvořitele", nazvanou podobnost vlastností. A pouze v tomto případě je možné získat toto dobro a potěšení. Ale poněvadž nemůže přijmout dobro a potěšení, které si Stvořitel přeje dát, vyvolává to nenávist k oddalování se od Stvořitele.

Tehdy má možnost pochopit obrovský přínos z podobnosti vlastností. A poté se člověk začne snažit o spojení se Stvořitelem. To vede k tomu, že každý stav poukazuje na pravý protiklad. A proto mu všechny pády, které zakusil jako oddálení se od Stvořitele, poskytly možnost pochopit toto i stav protikladný k oddálení.

To znamená, že by měl člověk na základě pádů získat představu o sblížení. Jinak by neměl možnost posoudit důležitost toho, že ho Shora přibližují a dávají mu vzestupy. A nebylo by možné si tuto důležitost uvědomit – jako kdyby dávali potravu člověku, který nikdy nezakusil pocit hladu. Z toho je patrné, že pády, doba oddálení, vede člověka k uvědomění si důležitosti sblížení a vzestupů. A vzestupy v člověku vyvolávají nenávist k pádům, které mu přinášejí oddálení.

A když nemůže posoudit velikost zla v pádech, tudíž když špatně odpovídá na Vyšší vedení, a dokonce ani necítí, o Kom tak špatně hovoří, nechť ví, že se musí napravit a sblížit se Stvořitelem, protože se dopustil velkého hříchu, když mluvil špatně o Stvořiteli.

Z toho vyplývá, že pouze tehdy, když má člověk dva pocity, je schopen mezi nimi pochopit rozdíl, jak je řečeno: „Výhoda Světla – ze tmy." To znamená, že teprve tehdy může ocenit blízkost ke Stvořiteli, díky níž je možné dosáhnout dobra a potěšení, jež jsou zahrnuty v Myšlence stvoření „Těšit stvoření".

A všechno, co se s ním děje, je posláno Stvořitelem proto, aby to pocítil právě tak, jak to cítí, protože to je způsob, jak dosáhnout Cíle stvoření.

Dosáhnout spojení se Stvořitelem však není snadné. Je třeba vynaložit velké úsilí, aby si zasloužil pocítit potěšení a blaho. A do té doby musí člověk ospravedlňovat Vyšší řízení a věřit výše rozumu, že Stvořitel řídí všechna stvoření pouze dobrem a pro jejich dobro. Mohou to vidět a cítit pouze ti, kteří dosahují Cíle stvoření, a ti, kteří toho nedosáhli, cítí opak, jak je řečeno: „Jejich oči však nevidí, jejich uši však neslyší."

Mudrci je řečeno: „Habakuk ustanovil jeden princip – spravedlivý žije svou vírou." To znamená, že se člověk nepotřebuje zabývat podrobnostmi, a veškerou svoji pozornost musí zaměřit na jedinou důležitou podmínku – na dosažení víry ve Stvořitele. A musí o to prosit Stvořitele – aby mu Stvořitel pomohl kráčet vírou výše rozumu. Vzhledem k tomu, že je ve víře zázračná vlastnost, s jejíž pomocí člověk začne nenávidět oddálení. To znamená, že víra v člověku nepřímo vyvolává nenávist k oddálení se od Stvořitele.

Vidíme, že existuje velký rozdíl mezi vírou a zjevnými vědomostmi.

Vždyť když člověk potřebuje prohlédnout a pochopit, a rozum mu ukládá, že je nutné vynaložit úsilí a vykonat něco určitého, pak v případě, že se k tomu jednou rozhodne – toto rozhodnutí je dostatečné – a jak se rozhodl, tak také bude konat, protože ho rozum doprovází na každém kroku, aby vše provedl tak, jak mu to rozum ukazuje. A rozum člověku umožňuje pochopit, že je nutné se rozhodnout právě tak, jak se rozhodne rozum.

Kdežto víra je násilně vynucený souhlas proti rozumu, když člověk překonává důvody svého rozumu a říká, že je nutné jednat tak, jak mu ukládá víra výše rozumu. Proto je víra výše rozumu účinná pouze v době, kdy v ní pracuje – to znamená, když věří – a pouze tehdy je schopen vynaložit úsilí výše vědomostí (rozumu). Ale jakmile víru výše rozumu byť jen na chviličku opustí, tudíž třebaže je to jen na okamžik, ihned zeslábne jeho víra, on se okamžitě přestane zabývat Tórou a duchovní prací a nepomůže mu ani to, že na sebe kdysi přijal cestu výše rozumu.

Naproti tomu, pokud se svým rozumem rozhodl, že mu něco škodí a staví to jeho život do nebezpečí, nemusí se pokaždé vracet ke svému rozhodnutí a vysvětlovat si, proč je to škodlivé a nebezpečné, a to, co jednou rozhodl a pochopil rozumem, ho stoprocentně zavazuje jednat právě tak, jak mu to ukazuje rozum, který mu říká, „co je dobré a co je špatné", a on již jedná podle dříve rozhodnuté a zvolené cesty.

Z toho je vidět rozdíl mezi tím, k čemu člověka zavazuje rozum a k čemu zavazuje víra. A v čem tkví příčina toho, že když se člověk opírá o víru, je povinen mít neustále na paměti formu víry, jinak poklesne z dosaženého stupně do stavu hříšníka. Tyto stavy se mohou měnit mnohokrát za den, když člověk padá ze svého stupně. Vždyť není možné, aby během celého dne ani na okamžik neztratil víru výše rozumu.

Příčina, proč se zapomíná na víru, tkví v tom, že víra nad znalostmi, výše rozumu, je v rozporu se všemi touhami těla. A protože touhy těla pocházejí ze samotné jeho podstaty, nazvané „touha po potěšení", a to jak v rozumu, tak i v srdci, tělo neustále člověka přitahuje ke své podstatě. A pouze když je člověk své víře oddaný, dává mu tato víra sílu, aby se vymanil z nadvlády přání těla a postupoval výše rozumu, tedy proti pojetí těla.

Proto předtím, než se člověk stává hoden obdržet touhu k odevzdání, jež je nazvaná „Splynutí", nemůže se neustále nacházet ve víře. A v době, kdy mu přestane svítit Světlo víry, vidí, v jakém je nicotném stavu, níže kterého již nemůže být. A tento stav je důsledkem nesouladu se Stvořitelem, důsledkem egoistické touhy. Odlišnost vlastností se Stvořitelem způsobuje člověku pocit utrpení a ničí v něm vše, co vložil do sblížení se Stvořitelem.

A zjišťuje, že se v okamžiku, kdy ho opustí víra, ocitá ještě v horším stavu než dříve, než když začal pracovat pro odevzdání. V důsledku toho v člověku vzniká nenávist k oddálení se od vlastností Stvořitele, poněvadž v sobě okamžitě začne cítit bolest a také utrpení celého světa, a není schopen ospravedlňovat vládu Stvořitele nad stvořeními jako absolutně dobrou a směřující k dobrému cíli. A pak cítí, že proň vybledl celý svět a radost nemá odkud přijít.

Proto v něm vzniká nenávist k oddálení se od Stvořitele pokaždé, když začíná napravovat svůj špatný názor na Jeho řízení. A z pocitu nenávisti vůči oddálení se od Stvořitele začne milovat sblížení se Stvořitelem. Vždyť v souladu s mírou, v jaké pociťoval utrpení během oddálení, se ve stejné míře přibližuje ke Stvořiteli. Jak již bylo řečeno výše, v míře pociťování tmy, což je zlo, přichází k pocitu sblížení s dobrem a již ví, jak by měl ocenit tento stav, kdy obdrží alespoň nepatrné sblížení se Stvořitelem.

Na základě toho můžeme pochopit, že veškerá utrpení, jaká jen ve světě existují, jsou pouhou přípravou na skutečná utrpení, ke kterým člověk zákonitě musí dospět, jinak nebude moci dosáhnout ani nejnižšího duchovního stupně, poněvadž není Světlo bez *Kli* (touhy pocítit toto Světlo). A opravdovým utrpením se nazývá to, když obviňuje Vyšší řízení, když o něm špatně mluví. A modlí se právě za to, aby nemluvil špatně o řízení Stvořitele.

A pouze toto utrpení bere Stvořitel na vědomí, což se nazývá „Stvořitel slyší modlitbu každého". Stvořitel odpovídá pouze na tato utrpení, jelikož člověk neprosí o pomoc s cílem uspokojit své egoistické touhy. Vždyť kdyby mu Stvořitel dal požadované, oddálilo by ho to od Stvořitele ještě více kvůli odlišnosti vlastností, která by vznikla v důsledku získání požadovaného.

Ale člověk přesně naopak prosí o víru, aby mu dal Stvořitel sílu k překonání egoismu a on mohl dosáhnout podobnosti ke Stvořiteli. Vždyť vidí, že v nepřítomnosti trvalé víry, když mu nesvítí Světlo víry, přestává věřit ve Stvořitelovo řízení, takže se stává hříšníkem, protože obviňuje Stvořitele.

Vychází najevo, že všechno utrpení zakouší jenom proto, že špatně smýšlí o Vyšším řízení. Takže trpí v důsledku toho, že tam, kde člověk musí děkovat a chválit svého Stvořitele: „Požehnaný je Stvořitel, který nás stvořil ke Své slávě," když by stvoření měla Stvořiteli děkovat, vidí, že řízení světa není ke slávě Stvořitele, protože si každý stěžuje a požaduje, aby bylo řízení zjevné a Stvořitel otevřeně vládl světu po dobrém a s cílem dobra. A poněvadž to není odhaleno nižším, takové řízení Stvořitele nepovyšuje – a právě to mu působí utrpení.

Ukazuje se, že utrpení, které člověk cítí, způsobuje to, že odsuzuje vládu Stvořitele. A proto prosí Stvořitele, aby mu dal sílu víry a možnost pochopit, že Stvořitel je „dobrý a tvořící dobro". A to nikoliv kvůli obdržení blaha a vlastního potěšení, nýbrž aby neodsuzoval vládu Stvořitele – což mu působí utrpení.

To znamená, že ze své strany chce člověk vírou výše rozumu věřit, že Stvořitel řídí svět dobrem a pro jeho blaho. A chce, aby cítil víru tak jasně, jako by to byla opravdová znalost.

Proto, když se člověk zabývá Tórou (kabalou) a Přikázáními (cestami Stvořitele), chce na sebe přitáhnout Světlo Stvořitele, nikoliv pro své vlastní potěšení, ale proto, že je pro něho nesnesitelné, že nemůže ospravedlnit řízení Stvořitele jako dobré a přinášející dobro. A to člověku působí utrpení, poněvadž proklíná jméno Stvořitele, který je dobrý a tvoří dobro, ale tělo člověka (jeho touhy) mu říká opak. A z toho vznikají všechna jeho utrpení: vždyť jestliže se nachází v oddálení od Stvořitele, pak není schopen ospravedlnit Jeho zacházení s nižšími. A to znamená, že nenávidí odloučení od Stvořitele.

A když se v člověku rodí taková utrpení, Stvořitel slyší jeho modlitbu (prosbu ze srdce) a přibližuje jej k Sobě. A člověk se stává hoden sblížení, poněvadž utrpení, která pociťoval v odloučení od Stvořitele, vyvolávají sblížení se Stvořitelem.

O takovém stavu je řečeno: „Výhoda Světla je posuzována ze tmy," a také: „Výhoda země – ve všem," kde „země" je stvoření. „Ve všem" znamená, že v důsledku výhody, která člověku umožňuje vidět rozdíl mezi těmito stavy sblížení a oddálení se, je odměněn splynutím „ve všem", protože Stvořitel je VŠE!

35. O životní síle Svatosti

Slyšel jsem v roce Tav-Šin-Hej (1944–1945) v Jeruzalémě

Je řečeno: „Hle, moře veliké a široké, kde jsou plazi – kterých je bezpočet – živočichové malí a velcí." (Žalm 104, 25)

Vysvětlení:

Hle, moře – označuje moře nečistých přání (*Sitra Achra*).

Veliké a široké – znamená, že se odhaluje každému a křičí: „Dej! Dej!" (*Gav-Gav!*), což znamená obrovské *Kelim*, jež prahnou po přijímání.

Kde jsou plazi – znamená, že tam jsou Vyšší světla, na která člověk šlape a nohama je pošlapává.

Kterých je bezpočet – živočichové malí i velcí – označuje, že jsou v tomto moři uzavřeny všechny životní síly, jaké jen člověk má, od velkých až po malé.

A to všechno proto, že existuje pravidlo: „Z nebes dají dary a neodebírají". (Vše, co je dáno z nebes, se neodebírá nazpět Nahoru, nýbrž vše zůstává dole.) Pokud tedy člověk vyvolal probuzení Shora a pak jej poškodil, toto probuzení již zůstává dole, nikoliv však v člověku, ale spadne do moře nečistých přání.

To znamená, že pokud člověk přitáhl nějaké Světlo, ale není schopen ho trvale udržovat, protože jeho *Kelim* (touhy) stále nejsou dostatečně čisté a nejsou napraveny natolik, aby odpovídaly Světlu a přijímaly Světlo se záměrem odevzdávat, podobně jako Světlo přicházející od Dávajícího, pak je tomuto Světlu uloženo, aby se z něho vytratilo.

A tehdy spadne do nečistých přání. A tak několikrát: člověk obdrží Světlo a pak ho ztratí. Z tohoto důvodu se Světlo shromažďuje v moři nečistých přání (*Sitra Achra*), dokud není naplněna určitá míra. To znamená, že poté, co člověk vynaloží plnou míru úsilí, jaké je jen schopen, *Sitra Achra* mu vrací vše, co uchvátila pod svou vládu. A v tom tkví tajemství řečeného: „Pohltí síly – a vychrlí zpět." (Jób)

Ukazuje se, že všechno, co nečisté touhy získaly pod svou nadvládu, bylo jenom jako vklad – to znamená: na dobu, po kterou mají nad člověkem moc. A veškerá moc, kterou mají, je určena jen k tomu, aby poskytla člověku možnost odhalit své egoistické touhy a přivést je do Svatosti. To znamená, že pokud by nečisté touhy člověku nevládly, uspokojil by se s málem a tehdy by zůstal odloučen od Stvořitele ve všech svých přáních.

Takto by člověk nikdy nemohl shromáždit *Kelim*, které se vztahují ke Kořenu jeho duše, přivést je do Svatosti a přitáhnout Světlo, které mu bylo určeno. Náprava proto znamená, že pokaždé, když získá nějaké Světlo a pak se propadne, je povinen ještě jednou začít znovu, čili začít nová vyjasňování. A to, co měl v minulosti, spadá do nečistých přání a je uchováno v jejich držení jako vklad. Poté od *Sitry Achry* obdrží všechno, co si od něho po celou dobu brala.

Je však třeba vědět, že pokud by byl člověk schopen udržet třeba jen sebemenší záři, ale trvale, již by byl považován za dokonalého člověka, který by s touto září mohl kráčet vpřed. Z toho důvodu, ztratil-li záři, měl by toho litovat.

A to je podobné člověku, který do země zasadil semínko, aby z něho vyrostl velký strom, avšak ihned toto semínko vyjmul ze země. A pokud je to tak, pak jaký je užitek z jeho práce – z toho, že zasadil semínko do země? A navíc je možné říci, že nejen vyjmul semínko ze země a zničil ho, ale že vytáhl ze země celý strom se zralými plody a zničil jej. A jedná se o to, že kdyby neztratil tuto malou záři, vyrostlo by z ní velké Světlo. Ukazuje se, že neztratil malou záři, nýbrž obrovské Světlo.

A je třeba znát obecné pravidlo: člověk nemůže žít bez životní síly a potěšení, což vyplývá z Kořene stvoření, tudíž z Jeho touhy těšit stvoření. Proto žádné stvoření nemůže existovat bez životní síly a potěšení. A tak je každé stvoření donuceno jít a hledat místo, odkud může získat potěšení a radost.

A obdržet radost je možné třikrát: z minulosti, z přítomnosti i z budoucnosti, ale v podstatě přijímáme potěšení v přítomnosti. Ačkoliv vidíme, že člověk může mít potěšení z minulosti a z budoucnosti, je to však právě proto, že mu minulost a budoucnost září v přítomnosti.

Z toho důvodu, když člověk nenachází potěšení v přítomnosti, získává životní sílu z minulosti. Může ostatním říkat, jak mu bylo v minulosti dobře, a z toho získává sílu pro život v současnosti. Nebo si představuje a doufá, že mu bude dobře v budoucnosti. Pocit potěšení z minulosti a z budoucnosti je však posuzován v závislosti na tom, nakolik Shora svítí člověku v přítomnosti. A věz, že toto pravidlo platí jak pro materiální potěšení, tak i pro duchovní potěšení.

A jak vidíme dokonce i v době, kdy člověk pracuje v materiálním, nevyhnutelně během své práce lituje, že se musí nutit k námaze, a to jediné, díky čemuž může pokračovat v práci, je to, že ho v budoucnu přitahuje odměna za práci. A tato naděje mu svítí v přítomnosti, takže je schopen pokračovat v práci.

Pokud si však není schopen představit odměnu očekávanou v budoucnosti, netěží z budoucnosti potěšení, které by obdržel jako odměnu za svoji práci – to znamená, že neočekává odměnu, ale to, že skončí jeho utrpení z nutnosti pracovat. A on se už nyní v současnosti těší tím, co se stane v budoucnu. To znamená, že mu budoucnost svítí v současnosti tím, že práce brzy skončí, že vyprší čas, během něhož je třeba pracovat, a on bude moci odpočívat.

Ukazuje se, že mu svítí potěšení z odpočinku, který nakonec získá – to znamená, že vidí prospěch v tom, že se zbaví utrpení, které v současnosti z práce zakouší, a to mu dává sílu pracovat. A kdyby si člověk nedokázal představit, že se brzy osvobodí z utrpení, které nyní prožívá, stal by se zoufalým a smutným až do té míry, že by si mohl vzít život.

O příčině výše uvedeného je mudrci řečeno: „Ten, kdo se zbavuje života, nemá podíl v budoucím světě," protože nepřijímá Vyšší vládu a popírá, že Stvořitel řídí svět jako dobrý a tvořící dobro. Ale člověk musí věřit, že k němu tyto stavy přicházejí proto, že mu touto cestou Shora chtějí poskytnout nápravu (*Tikun*). To znamená, aby získal z těchto stavů *Rešimot* a byl schopen vlastními silami odhalit a pochopit způsob řízení světa. A tyto stavy se nazývají stavy „odvrácené strany" (*Achorajim*), a když tyto stavy překoná, stane se hoden Stvořitelovy tváře (*Panim*), což označuje, že Světlo osvítí vnitřek této odvrácené strany (*Achorajim*).

A existuje pravidlo, že člověk nemůže žít bez možnosti přijmout potěšení a radost. Ukazuje se, že v době, kdy není schopen přijímat z přítomnosti, je v každém případě povinen přijímat životní sílu z minulosti nebo z budoucnosti. To znamená, že tělo pro sebe hledá životní sílu všemi prostředky, které má k dispozici. A pokud člověk nesouhlasí s přijímáním životní síly z materiálních věcí, pak tělo nemá jiné východisko a je tudíž donuceno souhlasit s přijímáním životní síly z duchovních věcí; vždyť nemá žádnou jinou možnost. A tak tělo musí souhlasit s přijímáním potěšení a radosti z odevzdávání, poněvadž bez životní síly není možné žít.

V souladu s tím vychází najevo, že v době, kdy si člověk zvykl plnit Tóru a Přikázání v *Lo Lišma* (pro sebe) čili přijímat za svoji práci odměnu, má skutečně možnost si představit, že pak obdrží nějakou mzdu a bude již moci pracovat díky tomu, že získá potěšení a radost později. Proto, když přebývá v *Lo Lišma*, není nutné, aby mu Shora dávali životní sílu. Vždyť získává životní sílu z představy budoucího obrazu. A Shora nedávají nadbytečné, nýbrž pouze nezbytné.

Na druhou stranu, pokud člověk nepracuje proto, aby obdržel odměnu, ale chce pracovat bez jakékoliv mzdy, jak si v tom případě může představit, že později odněkud bude moci získat životní sílu? Nedokáže si představit žádný obraz budoucnosti, protože nemá nic, o co by se mohl opřít.

Z toho důvodu, chce-li člověk pracovat pouze ve prospěch Stvořitele a nesouhlasí s tím, že bude v životě přijímat životní sílu v nějaké jiné formě, pak neexistuje jiné východisko a Shora jsou mu povinni dát životní sílu. Vždyť nepožaduje nic jiného než sílu nezbytnou k životu, aby mohl pokračovat v životě. A pak přijímá životodárnou sílu z místa Svaté *Šchiny*.

A mudrci o tom řekli: „Každý, kdo strádá utrpením společnosti, je odměněn útěchou za celou společnost." Společností se nazývá Svatá *Šchina*. Vždyť společnost znamená shromáždění, tudíž shromáždění Izraele, a *Malchut* je společenství všech duší.

A člověk si nepřeje žádnou odměnu pro svůj vlastní prospěch, ale přeje si pracovat ve prospěch Stvořitele, což se nazývá pozvednout *Šchinu* z prachu, aby nebyla tak ponížená jako v době, kdy nechtějí pracovat pro Stvořitele. Ale v každém díle, počítá-li člověk s tím, že z něho pro sebe vytěží prospěch, dostává energii pro práci. Když se však dílo týká prospěchu Stvořitele a člověk nevidí, že obdrží nějakou mzdu, pak se tělo této práci brání a pociťuje v této práci příchuť popela.

A tento člověk chce opravdu pracovat pro Stvořitele, brání se tomu pouze tělo, a proto prosí Stvořitele o sílu, aby dokázal pracovat a zvednout *Šchinu* z prachu. Proto je odměněn tváří Stvořitele, která se mu odhaluje, a ukrytí zmizí.

36. Tři těla v člověku

Slyšel jsem 24. den měsíce Adar v roce Tav-Šin-Dalet (19. března 1944) v Jeruzalémě

Duchovní pojem „člověk" se skládá ze tří těl: vnitřního těla – oděvu duše, *Klipat Noga* a *Klipat „Mišcha de-Chivija"* (מישכא דחויא, hadí kůže).

Abychom se osvobodili od posledních dvou těl, jež překážejí Svatosti, a měli možnost používat pouze vnitřní tělo, je nutné myslet pouze na to, co je s ním spojeno. To znamená, že všechny myšlenky musí být neustále o tom, že „Není nikoho jiného kromě Něho" a pouze On vykonal, koná a bude konat všechno, co je ve vesmíru, a žádné stvoření a žádná síla na zemi nemůže člověka odloučit od duchovního.

A poněvadž už člověk nepřemýšlí o dvou vnějších tělech, zemřou, neboť nepřijímají obživu a nemají příležitost k existenci. Vždyť jsou jejich životní silou myšlenky člověka o nich.

Proto je řečeno: „V potu své tváře budeš jíst svůj chléb." Vždyť do hříchu Stromu poznání život člověka nezávisel na chlebu – to znamená, že nebylo třeba provádět speciální činy, aby bylo možné přijímat Světlo a životní sílu – Světlo mu svítilo tak jako tak. Avšak po pádu do hříchu se k tělu člověka přilepila *Mišcha de-Chivija* a jeho život začal být závislým na chlebu, tedy na obživě, kterou musí pokaždé znovu přitahovat. Avšak když tato vnější těla nedostanou obživu, umírají. A toto je velká náprava, která umožňuje, aby se člověk zbavil dvou nečistých těl.

Proto je člověku uloženo, aby vynakládal úsilí a snažil se nemyslet na to, co se týká těchto dvou těl, o čemž je řečeno: „Hříšné myšlenky jsou horší než samotný hřích," protože myšlenky jsou obživou pro dvě vnější těla. A z toho, co si o nich člověk myslí, tato těla získávají životodárnou sílu.

Proto by měl člověk myslet pouze na vnitřní tělo. Vždyť je to oděv jeho Svaté duše. To znamená, že člověk musí myslet pouze na to, co se nachází „vně jeho kůže" – vně jeho vlastních prospěchářských zájmů, což znamená „vně těla", vně svého egoistického prospěchu – a přemýšlet jen o prospěchu pro bližního.

A to se nazývá „za hranicemi kůže", protože vně těla člověk nemůže mít žádné spojení s *Klipot* (egoistickými záměry), a k veškerému spojení s *Klipot* dochází jen „uvnitř kůže", ve všem, co se týká těla, egoismu. Ke všemu, co se odívá do těla, se okamžitě přisají *Klipot*, ale všechno, co se do těla neodívá, je pro ně nedostupné.

Jestliže se člověku podaří zůstat ve svých myšlenkách vně potřeb těla, stává se hoden řečeného: „A vytlučeno je to z mé kůže a z těla svého spatřím Stvořitele." (Jób 19, 26) „To" naznačuje odhalení Svaté *Šchiny* a „vytlučeno" znamená nápravu, která člověku umožňuje zůstat vně kůže. A pak je odměněn: „a z těla svého spatřím Stvořitele" – to znamená, že se Stvořitel odkrývá tak, že se odívá do vnitřního těla člověka. A to se děje pouze tehdy, když člověk souhlasí s tím, že bude pracovat mimo své tělo – to znamená bez toho, aby se do něho odívalo potěšení.

Kdežto hříšníci, kteří chtějí přijímat za svou práci naplnění uvnitř těla, „uvnitř kůže" (do svých přání), „zemřou bez dosažení moudrosti" – to znamená, že neobdrželi žádné Světlo a nic nedosáhli. Avšak spravedliví jsou odměněni oděním Světla do svých těl.

37. Článek o svátku *Purim*

Slyšel jsem v roce Tav-Šin-Chet (1947–1948)

Rozeberme si smysl událostí, o kterých vypráví *Megilat Ester*:[23]

1. Je napsáno: „Po těchto událostech král Achašveróš povýšil Hamana." Co znamená: „po těchto událostech"? Poté, co Mordechaj zachránil Krále, nebylo by rozumné, aby Král povýšil Mordechaje? Proč je tedy řečeno, že povýšil Hamana?
2. Když Ester říká králi: „Protože jsme prodáni, já a můj lid," ptá se Král: „Kdo to je a kde je ten, jenž se toho opovážil?" Jako kdyby

---

[23] *Megilat Ester* (Svitek Ester) je Kniha Ester.

Král nic nevěděl. Ale vždyť je napsáno, že řekl Hamanovi: „Toto stříbro je odevzdáno tobě a také lid, abys s ním naložil, jak se ti zlíbí." A ukazuje se, že Král věděl o prodeji.

3. Co znamená (Ester 12): „jednali podle vůle každého"? Mudrci vysvětlují, že to znamená „podle vůle Mordechaje a Hamana". Ale je známo, že tam, kde je napsáno „Král", míní se tím Stvořitel, Pán světa. Ale jak je možné, aby Stvořitel plnil vůli hříšníka?

4. Je napsáno: „A dozvěděl se Mordechaj o všem, co bylo učiněno," jako kdyby to věděl jen sám Mordechaj. Ale vždyť se předtím říká: „A město Šušan bylo ve zmatku," a ukazuje se, že o tom vědělo celé město Šušan.

5. Je napsáno: „Protože je nařízení napsáno ve jménu Krále a zpečetěno královským prstenem, nelze ho zrušit." A jak mohlo být poté vydáno další nařízení, které zrušilo první?

6. Proč je mudrci řečeno, že povinen je člověk se o svátku *Purim* opít do takové míry, aby nerozlišil prokletého Hamana od požehnaného Mordechaje?

7. Je řečeno, že „pití probíhalo důstojně, jak se patří podle zákona". A co znamená: „podle zákona"? Rabi Chanan vysvětluje, že to znamená „podle zákona Tóry". A zákon Tóry poukazuje na to, že jídlo musí převažovat nad pitím.

Abychom to všechno pochopili, musíme nejprve zjistit, kdo jsou Haman a Mordechaj. Jak vysvětlili mudrci, že „jednali podle vůle každého", což znamená „podle vůle Hamana i Mordechaje".

Mordechajovo přání je nazýváno zákonem Tóry, v němž jídlo převažuje nad pitím. A podle vůle Hamana, naopak, pití převažuje nad jídlem. A táže se: jak je možné, aby hostina probíhala podle vůle hříšníka? A na to je dána odpověď: „Pití probíhalo důstojně, bez nátlaku." To znamená, že pití bylo dobrovolné, „bez nátlaku".

A mudrci vysvětlují řečené takto: „A zakryl Mojžíš tvář svou, protože se bál podívat na Stvořitele." (Šimon) „Zakryl Mojžíš tvář svou" – znamená, že byl hoden spatřit Stvořitele. Vždyť právě když člověk nepotřebuje potěšení (čili naň může vytvořit clonu), tehdy je mu dovoleno ho přijmout. Proto je řečeno: „Poslal jsem pomoc hrdinovi!" (Žalm 89) A hrdina je ten, kdo může kráčet po cestách Stvořitele, a takovému Stvořitel pomáhá.

Proto je napsáno, že „pití probíhalo důstojně, jak se patří podle zákona", čili bez nátlaku. A to znamená, že nepotřebovali pití. Ale pak, když již začali pít, jim pití zachutnalo – to znamená, že v něm našli zálibu a začali ho potřebovat. Jinak by se nemohli pohybovat kupředu. A toto se nazývá nátlak, donucení a zrušení přístupu Mordechaje. Mudrci proto řekli, že tato generace je odsouzena k zániku, protože si užívala hostinu toho hříšníka. A kdyby pili „bez nátlaku", nezrušili by vůli Mordechaje, která vyjadřovala přístup *Jisra'ele*. Později však pili pod nátlakem, a proto sami odsoudili k zániku zákon Tóry, jenž znamená *Jisra'el*. A v tom tkví smysl pravidla: „Jídlo by mělo převažovat nad pitím." Vždyť „pití" znamená odhalení světla *Chochma*, které se nazývá „poznání". A „jídlo" je světlo *Chasadim*, tedy „víra".

V tom tkví podstata dvou královských stráží, Bigtana a Tereše, „kteří zamýšleli pozvednout ruku na Pána světa. A Mordechaj se to dozvěděl. A tento případ byl vyšetřen a bylo zjištěno, že je to tak". Ale nikoliv okamžitě, neboť vyšetřování nebylo snadné. A Mordechajovi se to stalo zřejmým, avšak tento nestoudný plán se mu odkryl až po náročné práci. A když se mu to odhalilo úplně jasně, „pověsili oba na stromě". Jakmile pocítil celou tuto špatnost, pověsili je – to znamená, že takové skutky a touhy odstranili z tohoto světa.

„Po těchto událostech" znamená: po všem utrpení a úsilí, které na toto vyšetřování vynaložil Mordechaj. A chtěl Král Mordechaje odměnit za jeho práci – za to, že pracoval v *Lišma*, jen pro Stvořitele, a nikoliv pro svůj vlastní prospěch. Ale člověk zpravidla nemůže získat to, co nepostrádá. Vždyť není Světlo bez *Kli* a *Kli* je touha. A pokud Mordechaj pro sebe nic nepotřebuje, tak jak je možné mu něco dát?

Král by se mohl Mordechaje zeptat, čím ho má za práci odměnit, ale vždyť je Mordechaj spravedlivý a pracuje jenom pro odevzdání. Nepociťuje žádnou potřebu se pozvedávat po stupních Vzhůru, nýbrž je spokojen s málem. Avšak Král mu chtěl dát světlo *Chochma*, které vychází z levé linie. Ale práce Mordechaje byla pouze v pravé linii.

A co tedy udělal Král? „Povýšil Hamana" – to znamená, že pozvedl levou linii, jak je řečeno: „A postavil ho nad všechny ministry a dal mu moc..." „A všichni královští služebníci před ním klesli na kolena a sklonili před Hamanem hlavu, neboť tak to o něm přikázal Král" – a takto ho obdařil mocí a všichni s tím souhlasili.

„Poklesnutí na kolena" znamená uznání vlády nad sebou. Protože se jim cesta Hamana líbila více než cesta Mordechaje. A všichni Židé v Šušanu přijali vládu Hamana, protože pro ně bylo obtížné porozumět názorům Mordechaje. Vždyť všichni chápou, že práce v levé linii, jež znamená „poznání", je lehčí než kráčet cestou Stvořitele. A zeptali se Mordechaje: „Proč porušuješ příkaz Krále?" A když spatřili, jak pevně se přidržuje cesty víry, propadli zmatku a nevěděli, kdo má pravdu.

Tehdy šli k Hamanovi, aby od něho zjistili, kdo má pravdu, jak je napsáno: „Pověděli o tom Hamanovi, aby se ujistili, zda Mordechaj dostojí svému slovu, poněvadž jim řekl, že je Žid." A pro Žida by mělo jídlo převažovat nad pitím – to znamená, že hlavní je víra. A v tom tkví celá podstata Žida[24].

A Haman se velmi rozzlobil, když se dozvěděl, že Mordechaj nesouhlasí s jeho názorem. A všichni spatřili cestu Mordechaje, který tvrdil, že je to jediná cesta, kterou by měl jít Žid: kdo jde jinou cestou, věnuje se modlářství. A proto Haman řekl: „Ale veškeré královské pocty pro mě nic neznamenají, dokud vidím Žida Mordechaje sedět u brány královské." Vždyť Mordechaj tvrdil, že do královské brány vede jenom jeho cesta, ale cesta Hamana nikoliv.

Z toho, co bylo řečeno, pochop, proč je napsáno, že „Mordechaj se dozvěděl o všem, co se dělo", jako kdyby to věděl právě jen Mordechaj. Ale vždyť se říká, že „město Šušan propadlo zmatku", takže se ukazuje, že to věděli všichni. Jedná se o to, že město Šušan propadlo zmatku a nevědělo, kdo má pravdu. Avšak Mordechaj věděl, že pokud nastane vláda Hamana, přinese to lidu Izraele zkázu – to znamená, že bude společenství Izraele setřeno z povrchu zemského. Tudíž to zničí cestu národa Izraele, po které lidé kráčejí se zavřenýma očima společně se Stvořitelem a vždy si říkají: „Mají oči, ale nevidí." Vždyť Haman se přidržuje pouze levé linie, která se nazývá „poznání", takže je protikladná k víře.

Proto Haman v *Jom Kipur* metal los: „Jeden los za oběť Stvořiteli a jeden za nečistou sílu." Los za Stvořitele označuje pravou linii, světlo *Chasadim*, což znamená vychutnávat si jídlo, tedy víru. A jeden los za nečistou sílu, což je levá linie, kde v ničem není úspěch a odkud pochází veškerá nečistá síla. Proto to, co vychází z levé linie, vytváří bariéru Světlu. Vždyť levá linie Světlo zmrazí.

A o tom je řečeno: „Metal los, určil osud, úděl." To znamená, že rozluštil, jak dopadl los, a oznámil *Pur* (פור, osud), což znamená *Pi-Or*

---

[24] Žid, hebr. *Jehudi*, יהודי, ze slova *Ichud*, יחוד – jednota se Stvořitelem.

(פִּי־אוֹר, ústa Světla). A v důsledku toho, že padl los ve prospěch nečisté síly, přerušuje se veškeré Světlo a je odhozeno dolů.

Haman si však myslel, že „spravedlivý připraví a hříšník oblékne".

To znamená, že předpokládal, že si sám pro sebe vezme všechnu odměnu, kterou si za práci a úsilí zasloužil Mordechaj a jeho spojenci, v domnění, že se zmocní veškerého Světla, jež se odhalí prostřednictvím náprav vykonaných Mordechajem. A to všechno proto, že viděl, že mu Král dává veškerou moc, aby dolů přitáhl světlo *Chochma*.

A když přišel Krále prosit o zahubení Židů, tudíž o zrušení moci *Jisra'ele*, která znamená víru a *Chasadim* (milosrdenství), aby se na světě rozšířily vědomosti, Král odpověděl: „Toto stříbro je odevzdáno tobě a také lid, abys s ním naložil, jak se ti zlíbí." To znamená, jak je to lepší pro Hamana a jeho moc, což je levá linie a vědomosti.

Veškerý rozdíl mezi prvním a druhým královským poselstvím spočíval ve slově „Židé". V písemném nařízení[25] bylo napsáno: „Předat toto nařízení do každé oblasti jako zákon vyhlášený pro všechny národy, aby byly připraveny k tomuto dni." A nebylo napsáno, koho by všichni měli být připraveni zničit. A písemné nařízení vysvětlil sám Haman: „A vše je ustanoveno, jak nařídil Haman."

A ve druhém poselství již bylo napsáno slovo „Židé", jak je řečeno: „Soupis tohoto nařízení musí být předán do každé oblasti jako zákon vyhlášený pro všechny národy, aby Židé byli v tento den připraveni na pomstu svým nepřátelům." Proto, když Haman přišel ke Králi, On mu řekl: „Stříbro připravené předem je předáno tobě," což znamená, že nejsou zapotřebí žádné další činnosti a odevzdává se mu národ, aby s ním učinil, co se mu zlíbí. To poukazuje na to, že lidé již chtějí konat tak, jak je mu libo, chtějí přijmout jeho vládu.

Avšak Král mu neřekl, aby zrušil moc Mordechaje a Židů, a předem připravil odkrytí světla *Chochma*, které si Haman tolik přál. A v kopii nařízení bylo napsáno: „Předat do každé oblasti jako zákon vyhlášený pro všechny národy."

To znamená, že zákon ukládá světlu *Chochma*, aby se odkrylo všem národům. Ale nebylo napsáno, že se ruší moc Mordechaje a Židů, která označuje víru. Předpokládalo se, že se odkryje světlo *Chochma* a oni si navíc zvolí *Chasadim*.

---

[25] Písemné nařízení – záznam o příkazu, který vydal Král; poté se k tomuto příkazu poskytuje výklad, který ho objasňuje.

Haman však řekl, že jelikož nastal čas odkrytí světla *Chochma*, je to samozřejmě dáno proto, aby ho využívali – vždyť kdo by začal dělat zbytečné věci?! Pokud by ho nepoužili, stalo by se toto odkrytí nesmyslným. A Stvořitel zajisté chtěl, aby světlo *Chochma* využívali, když učinil toto odkrytí.

A Mordechaj namítal, že odkrytí nastalo pouze proto, aby se ukázalo, že se sami rozhodli jít správnou cestou a zvolili si *Chasadim Mechusim* (jež nepotřebuje světlo *Chochma*), a nikoli ze skutečnosti, že nemají jinou volbu. Jestliže kráčejí touto cestou, zdá se, jako kdyby ji následovali z donucení kvůli nedostatku jiných možností. Vždyť v této době není odkryto žádné světlo *Chochma*. Ale nyní, když je světlo *Chochma* odhaleno, mají možnost volby podle vlastní dobré vůle. A upřednostňují cestu milosrdenství (*Chasadim*), a nikoliv levou linii, kde se odkrývá světlo *Chochma*.

To znamená, že bylo odkrytí nutné jenom proto, aby si mohli uvědomit důležitost *Chasadim* a rozhodli se, že je pro ně *Chasadim* důležitější než *Chochma*. A mudrci o tom řekli: „Doposud – z donucení, a od tohoto okamžiku a nadále – na základě dobré vůle," a v tom tkví smysl: „Ustanovili Židé a přijali na sebe, že budou oslavovat tento den." Veškeré odkrytí světla *Chochma* nyní přichází s jediným cílem: aby na sebe mohli vzít cestu Židů z vlastní vůle.

A v tom je podstata sporu mezi Mordechajem a Hamanem. Mordechaj namítal, že jim nyní Stvořitel neodkrývá sílu světla *Chochma* proto, aby ho přijali, nýbrž aby pozvedli *Chasadim*. Vždyť nyní mohou ukázat, že přijímají *Chasadim* na základě vlastního přání. Mají možnost přijmout *Chochmu*, protože nyní vládne levá linie, která vyzařuje světlo *Chochma*, a navzdory tomu si zvolí *Chasadim*. A když si vybírají *Chasadim*, ukazují, že pravá linie vládne nad levou a to je nejdůležitější – to je zákon Židů.

Ale Haman tvrdil opak, že když nyní Stvořitel odkrývá levou linii, ve které je *Chochma*, je to proto, aby toto světlo *Chochma* mohlo být použito. Jinak by se ukázalo, že Stvořitel dělá nesmyslné činy, tudíž to, co nikomu nepřinese potěšení. Proto není nutné hledět na to, co říká Mordechaj, a všichni musí poslouchat hlas Hamana a využívat odhalení světla *Chochma*, které nyní nastalo.

Ukazuje se, že druhé nařízení nezrušilo první, ale pouze ho vysvětlilo a rozluštilo. A „vyhlásit (odkrýt) to všem národům" znamená, že se Židům odkrývá světlo *Chochma*, které nyní svítí proto, aby si Židé mohli vybrat *Chasadim* ze své vlastní dobré vůle, a ne proto, že nemají možnost jít jinou cestou. Proto je ve druhém nařízení napsáno: „Aby byli Židé v tento den připraveni na pomstu svým nepřátelům." To znamená, že *Chochma* nyní vládne proto, aby prokázali, že dávají přednost *Chasadim*. A to se nazývá: „pomstít se nepřátelům svým" – vždyť nepřátelé přece chtějí přijmout světlo *Chochma*, a Židé toto Světlo odstrkují.

Z toho se stává jasné, proč se Král zeptal: „Kdo je to a kde je ten, jenž se odvážil to udělat?" A jak se mohl ptát, když sám řekl Hamanovi: „Toto stříbro je odevzdáno tobě a také lid, abys s ním naložil, jak se ti zlíbí." (Avšak k odkrytí *Chochma* dochází pouze proto, aby s tímto lidem naložil, „jak se ti zlíbí", čili byla vytvořena možnost volby, což také znamená: „naložit s ním, jak se ti zlíbí." Jestliže není odkryto světlo *Chochma*, pak tam není prostor pro výběr, a když přijímají *Chasadim*, zdá se, jako kdyby to bylo z beznaděje – kvůli tomu, že nemají nic jiného.) A to vše přichází díky moci královského nařízení, které nyní přikazuje světlu *Chochma*, aby se odhalilo.

A smysl spočíval v tom, aby levá linie sloužila pravé. Vždyť tehdy všichni spatří, že je pravá důležitější než levá, a proto si vybírají *Chasadim*. A v tom tkví podstata názvu *Megilat Ester*, který se jeví jako navzájem se popírající rozpor: vždyť *Megila* (מגילה, svitek) znamená „odkrytí" (*Megale*, מגלה) a *Ester* (אסתר) znamená, že existuje ukrytí (*Hastara*, הסתרה). Jedná se o to, že veškeré odhalení probíhá pouze proto, aby poskytlo možnost si vybrat ukrytí.

A nyní pochop, proč mudrci řekli: „Povinen je člověk se během *Purimu* opít do takové míry, aby nerozlišil prokletého Hamana od požehnaného Mordechaje." Jde o to, že události s Mordechajem a Ester proběhly před postavením Druhého chrámu. Budování Chrámu znamená přitahování světla *Chochma* a *Malchut* se nazývá Chrámem. A proto Mordechaj posílá Ester, aby šla ke Králi a prosila za svůj národ. A ona odpovídá: „Všichni služebníci Krále vědí, že pro každého, kdo se dostaví ke Králi nepozván, je jeden zákon – trest smrti. Já jsem však nebyla pozvána ke Králi již třicet dní."

A smysl tkví v zákazu přitahovat dolů světlo *GaR*[26] *de-Chochma*. A ten, kdo přesto přitáhne světlo *GaR* (tři *Sfirot*, z nichž každá se skládá z deseti, z čehož nakonec vychází třicet), je odsouzen k smrti,

---

[26] *GaR* (ג"ר) – akronym pro *Gimel Rišonot* (ג' ראשונות), dosl. první tři, míní se první tři *Sfirot* v *Parcufu*.

protože levá linie vede k odtržení od skutečného života. „Jenom ten, komu Král podá své zlaté žezlo, může zůstat naživu." Vždyť zlato znamená vlastnost *Chochma* a *GaR*.

To znamená, že může zůstat naživu pouze zásluhou probuzení Shora, tudíž ve spojení se Stvořitelem, což znamená život, a nikoliv silou probuzení samotného člověka zdola. A ačkoliv je Ester královna, tedy *Malchut*, která nutně potřebuje *Chochmu*, může se to stát jenom při probuzení Vyšším. Pokud přitáhne světlo *Chochma* sama, úplně ztratí své postavení. A na to jí Mordechaj odpověděl: „Když spása a osvobození přijde k Židům z jiného místa," což znamená, že naprosto zruší levou linii a zůstanou jen s jednou – pravou – se světlem *Chasadim*, pak „ty i dům otce tvého zahynete", na což poukazuje Kniha *Zohar*: „Od otce má základ dcera," a proto potřebuje světlo *Chochma*.

Je tedy nutné, aby „jídlo převažovalo nad pitím". Ale pokud Židům nezbyde jiné východisko a budou donuceni zrušit levou linii, pak se anuluje veškerá její podstata. O tom řekla Ester: „Jestliže už mám zahynout, ať zahynu." To znamená: pokud půjdu ke Králi, tak ztratím svůj život. Vždyť se mohu vzdálit od Stvořitele, protože takové probuzení zdola odtrhává člověka od Zdroje života. A pokud nepůjdu, pak „spása a vysvobození přijde k Židům z jiného místa", tudíž jiným způsobem, když úplně zruší levou linii, jak jí řekl Mordechaj.

Proto se vydala cestou Mordechaje a pozvala Hamana na hostinu – to znamená, že přitáhla levou linii, jak jí přikázal Mordechaj. A poté spojila levou linii s pravou a takovým způsobem je možné odhalit Světlo dole a zároveň zůstat ve spojení se Stvořitelem. V tom spočívá tajemství „*Megilat Ester*". To znamená, že i když již existuje odkrytí světla *Chochma*, stejně si vybírá ukrytí, které se tam vyskytuje (poněvadž Ester označuje ukrytí, *Hastara*).

A smysl: „opít se do té míry, aby nerozlišil", je vysvětlen v *Talmudu Eser Sfirot* (15. část, *Or Pnimi*, bod 217). Vždyť ačkoli svítí *Chochma*, je nemožné ji přijmout bez světla *Chasadim*, protože to vede k oddálení od Stvořitele. Ale stal se zázrak, když zásluhou svých půstů a modliteb přitáhli světlo *Chasadim* a tímto způsobem mohli obdržet světlo *Chochma*.

Takový stav však nemůže nastat před *Gmar Tikun*, protože se tato vlastnost vztahuje ke Konečné nápravě (*Gmar Tikun*) a teprve poté bude napravena. Jak je napsáno v Knize *Zohar*: „V budoucnosti se anděl smrti stane Svatým andělem, když zmizí rozdíl mezi Hamanem a Mordechajem a napraví se i Haman." A v tom tkví smysl řečeného: „Povinen je člověk se během *Purimu* opít do takové míry, aby nerozlišil prokletého Hamana od požehnaného Mordechaje."

A je třeba dodat, proč je řečeno, že je oběsili (Bigtana a Tereše) na stromě. Proto, aby pochopili, že se jedná o stejný hřích Stromu poznání, kde je také poškozen *GaR*. A je řečeno, že Mordechaj seděl v královské bráně, aby ukázal, že seděl a nestál, protože stav sedět znamená *VaK*[27] a stát vzpřímeně značí *GaR*.

38. Jeho bohatství – bázeň před Stvořitelem

Slyšel jsem 10. den měsíce Nisan v roce Tav-Šin-Zajin (31. března 1947)

Bohatství je nádoba, ve které je uloženo jmění člověka. Například obilí je uloženo ve stodole a drahé věci jsou uloženy na bezpečnějším místě. To znamená, že každá získaná věc je určena vztahem ke Světlu a *Kli* – nádoba musí být schopna tuto věc pojmout. Vždyť jak je známo, není Světlo bez *Kli* a toto pravidlo platí i v materiálním světě.

Co je však duchovní nádoba, která je schopna obsahovat Světlo a duchovní hojnost, jež si nám Stvořitel přeje dát? Jaká by měla být nádoba, aby byla vhodná pro Světlo? Naprosto stejně jako v tomto materiálním světě, musí být nádoba vhodná pro to, co je v ní uloženo, takže si musí navzájem odpovídat. Například nemůžeme říci, že uchováme zásoby vína, které se nezkazí, když je nalijeme do nových pytlů, nebo když máme velké zásoby mouky a nasypeme ji do sudů. A jak je obvyklé, pro víno jsou zapotřebí sudy a džbány a pro mouku pytle, nikoli sudy.

A proto se ptá: jaká by měla být duchovní nádoba, abychom s těmito nádobami mohli nashromáždit obrovské bohatství z Vyššího světa? V souladu s pravidlem: „Více než chce telátko sát, kráva ho chce krmit". Vždyť přáním Stvořitele je těšit stvoření. A musíme věřit, že *Cimcum* – zkrácení Světla bylo učiněno pro náš prospěch a zajisté jen kvůli tomu, že nemáme vhodné *Kelim* schopné pojmout Světlo stejně jako materiální nádoby, které musí být vhodné pro to, co v nich bude uloženo. Z toho důvodu potřebujeme pochopit, že pokud získáme dodatečné *Kelim*, budeme v nich moci pocítit duchovní bohatství.

---

[27] *VaK* (ו"ק) – akronym pro *Vav Kcavot* (ו' קצוות), dosl. šest konců, míní se šest spodních *Sfirot* v *Parcufu*.

A odpověď na to zní: „V klenotnici Stvořitele není žádné jiné bohatství kromě bázně před Stvořitelem."

Je však třeba objasnit, co je bázeň před Stvořitelem, jenž se objevuje jako nádoba, z níž je vytvořena klenotnice, aby do ní bylo možné vložit všechny cennosti, které jsou pro člověka důležité. A řekli mudrci (*Berachot* s. 7), že to je stejná bázeň, kterou pocítil Mojžíš, když „Zakryl tvář svou, neboť se bál pohlédnout na Stvořitele", a proto se stal hoden Ho spatřit.

A smysl strachu spočívá v tom, že se člověk bojí obrovského potěšení, které se tam nachází. Vždyť ho nyní nemůže přijmout ve prospěch odevzdání. A jako odměnu za to, že prožíval strach, získá pro sebe *Kli* schopné přijmout Vyšší světlo. Právě v tom spočívá práce člověka. Všechno ostatní patří Stvořiteli kromě strachu. Vždyť podstata strachu tkví v tom, aby člověk nepřijímal potěšení, avšak všechno, co Stvořitel dává, je určeno pouze pro přijetí. A proto je řečeno: „Všechno je v moci nebes kromě chvění před Stvořitelem."

Tuto nádobu nutně potřebujeme, jinak budeme jako hlupák, o kterém mudrci řekli: „Jaký hlupák je ten, kdo ztrácí vše, co mu dávají." To znamená, že nám nečistá síla odebírá všechno Světlo, pokud ho nemůžeme přijmout se záměrem ve prospěch odevzdání, a všechno přechází k přijímajícím *Kelim* – to znamená k nečistotě (*Sitra Achra*, סטרא אחרא).

O tom je řečeno: „Dodržujte všechna Přikázání!" Vždyť podstata dodržování je založena na strachu. Přestože má Světlo v povaze se chránit a mizí, jakmile ho chtějí přijmout do egoistických *Kelim*, sám člověk se toho musí snažit vyvarovat natolik, nakolik je to jen možné, jak je řečeno: „Chraňte se sami, byť jen trochu na své úrovni dole, a Já vám dám velkou ochranu Shora."

Strach je vložen pouze na člověka, jak řekli mudrci: „Vše je v moci nebes kromě chvění před Stvořitelem," protože Stvořitel může dát člověku vše kromě této bázně. Vždyť co dává Stvořitel? Přidává do jejich vztahů lásku, nikoliv strach.

A získat bázeň je možné zásluhou zázračné síly Tóry a Přikázání. Když člověk vykonává tuto duchovní práci a přeje si poskytnout potěšení svému Stvořiteli, pak se tento záměr oděje na jeho činnosti v plnění Přikázání a ve studiu Tóry a přivede ho ke chvění. Jinak zůstane na neživé úrovni Svatosti, dokonce i tehdy, když plní Tóru a Přikázání do posledního detailu a se vší důkladností.

Proto člověk musí vždy pamatovat na to, s jakým cílem se věnuje Tóře a Přikázáním. O tom řekli mudrci: „Nechť bude Svatost vaše kvůli Mně." Jenom Stvořitel by měl být jejich cílem, aby pracovali pouze pro potěšení Stvořitele – to znamená, že všechny jejich činy musí být ve prospěch odevzdání.

Jak je mudrci řečeno (*Berachot* 20): „Každý, kdo dodržuje, má místo ve vzpomínkách." To znamená, že o všech, kteří dodržují Tóru a Přikázání se záměrem dosáhnout „vzpomínky", je řečeno: „Vzpomínky na Něho mi nedovolí usnout."

Ukazuje se, že hlavním cílem dodržování Tóry je dosáhnout vzpomínky. To znamená, že ho touha pamatovat na Stvořitele přiměje k tomu, aby dodržoval Tóru a Přikázání. Právě Stvořitel je příčinou, díky které se člověk zabývá Tórou a Přikázáními. Vždyť bez toho s Ním není možné dosáhnout splynutí, protože „Stvořitel nemůže být pospolu se samolibým" kvůli odlišným vlastnostem.

Odměna a trest jsou však člověku skryty a zbývá mu jen věřit, že odměna a trest existují. Protože Stvořitel chtěl, aby všichni pracovali pro Něho, a nikoliv pro svůj vlastní prospěch. Vždyť by je to oddalovalo od vlastností Stvořitele. A kdyby byla odhalena odměna a trest, člověk by pracoval kvůli lásce k sobě samému, poněvadž by si přál, aby ho Stvořitel miloval, nebo kvůli nenávisti k sobě, jelikož by se bál, že ho Stvořitel bude nenávidět. To znamená, že veškerou motivací ke své práci je pouze on sám, nikoliv Stvořitel. Stvořitel si však přeje, aby příčina i motivace k práci spočívala v Něm.

Vychází najevo, že strach přichází právě v době, kdy si člověk uvědomí svoji nicotnost a prohlašuje, že slouží Králi a přeje si Mu odevzdávat – a to je veliká odměna. A není možné ocenit a vyjádřit nekonečnou důležitost této služby. V souladu se známým pravidlem se dávání významnému člověku cení, jako kdyby od něho přijímal. A je pochopitelné, že ve stejné míře, v jaké člověk cítí svou vlastní nicotnost, je schopen začít oceňovat velikost Stvořitele a probouzí se v něm touha Mu sloužit. Pokud je člověk samolibý, pak Stvořitel říká: „Je nemožné, abych byl pospolu se samolibým."

V tomto smyslu se říká, že hlupák, hříšník a hrubián chodí společně. Hlupákem se nazývá proto, že nepociťuje strach – tudíž se nemůže sklonit před Stvořitelem a ocenit, jaká obrovská čest je sloužit Stvořiteli bez odměny. Proto nemůže od Stvořitele obdržet moudrost (*Chochma*) a zůstává hlupákem. A být hlupákem znamená být hříšníkem, jak je mudrci řečeno: „Člověk nezhřeší, dokud se v něm neusídlí duch hlouposti."

39. A sešili listy fíkovníku

Slyšel jsem 26. den měsíce Š'vat v roce Tav-Šin-Zajin (16. února 1947)

List znamená stín, ukrytí Světla, slunce. Existují dva druhy stínů:
1. stín v důsledku Svatosti,
2. stín v důsledku hříchu.

To znamená, že ve vesmíru existují dva typy ukrytí Světla. Stejně jako v našem světě stín zakrývá slunce, existuje také zakrytí Vyššího světla, které se nazývá „slunce" a pochází ze Svatosti, jako důsledek volby člověka. Jak je řečeno o Mojžíšovi: „Zakryl Mojžíš tvář svou, neboť se bál pohlédnout" – to znamená, že stín je důsledkem strachu, strachu z přijetí Světla hojnosti. Vždyť se bál, že ho nebude schopen přijmout se záměrem pro Stvořitele, to jest nikoliv pro sebe sama.

V tomto případě stín pochází z pocitu Svatosti, ze skutečnosti, že se člověk chce nacházet ve splynutí se Stvořitelem, a splynutí se nazývá odevzdání, a proto se bojí, že možná nebude schopen odevzdat (v důsledku odhalení velkého Světla – potěšení). Vychází najevo, že je spojen se Svatostí. A to se nazývá „Stín Svatosti".

Ale existuje také stín hříchu – to znamená, že ukrytí není důsledkem toho, že si nepřeje přijímat, ale naopak, k ukrytí dochází právě v důsledku jeho přání přijímat pro sebe sama, a proto Světlo mizí. Vždyť všechno, čím se Svatost liší od nečistoty, *Klipot,* spočívá v tom, že Svatost chce dávat a *Klipa* si přeje pouze přijímat a nic nedávat. Proto se to nazývá „stínem nečistoty".

A existuje jen jediný způsob, jak se z tohoto stavu dostat, a to v souladu s tím, co bylo řečeno v Tóře: „A sešili listy fíkovníku a nadělali sobě bederní pokrývky." (*Genesis* 3) Bederní pokrývky jsou síly těla, které se nyní, po pádu do hříchu, staly spojenými se stínem Svatosti. To znamená, že nehledě na to, že nemají žádné Světlo – vždyť Světlo zmizelo v důsledku hříchu – stejně vynakládají úsilí v práci pro Stvořitele pomocí síly přemáhání výše rozumu a to se také nazývá „síla".

Proto je řečeno: „A uslyšeli hlas Stvořitele... a skryl se Adam a žena jeho." To znamená, že se ukryli ve stínu, jak je řečeno o Mojžíšovi, který zakryl tvář svou.

A Adam udělal totéž, co udělal Mojžíš. A promluvil Stvořitel k člověku a zeptal se ho: „Kde jsi?" A Adam odpověděl: „Hlas Tvůj uslyšel jsem v zahradě a vyděsil jsem se, že jsem nahý, a skryl jsem se." „Nahý" znamená obnažený, bez Vyššího světla. A zeptal se ho tedy Stvořitel na příčinu: proč potřeboval stín, aby se skryl, že je nahý? Je to ze strany Svatosti, nebo ze strany nečistoty? I zeptal se ho Stvořitel: „Ne-li ze stromu, ze kterého jsem ti Já zakázal jíst, jsi jedl?" – stín tvůj je tudíž důsledkem hříchu.

Ale když je stín důsledkem hříchu, je protikladný stínu Svatosti a nazývá se magie a čarodějnictví, jak je řečeno: „Jedno proti druhému (Svatost proti nečistotě) stvořil Stvořitel." A pokud jsou síly ve Svatosti, aby ukazovaly svou sílu, výjimečné možnosti a zázraky, stejné možnosti má také nečistá strana.

A spravedliví tyto síly nepoužívají proto, aby nečistá strana neměla sílu učinit totéž, co činí oni na Svaté straně. Vždyť proti každé síle existuje síla jí protikladná.

A pouze ve zvláštní době a za zvláštních okolností neposkytuje Stvořitel nečisté straně stejné možnosti a síly jako své Svaté straně, jako to například dal Eliášovi na hoře Karmel, řka: „Aby neřekli, že je to skutek věštby," jenž je schopen uskutečnit ukrytí Vyššího světla.

Proto jsou od hříchu Stromu poznání vyrobeny bederní pokrývky z listů fíkovníku. A tyto listy znamenají, že stín pochází z nečisté strany, protože jeho příčina není ve Svatosti, když se sami snaží vytvořit stín, a stín zde vzniká proto, že nemají jiné východisko než se v něm skrýt. A tento stín pomáhá vystoupit ze stavu pádu, ale pak je nutné začít znovu pracovat.

40. Jaká by měla být víra v Učitele

Slyšel jsem v roce Tav-Šin-Gimel (1942–1943)

Existují dvě cesty: levá a pravá. Pravá ze slova „odbočit vpravo"[28] znamená víru ve Stvořitele. A když Učitel říká žákovi, aby šel pravou cestou, kde „pravá" znamená dokonalost a „levá" cestu naprosto nedokonalou, tudíž takovou, ve které chybí náprava, pak žák musí svému Učiteli věřit, když mu říká, aby šel pravou, dokonalou cestou.

---

[28] *Hejmin*, הימין – je podobné slovu *Emuna*, אמונה, víra.

Za dokonalost, které musí žák dosáhnout, se považuje stav, kdy člověk kreslí ve své obrazotvornosti obraz, jako kdyby se již stal hoden úplné víry ve Stvořitele, a pociťuje, že Stvořitel vládne světu dobrem a tvoří dobro, jež přijímají stvoření.

Ale když se člověk podívá na sebe, tak vidí, že nemá nic a celý svět trpí: někdo více, někdo méně. A na to je třeba říci: „Oči mají, ale nevidí." To znamená, že dokud se člověk nachází v moci „mnohých", nazývá se „v nich" – nevidí pravdu. A „vláda mnohých" je vládou dvou přání, když věří, že celý svět sice patří Stvořiteli, ale přesto cosi závisí na člověku.

A ve skutečnosti musí člověk zrušit vládu mnohých ve jménu plné vlády Stvořitele a říci, že by neměl žít sám pro sebe, ale že by všechno, co chce učinit, mělo být pro Stvořitele a kvůli Němu. A tímto způsobem konečně zruší svoji vládu a bude se nacházet pod jedinou vládou – vládou Stvořitele. A teprve tehdy může spatřit pravdu, čili vidět všechno to dobro, kterým Stvořitel řídí svět.

Ale dokud člověk uznává vládu mnohých – to znamená, že se jeho přání nacházejí jak v srdci, tak i v rozumu – nemá možnost vidět pravdu. A řešení tkví v tom, aby kráčel vírou výše rozumu a řekl: „Oči mají, ale nevidí pravdu." A dokonce i tehdy, když se člověk podívá na sebe, nemůže vědět, zda se nachází ve stavu vzestupu nebo pádu. Například se mu zdá, že je nyní ve stavu pádu, ale to je nesprávné, protože právě v té době se může nacházet ve stavu vzestupu: vždyť nyní vidí svůj skutečný stav – to znamená, že si uvědomuje, jak je vzdálen od Stvořitele – tudíž se přibližuje k pravdě. A naopak, nechají ho spatřit, že je ve stavu vzestupu, ale ve skutečnosti je ovládán touhou přijímat pro sebe sama, takže je ve stavu pádu.

A jenom ten, kdo uznává jedinou vládu – vládu Stvořitele, může rozlišit pravdu od lži. To je důvod, proč se člověk musí spoléhat na názory Vyššího a věřit v to, co říká, čili jednat tak, jak mu ukazuje jeho Učitel, navzdory četným pochybnostem.

A nehledě na to se musí spoléhat na znalosti Učitele a věřit jim, neboť chápe, že dokud se nachází v moci mnohých, nemůže pochopit pravdu a vidět ji v jiných knihách. A dokud se člověk nestane hoden odhalení pravdy, bude pro něho Tóra jedem smrti.

Proč se říká, že pokud nebude hoden, tak se Tóra stane jedem smrti? Protože jakékoliv moudrosti, které se člověk učí nebo slyší, nepřinášejí žádný užitek a nepřibližují ho k životu čili k jednotě se Stvořitelem, ale naopak. To znamená, že se pokaždé ocitá jenom dál a dále od Stvořitele. A všechno, co dělá, je pouze pro potřeby těla, což se nazývá jedem smrti. Vždyť mu to přináší smrt, a nikoliv život, protože se stále více vzdaluje od odevzdání, jež se nazývá podobností ke Stvořiteli, o které je řečeno: „Jak On je milosrdný, tak i ty buď milosrdný."

Ještě je nutné vědět, že v době, kdy se člověk nachází v pravé linii, může získat vyšší potěšení. Vždyť: „Požehnaný se přimyká k Požehnanému" a ve stavu dokonalosti se člověk nazývá požehnaný a nachází se ve shodě vlastností se Stvořitelem. A příznakem dokonalosti je radostná nálada, jinak je od dokonalosti daleko. A o tom je řečeno: „Avšak jen v radosti při plnění Přikázání zavládne Boží přítomnost (*Šchina*)."

Příčinou vzniku radosti je Přikázání, tedy to, že Učitel přikázal člověku nějakou dobu kráčet po pravé linii a nějakou po levé a člověk vykonává příkaz Učitele. A levá linie je vždy protikladná k pravé. V levé linii se provádí propočet toho, co bylo v práci pro Stvořitele zrealizováno a získáno. A pak člověk odhaluje, že nemá nic: jak tedy může být dokonalý? Ale navzdory tomu postupuje výše rozumu v souladu s příkazem Učitele, což se nazývá víra.

A v tom tkví tajemství řečeného: „V každém místě, kde povolím vzpomenout na Moje jméno, přijdu k tobě a požehnám ti." „V každém místě" znamená, že i když dosud nejsi hoden být požehnaný, stejně ti dám Své požehnání, protože jsi poskytl „místo" – místo radosti, uvnitř kterého může zavládnout Vyšší světlo.

41. Malá a velká víra

*Slyšel jsem večer na konci 1. dne svátku Pesach v roce Tav-Šin-Hej
(29. března 1945)*

Je řečeno: „A uvěřili ve Stvořitele a otroka Jeho, Mojžíše." Světlo *Pesach* je schopno dát člověku Světlo víry. Ale je nesprávné si myslet, že je Světlo víry malým Světlem. Vždyť je-li Světlo malé, nebo velké, závisí pouze na přijímajících. Když člověk nepracuje na správné cestě, myslí si, že má tak velkou víru, že se o ni může podělit s mnoha lidmi. Tehdy budou stejně dokonalí jako on.

Ale ten, kdo si přeje pracovat pro Stvořitele pravým způsobem, pokaždé prověřuje sám sebe, je-li opravdu ochoten odevzdat Stvořiteli sebe celého, „z celého srdce". A tehdy odhalí, že vždy postrádá víru. To znamená, že ve své víře vždy nachází nedostatky. A pouze pokud má víru, může pocítit, že se nachází před Stvořitelem. A když pociťuje velkolepost Stvořitele, může svou lásku k Němu odhalit z obou stran: z dobré strany i ze strany přísného soudu.

To je důvod, proč ten, kdo prosí o pravdu, potřebuje Světlo víry. A jestliže takový člověk slyší nebo vidí jakoukoli možnost získat Světlo víry, raduje se, jako kdyby našel veliký poklad.

Proto ti, kteří hledají pravdu během svátku *Pesach*, když svítí Světlo víry, čtou v nedělní kapitole: „A uvěřili ve Stvořitele a otroka Jeho, Mojžíše." Vždyť v tomto čase také mohou tohoto stavu dosáhnout.

42. ELUL (Já k Milovanému svému a Milovaný ke mně)

Slyšel jsem 15. den měsíce Elul v roce Tav-Šin-Bet (28. srpna 1942)

Abychom pochopili, co v duchovní práci znamená zkrácení *ELUL* (Já k Milovanému svému a Milovaný ke mně), je nutné objasnit ještě několik pojmů:

1. Smysl „království", „troubení na *Šofar*" a také smysl řečeného: „Skloň svoje přání před Jeho přáním, aby On sklonil Svoje přání před tvým."
2. Proč mudrci řekli, že „Hříšníci se okamžitě odsuzují k smrti, ale spravedliví okamžitě k životu"?
3. Proč je napsáno: „Synové Geršónovi: Libní a Šimeí (*Exodus* 6, 17)"?
4. Proč je to napsáno v Knize *Zohar*, že „*Jud* je černý bod, ve kterém není nic bílého"?
5. Smysl napsaného: „*Malchut* Vyššího se stává *Keterem* nižšího."
6. Proč radost z práce svědčí o tom, že je práce dokonalá?

Abychom porozuměli všemu, co je vyjmenováno výše, je třeba pochopit Cíl stvoření, který spočívá v přání Stvořitele těšit stvoření. Avšak aby stvoření nepociťovala stud, vykonává se náprava v podobě ukrytí potěšení (Vyššího světla). V důsledku toho se objevuje clona, která mění touhu přijímat na touhu odevzdávat. A v míře nápravy touhy (*Kelim*) z přijímání na odevzdání obdržíme dříve skryté Světlo, které je již předem určeno stvořením, což znamená, že přijímáme všechna potěšení, která Stvořitel přichystal v Myšlence stvoření.

Na základě toho se stává pochopitelný smysl řečeného: „Skloň své přání před Jeho přáním..." – anuluj svou touhu se těšit před touhou dávat, touhou Stvořitele. To jest, vyměň lásku k sobě za lásku ke Stvořiteli, což znamená sebeanulování před Stvořitelem, jež vede ke sloučení se Stvořitelem. A poté může Stvořitel tvoji touhu po potěšení naplnit Světlem, protože již byla napravena záměrem „pro odevzdávání".

A o tom je řečeno: „...aby On sklonil Své přání před tvým." Stvořitel anuluje svoje přání čili ukrytí (*Cimcum*), které bylo důsledkem rozdílu mezi vlastnostmi Stvořitele a stvoření. A poněvadž se nyní stvoření stalo podobné Stvořiteli, Světlo se šíří ke stvoření, které obdrželo nápravu svého záměru na odevzdání. Vždyť Myšlenkou stvoření bylo těšit stvoření a nyní může být tento záměr realizován.

Z toho je možné pochopit význam řečeného v Písni písní: „Já k Milovanému svému..." To znamená, že anuluji svůj záměr se těšit ve prospěch sebe samého a napravuji jej výhradně na odevzdání. A tehdy se stanu hoden: „...a můj Milovaný ke mně", když mě Milovaný, což je Stvořitel, naplňuje Vyšším potěšením, jež je obsaženo v Jeho Myšlence těšit stvoření. Takže se nyní stává odkryté všechno, co bylo dříve skryté a omezené, a tímto způsobem se odhaluje, že Myšlenka stvoření spočívá v přání těšit stvoření.

Ale je nutné vědět, že touhy k odevzdání odpovídají písmenům *Jud* (י) a *Hej* (ה) ve jméně *HaVaJaH* (י-ה-ו-ה) a představují zářivá (měkká) přání. A právě ta se naplňují Světlem. Tímto způsobem se stvoření stává hodno „...a Můj milovaný ke mně" – tudíž naplnění veškerým potěšením, což znamená, že dosahuje odhalení Stvořitele.

Nicméně existuje podmínka, že není možné být pocktěn odhalením tváře Stvořitele dříve, než člověk obdrží opačnou stranu: ukrytí tváře Stvořitele, a říká, že je to proň stejně důležité jako odhalení. A ve skrytém stavu pociťuje stejnou radost, jako kdyby již obdržel odhalení Stvořitele. Ale udržet se v tomto stavu, ve kterém přijímá ukrytí jako odhalení, je možné pouze tehdy, když člověk dosáhl záměru „pro Stvořitele". Teprve tehdy se bude člověk rád nacházet ve stavu ukrytí. Vždyť je proň důležité poskytovat potěšení Stvořiteli, a pokud má Stvořitel větší potěšení ve stavu ukrytí, je na to připraven.

Avšak zůstaly-li v člověku jiskry egoistických přání, začíná pochybovat a je pro něho obtížné věřit, že Stvořitel řídí svět pouze dobrem a s dobrým cílem, o čemž vypovídá písmeno *Jud* (י) ve jméně *HaVaJaH*

(ה-ו-ה-י), nazvané „černý bod, v němž není nic bílého". To znamená, že je v něm uzavřena naprostá tma a ukrytí tváře Stvořitele.

Když k tomu člověk dospěje, ztratí veškerou oporu a vstoupí do stavu černé tmy, do nejnižšího stavu ve Vyšším světě. A tady vzniká *Keter* nižšího, tudíž *Kli* odevzdání. Poněvadž nejnižší část Vyššího je *Malchut*, která sama nic nemá, a právě proto je nazvána *Malchut* (království). Vždyť pokud na sebe člověk přijímá vládu (panování) Stvořitele, aniž by za to něco přijímal, a setrvává v radosti, následně se stává *Keterem* – touhou odevzdávat, nejzářivějším *Kli*. Právě zásluhou toho, že na sebe v naprosté temnotě přijímá stav *Malchut*, se z *Malchut* vytváří *Keter* – tudíž *Kli* odevzdání.

Proto je řečeno: „Přímé jsou cesty Stvořitele. Spravedliví jimi projdou, ale hříšníci na nich klopýtnou." Hříšníci (to znamená ti, kteří jsou pod nadvládou svého egoismu) chtě nechtě musí pod tíhou svého břemene padnout, jestliže se ocitnou v tomto stavu temnoty. Zatímco spravedliví (tedy ti, kteří usilují o odevzdávání) se zásluhou takového stavu pozvedávají a jsou odměněni touhou odevzdávat.

Upřesním definici spravedlivý a hříšník:

Hříšník je ten, kdo ve svém srdci ještě neurčil, že je nezbytné na základě úsilí a práce na sobě dosáhnout touhy odevzdávat.

Spravedlivý je ten, jehož srdce si již vyjasnilo, že je nezbytné se stát hoden touhy odevzdávat, ale ještě toho nemůže dosáhnout.

Jak je psáno v Knize *Zohar*, řekla *Šchina* rabimu Šimonovi bar Jochajovi (Rašbimu): „Nemám kam se schovat před tebou," a proto se mu odhalila. Rašbi řekl: „Vždyť ke mně je touha Jeho," což značí: „Já k Milovanému Svému a Milovaný ke mně." A on tak vyvolává spojení *Vav* (ו) a *Hej* (ה) ze jména *HaVaJaH* (ה-ו-ה-י). Vždyť není dokonalosti Stvořitele a jeho trůnu, dokud se nespojí písmena *Vav* a *Hej*, kde *Hej* je konečná touha přijímat potěšení a *Vav* naplňuje *Hej*, což vede ke stavu úplné nápravy.

Proto je řečeno, že „spravedliví jsou okamžitě odsouzeni k životu". To znamená, že je člověk sám povinen říci, do které knihy chce být zapsán. Zda do knihy spravedlivých, což znamená, že se snaží získat přání odevzdávat, nebo nesnaží. Vždyť v člověku může existovat různá touha po odevzdání. Člověk například někdy říká: „Je to pravda, chci nalézt přání odevzdávat, ale abych z toho také něco získal pro sebe," čili chce pro sebe přijmout oba světy, takže chce svoje odevzdávání používat také pro sebepotěšení.

Avšak v knize spravedlivých je zaznamenán pouze ten, kdo se rozhodl zcela změnit svou touhu přijímat na touhu odevzdávat a nic nepoužívat pro sebe sama, aby pak neměl možnost říci: „Kdybych věděl, že musí egoistické přání úplně zmizet, neprosil bych o jeho anulování." Proto člověk musí vyslovit svůj záměr být zaznamenán v knize spravedlivých nahlas tak, aby se poté nedostavily výhrady.

Je nutné vědět, že v duchovní práci se kniha spravedlivých a kniha hříšníků nacházejí v jednom člověku. To znamená, že si sám člověk musí vybrat a nakonec se rozhodnout, co přesně chce. Vždyť v jednom těle, v jednom člověku, je spravedlivý i hříšník.

Proto si člověk musí říci, zda chce být zapsán do knihy spravedlivých, aby byl okamžitě předurčen k životu, tudíž aby se nacházel ve splynutí se Zdrojem života a přál si vše dělat jenom pro Stvořitele. A proto pokud je zapsán v knize hříšníků, kam se zaznamenávají všichni, kteří chtějí přijímat pro sebe sama, říká, aby ho okamžitě připsali k smrti. To znamená, že v něm zmizí egoistická touha a jakoby zemře.

Ale někdy člověk pochybuje a nepřeje si, aby se z něho egoismus vytratil ihned a úplně. Vždyť je pro něho těžké se odhodlat k tomu, aby byly všechny jiskry touhy požívat okamžitě odsouzeny k smrti. Nesouhlasí s tím, aby veškerý jeho egoismus zmizel okamžitě, nýbrž chce, aby se to stalo postupně, a nikoliv ihned, a to proto, aby v něm trochu působilo přání přijímat společně s přáním odevzdávat.

Ukazuje se, že člověk není pevně a konečné rozhodnut. Pokud by řešil: buď je „všechno moje", tudíž je všechno pro můj egoismus, anebo „všechno pro Stvořitele", mohl by dospět ke konečnému pevnému rozhodnutí. Ale co může člověk dělat, pokud jeho tělo nesouhlasí s jeho rozhodnutím, že by vše mělo být pro Stvořitele?

V takovém případě mu zbývá udělat vše, co je v jeho silách, aby byly všechny jeho touhy pro Stvořitele, což znamená se modlit ke Stvořiteli, aby mu pomohl splnit zamýšlené a on Mu mohl zasvětit všechny touhy. A o tom je naše modlitba: „Vzpomeň si na nás pro život a zapiš nás do knihy života".

Označuje to *Malchut* (království), když na sebe člověk přijímá tento stav černého bodu, zcela zbaveného bílé barvy, což znamená anulovat svoje přání, aby se připomenul Stvořiteli, a tehdy Stvořitel zruší svou touhu před touhou člověka. A čím se člověk připomíná? Troubením na roh, který je nazvaný *Šofar* (שופר), ze slova *Šufra de-Ima* (שופרה דאמא,

krása matky), kde „všechno závisí na pokání". Pokud přijímá stav tmy (ukrytí Stvořitele), musí se také pokusit jej povznášet a neopovrhovat jím, což se nazývá „krása matky" – tudíž ho považovat za skvělý a hodný úcty.

Z řečeného je možné pochopit, co znamená řečené: „Synové Geršónovi: Libní a Šimeí." Jestliže člověk vidí, že ho odsunují (*Hiršu*) od duchovní práce, je třeba si uvědomit, že je to kvůli „Libní"[29], tedy proto, že chce právě „bílou barvu" (*Lavan*, לבן). Když mu dají „bílou barvu", tedy pokud mu bude svítit nějaké Světlo a on pocítí příjemnou chuť v Tóře a modlitbě, tehdy je připraven poslouchat Tóru a vykonávat duchovní činnosti.

A to se nazývá „Šimeí"[30], což znamená, že jenom „v bílém Světle" je připraven naslouchat (*Lišmo'a*, לשמוע). Pokud během práce cítí tmu, pak nemůže souhlasit s tím, aby na sebe takovou práci přijal. Takový člověk proto musí být vyhnán z královského paláce. Vždyť přijetí vlády Stvořitele nad sebou musí být bezpodmínečné. Když však člověk říká, že je připraven na sebe vzít práci pouze za podmínky, že bude „v bílém Světle", když mu svítí den, a jestliže je práce doprovázena tmou, on s ní nesouhlasí, pak pro takového člověka není místo v královských palácích.

Vždyť do paláců Stvořitele je hoden vstoupit pouze ten, kdo si přeje pracovat pro odevzdání.

A když člověk pracuje pro odevzdání, nezáleží mu na tom, co během své práce cítí. A netrápí ho ani to, že cítí temnotu a je v propadu, a přeje si pouze jediné: aby mu dal Stvořitel sílu překonat všechny překážky. To znamená, že neprosí Stvořitele, aby mu dal odhalení „v bílém světle", ale prosí ho, aby mu dal sílu pro překonání všech ukrytí.

Proto ten, kdo si přeje dospět k odevzdání, musí pochopit, že pokud se bude stále nacházet ve stavu odhalení Stvořitele (což se nazývá „v bílém Světle"), pak mu to dá sílu pokračovat v práci. Protože když člověku svítí, může pracovat také i pro sebe. V takovém případě však člověk nikdy nepozná, zda je jeho práce čistá a nezištná (tj. zda je pro Stvořitele). Tudíž nikdy nemůže dospět ke splynutí se Stvořitelem.

---

[29] Slovo, které zní jako hebrejské *Lavan* (bílá).
[30] Slovo, které zní jako hebrejské *Šmi'a* (שמיעה, slyšení).

Proto je člověku Shora dán stav tmy a on zásluhou toho může vidět, nakolik je jeho práce nezištná. A pokud může i ve stavu tmy zůstat v radosti, je to příznak toho, že jeho práce je pro Stvořitele. Vždyť by se člověk měl radovat a věřit v to, že mu Shora dávají možnost pracovat právě pro odevzdávání.

Ukazuje se, jak řekli mudrci: „Nenasytný se vždycky rozzlobí." Tudíž ten, kdo se stále nachází ve stavu si užívat „ve svůj prospěch", se zlobí, protože vždy cítí nedostatek a není schopen naplnit své egoistické touhy. Zatímco ten, kdo chce následovat cestu odevzdání, vždy musí být v radosti, bez ohledu na to, jaké okolnosti jsou mu posílány, protože nemá žádné záměry „ve svůj prospěch".

Proto říká, že pokud opravdu pracuje pouze pro odevzdání, pak se samozřejmě musí neustále radovat z toho, že byl hoden poskytnout potěšení Stvořiteli. A když cítí, že jeho práce dosud ještě není pro odevzdání, stejně musí zůstat v radosti, protože si nepřeje nic pro sebe a raduje se, že jeho egoismus nemůže z jeho práce přijmout žádné naplnění. A to mu přináší radost.

Ale pokud si myslí, že ze svého úsilí něco získá i jeho egoismus, poskytuje tím možnost nečistým touhám, aby se přilepily k jeho práci, a to v něm vyvolává zármutek a hněv.

43. Pravda a víra

Slyšel jsem

Pravda je to, co člověk cítí a vidí vlastníma očima. A to se nazývá „odměna a trest", když není možné nic dostat bez předchozího úsilí.

Stejně jako člověk, který sedí doma a nechce vynakládat úsilí, aby začal pracovat, a říká, že je Stvořitel dobrý a přeje svým stvořením dobro, všem dává potřebné, a tak samozřejmě i jemu pošle vše, co je potřeba, a on sám se nemusí o nic starat. Tento člověk bezpochyby zemře hladem, pokud se bude takto chovat. Utvrzuje nás v tom zdravý rozum a vidíme na vlastní oči, že to tak skutečně je a takový člověk umírá hlady.

Zároveň s tím však člověk musí výše svého rozumu věřit v to, že může dosáhnout všeho potřebného dokonce i bez jakéhokoliv úsilí, protože mu to připravilo Osobní vedení. Sám Stvořitel vykonal a bude konat všechny skutky a člověk Mu v ničem nepomáhá. Vždyť vše tvoří pouze Stvořitel a člověk nemůže nic přidat ani ubrat.

Ale jak je možné spojit tyto dva zcela odlišné, vzájemně se vylučující přístupy? Jeden tvrdí, opíraje se o rozum, že bez účasti člověka, tudíž bez předběžné práce a úsilí, je nemožné čehokoliv dosáhnout. A to je pravda, protože si Stvořitel přeje, aby se člověk cítil právě takto. Proto se tato cesta nazývá pravdivou.

Pokud však existuje stav k tomu protikladný, jak se to může nazývat pravdou? Jde o to, že se pravdivou nenazývá cesta nebo stav, ale pociťování, že si Stvořitel přeje, aby se člověk cítil právě takto. Takže se pravdou nazývá touha Stvořitele, který si přeje, aby to člověk pocítil právě takto.

Ale zároveň musí člověk věřit – navzdory tomu, že to tak necítí ani nevidí – že mu Stvořitel může pomoci všeho dosáhnout i bez jakéhokoliv úsilí z jeho strany. A toto se nazývá Osobní vedení člověka Stvořitelem. Ale člověk Osobního vedení nemůže dosáhnout před dosažením porozumění „odměně a trestu".

Je to proto, že Osobní vedení je vedení věčné a dokonalé, ale lidský rozum není věčný a dokonalý, a proto se do něho nemůže věčné a dokonalé vměstnat. Proto poté, co člověk postihuje Vedení odměnou a trestem, se toto porozumění stane nádobou, ve které vnímá Osobní vedení.

Z toho můžeme pochopit řečené: „Zachraň nás Stvořiteli a pošli nám štěstí." „Zachraň" znamená odměnu a trest. Tudíž se člověk musí modlit, aby mu Stvořitel poslal práci a možnost vynaložit úsilí, pomocí kterých se stane hoden odměny. Ale zároveň s tím by se měl modlit o štěstí, tudíž o Osobní vedení, aby byl odměněn tím nejlepším bez veškeré práce a úsilí.

Něco podobného vidíme i v našem světě. (Dva po sobě následující stavy, jež se v duchovním vyskytují v jedné duši, jakoby v různé době, se v našem světě dělí do dvou samostatných lidských těl.) A v našem světě vidíme, že existují lidé, kteří získávají odměnu pouze po vynaložení mnohých úsilí a tvrdé práce, a jsou lidé méně schopní a více líní, kteří vydělávají snadno a stávají se nejbohatšími na světě.

Příčina tkví v tom, že tyto dva různé materiální stavy pocházejí ze shodných Vyšších kořenů – „Vedení odměnou a trestem" a „Osobního vedení". A rozdíl je pouze v tom, že se to v duchovním odkrývá jako dvě po sobě jdoucí porozumění jedné duše čili v jednom člověku, ale v jeho dvou po sobě následujících stavech, a to se v materii odhaluje ve stejné době, ale ve dvou různých lidech.

44. Rozum a srdce

Slyšel jsem 10. den měsíce Tevet v roce Tav-Reš-Pej-Chet (3. ledna 1928) v Jeruzalémě (Givat Ša'ul)

Je nutné neustále prověřovat svoji víru a zjišťovat, zda je v tobě bázeň a láska, jak je řečeno: „Jsem-li Já Otec, kde je úcta ke Mně? Jsem-li Já Pán, kde je bázeň přede Mnou?" A to se nazývá *Mocha*, práce v rozumu.

Je však také nutné se starat, aby se neobjevily žádné touhy po sebepotěšení, dokonce aby nevznikla ani taková myšlenka, aby nevzrostla touha potěšit sebe sama a aby všechna přání byla jen svými myšlenkami a činy poskytnout potěšení Stvořiteli. A to se nazývá *Liba*, práce v srdci, o čemž je řečeno: „Stvořitel ve svém milosrdenství požaduje celé srdce člověka."

45. Dva stavy v Tóře a v práci

Slyšel jsem 1. den měsíce Elul v roce Tav-Šin-Chet (5. září 1948)

Jsou dva stavy v Tóře a dva stavy v práci: strach a láska.

Tóra – stav dokonalosti, kdy se nemluví o práci člověka, o stavu, ve kterém se konkrétně nachází, a hovoří se o samotné Tóře.

Láska je stav, kdy má člověk touhu poznat cesty Stvořitele, Jeho tajemství. A aby toho dosáhl, vynakládá svoje veškeré úsilí. A z každého porozumění, které si odnese ze studia Tóry, je nadšen a raduje se, že se stal hoden toho nejdůležitějšího. V tomto případě, úměrně svému nadšení z důležitosti Tóry, sám postupně roste, dokud se mu v souladu s jeho úsilím nezačnou rozkrývat tajemství Tóry.

Strach je stav, kdy si člověk přeje pracovat pro Stvořitele. Vždyť „pokud nebude znát zákony Stvořitele, jak pro Něho může pracovat?" A proto má strach, je rozechvělý a neví, jak pracovat pro Stvořitele. A když se učí zákony Stvořitele, nachází v Tóře chuť a tu může využít jako nadšení z toho, že byl odměněn určitým porozuměním Tóry, a tak nadále kráčí po této cestě a postupně se mu odhalují tajemství Tóry.

A zde je rozdíl mezi vnější moudrostí lidského rozumu a vnitřní moudrostí Tóry: v lidské moudrosti nadšení snižuje rozum, protože pocit je protikladný rozumu. Z toho důvodu nadšení zastírá rozum. Kdežto moudrost Tóry je nadšení samo o sobě a zároveň i moudrost, protože Tóra – to je život, jak je psáno: „Moudrost dává život těm, kdož jí vládnou," vždyť moudrost a život jsou jedno a totéž. Proto, jak se moudrost odkrývá v rozumu, tak se také moudrost odkrývá v nadšení, v pocitu. Vždyť Světlo života zaplňuje všechny části duše. (A proto se musíme neúnavně kochat moudrostí Tóry; vždyť je to právě nadšení, jež odlišuje moudrost Tóry od vnějších věd.)

Práce je stav v levé linii, protože je člověk spojen s touhou přijímat potěšení, když pociťuje jako nedostatek:
1. osobní nedostatek,
2. obecný nedostatek,
3. utrpení *Šchiny*.

Jakýkoliv pocit nedostatku zavazuje k tomu, aby byl naplněn, a proto je spojen s přijímáním – s levou linií.

Zatímco Tóra je stav, kdy člověk nepracuje proto, že pociťuje nedostatek, který je nutné napravit, ale proto, že si přeje odevzdat, dát potěšení Stvořiteli (skrze modlitby, velebení a vděčnost). A když se v této práci cítí v dokonalosti a nevidí ve světě žádný nedostatek, toto se nazývá Tóra. Avšak pociťuje-li během práce nějaký nedostatek, nenazývá se to prací.

Práce člověka může vycházet:
1. z jeho lásky ke Stvořiteli, touhy po jednotě se Stvořitelem, když cítí, že právě zde je možné odhalit schopnost milovat a zamilovat si Stvořitele;
2. z bázně ze Stvořitele.

46. Moc Izraele nad *Klipot*

Slyšel jsem

Co znamená moc Izraele (touha po Stvořiteli) nad *Klipot* (nečistými přáními) a naopak, moc *Klipot* nad Izraelem? Nejprve musíme zjistit, co znamená *Jisra'el* a „národy světa".

Na mnoha místech je vysvětleno, že *Jisra'el* je název vnitřní „lícové" části *Kelim*, se kterými je možné pracovat ve prospěch odevzdávání Stvořiteli.

A „národy světa" je název pro vnější část, neboli „opačnou stranu" *Kelim*, které jsou zaměřeny pouze na přijímání, a nikoliv na dávání.

Moc „národů světa" nad *Jisra'elem* znamená, že nemohou pracovat pro odevzdání v *Kelim de-Panim* (lícové strany), ale pouze v *Kelim de--Achorajim* (*AChaP*[31]), které uvádějí pracující pro Stvořitele v pokušení přitáhnout Světlo dolů do přijímací touhy.

A moc *Jisra'ele* znamená, že každý obdrží sílu k práci pro odevzdávání Stvořiteli, to jest pouze do *Kelim de-Panim*. A i když dokonce přitahují světlo *Chochma*, tak jenom jako „cestu, kterou mohou projít, a nic více".

47. Tam, kde najdeš Jeho velikost

Slyšel jsem

„Tam, kde nacházíš Jeho velikost, najdeš Jeho pokoru." (*Megila*)

Pokud se člověk stále nachází v opravdové jednotě se Stvořitelem, vidí, že sám Stvořitel sestupuje ke svému stvoření – to znamená, že s ním pobývá na všech nízkých místech. A člověk neví, co by měl dělat.

Proto je řečeno: „Stvořitel, sedící tak vysoko, sklání se, aby viděl na nebesa i na zemi" – to znamená, že člověk vidí velikost Stvořitele a poté vidí „padání" nebes na úroveň země.

V tomto případě je možné dát člověku jen jednu radu: aby přemýšlel, že pokud tato touha pochází od Stvořitele, pak není nic výše toho, jak je řečeno: „Ze špíny zvedající bídného."

Především by měl člověk zjistit: pociťuje-li nedostatek? A pokud ne, pak se musí modlit: proč necítím nedostatek? Vždyť nepociťování nedostatku je způsobeno nedostatkem uvědomění. Proto se musí modlit, když vykonává jakékoliv Přikázání: proč necítím, že je moje naplnění nedokonalé a můj egoismus přede mnou skrývá pravdu? Vždyť pokud by spatřil, že přebývá v takové nízkosti, samozřejmě by v tomto stavu nechtěl zůstat. A neustále by vynakládal úsilí v práci, dokud by se nevrátil ke Stvořiteli, jak je řečeno: „Všemohoucí usmrcuje a křísí, stahuje do pekla a pozvedává."

Když Stvořitel touží po tom, aby se hříšník kál a vrátil se k Němu, stáhne ho do propasti ponížení, dokud on sám nezatouží, aby již nebyl

---

[31] *AChaP* (אח״פ) – akronym pro *Ozen, Chotem, Pe* (אוזן חוטם פה), dosl. ucho, nos, ústa, označuje nádoby přijímání, dolní část *Parcufu*. Po druhém omezení (*Cimcum Bet*) v *Parcufu Nekudot de-SaG* žádný *Parcuf* nemá dostatečnou sílu na přijímání světla *Chochma* do svých *AChaP* za účelem odevzdávání.

hříšníkem. Proto musí úpěnlivě prosit, aby před ním Stvořitel odhalil pravdu a dal mu více Světla Tóry.

48. Nejdůležitější základ

Slyšel jsem na konci Šabatu VaJera v roce Tav-Šin-Jud-Gimel (8. listopadu 1952)

Nejdůležitější na duchovní cestě je opatrnost a ostražitost v práci rozumu. Protože je práce rozumu založena na otázce, a pokud vzniká neblaze proslulá otázka, měl by na ni být člověk připraven a měl by se chránit tak, aby odolal a byl schopen okamžitě reagovat, jak je stanoveno.

A celá cesta ke Stvořiteli se skládá z otázek a odpovědí, ze kterých se také buduje duchovní budova člověka. A pokud nejsou žádné otázky, tak neexistují žádné odpovědi a člověk stojí na místě a nepostupuje.

A také tomu, kdo je hoden se stát nádobou (*Kli*) pro Světlo *Šchiny* a stoupá po duchovních stupních, když již nemá tuto práci, takovému člověku Stvořitel připravuje místo pro jeho naplnění vírou. I když je těžké si představit, jak něco takového může na duchovních stupních existovat, Stvořitel to však může učinit.

A to se nazývá náprava pomocí střední linie, když nelze přijímat v levé linii. Ale vidíme, že se právě v *Malchut* odkrývá světlo *Chochma*, ačkoli jsou si světlo *Chochma* a *Malchut* navzájem protikladné.

A o tom je řečeno: „A tuto překážku budeš mít na dosah ruky." „Vždyť člověk může jednat spravedlivě, v souladu se zákonem pouze tam, kde předtím zhřešil." Zákonem (*Halacha*, הלכה) se nazývá *Malchut*. [*Malchut* je nevěsta (*Kala*, כלה) a v době, když jdou (*Halicha*, הליכה, chůze) k nevěstě, se nazývá „zákonem" (*Halacha*, הלכה)[32].] A celá cesta k *Malchut* je tvořena překážkami, tedy otázkami. A pokud nejsou, tak se *Malchut* nenazývá „víra" ani *Šchina*.

---

[32] V hebrejštině se slova „nevěsta" a „zákon" píší se stejnými písmeny, pouze v jiném pořadí.

49. Základní je rozum a srdce

Slyšel jsem 5. den v týdnu VaJera v roce Tav-Šin-Jud-Gimel (6. listopadu 1952)

Je třeba pracovat v rozumu, stejně jako pracujeme ve víře. To znamená, že pokud je člověk líný v práci ve víře, spadne do stavu, kde chce jenom znalosti, a to je nečistá síla (*Klipa*) oproti Svaté *Schině*. A proto práce spočívá v tom, aby se člověk posílil v neustálém obnovování rozumu.

Také v práci v srdci: když člověk cítí, že je líný, měl by se posílit v práci v srdci a uskutečňovat opačný, protikladný pohyb – to znamená: klást omezení tělu jako protiklad k jeho touze po potěšení.

Rozdíl mezi leností při práci v rozumu a v srdci je, že proti rozumu stojí zlá *Klipa*, která je schopna přivést člověka k úplnému zklamání, když ztratí víru v základní principy. Proto je nutné klást odpor, tedy obnovit rozum, přiznat minulé chyby a litovat jich, a také přijmout odpovědnost za budoucnost.

A prostředky k tomu lze získat z neživé úrovně. Naplnění člověka vírou je trvalý a věčný stav, a proto může vždy sloužit jako míra: je-li jeho práce čistá, nebo ne. Vždyť *Schina* se skrývá a mizí z člověka pouze z přestoupení v mysli, nebo v srdci.

50. Dva stavy

Slyšel jsem 20. den měsíce Sivan

Tento svět má pouze dva možné stavy:
1. stav, kdy se svět nazývá „utrpení",
2. stav, kdy se svět nazývá *Schina*.

Než se člověk stane hoden napravit všechny své činy záměrem pro odevzdání, cítí, že svět je plný utrpení a bolesti. Ale když je odměněn a vidí, že *Schina* (přítomnost Stvořitele) zaplňuje celý svět, Stvořitel se nazývá „Naplňující celý svět" a svět se nazývá *Schina*, obdržená od Stvořitele. A tento stav se nazývá jednotou Stvořitele a *Schiny*, protože stejně jako Stvořitel dává stvořením, tak nyní také svět jenom odevzdává Stvořiteli.

A je to podobné smutné hudbě, když jsou hudebníci, kteří umí vyjádřit utrpení, jež je obsaženo v notách. Protože každá hudba je jako lidský příběh – vyjadřuje pocity, které chce sdělit. A pokud hudba dojímá posluchače k slzám a každý pláče z pocitu utrpení předávaného hudbou, nazývá se „hudbou", kterou každý rád poslouchá.

Avšak jak se mohou lidé těšit utrpením? Jelikož hudba nevyjadřuje současné pocity utrpení, ale ty, které byly v minulosti – to znamená, že již byly napraveny a „oslazeny" naplněním žádaného – lidé takovou hudbu rádi poslouchají, protože jim připomíná „oslazení" strádání a utrpení v minulosti. Proto jsou tato utrpení sladká a také vzpomínání na ně je sladké. A v tomto případě se svět nazývá *Šchina*.

To základní, co je nutné znát a cítit, je, že existuje Vládce nad vším, jak řekl Praotec Abrahám: „Nemůže existovat hlavní město bez Vladaře." A není možné si myslet, že se na světě něco děje náhodně. Ale nečisté síly (*Sitra Achra*, סטרא אחרא) nutí člověka, aby zhřešil a řekl, že vše je jen náhoda. A toto je nazýváno tajemstvím „nádoby pro semeno" (*Chamat Keri*, חמת קרי), což je shodné se slovem „nahodilost" (*Mikri*, מקרי), které v člověku vyvolává myšlenky, že je všechno náhodné. (Avšak i to, že tyto nečisté síly nutí člověka, aby zhřešil a myslel si, že na světě vládne náhoda a že není žádná Vyšší vláda – to také není náhoda, nýbrž přání Stvořitele.)

Ale člověk musí věřit v odměnu a trest, v existenci Soudu a Soudce a v plné Vyšší vedení odměnou a trestem. Vždyť občas přichází k člověku jakési přání a touha po duchovním a on si myslí, že to k němu přišlo náhodou. Ale i v tomto případě by měl vědět, že předtím vykonal práci, která posloužila jako „činnost předcházející slyšenému", čili se modlil o pomoc Shora, aby mohl provést alespoň nějakou činnost se záměrem pro Stvořitele. A to se nazývá modlitba, pozvednutí *MaN*[33].

Avšak člověk na to již zapomněl a nevzal to v úvahu, protože na svou modlitbu nedostal okamžitou odpověď, aby bylo možné říci, že Stvořitel opravdu slyší každou jeho prosbu. Ale člověk stejně musí věřit, že v souladu s duchovními zákony může odpověď na modlitbu přijít po mnoha dnech či měsících. Proto by neměl považovat za náhodu, že obdržel tuto novou inspiraci a touhu po duchovním, kterou nyní pociťuje.

Někdy člověk říká: „Nyní cítím, že nic nepotřebuji a nemám žádné obavy a starosti a můj mozek je vyrovnaný a čistý. Proto nyní mohu

---

[33] *MaN* (מ"ן) – akronym pro aram. *Mej Nukvin* (מיי נוקבין), dosl. ženské vody.

soustředit svou mysl i srdce, myšlenky a touhy, na práci Stvořitele." Tím jakoby říká, že jeho práce pro Stvořitele a její výsledek závisí na jeho schopnostech a úsilí a náhodou se dostal do takového stavu, kde se může zabývat duchovním stoupáním a dosáhnout duchovního výsledku. Avšak v tom případě musí pochopit, že k němu tento stav přišel jako odpověď na to, jak se předtím modlil, a nyní jeho dřívější úsilí vyvolalo odpověď Stvořitele.

Když člověk hlouběji pronikne do knihy o kabale a obdrží nějakou záři a nadšení, obvykle to také považuje za náhodné. Všechno se však děje přísně podle řízení Stvořitele. Avšak dokonce i tehdy, když člověk ví, že celá Tóra jsou jména Stvořitele, stejně může říci, že dostal osvícení z knihy.

Ale vždyť již mnohokrát otevřel stejnou knihu a věděl, že celá Tóra jsou jména Stvořitele, a přesto neobdržel žádné osvícení ani cítění. Všechno bylo strohé a fádní a nepomohly mu žádné znalosti o tom, že tato kniha hovoří o Stvořiteli.

Proto, když člověk pronikne do knihy, musí vkládat své naděje do Stvořitele tak, aby bylo jeho studium založeno na víře – víře ve Vyšší řízení, že mu Stvořitel otevře oči. Tehdy začne Stvořitele potřebovat a nalézá s Ním spojení a pomocí toho si může zasloužit sloučení se Stvořitelem.

Existují dvě navzájem si protikladné síly: Vyšší a nižší. Vyšší síla znamená, že je vše stvořeno pouze pro Stvořitele, jak je řečeno: „Všechno, co je nazvané Mým jménem, Já jsem stvořil pro Svoji slávu." Nižší síla je egoistická touha přijímat potěšení, která prohlašuje, že je všechno stvořeno pouze pro ni: jak pozemské, materiální, tak i Vyšší, duchovní – vše je pro její vlastní blaho. A egoismus vyžaduje, aby mu patřil celý tento svět i svět budoucí. A samozřejmě v této konfrontaci vyhrává Stvořitel, ale takový proces se nazývá „Cesta utrpení". A ta je velmi dlouhá.

Avšak existuje krátká cesta nazvaná „Cesta Tóry". A každý člověk by se měl snažit zkrátit čas, což se nazývá *Achišena*. Jinak bude postupovat v rámci přirozeného běhu času – *Be'ito* (בעתו) – pod tlakem utrpení. Jak je mudrci řečeno: „Budete hodni – urychlím čas (*Achišena*). Nebudete hodni – všechno bude svého času (*Be'ito*). A Já postavím nad vámi takového vladaře, jako je Haman, který vás chtě nechtě donutí k návratu na správnou cestu."

Tóra začíná slovy: „Na počátku... země byla prázdná a chaotická a tma nad propastí..." a končí slovy: „...před očima celého Izraele." Zpočátku člověk vidí, že je pozemský život tma, chaos a prázdnota. A poté, co se sám napraví, nachází záměr „pro Stvořitele" a pak se stává hoden: „A Stvořitel řekl: Budiž Světlo..." Dokud nedosáhne konečného stupně duchovního vývoje: „...před očima celého Izraele", což znamená odhalení Světla všem duším.

51. Když tě urazí hrubián

Slyšel jsem na konci svátku Pesach v roce Tav-Šin-Gimel (27. dubna 1943)

Je řečeno: „Když tě urazí hrubián (egoismus, tvoje zlo), vtáhni ho do *Bejit Midraš.*"[34]

„A pokud ne, připomeň mu den smrti" – připomeň mu, že duchovní práce musí být tam, kde se nenachází on. Poněvadž veškerá duchovní práce probíhá vně těla člověka, za jeho kůží, venku. A to se nazývá práce vně těla, neboť všechny jeho myšlenky nejsou jen o sobě samém.

52. Hřích nezruší Přikázání

Slyšel jsem v sobotu večer 9. den měsíce Ijar v roce Tav-Šin-Gimel (14. května 1943)

„Hřích nezruší Přikázání a Přikázání nezruší hřích." Duchovní práce člověka spočívá v tom, aby kráčel správnou cestou, ale nedovolí mu to jeho zlý počátek. A je nutné vědět, že člověk není povinen ze sebe zlo vymýtit – to je naprosto nemožné. Zlo je zapotřebí pouze nenávidět, jak je řečeno: „Vy, kteří milujete Stvořitele, musíte nenávidět zlo!" A nutná je pouze nenávist ke zlu, protože nenávist rozděluje ty, kteří si byli předtím blízcí.

Zlo samo o sobě proto neexistuje. A existence zla závisí na lásce k dobru a nenávisti vůči zlu. Když člověk chová lásku ke zlu, tak padá do sítě zla. Ale jestliže zlo nenávidí, osvobozuje se zpod jeho vlivu a zlo tudíž nemá žádnou možnost nad člověkem vládnout. Ukazuje se, že

---

[34] *Bejit Midraš* se nazývá místo, kde se studuje Tóra, kabala. *Bajit* – dům, místnost, *Kli*, nádoba. *Midraš,* מדרש – ze slovesa *Lidroš,* לדרוש, potřebovat – potřebovat odhalení Stvořitele.

stěžejní práce člověka nespočívá v práci nad samotným zlem, ale v lásce, nebo v nenávisti k němu. A proto hřích vede k dalšímu hříchu.

Ale proč člověku dávají za trest, aby spáchal ještě jeden přestupek? Vždyť když člověk padá z té úrovně své duchovní práce, na které byl, je nutné mu pomoci, aby se pozvedl. A tady vidíme, že mu Shora přidávají překážky, aby se propadl ještě níže než poprvé – při svém prvním prohřešení.

Je to děláno úmyslně Shora: aby člověk cítil nenávist vůči zlu, přidávají mu zlo, aby pocítil, nakolik ho prohřešení oddálilo od duchovní práce. A přestože litoval a kál se z prvního přestoupení, lítost a pokání byly stále nedostačující k tomu, aby se v něm projevila nenávist vůči zlu. Proto hřích vede ke hříchu, kterého člověk pokaždé lituje, a každá lítost plodí nenávist vůči zlu tak dlouho, dokud nevznikne taková míra nenávisti vůči zlu, že se úplně osvobodí a vzdálí se od zla, protože nenávist vyvolává oddálení.

Ukazuje se, že pokud člověk odkrývá takovou míru nenávisti vůči zlu, která ho přivede k oddálení se od zla, a on již nepotřebuje, aby hřích vyvolával další hříchy, tímto způsobem získá čas. A namísto nenávisti ke zlu dospěje k lásce ke Stvořiteli. A proto je řečeno, že „ti, kteří milují Stvořitele, nenávidí zlo". Vždyť zlo jenom nenávidí, avšak zlo bude stále existovat na svém místě – pouze je nutné ho nenávidět.

A vyplývá to z řečeného: „Vždyť nepatrně jsi Ty snížil člověka před anděly." Proto řekl Had: „A budete jako Bohové, kteří poznali dobro a zlo." To znamená, že člověk vynakládá úsilí, aby podobně jako Stvořitel pochopil všechny způsoby Vyššího řízení. Ale o tom se říká: „Domýšlivost člověka ho ponižuje," protože chce vše pochopit svým zvířecím rozumem. Jestliže nechápe, cítí se ponížen.

Jde o to, že když v sobě člověk cítí touhu něco vědět, je to známka toho, že se musí dozvědět, co si přeje. A pozvedne-li se nad své vlastní chápání a namísto úsilí poznat požadované přijímá všechno vírou výše rozumu, je to lidmi pokládáno za největší ponížení. Ukazuje se, že čím silnější je jeho potřeba více vědět, tím více se cítí ponížený, jestliže přijímá víru výše rozumu.

To je důvod, proč je o Mojžíšovi řečeno (*Numeri* 12, 3), že byl skromný a trpělivý – to znamená, že v plné míře cítil utrpení z ponížení.

A proto je řečeno, že Adam před hříchem jedl plody Stromu života a nacházel se v dokonalosti, avšak nemohl se pozvednout nad svou úroveň, protože ve svém stavu necítil žádný nedostatek. A proto nemohl odkrýt jména Stvořitele. Z tohoto důvodu bylo nevyhnutelné jeho prohřešení, „hrozné pro celé lidstvo", když ochutnal plod ze stromu Poznání dobra a zla, na základě čehož ztratil veškeré Vyšší světlo a byl nucen začít pracovat nanovo.

A o tom je řečeno, že byl vyhnán z Rajské zahrady. Poněvadž, jestliže po hříchu ochutná ze Stromu života (což znamená vnitřní část světů), bude žít navěky – tudíž zůstane navždy ve svém nenapraveném stavu. Vždyť ve svém hříšném stavu nebude pociťovat žádný nedostatek. Aby byla člověku dána možnost v sobě odkrýt všechna jména Stvořitele (pociťování Vyššího světla), která se odkrývají nápravou dobra a zla, bylo nutné, aby Adam ochutnal ze Stromu poznání.

Je to podobné člověku, který chce dát příteli obsah celého sudu vína. Ale přítel má jen malou sklenici. Co tedy udělá hostitel? Naplňuje malou sklenici svého přítele, kterou on odnáší domů a vyprázdní ji do svého vlastního sudu. Vrací se znovu a opakuje se stejný proces, dokud se do jeho sudu nepřemístí veškerý obsah sudu hostitele.

A ještě jsem slyšel podobenství o dvou přátelích, z nichž jeden byl král a druhý chudák. Když chudák uslyšel, že se jeho přítel stal králem, šel k němu a vyprávěl mu o své trudné situaci. A král mu dal dopis pro svého pokladníka s pokynem, že si během dvou hodin může vzít tolik peněz, kolik si bude přát. Chudák přišel k pokladníkovi s malým hrnkem, vešel dovnitř a naplnil jej penězi.

A když vyšel ven, služebník udeřil do hrnku a všechny peníze spadly na zem. A tak se to pokaždé opakovalo. A chudák naříkal: „Pročpak to dělá?!" Nakonec však služebník řekl: „Všechny peníze, které sis nabral, jsou tvoje! Můžeš si je vzít s sebou. Vždyť jsi neměl nádobu (*Kelim*), aby sis z pokladnice vzal dostatek peněz." Proto byl vymyšlen takový úskok.

53. Omezení

Slyšel jsem večer o Šabatu 1. den měsíce Sivan v roce Tav-Šin-Gimel
(4. června 1943)

Omezení spočívá v ohraničení sebe samého, svého stavu, aby člověk netoužil po nadbytečném (velkých stavech – *Gadlut*), nýbrž aby byl připraven zůstat navěky právě ve stavu, v němž se nachází. A toto se nazývá věčné sloučení. A nezáleží na tom, jak velkého stavu dosáhl. Vždyť se dokonce může nacházet v nejnižším stavu, ale pokud ten svítí věčně, je považován za věčné spojení, kterým byl odměněn. Zatímco touha po větším se nazývá touha po nadbytku.

„A veškerý zármutek bude zbytečný." Zármutek navštěvuje člověka jenom v důsledku jeho touhy po nadbytku. Proto je řečeno, že když *Jisra'el* dospěl k přijetí Tóry, Mojžíš je shromáždil na úpatí hory[35]. To znamená, že je Mojžíš přivedl k nejhlubším myšlenkám a porozumění na nejnižším stupni.

A teprve poté bez souhlasili váhání a pochybností, že zůstanou v tomto stavu a půjdou v něm, jako kdyby se již nacházeli v největším a nejdokonalejším stavu, a přitom vyjádřují opravdovou radost, jak je řečeno: „Pracujte pro Stvořitele v radosti." Vždyť ve velkém stavu (*Gadlut*) se od člověka nevyžaduje pracovat na tom, aby byl v radosti, protože v té době se radost projevuje sama od sebe. A pouze ve stavu nedostatku (*Katnut*) je nutné pracovat, aby byl člověk v radosti, navzdory pocitu nicotnosti svého stavu. A to je velká práce.

Vytvoření tohoto malého stavu (*Katnut*) je základní pro zrod stupně a tento stav musí být věčný. A velký stav (*Gadlut*) přichází pouze jako doplněk. A je nutné usilovat o základní, a nikoliv o doplňující.

54. Cíl duchovní práce

Slyšel jsem 16. den měsíce Š'vat v roce Tav-Šin-Alef (13. února 1941)

Je známo, že to základní je poskytovat potěšení Stvořiteli. Ale co znamená odevzdání? Vždyť jsou na toto slovo všichni tak zvyklí a zvyk otupuje chuť. Proto se člověk musí dobře vyznat v tom, co znamená slovo „odevzdání".

Jde o to, že se odevzdávání člověka účastní jeho touha získat potěšení (to znamená, že touha po potěšení může být použita, pokud je napravena). Vždyť bez toho nemůže nastat žádné spojení mezi Stvořitelem a stvořením, mezi Dávajícím a přijímajícím. Nemůže vzniknout partnerství, když jeden dává a druhý mu nic nevrací nazpět. Protože jenom tehdy, když si oba vzájemně, jeden druhému, projevují lásku, je mezi nimi spojení a přátelství. Ale pokud jeden projevuje lásku a druhý neodpovídá, neopětuje ji, pak taková láska nemůže existovat.

---

[35] Hora – *Har*, הר, ze slova *Hirhurim*, הרהורים – pochybnosti.

A mudrci hovoří o slovech: „I řekl Stvořitel *Sionu*: ,Můj národ jsi ty!'" (Izajáš 51) což je nutné číst nikoliv jako „národ jsi ty!" ale „s kým jsi?" A to znamená: „S kým jsi v partnerství?" (*Zohar Berešit* s. 5) A to označuje, že stvoření musí být partnerem Stvořitele. Proto, když si člověk přeje odevzdávat Stvořiteli, také od Něho musí přijímat – pak se jedná o partnerství. Vždyť jak dává Stvořitel, tak dává i člověk.

Ale touha člověka by měla směřovat ke splynutí se Stvořitelem, k přijímání Jeho světla a života. Vždyť Cílem stvoření je těšit stvoření. Avšak v důsledku rozbití *Kelim* ve světě *Nekudim* se touhy dostaly pod nadvládu egoismu, *Klipot*. A z toho se v touze, v *Kli*, zrodily dvě hlediska (*Bchinot*):

– touha po potěšení v odtržení od Stvořitele – úměrně tomu se práce na vymanění se z moci této *Klipy* nazývá „očistění" (*Tahara*, טהרה);

– oddálení se od duchovních potěšení, které spočívá v tom, že se člověk vzdaluje od duchovního a nemá po duchovním žádnou touhu – náprava toho se nazývá „Svatost" (*K'duša*) a dosahuje se úsilím o odhalení velikosti Stvořitele. Protože tehdy Stvořitel v těchto úsilích o pociťování velkoleposti Stvořitele člověku svítí.

Avšak je nutné vědět, že ve stejné míře, v jaké má člověk čisté *Kelim* (*Kelim de-Tahara*), jež definují jeho „nenávist ke zlu" (egoismu), může pracovat ve Svatosti, jak je řečeno: „Milující Stvořitele nenávidí zlo."

Ukazuje se, že existují dvě hlediska (*Bchinot*):
– očištění,
– Svatost.

Svatostí se nazývá *Kli*, příprava na přijetí hojnosti Stvořitele v souladu s Jeho záměrem „těšit stvoření". Ale toto *Kli* patří ke stvoření, neboť jeho náprava je v rukou člověka, tudíž je v jeho silách, aby směřoval k dobrému tím, že znásobí své úsilí v odhalování velikosti Stvořitele a v analýze své vlastní nicotnosti a nízkosti.

Kdežto Světlo, které se v tomto *Kli* Svatosti musí odhalit, je v moci Stvořitele. Stvořitel vylévá Svou hojnost na člověka a není v moci člověka, aby to ovlivnil. A toto se nazývá: „Tajemství vesmíru náleží Stvořiteli."

A protože Myšlenka stvoření, zvaná „těšit stvoření", má počátek ve světě Nekonečna, modlíme se tak, že se obracíme ke světu Nekonečna, to jest ke spojení Stvořitele se stvořeními. Z toho důvodu Ari[36] řekl, že je nutné se modlit ke světu Nekonečna, a nikoli k *Acmutu*, protože *Acmuto* nemá žádný vztah se stvořeními. Vždyť počátek spojení Stvořitele se stvořeními nastává ve světě Nekonečna, kde se nachází Jeho jméno, *Kli*, Kořen stvoření.

Proto se říká, že se ten, kdo se modlí, obrací ke Jménu Stvořitele. Toto Jméno, *Kli* ve světě Nekonečna, se nazývá „věž plná hojnosti". Z toho důvodu se modlíme k Jeho jménu, abychom přijali všechno, co se v Něm nachází. Vždyť je to pro nás připraveno od samého počátku.

Proto se *Keter* nazývá přáním těšit stvoření. A samotná hojnost se nazývá *Chochma*. Z toho důvodu se *Keter* nazývá „Nekonečno" a „Stvořitel". Ale *Chochma* se prozatím nenazývá stvořením, protože ještě nemá *Kli*, a definuje se jako Světlo bez *Kli*. Proto je světlo *Chochma* definováno také jako Stvořitel, jelikož není možné pochopit Světlo vně *Kli*. A veškerý rozdíl mezi *Keterem* a *Chochmou* tkví v tom, že v *Chochmě* se více odhaluje Kořen stvoření.

55. Kde je v Tóře zmínka o Hamanovi

Slyšel jsem 16. den měsíce Š'vat v roce Tav-Šin-Alef (13. února 1941)

Takto Tóra poukazuje na Hamana (המן): „Ne-li ze (המן, *Hamin*) stromu, ze kterého Já jsem ti zakázal jíst, jsi jedl?" (*Genesis* 3, 11)

Jaké je však spojení mezi Hamanem a Stromem života?

Strom života je veškerá touha potěšit sebe sama stvořená Stvořitelem, kterou je nezbytné napravit na přijímání kvůli odevzdávání Stvořiteli.

Haman je také veškerá touha potěšit sebe sama stvořená Stvořitelem, jak je uvedeno v *Megilat Ester*: „I řekl Haman v srdci svém: komu kromě mě zatouží prokázat poctu Král, Pán světa?!" Vždyť v Hamanovi je uzavřena veškerá ohromná touha se těšit. A o tom je řečeno: „A povznese se srdce člověka na cestách Stvořitele."

---

[36] Rabi Jicchak Luria Aškenazi (רבי יצחק לוריא אשכנזי), zvaný Ari (HaARI, האר״י), žil v letech 1534–1572.

56. Tóra se nazývá „ukazující"

Slyšel jsem 1. den v týdnu Be-Šalach v roce Tav-Šin-Alef (2. února 1941)

Tóra se nazývá „ukazující" ze slova „shodit dolů" (*Šimon* 19, 13), protože v době, kdy se člověk zabývá Tórou, ve stejné míře, ve které v Tóře vynakládá úsilí, cítí oddálení.

To znamená, že mu odhalují pravdu – ukazují mu míru jeho víry, což je celý základ pravdy. A podle míry jeho víry a právě na ní je postavena celá osnova jeho života v Tóře a v Přikázáních. Vždyť tehdy se před jeho očima odkrývá, že je celá jeho osnova postavena pouze na výchově, kterou obdržel, protože dostal všechno, co je proň dostatečné pro plnění Tóry a Přikázání se vší přesností a ve všem, co je potřeba. A vše, co pochází z výchovy, se nazývá „víra uvnitř vědění".

Je to však porozumění protikladné: vždyť rozum zavazuje člověka, aby očekával, že když v Tóře vyvíjí větší úsilí, ve stejné míře musí pociťovat svoje přiblížení ke Stvořiteli. Avšak jak bylo řečeno výše, Tóra mu vždy ukazuje stále větší pravdu.

Jestliže člověk hledá pravdu, Tóra ho k ní přivádí blíže a ukazuje mu míru jeho víry ve Stvořitele. A je tomu tak proto, aby člověk mohl požádat o milost a modlit se ke Stvořiteli, aby ho k Sobě skutečně přiblížil, když se stane hoden pravé víry ve Stvořitele. A pak může děkovat a opěvovat Stvořitele za to, že On ho k Sobě přiblížil.

Ale pokud člověk nevidí míru svého oddálení od Stvořitele a zdá se mu, že jde kupředu, jeho úsilí a naděje jsou nepodložené, jsou postaveny na chatrném základě a on necítí potřebu modlitby ke Stvořiteli, aby ho k Sobě přiblížil. Ukazuje se, že nemá možnost vynaložit úsilí, aby získal úplnou víru. Vždyť člověk vynakládá úsilí jen na to, co mu chybí.

Proto dokud není hoden vidět pravdu, je to naopak: čím více přidává v práci v Tóře a Přikázáních, tím více se cítí dokonalý a nevidí v sobě žádnou chybu. Z toho důvodu nemá žádný základ pro vynakládání úsilí a modlitbu ke Stvořiteli, aby se stal hoden úplné pravé víry. Vždyť nápravu potřebuje jenom ten, kdo v sobě cítí špatnost a vady. Ale pokud se zabývá Tórou a Přikázáními správně, pak mu Tóra odhaluje pravdu, protože Tóra má zázračnou vlastnost (*Sgula*) ukazovat pravý stav člověka a velikost jeho víry. (O tom je řečeno: „Když zjistí, že zhřešil..."}

A když se člověk zabývá prací v Tóře, Tóra mu ukazuje jeho skutečný stav – to znamená jeho oddálení od duchovního – a on vidí, že je tak nízkým stvořením, že není horšího na celé zemi. Pak k němu přichází nečistá síla s jinou stížností a přesvědčuje ho, že ve skutečnosti je jeho tělo (touha) odporné a že na světě není nikdo nižší než on, aby člověka přivedla k depresi a zklamání.

A to všechno proto, že se nečistá síla bojí, aby si nevzal k srdci stav, který viděl, a nezatoužil ho napravit. Proto nečistá síla (egoistická síla člověka) souhlasí s tím, když člověk říká, že je nicotný a má hrozné vlastnosti, a dává mu na srozuměnou, že v případě, že by se narodil s lepšími předpoklady a většími schopnostmi, jistě by v sobě dokázal porazit hříšníka, napravit ho a tímto způsobem splynout se Stvořitelem.

Na tyto důvody nečisté síly musí člověk namítnout, že přesně o tom vypovídá *Talmud* v *Masechet Ta'anit* (s. 20), kde se hovoří, jak se rabi El'azar, syn rabiho Šimona Bara Jochaje, vracel z oploceného domu svého *Rava*.[37]

Jel, sedě na oslu.[38] Jel podél řeky.[39] Nacházel se ve velké radosti. Jeho mínění o sobě bylo hrubé, protože se hodně učil Tóru. Potkal velmi škaredého člověka.[40] Člověk mu řekl: „Pokoj s tebou, rabi." Rabi El'azar mu neodpověděl na pozdrav a řekl: „Jak hrozný je ten člověk ve své ošklivosti! Opravdu jsou všichni ve vašem městě tak škaredí jako ty?" Člověk mu odpověděl: „Nevím. Ale obrať se na mého Stvořitele, který mne stvořil. Řekni mu, jak hrozné *Kli* (nádobu) On stvořil." Rabi El'azar spatřil, že zhřešil a slezl z osla...

A z řečeného pochop, že v důsledku toho, že se tolik učil Tóru, stal se hoden spatřit pravdu: jaká je ve skutečnosti opravdová vzdálenost mezi ním a Stvořitelem – míra jeho blízkosti k Němu a oddálení. Proto je řečeno, že jeho mínění o sobě bylo hrubé. Vždyť spatřil veškerou svou pýchu a veškerý svůj egoismus. A proto se stal hoden spatřit

---

[37] „Dům" – *Kli*; *Rav*, רב – ze slova „velký"; to znamená, že dosáhl velkého duchovního stavu.
[38] Osel, *Chamor*, חמור, ze slova materiál, *Chomer*, חמר; „Jet, sedě na oslu" – označuje dosažení nápravy veškerého svého egoistického materiálu – jeho ovládání se záměrem pro Stvořitele.
[39] Řeka – tok Světla moudrosti. Břeh, *Sefat*, שפת, ze slova „okraj, hranice", *Safa*, שפה. To znamená, že rabi El'azar dosáhl limitu moudrosti.
[40] To znamená, že viděl své pravé vlastnosti.

pravdu: že je nejhorší člověk na světě ve své egoistické ošklivosti. Jak toho dosáhl? Tím, že se hodně učil Tóru!

Avšak jak může splynout se Stvořitelem, když je tak hrozný (egoistický), tudíž naprosto protikladný ke Stvořiteli? A tak se zeptal, jsou-li všichni takoví jako on? Nebo jenom on jediný je takový šereda, absolutní egoista?

Odpovědí bylo: „Nevím." To znamená, že nevědí, protože to necítí. A proč to necítí? Protože nevidí pravdu. Vždyť se dostatečně neučili Tóru, aby jim odkryla pravdu.

I odpověděl mu Eliáš: „Obrať se na mého Stvořitele, který mne stvořil." Poněvadž člověk viděl, že není v jeho silách se pozvednout ze svého stavu, odhalil se mu prorok Eliáš a řekl: „Obrať se na mého Stvořitele, který mne stvořil." Vždyť pokud v tobě Stvořitel stvořil všechen tento hrozný egoismus, On přesně ví, jak s těmito *Kelim* dosáhnout dokonalého cíle. Proto buď bez starostí, jdi kupředu a uspěješ!

57. Přibliž ho k přání Stvořitele

Slyšel jsem 1. den týdne Jitro v roce Tav-Šin-Dalet (5. února 1944)

Je řečeno: „Přibliž ho (své přání) k přání Stvořitele." Ale jak? „Nutí ho, dokud neřekne: ,Já si přeji!'" A také potřebujeme pochopit, proč se modlíme: „Nechť bude přání Shora..."? Vždyť je řečeno: „Více než chce telátko sát, kráva ho chce krmit." Ale pak není jasné, proč bychom se měli modlit, aby měl Stvořitel přání?

Je známo, že pro získání Světla Shora je nejdříve nutná touha zdola (aram. *Itaruta de-Letata*, dosl. probuzení zdola). Ale proč je zapotřebí předběžná touha zdola? Kvůli tomu se modlíme: „Nechť bude přání Shora..." – to znamená, že my sami musíme Nahoře probudit přání nám dávat. Takže nestačí, že máme touhu přijmout, ale také Nahoře musí být dobrá vůle Dárce dát.

A ačkoli má Stvořitel od počátku přání těšit všechna svá stvoření, On přesto očekává naše přání, které by probudilo Jeho přání. Vždyť pokud ho nemůžeme probudit, je to znamení, že ještě nejsme připraveni na přijímání a naše přání není pravdivé a dokonalé. Právě proto, když se modlíme: „Nechť bude přání Shora," dospíváme k tomu, že v nás sílí opravdová touha, která je připravena přijmout Vyšší světlo.

Je však třeba zmínit, že všechny naše činy, ať špatné, či dobré, sestupují Shora (tzv. „Osobní vedení"), neboť všechno činí Stvořitel. A zároveň je třeba litovat svých špatných skutků, i když pocházejí od Něho.

Rozum nám ukládá, že v tomto případě nemůžeme litovat, ale musíme ospravedlnit skutky Stvořitele, jenž nám posílá přání dopouštět se přestupků. Ale přesto je nutné jednat naopak a litovat toho, že nám Stvořitel neumožnil uskutečnit dobré skutky. Samozřejmě, že je to trest, protože nejsme hodni Mu sloužit.

Ale pokud všechno sestupuje Shora, jak potom můžeme říci, že nejsme hodni? Vždyť ani jeden náš čin nezávisí na nás! Z toho důvodu dostáváme špatné myšlenky a touhy, které nás oddělují od Stvořitele i od duchovní práce a budí v nás dojem, že nejsme hodni se zabývat duchovní prací. Jako odpověď se rodí modlitba, která je nápravou, abychom se stali hodni a byli připraveni přijmout práci Stvořitele.

Z toho lze pochopit, proč je možné se modlit za to, abychom se vyhnuli neštěstí. Ačkoli neštěstí sestupují Shora od Stvořitele v důsledku trestu, tresty jsou samy o sobě nápravy, protože existuje zákon: trest je nápravou. Ale pokud je to tak, jak je možné se modlit, aby Stvořitel zrušil naši nápravu, jak je řečeno: „Nelze ho tak mnoho bít, jinak ponížen bude tvůj bratr před tvýma očima (*Deuteronomium*)"?!

Je však třeba vědět, že modlitba napravuje člověka mnohem účinněji než tresty. A proto, když se člověk modlí, namísto obdržení trestu anuluje trest a utrpení, jež ustoupí modlitbě, která napravuje jeho tělo čili přání.

Proto je mudrci řečeno: „Stal se hoden nápravy cestou Tóry. Není hoden nápravy cestou utrpení." Ale cesta Tóry je mnohem úspěšnější než cesta utrpení a přináší větší duchovní zisk, protože touhy (*Kelim*), které musí být napraveny kvůli přijetí Vyššího světla, se odkrývají rychleji a do větší šířky, v důsledku čehož člověk splývá se Stvořitelem.

A o tom je řečeno: „Nutí ho, dokud neřekne: ,Já si přeji!'" To znamená, že Stvořitel říká: „Já si přeji činy člověka."

O modlitbě je však řečeno, že Stvořitel touží po modlitbách spravedlivých. Vždyť modlitba napravuje touhy, do nichž poté může Stvořitel vylít Vyšší světlo, neboť jsou připraveny přijmout Vyšší potěšení.

58. Radost - ukazatel dobrých činů

Slyšel jsem ve 4. polosváteční den svátku Sukot

Radost je ukazatelem dobrých činů: jestliže jsou činy dobré, tedy Svaté, nikoliv pro sebe, ale pouze pro Stvořitele, odkrývá se na jejich základě radost a veselí.

Ale existuje také nečistá síla, *Klipa*. A za účelem určení, zda je přání čisté (posvátné, altruistické), nebo nečisté (pozemské, egoistické), je nezbytná analýza v mysli, „ve vědění": v čistém přání je rozum, a v nečistém není. Protože o nečisté síle je řečeno: „Jiný bůh je neplodný a nenese ovoce." Proto, když přijde k člověku radost, musí vejít hluboko do Tóry, aby mu Tóra odhalila svou moudrost, mínění a vědění.

Také je nutné vědět, že radost je záře Shora, která se odkrývá na základě prosby (*MaN*) člověka o možnost dobrých činů. Stvořitel vždy soudí člověka podle cíle, kterého chce nyní dosáhnout. Proto když člověk přijímá vůli Stvořitele navěky, okamžitě mu svítí Vyšší světlo jako odpověď na toto rozhodnutí a touhu. Vždyť charakter Vyššího světa je věčný a stálý a může svítit jen tehdy, když má člověk neustálou dobrou touhu.

A ačkoliv je Stvořiteli známo, že tento člověk v příštím okamžiku spadne ze svého duchovního stupně, Stvořitel ho stále soudí podle toho rozhodnutí, které na sebe vzal člověk v současné době. A pokud se člověk rozhodne, že na sebe úplně a navždy přijme vládu Stvořitele ve všech svých touhách (v tom, co v sobě cítí v současnosti), považuje se to za dokonalost.

Ale pokud člověk, který přijímá vládu Stvořitele, pod ní nechce zůstat navždy, takový čin a záměr nejsou považovány za dokonalé a Vyšší světlo v nich nemůže svítit. Vždyť je Vyšší světlo dokonalé, věčné a trvalé a nikdy se nezmění, zatímco člověk chce, aby ani současný stav, v němž se nyní nachází, netrval navěky.

59. Hůl a Had

Slyšel jsem 13. den měsíce Adar v roce Tav-Šin-Chet (23. února 1948)

„A Mojžíš odpověděl: ‚Ale vždyť oni mi neuvěří...' I řekl mu Stvořitel: ‚Co je to v ruce tvojí?' A odpověděl: ‚Hůl.' I řekl Stvořitel: ‚Hoď' ji na zem.' A hodil ji a ta se proměnila v Hada. A utíkal Mojžíš od ní." (*Exodus*, *Šemot* 4)

Existují pouze dva stavy: buď Svatost (čistota, odevzdání, „ve prospěch Stvořitele"), anebo nečistá síla *Sitra Achra* (egoismus, „ve svůj prospěch"). A uprostřed mezi nimi není žádný stav a stejná Hůl se přeměňuje na Hada, pokud ji hodí na zem.

Abychom to pochopili, musíme nejprve porozumět tomu, co je řečeno mudrci, že *Šchina* (přítomnost Stvořitele) sestupuje na „stromy a kameny", což znamená, že se odhaluje právě v jednoduchých a skromných přáních, která v očích člověka nejsou považována za tak důležitá.

Proto se Stvořitel zeptal Mojžíše: „Co je to v ruce tvojí?" „Ruka" znamená odhalení. Vždyť mít v rukou znamená dosáhnout a přijmout. A odpověděl: „Hůl" (*Mate*, מטה). To znamená, že všechno, čeho dosáhl, je postaveno na nízkých věcech (*Mata*, מטה) podle své důležitosti a významu – tudíž na „víře výše rozumu". Vždyť víra je v očích rozumného člověka něco nedůležitého a nízkého. Člověk si váží všeho, co se opírá o znalosti a fakta; v jeho očích je tudíž důležitá „víra uvnitř rozumu".

Pokud lidský rozum není schopen něco pochopit, neboť je postihované v rozporu s jeho chápáním, pak musí říci, že je pro něho víra důležitější a výše znalostí, porozumění i vědomí.

Ukazuje se, že tím snižuje význam svého rozumu a říká, že pokud jeho chápání oponuje cestě Stvořitele, pak je pro něho víra důležitější než vědění. Protože vše, co odporuje cestě Stvořitele, je bezcenné a nemá v jeho očích žádný význam, jak je řečeno: „Oči mají – nevidí, uši mají – neslyší." To znamená, že člověk anuluje vše, co vidí a slyší, všechno, co se neshoduje s cestou Stvořitele. A toto je nazýváno kráčet „vírou výše rozumu". Ale v očích člověka to vypadá jako nízký, nedůležitý, nedostatečně rozvinutý a nezralý stav.

Kdežto Stvořitel neoceňuje víru jako nedůležitý stav. To jenom člověku, který nemá jinou možnost a je povinen následovat cestu víry, se víra zdá nedůležitá. Ale Stvořitel by nemusel nastolit svou božskou přítomnost (svoji *Šchinu*) na stromech a kamenech. Avšak On si vybral jako základ právě cestu „víry navzdory vědění", protože je to pro duchovní cestu to nejlepší. Proto pro Stvořitele není víra nedůležitá, ale naopak: právě na této cestě jsou četné výhody. Ale stvoření to považují za nízké.

A pokud člověk hodí Hůl na zem a chce pracovat s tím, co je pro něho vyšší a důležitější – to znamená uvnitř znalostí – a tuto cestu výše rozumu zanedbává, protože se mu tato práce zdá nedůležitá, pak se okamžitě z Tóry a jeho práce stává had, ztělesnění prvorozeného Hada.

Proto je řečeno: „Každému pyšnému říká Stvořitel: nemůžeme být pospolu." Příčina tkví právě v tom, že *Šchina* spočívá „na stromech a kamenech".[41] Proto, když člověk hodí Hůl na zem a povyšuje sebe sama pro práci s vyšší vlastností, to již je pýcha, což je Had. A není nic jiného kromě Hada – Svatosti nebo Hada – nečistoty, protože celá Tóra a práce se stávají Hadem, jsou-li nízko v očích člověka.

Ale je známo, že nečisté síly nemají Světlo, proto egoismus nemá ani v materiálním nic kromě touhy, která nemá žádné naplnění. Egoistické touhy vždy zůstanou nenaplněné. A proto ten, kdo přijal 100, touží po 200 atd. A „umírá člověk před dosažením poloviny kýženého", jež pochází z Vyšších kořenů.

Kořen nečisté síly, *Klipy* – touha přijímat potěšení. V průběhu celých 6 000 let (období nápravy) tyto touhy nemohou být napraveny tak, aby do nich bylo možné přijmout Světlo, a proto na nich spočívá zákaz Prvního zkrácení (*Cimcum Alef, CA*).

Poněvadž v těchto touhách není naplnění, lákají a podněcují člověka, aby k jejich stupňům přitáhl Světlo. A tehdy nečisté (egoistické) touhy odebírají veškerou životní sílu, všechno Světlo, které člověk přijímá z čisté strany za svoji práci v odevzdání. V důsledku toho získají nad člověkem nadvládu tím, že mu dají v tomto stavu výživu, a nedovolí mu, aby se dostal ven.

Kvůli této moci *Klipy* nad sebou člověk není schopen jít vpřed, protože nemá potřebu se pozvednout nad svůj současný stav. A protože nemá žádnou touhu, nemůže se pohnout a nemůže udělat ani sebemenší pohyb.

V tomto případě není schopen pochopit, zda kráčí ke Svatosti, nebo na opačnou stranu, jelikož mu nečistá strana dává stále víc a více síly k práci. Vždyť se nyní nachází „uvnitř vědění", pracuje rozumem a svoji práci nepovažuje za nízkou a nedůležitou. A z toho důvodu může člověk zůstat v zajetí nečisté síly navždy.

---

[41] Nachází se v tom, co je pro člověka nedůležité: ve víře, odevzdání, jednoduchosti.

Ale aby zachránil člověka z moci nečisté síly, stvořil Stvořitel zvláštní nápravu, která spočívá v tom, že když člověk opustí stav „Hůl", okamžitě spadne do stavu „Had" a v tomto stavu se mu nic nedaří. A není schopen tento stav překonat a zbývá mu jen znovu na sebe vzít cestu víry (v nízkých, nedůležitých stavech, Hůl). Ukazuje se, že samotné nezdary člověka opět přivedou k tomu, aby na sebe přijal práci na stále nových stupních „víry výše rozumu".

Proto Mojžíš řekl: „Ale oni mi neuvěří" – to znamená, že si nebudou přát přijmout cestu víry výše rozumu. Ale Stvořitel mu odpověděl: „Co je to v ruce tvojí?" – „Hůl" – „Hoď ji na zem" – a Hůl se okamžitě proměnila v Hada. To znamená, že mezi Holí a Hadem není žádný prostřední stav. A to je proto, aby člověk mohl přesně vědět, v jakém stavu se nachází: zda ve Svatém, nebo nečistém.

Ukazuje se, že není žádná jiná cesta kromě té, že na sebe přijme cestu víry výše rozumu, která je nazývaná Hůl. A tato Hůl musí být v ruce a nelze ji hodit na zem. Proto je řečeno: „A rozkvetla Hůl Árona" – vždyť celý rozkvět, kterého se stal hoden v práci Stvořitele, byl založen právě na Holi Árona.

A je to proto, aby nám to sloužilo jako znamení, zda člověk kráčí správnou cestou, nebo ne, aby měl možnost poznat, jaký je základ jeho duchovní práce: výše, nebo níže rozumu. Pokud je jeho základ Hůl, je na cestě nápravy a Svatosti, avšak je-li jeho základ uvnitř vědění, nemůže dosáhnout Svatosti.

Ale v samotné práci, tudíž v jeho Tóře a modlitbě, není žádný náznak, zda pracuje pro Stvořitele, nebo pro sebe sama. A navíc, je-li jeho základ uvnitř vědění – to znamená, že je práce založena na znalostech a přijímání – pak tělo (touhy) poskytuje sílu k práci a on se může učit a modlit s velkým zápalem a vytrvalostí; vždyť jedná v souladu s rozumem.

Kdežto když člověk postupuje cestou nápravy (Svatosti), která je založena na víře a odevzdání, potřebuje velkou a zvláštní přípravu, aby mu svítila Svatost. A jenom tak, bez přípravy, mu jeho tělo nedá sílu k práci.

A on musí neustále vynakládat úsilí! Vždyť jeho přirozeností je přijímat potěšení a přijímat uvnitř vědění.

Z toho důvodu, pokud je jeho práce na materiálním základě (pro sebe sama), nikdy v ní necítí žádné nesnáze. Ale v případě, že je jeho práce založena na odevzdání a je výše rozumu (znalostí), musí neustále vynakládat úsilí, aby nespadl do práce pro sebe sama, jež je založena na přijímání, a nikoliv na odevzdávání.

A toto riziko nemůže ztratit ze zřetele ani na okamžik, jinak okamžitě spadne do kořene tužeb materiálního (pro sebe sama) prospěchu, označovaného jako „prach a popel", jak je řečeno: „Neboť prach jsi a v prach se obrátíš." (*Genesis* 3, 19) To se stalo po hříchu Stromu poznání.

Člověku je dána možnost analýzy a ověření, kráčí-li správnou cestou ve Svatosti (odevzdání), nebo naopak: „Jiná síla, jiný bůh, je neplodný a nenese ovoce". Toto znamení nám poskytuje Kniha *Zohar*. Právě na základě víry, jež se nazývá Hůl, se člověk stává hoden znásobit plody své práce v Tóře. Proto je řečeno: „Rozkvetla Hůl Árona," což jasně ukazuje, že rozkvět a zrod ovoce přicházejí právě cestou Hole.

Každý den v době, kdy člověk vstává ze svého lůžka, umyje se a očistí své tělo od nečistot. Stejně tak se musí očistit od nečistot duchovních, od *Klipot* – to znamená ověřit, zda je jeho cesta Hole dokonalá. A toto ověřování v sobě musí provádět neustále.

A když se z této analýzy byť jen na chvíli vytrhne, ihned se ocitne v moci nečistých sil (*Sitra Achra*) nazvaných „touhy se těšit ve svůj prospěch" a okamžitě se stává jejich otrokem. Vždyť v souladu s pravidlem: „Světlo vytváří *Kli*", nakolik člověk pracuje kvůli přijímání pro sebe sama, ve stejné míře se pro něho stane nutností směřovat pouze k egoistickému přijímání a vzdaluje se od odevzdávání.

Z toho můžeme pochopit, co je řečeno mudrci: „Buď velmi velmi skromným!" A proč je tak zvučně řečeno: „Velmi velmi"?

Jde o to, že se člověk stává závislým na svém okolí v tom, aby od nich přijímal pocty, úctu a uznání.

A i když to dokonce zpočátku nepřijímá kvůli potěšení, ale například „v zájmu úcty k Tóře", a je si jistý, že nemá po uznání vůbec žádnou touhu, a proto může přijímat pocty – vždyť nepřijímá pro sebe – navzdory tomu člověk pocty přijímat nemůže, neboť „Světlo vytváří *Kli*".

Proto poté, co obdržel pocty, už po nich začíná toužit, takže se již nachází v moci cti. A je velmi těžké se od cti osvobodit. A v důsledku toho je člověk oddělen od Stvořitele a je pro něho těžké se před Stvořitelem sklonit.

Ale aby bylo možné dosáhnout splynutí se Stvořitelem, člověk se musí před Stvořitelem úplně anulovat (všechny své osobní touhy).

Proto je řečeno „velmi velmi", kde první „velmi" znamená, že není možné přijímat uznání pro vlastní potěšení. A druhé „velmi" je přidáno proto, že i když to dokonce není pro sebe sama, stejně je zakázáno přijímat pocty.

60. Přikázání způsobené hříchem

Slyšel jsem 1. den v týdnu Tecave v roce Tav-Šin-Gimel (14. února 1943)

Pokud člověk přijímá duchovní práci kvůli odměně, je jeho vztah k práci rozdělen na dvě části:

- činnost samotná se nazývá „Přikázání";
- záměr za ni získat odměnu je nazýván hříchem, protože převádí činnost ze Svatosti (*K'duša*) k nečistotě (*Sitra Achra*, druhá strana).

A protože veškerý základ a příčina této práce spočívají v odměně a člověk získává veškerou sílu výhradně odtud, je toto Přikázání „způsobené". Vždyť příčina, která člověka přiměla uskutečnit Přikázání, je hříchem. Proto se toto Přikázání nazývá „Přikázání způsobené hříchem". Vždyť vede ke hříchu, což je především touha získat odměnu.

A proto, aby se to nestalo, musí člověk pracovat jen pro znásobení slávy a velikosti Stvořitele, což se nazývá práce na obrození *Šchiny* z prachu.

Šchinou se nazývá souhrn všech duší, který přijímá od Stvořitele veškeré Světlo a rozděluje je duším. Rozdělování a přenos Světla duším se uskutečňuje splynutím Stvořitele a *Šchiny* a tehdy Světlo sestupuje k duším. A pokud nenastane splynutí, pak žádné Světlo k duším nesestupuje.

Protože chtěl Stvořitel těšit stvoření, přemýšlel o potěšení a o touze se těšit. Vždyť jedno není možné bez druhého. Připravil to v potenciálu, aby se poté rodili a rozvíjeli ti, kteří to skutečně mohou přijmout. Příjemce veškerého tohoto Světla v potenciálu se nazývá *Šchina*, protože je úmysl Stvořitele dokonalý a nepotřebuje žádnou činnost.

61. Je velmi těžko blízko Stvořitele

Slyšel jsem 9. den měsíce Nisan v roce Tav-Šin-Chet (18. dubna 1948)

Je řečeno: „Je velmi bouřlivo a těžko blízko Stvořitele." (Žalm 50) A mudrci vysvětlují, že se zde obrazně hovoří o tom, že „je blízko Stvořitele spousta vlasů" (druhé přečtení stejných slov[42]), protože je Stvořitel ke spravedlivým přísný na tloušťku vlasu. A oni sami se ptají: „Proč je to tak? Čím si spravedliví takový trest zasloužili? Vždyť jsou přece spravedliví!"

Jde o to, že všechna omezení ve vesmíru, ve světech, všechna existují pouze z hlediska stvoření. Tudíž jsou důsledkem toho, že postihující na sobě uskutečňuje omezení a zkrácení, zatímco setrvává dole. A Stvořitel souhlasí se vším, co dělá postihující, a ve stejné míře Světlo sestupuje dolů. Takže nižší vyvolává záření a vytékání Světla Shora prostřednictvím své mluvy, svých myšlenek a činů.

Z toho vyplývá, že pokud člověk předpokládá, že se okamžik odpojení od myšlenky na splynutí se Stvořitelem rovná největšímu prohřešení, pak s tím Shora Stvořitel také souhlasí a opravdu je to považováno za spáchání největšího hříchu. Výsledkem je, že právě spravedlivý určuje, jak přísně se k němu bude Stvořitel projevovat, a to až do „tloušťky vlasu", a jak nižší ustanoví, tak Stvořitel přijímá.

A když člověk necítí sebemenší zákaz jako ten nejpřísnější, tehdy ani Nahoře nepřikládají váhu jeho malým hříchům a nepovažují je za velké hříchy. To znamená, že s takovým člověkem Stvořitel zachází jako s malým dítětem – předpokládá, že jsou malá jeho Přikázání a také i jeho hříchy jsou malé. Vždyť Přikázání i hříchy jsou váženy na jedné váze. A takový člověk je považován za malého.

Ten, kdo je přísný dokonce i ke svým malým činům a chce, aby se k němu i Stvořitel projevoval přísně „na tloušťku vlasu", je považován za velkého člověka, jehož Přikázání i hříchy jsou velké.

A v souladu s velikostí potěšení, které cítí při plnění Přikázání, pociťuje stejně silně utrpení, když spáchá hřích.

A vypráví příběh o tom, jak v jednom království žil jednou jeden člověk. A on se dopustil provinění před Králem, za které byl odsouzen na dvacet let nucených prací a byl vypovězen do jakéhosi zapadlého

---

[42] Slovo vlasy (*Se'ar*, שער) se podobá slovu bouře (*Se'ara*, סערה).

místa daleko od své země. A okamžitě vykonali rozsudek a odvezli ho tam – na konec světa.

A on tam našel lidi, kteří byli stejní jako on. Ale padla na něho nemoc zapomnění, takže úplně zapomněl, že má ženu a děti, blízké přátele a známé. A zdálo se mu, že na celém světě není nic jiného než toto opuštěné místo a lidé, kteří tam žijí, a že to je jeho domov.

Ukazuje se, že je celá jeho koncepce světa postavena na jeho pocitech a že si již pravý stav ani nemůže představit a žije pouze vědomím a cítěním, které mu bylo dáno nyní.

V této vzdálené zemi ho naučili zákony, aby je znovu neporušil a mohl se vystříhat všech trestných činů a věděl, jak napravit hřích, který spáchal, aby ho odtamtud propustili. A když zkoumal sbírky zákonů Krále, objevil zákon, že pokud člověk spáchá určité provinění, je poslán na vzdálené místo, odříznuté od celého světa. A on je z takového těžkého trestu vyděšený a je pohoršen krutostí soudu.

Ale nedochází mu, že on sám porušil zákony Krále, že byl odsouzen přísným soudem a již byl vykonán rozsudek. A protože trpí nemocí zapomnění, ani jednou nepocítil svůj pravý stav.

A v tom tkví smysl řečeného, že „je velmi těžko blízko Stvořitele" („blízko Stvořitele je hodně vlasů") – to znamená, že člověk musí sám sobě skládat účty za každý svůj krok. Vždyť on sám přestoupil zákon Krále, a proto ho vyhnali z Vyššího světa.

A díky tomu, že nyní koná dobré skutky (ve prospěch Stvořitele), se mu navrací paměť a začíná vnímat, jak je ve skutečnosti vzdálen od svého pravého světa. A proto se začne napravovat, dokud ho nevyvedou z jeho vyhnanství a nevrátí ho na jeho místo. Tyto pocity k člověku přicházejí výhradně v důsledku jeho práce, když cítí, jak se vzdálil od svého Zdroje a Kořene. A to až do té doby, než se stane hoden úplného návratu ke svému Kořenu – tudíž do dokonalého a věčného splynutí se Stvořitelem.

62. Padá a podněcuje, pozvedává se a obviňuje

Slyšel jsem 19. den měsíce Adar Alef v roce Tav-Šin-Chet (29. února 1948)

„Padá a podněcuje, pozvedává se a obviňuje." Člověk je povinen neustále prověřovat, zda ho Tóra a vnitřní práce nezavádějí do hluboké propasti. Vždyť je výše člověka měřena mírou jeho splynutí se Stvořitelem čili mírou anulování svého „já" před Stvořitelem, když se nepovažuje za zamilovaného sám do sebe a přeje si úplně vyřadit svoje „já".

Jestliže však člověk pracuje pro egoistické přijímání, v míře práce roste ve svých vlastních očích a cítí se uznávanou a samostatnou osobností, takže již je pro něho těžké se anulovat před Stvořitelem.

Pokud však člověk pracuje ve prospěch odevzdání, pak když ukončí práci, tudíž napraví přijímací přání, která jsou v Kořenu jeho duše, nemá již více ve světě co dělat. Proto je nutné, aby se veškerá pozornost a myšlenky člověka soustředily pouze na tento bod.

Známka pravé cesty je, když člověk vidí, že se nachází ve stavu „padá a podněcuje", což znamená, že je veškerá jeho práce v propadu. Tehdy člověk padne do moci nečistých přání a „pozvedává se a obviňuje", což znamená, že se cítí na vzestupu a obviňuje ostatní.

Ale ten, kdo pracuje proto, aby se očistil od zla, nemůže obviňovat ostatní, ale vždy obviňuje sám sebe. Druhé vidí na vyšším stupni, než na kterém vnímá sám sebe.

63. Půjčujte a Já vrátím

Slyšel jsem na konci Šabatu v roce Tav-Reš-Cadi-Chet (1938)

Je řečeno: „Půjčujte a Já vrátím." Cílem stvoření je Světlo *Šabatu*, které má naplnit stvoření. Tohoto Cíle stvoření je dosahováno plněním Tóry, Přikázání a dobrých skutků. Konečná náprava (*Gmar Tikun*) je stav, kdy se Světlo plně odhaluje na základě proseb zdola (aram. *Itaruta de-Letata*), tedy právě plněním Tóry a Přikázání.

Nicméně před dosažením stavu Konečné nápravy také existuje stav *Šabatu*, který se nazývá „podobnost budoucímu světu" (*Mejin Olam Haba*, מעין עולם הבא), když Světlo *Šabatu* svítí jak v každém jednotlivém, tak i ve společném. A toto Světlo sestupuje bez předběžného úsilí zdola, ze strany duší. A poté duše vracejí svůj dluh – to znamená, že vynakládají nezbytné úsilí, které měly vynaložit dříve, to jest předtím, než jim bylo uděleno toto dokonalé Světlo.

Proto je řečeno: „Půjčujte" – obdržíte Světlo *Šabatu* nyní, nepřímo, na dluh, a „Já jej splatím." Stvořitel toto Světlo *Šabatu* odhaluje pouze tehdy, když si Izrael půjčuje – to znamená, že ho chce přijmout, ačkoliv ho ještě není hoden; tímto způsobem (nepřímo) ho však přesto může obdržet.

64. Z *Lo Lišma* přejdou k *Lišma*

Slyšel jsem v týdnu VaJechi, 14. den měsíce Tevet v roce Tav-Šin-Chet (27. prosince 1947) při ranní hostině

Z *Lo Lišma* (pro sebe) přejdou k *Lišma* (pro Stvořitele).

Pokud se podíváme pozorně, zjistíme, že období duchovní práce, když člověk ještě pracuje se záměrem „pro sebe", je mnohem důležitější, protože v něm je možné snadněji propojit své činy se Stvořitelem. Vždyť v *Lišma* člověk říká, že vykonává tuto dobrou činnost, protože plně pracuje pro Stvořitele a všechny jeho skutky jsou „ve prospěch Stvořitele". Znamená to, že je pánem svých činů.

Kdežto když se zabývá duchovní prací v *Lo Lišma* – se záměrem „pro sebe", nedělá dobré činy pro Stvořitele. Proto se nemůže obracet na Stvořitele s požadavkem, že mu náleží odměna. To znamená, že se Stvořitel v jeho očích nestává dlužníkem. Ale proč člověk vykonal dobrý skutek? Jenom proto, že mu Stvořitel dal možnost, aby egoistická přání donutila člověka to vykonat.

Když například k němu domů přijdou lidé a on se stydí, že sedí bez práce, vezme si knihu a ukazuje, že studuje Tóru. Ukazuje se, že se Tóru neučí „kvůli Stvořiteli", nikoliv proto, že On mu uložil se ji učit, nikoliv kvůli plnění Přikázání, aby se zalíbil Stvořiteli, nýbrž aby se zalíbil svým hostům. Ale jak je poté možné požadovat odměnu za studium Tóry od Stvořitele, když se jí zabýval kvůli hostům? Ukazuje se, že se Stvořitel nestává jeho dlužníkem, může však požadovat odměnu od hostů, aby si ho vážili za to, že studuje Tóru. Ale v žádném případě ji nemůže požadovat od Stvořitele.

A když analyzuje své činy a říká, že se stejně zabývá Tórou, a vyřadí důvod, kvůli kterému se jí věnoval, čili hosty, a je rozhodnutý se Tórou od té chvíle zabývat pouze kvůli Stvořiteli, pak je okamžitě povinen říci, že vše přichází Shora a že ho Stvořitel zatoužil napravit a poskytnout mu ke studiu Tóry pravý důvod. Ale protože není hoden přijmout pravdu, Stvořitel mu posílá falešný důvod, aby se zabýval Tórou s pomocí tohoto falešného důvodu.

To znamená, že vše dělá Stvořitel, a nikoliv člověk. Proto je povinen velebit Stvořitele, který ho nenechává napospas ani v tak nízkých stavech a dává mu sílu a energii, aby se chtěl zabývat Tórou.

A když člověk pečlivě zkoumá, co se s ním děje, zjišťuje, že je Stvořitel jediný, kdo koná, jak je řečeno: „On jediný koná a bude konat všechny činy," a člověk svými dobrými skutky žádné činy neuskutečňuje. Vždyť ačkoli plní Přikázání, nedělá to kvůli Přikázání, ale z jiného, postranního důvodu.

Pravda spočívá v tom, že Stvořitel je pravou příčinou, která vyvolává všechny činy člověka. Avšak Stvořitel se kvůli člověku obléká do různých šatů, ale ne do Přikázání – kvůli strachu, nebo lásce k něčemu jinému, a nikoliv ke Stvořiteli. Ukazuje se, že ve stavu *Lo Lišma* (když nepracuje pro Stvořitele) je snazší své dobré činy přičíst Stvořiteli, říci, že dobré skutky dělá Stvořitel, a nikoliv sám člověk. Vždyť člověk nechtěl tyto činy uskutečnit kvůli Přikázání, ale z jiného důvodu.

Zatímco ve stavu *Lišma* člověk ví, že pracuje ve prospěch Přikázání – to znamená, že sám zatoužil plnit Přikázání. Tudíž nikoliv proto, že mu Stvořitel vložil do srdce přání splnit Přikázání, ale proto, že si to sám vybral.

Pravdou je, že všechno vykonává Stvořitel, ale stupeň Osobního vedení není možné postihnout předtím, než člověk porozumí stupni nápravy „odměnou a trestem".

65. Odkryté a skryté

Slyšel jsem 29. den měsíce Tevet v roce Tav-Šin-Bet (18. ledna 1942) v Jeruzalémě

Je řečeno: „Skryté – Stvořiteli našemu a odkryté – nám i dětem našim navěky, abychom vyplnili to, co bylo řečeno v Tóře."

Proč je řečeno „Skryté Stvořiteli"? Skryté znamená to, co nepostihujeme, a odkryté to, co postihujeme? Vidíme však, že jsou ti, kteří znají skrytou část Tóry, a jsou také ti, kteří neznají ani její odkrytou část. Nebralo se však v potaz, že těch, kteří poznali odkrytou část, bylo více než těch, kteří postihli skrytou (myslet takto znamená domýšlet si ze sebe).

V našem světě jsou všem dostupné činnosti, které může dělat každý, a jsou i takové, které se uskutečňují, ale člověk do nich nemůže zasahovat – uvnitř působí pouze jakási neviditelná síla a ta vytváří událost.

Například je mudrci řečeno: „Tři vytvářejí člověka: Stvořitel, otec a matka." Je nám odhaleno Přikázání: „Ploďte a množte se", které vykonávají rodiče, a pokud postupují správně, Stvořitel dává duši zárodku. To znamená, že rodiče vykonávají odhalenou část. Vždyť jsou schopni uskutečnit jen odkrytou, známou činnost. A skrytá část spočívá v předání duše zárodku, čehož se rodiče nemohou účastnit a činí to pouze sám Stvořitel.

Také při vykonávání Přikázání provádíme jen jejich odkrytou část. Vždyť dokážeme udělat jenom to, to jest se zabývat Tórou „plněním Jeho příkazu". Ale skrytou část, duši těchto činností, člověk ovládat nemůže. Proto je během plnění Přikázání nutné se modlit ke Stvořiteli, aby splnil Svoji skrytou část – to znamená, dal duši našim činnostem.

Činnost se nazývá „Svíčka Přikázání", ale svíčka musí být rozsvícena „Světlem Tóry", v důsledku čehož se v činnosti nachází jeho duše, jak je patrné z příkladu zárodku, na jehož utváření se účastní tři.

Proto je řečeno: „Odkrytá část – nám" – to znamená, že musíme dělat všechno, co jen je v našich silách, a pouze tímto způsobem můžeme jednat. Ale odhalení duše a přijímání životní síly závisí pouze na Stvořiteli. A to se nazývá „Skrytá část – Stvořiteli našemu", čímž nám Stvořitel garantuje, že když vykonáme činnost, která je nám odhalena prostřednictvím podmínek plnění Tóry a Přikázání v odkryté části, Stvořitel dá této činnosti duši.

Avšak předtím, než se staneme hodni skryté části duše, odkrytá část je jako činnost mrtvého těla. To znamená, že tím nejdůležitějším je stát se hoden skryté části, která je v rukou Stvořitele.

66. Darování Tóry

Slyšel jsem na večerní hostině o svátku Šavu'ot v roce Tav-Šin-Chet (1948)

Darování Tóry, které proběhlo u hory Sinaj, neznamená, že kdysi byla Tóra předána jednou a více již předávána není. V duchovním nic nemizí. Vždyť duchovní je kategorie věčná a nepřetržitá. Ale jen proto, že z hlediska Dárce nejsme k přijetí Tóry vhodní, říkáme, že její darování bylo ukončeno ze strany Vyššího.

Kdežto v době darování Tóry u hory Sinaj byl pro její přijetí připraven všechen lid Izraele, jak je řečeno: „A shromáždili se na úpatí hory jako jeden člověk s jedním srdcem." To znamená, že byl připraven celý národ, neboť všichni měli jediný záměr, jednu myšlenku – pouze na přijetí Tóry. A ze strany Dárce nedošlo k žádným změnám a On dává Tóru vždy. Jak řekl Ba'al Šem Tov, člověk je povinen denně naslouchat Deseti přikázáním předaným u hory Sinaj.

Tóra se nazývá „elixírem života" a „jedem smrti". Avšak jak mohou v jednom být současně dvě protichůdné vlastnosti?

Ale věz, že sami o sobě nejsme sto nic pochopit a vše, co postihneme, pochopíme jen na základě našich pocitů. A to, jaká je skutečnost sama o sobě, nás vůbec nezajímá. Proto samotnou Tóru vůbec nepochopíme; porozumíme jen našim pocitům. A všechny naše dojmy závisí výhradně na našich pocitech.

Proto, když se člověk učí Tóru a Tóra ho odděluje od lásky ke Stvořiteli, taková Tóra se ovšem nazývá „smrtelným jedem". A naopak, jestliže Tóra, kterou se člověk učí, jej přiblíží k lásce ke Stvořiteli, tak se samozřejmě nazývá „elixírem života". Ale Tóra sama o sobě bez spojení s člověkem, který je povinen ji pochopit, je považována za Světlo bez *Kli*, jež je absolutně nepostihnutelné. Proto hovoří-li se o Tóře, míní se tím pocity, které člověk z Tóry získává, protože nám okolní skutečnost diktují jen naše pocity.

Pokud člověk pracuje pro sebe sama, nazývá se to *Lo Lišma*. Avšak z tohoto stavu *Lo Lišma* (pro sebe), když se člověk postupně napravuje, dosáhne stavu *Lišma* (pro Stvořitele). Proto když člověk zatím není přijetí Tóry hoden, doufá, že Tóru obdrží v příštím roce. Ale poté, co se stal člověk hoden dokonalosti, našel-li nápravu „pro Stvořitele", nemá již více v tomto světě co dělat. Vždyť napravil vše, aby přebýval v dokonalosti záměru *Lišma*.

Z toho důvodu je každý rok v době, kdy byla darována Tóra, čas vhodný pro probuzení zdola (aram. *Itaruta de-Letata*), neboť tehdy se probouzí čas, který odkryl Světlo darování Tóry nižším. Takže nastává probuzení Shora (*Itaruta de Le'ila*), které dává nižším síly, aby zrealizovali nezbytné činy nápravy kvůli přijetí Tóry, jak tomu bylo tehdy.

Z toho vyplývá, že když je člověk na cestě *Lo Lišma* (pro sebe), která vede k *Lišma* (pro Stvořitele), znamená to, že kráčí správnou cestou, a musí doufat, že se nakonec stane hoden dosáhnout *Lišma* a obdržet Tóru.

Ale musí dbát na to, aby neztratil cíl a neustále ho před sebou udržoval, jinak půjde na opačnou stranu. Vždyť tělo je touha po sebepotěšení a je neustále přitahováno ke svému kořenu „pro sebe sama", což je opak Tóry, jež je nazývána „Stromem života". Proto tělo považuje Tóru za „jed smrti".

67. Vzdaluj se od zla

Slyšel jsem na konci svátku Sukot v roce Tav-Šin-Gimel (5. října 1942) v Jeruzalémě

Je třeba se vzdalovat od zla a ochraňovat čtyři spojenectví:

1. „Spojenectví očí" (*Brit Ejnajim*) nabádá vystříhat se pohledu na ženy. A tento zákaz nepochází z toho, že to může vést ke špatným touhám. Vždyť se vztahuje i na stoleté starce a pochází z velmi vysokého kořene, který varuje, že nevystříhá-li se pohledu na ženy, může se dostat do stavu, kdy se zatouží dívat na Svatou *Šchinu*. A to je dostatečné pro toho, kdo rozumí.

2. „Spojenectví slova" (*Brit ha-Lašon*) zavazuje k opatrnosti v analýze „pravda – lež", která je po pádu do hříchu Adama základní, zatímco před hříchem Adama to byla analýza „sladké – hořké". A analýza „pravda – lež" je úplně odlišná a občas bývá na jejím začátku sladce a na konci se objevuje hořkost. To znamená, že realita může být hořká, ale stejně je pravdivá.

Proto je třeba se vystříhat nepravdivých řečí. A dokonce i tehdy, když se člověku zdá, že je neupřímný pouze k příteli, je třeba si uvědomit, že tělo je jako stroj a jak si zvykne jednat, tak pokračuje. A když ho učí, aby lhal a podváděl, již nemůže jít jinou cestou. A kvůli tomu je nucen sám člověk také přistoupit ke lži a podvodům.

Ukazuje se, že je člověk nucen klamat sám sebe a není schopen si přiznat pravdu. Vždyť nemá žádný zvláštní zájem ji spatřit. A je možné říci, že ten, kdo si myslí, že klame přítele, ve skutečnosti klame Stvořitele, neboť kromě člověka je pouze Stvořitel. Vždyť zpočátku se člověk nazývá stvoření pouze ve svém vlastním vnímání, poněvadž Stvořitel zatoužil, aby se člověk cítil existujícím odděleně od Něho. Ale ve skutečnosti „je celá země plná Stvořitele".

Takže když podvádí přítele, podvádí Stvořitele, a jestliže rozesmutní přítele, rozesmutní Stvořitele. A pokud je člověk zvyklý říkat pravdu, přináší mu to ve vztahu ke Stvořiteli výhodu – to znamená, že když něco Stvořiteli přislíbí, pak se snaží slib dodržet, protože není zvyklý podvádět. Tehdy se stane hoden toho, aby se stal „Stvořitel jeho stínem". A pokud člověk plní své sliby, také Stvořitel splní svůj slib ve vztahu k člověku, jak je řečeno: „Požehnaný ten, kdo mluví a koná."

Existuje pravidlo: být v rozhovoru zdrženlivý, aby neotevřel své srdce a neumožnil nečistým silám, aby se připojily ke Svatosti. Vždyť dokud člověk není plně napraven a odhalí něco skrytého, poskytne nečistým silám možnost, aby ho obvinily před Vyšším řízením. A pak se posmívají jeho práci a říkají: „Jakou to práci dělá pro Všemohoucího, když všechnu tuto práci dělá pouze pro sebe sama?"

A v tom tkví odpověď na složitou otázku. Vždyť je známo, že „Přikázání za sebou přitahuje další Přikázání". Proč tedy vidíme, že člověk často vypadává z duchovní práce?

Jde o to, že nečistá síla odsuzuje a očerňuje jeho práci a potom sestupuje a zabírá jeho duši. To znamená, že poté, co si postěžovala Stvořiteli, že práce člověka není čistá a on pracuje ve prospěch svého egoismu, sestupuje a zabírá jeho živou duši tím, že se člověka ptá: „Co ti dává tato práce?!" A tehdy, i když se již dokonce stal hoden obdržet nějaké Světlo živé duše, zase ho ztrácí.

A cesta ven tkví jenom ve skromnosti, aby se nečistá síla nedozvěděla o práci člověka, jak je řečeno: „Srdce ústy neotevřel." Protože nečistá síla ví jen to, co se odhaluje rozhovorem a činy, a pouze toho se může zachytit.

A je třeba vědět, že utrpení a údery přicházejí k člověku převážně zpoza obvinění, a proto je třeba se vystříhat rozhovorů, nakolik je to jen možné. Navíc, i když dokonce hovoří o něčem obyčejném, odhalují se přitom tajemství jeho srdce, jak je řečeno: „Duše jeho vychází s řečí." A v tom spočívá „Spojenectví slova", které by se člověk měl obávat porušit.

A nejdůležitější je být opatrný v době vzestupu, protože během pádu je obtížné zůstat na vysoké úrovni a udržet to, co bylo dosaženo.

68. Spojení člověka se *Sfirot*

Slyšel jsem 12. den měsíce Adar v roce Tav-Šin-Gimel (17. února 1943)

Před pádem do hříchu:

- Tělo (*Guf*) *Adama HaRišona* pocházelo z *Biny de-Malchut de-Malchut* světa *Asija*.
- A bylo naplněno světlem *NaRaN* (*Nefeš, Ruach, Nešama*) světa *Bri'a* a *NaRaN* světa *Acilut*.

Po pádu do hříchu spadlo tělo (touhy) Adama do *Mišcha de-Chivija* (hadí kůže), do *Klipy Bchiny Dalet*, nazvané „prachem tohoto světa". Dovnitř tohoto těla (egoistických tužeb) se odívá vnitřní tělo (duchovní touhy) – *Klipat Noga*, která se skládá z poloviny dobrých tužeb a poloviny špatných tužeb. Všechny dobré činy člověka pocházejí pouze z těla *Klipat Noga*.

Když se člověk zabývá kabalou, postupně toto tělo navrací k úplnému dobru a tělo *Mišcha de-Chivija* se od něho odděluje. A tehdy se v souladu se svými činy stává hoden světel *NaRaN*.

Spojení světel *NaRaN* člověka se *Sfirot*:
Světla *NaRaN* člověka pocházejí z *Malchut* tří *Sfirot*, kterými jsou: *Bina, Ze'ir Anpin* a *Malchut* každého ze světů *ABJA*[43].

- V případě, že se stává hoden *NaRaN* světla *Nefeš*, přijímá ho ze tří *Malchujot*: *Malchut Biny* (*Malchut de-Bina*), *Malchut de-ZA*[44] a *Malchut de-Malchut* světa *Asija*.

- V případě, že se stává hoden *NaRaN* světla *Ruach*, přijímá ho ze tří *Malchujot*: *Malchut Biny, Malchut de-ZA* a *Malchut de-Malchut* světa *Jecira*.

- V případě, že se stává hoden *NaRaN* světla *Nešama*, přijímá ho ze tří *Malchujot*: *Malchut Biny, Malchut de-ZA* a *Malchut de-Malchut* světa *Bri'a*.

- V případě, že se stává hoden *NaRaN* světla *Chaja*, přijímá toto Světlo ze tří *Malchujot*: *Malchut Biny, Malchut de-ZA* a *Malchut de--Malchut* světa *Acilut*.

Proto je řečeno, že člověk přemýšlí pouze svým srdcem. Vždyť je za srdce považováno celé jeho tělo. A přestože člověk sestává ze čtyř druhů přání: neživého, rostlinného, živočišného a lidského – všechny sídlí v „srdci" člověka.

Vzhledem k tomu, že po pádu do hříchu tělo *Adama HaRišona* spadlo do *Klipy Mišchy de-Chivija* – *Klipy Bchiny Dalet*, jež je nazvaná „prachem tohoto světa", všechno rozvažování člověka, všechny jeho myšlenky, vycházejí ze srdce, to znamená z těla *Mišchy de-Chivija*.

Když pomocí studia kabaly překonává tyto egoistické myšlenky a pracuje na sobě,[45] pak tyto činnosti očišťují jeho tělo (touhy) a *Klipa*

---

[43] *ABJA* (אבי״ע) – akronym pro světy *Acilut* (אצילות), *Bri'a* (בריאה), *Jecira* (יצירה) a *Asija* (עשיה).

[44] *ZA* (ז״א) – akronym pro *Ze'ir Anpin* (זעיר אנפין), dosl. malá tvář, protože podstatou ZA je světlo *Chasadim* a malá záře světla *Chochma*. *Or Chochma* se nazývá „tvář", a jelikož září jen málo, říká se tomuto *Parcufu* malá tvář, ZA.

[45] Což je jediný způsob, jak dosáhnout odevzdání Stvořiteli.

Mišcha de-Chivija se od něho oddělí. A bývalá síla, která člověka podněcuje k duchovnímu a která se nazývá *Klipat Noga* a je vnitřním tělem, složeným napůl z dobra a napůl ze zla, se teď celá stává dobrem. A nyní člověk dosahuje podobnosti vlastností se Stvořitelem.

A tehdy, v souladu s mírou svých činů, je člověk odměněn světlem *NaRaN*. Na začátku postihuje *NaRaN* světla *Nefeš* světa *Asija*. Poté, když napraví všechny touhy, které souvisejí se světem *Asija*, obdrží *NaRaN* světla *Ruach* světa *Jecira* atd. – až do dosažení *NaRaN* světla *Chaja* světa *Acilut*. A v srdci člověka pokaždé vzniká nová konstrukce. Bylo-li předtím jeho vnitřní tělo z *Klipat Noga* napůl dobré a napůl špatně, nyní se toto tělo pomocí studia kabaly očišťuje a úplně se přeměňuje na dobré.

Když měl člověk tělo *Mišcha de-Chivija*, musel přemýšlet a uvažovat, vycházeje jen z příkazů srdce. To znamená, že všechny jeho myšlenky byly zaměřeny pouze na to, jak naplnit touhy, ke kterým ho nutila *Klipa*, a neměl tudíž žádnou možnost se zamyslet a nasměrovat sám sebe proti přáním srdce. A jeho srdce pak bylo *Mišcha de-Chivija* – nejhorší z *Klipot*.

Ale zásluhou studia kabaly je člověku udělena náprava, a to i v případě, že se jí nezabývá pro odevzdávání, ale pro sebe (*Lo Lišma*), avšak žádá a prosí Stvořitele, aby mu On pomohl, a dělá všechno, co je v lidských silách, a očekává milost Stvořitele, že mu pomůže dosáhnout záměru ve prospěch odevzdávání (*Lišma*). A veškerá odměna, kterou vyžaduje od Stvořitele za své skutky, je být počten možností poskytnout potěšení Stvořiteli. A v tomto případě, jak je řečeno mudrci: „Světlo navrací ke Zdroji."

Tehdy se očišťuje tělo *Mišchy de-Chivija*, takže se toto tělo odděluje od člověka a on je odměněn úplně jinou strukturou – *Nefeš* světa *Asija*. A tak násobí své úsilí a postupuje dále, dokud nezíská strukturu *Nefeš* a *Ruach Biny* a *Ze'ir Anpinu* a *Malchut* světa *Acilut*. A ani tehdy nemá žádnou volbu, jež by mu dovolila, aby myslel na něco jiného kromě toho, k čemu ho zavazuje jeho nová duchovní struktura. To znamená, že nemá možnost uvažovat o něčem, co je v rozporu s jeho strukturou, a on musí přemýšlet a realizovat činy jenom se záměrem odevzdání Stvořiteli – jak ukládá čistá duchovní struktura.

Z výše uvedeného vyplývá, že člověk nemůže napravit svoje myšlenky. Může napravit jenom srdce tak, aby bylo nasměrováno přímo na Stvořitele, a pak budou všechny jeho myšlenky pouze o tom, jak poskytovat potěšení Stvořiteli. Když napravuje svoje srdce, aby se jeho srdce i touhy zaměřovaly jenom na duchovní, srdce se stává nádobou (*Kli*), kde vládne Vyšší světlo. A když Vyšší světlo zaplní srdce, srdce se stává silnějším. A tak člověk neustále přidává svoje úsilí a postupuje dále.

Proto je řečeno, že „veliké je učení, které přivádí k praktickým činům". Světlo získané studiem kabaly přivádí k praktickým činům – to znamená, že toto Světlo vrací člověka ke Zdroji, což je činnost. To znamená, že Světlo v jeho srdci vytváří novou strukturu a bývalé tělo, které pocházelo z *Mišchy de-Chivija*, se od něho odděluje. A tehdy je člověk odměněn duchovním tělem a vnitřní tělo, nazývané *Klipat Noga*, které bylo napůl dobrem a napůl zlem, se stává úplným dobrem. A nyní je člověk naplněn světlem *NaRaN*, čehož dosáhl svou činností, když znásobil své úsilí a postupoval kupředu.

A předtím, než člověk získá novou strukturu, ať již by se snažil očistit své srdce jakkoliv, to stejně zůstává nezměněno. A pak je považován za „plnícího vůli Stvořitele". A je třeba vědět, že práce začíná právě „plněním Jeho vůle". Nicméně se to ještě nenazývá dokonalostí, protože v tomto stavu člověk nemůže očistit své myšlenky a není v jeho silách se zbavit pochybností. Vždyť jeho srdce je z těla *Klipy* a on je schopen přemýšlet pouze v souladu s příkazy srdce.

Člověka vrací ke Zdroji pouze Světlo získané studiem kabaly. A tehdy se od něho oddělí rozdělující tělo a vnitřní tělo, *Klipat Noga*, které je napůl dobrem a napůl zlem, se stává úplným dobrem. Tímto způsobem vede metodika kabaly k činnosti zásluhou vytvoření nové struktury v člověku, což je také nazýváno praktickou činností.

69. Nejprve nastane náprava celého světa

Slyšel jsem v měsíci Sivan v roce Tav-Šin-Gimel (červen 1943)

Nejprve je dosahována náprava světa a poté nastane úplná spása, což znamená příchod Mesiáše, kdy „spatří oči tvoje Učitele tvého" „a naplní se země poznáním Stvořitele". To odpovídá tomu, že se nejprve napravuje vnitřní část světů a poté vnější část. Je však nutné vědět, že se při nápravě vnější části světů dosahuje vyššího stupně než při nápravě vnitřní části.

Jisra'el patří k vnitřní části světa, jak je řečeno: „A vy – nevelký z národů." Avšak nápravou vnitřní části se také napravuje zevní, vnější část, ale jenom postupně, po malých částech. A vnější část se pokaždé napravuje kousek po kousku (jako „groš ke groši se shromažďuje celý kapitál"), dokud nebude napravena celá vnější část.

Nejlépe je rozdíl mezi vnitřní a vnější částí vidět tehdy, když člověk vykonává nějakou nápravu a cítí, že s tímto konáním nesouhlasí všechny jeho orgány (touhy). Je to stejné, jako když člověk drží půst a s omezením souhlasí pouze jeho vnitřní část, ale vnější část tím trpí, protože tělo je vždy v rozporu s duší. Proto se Izrael odlišuje od jiných národů pouze dušemi, a nikoliv těly. A těly jsou si podobni; vždyť se i tělo Izraele stará jen o sebe.

A když budou napraveny jednotlivé části, jež se vztahují k *Jisra'eli*, napraví se celý svět vcelku. Z toho důvodu jsou napravovány všechny národy světa v souladu s mírou, v níž napravujeme sami sebe. A proto je mudrci řečeno: „Kdo je hoden, napravuje a ospravedlňuje nejen sám sebe, ale také celý svět," a není řečeno, že „ospravedlňuje *Jisra'el*". Ale právě „ospravedlňuje celý svět", protože vnitřní část napravuje vnější.

70. Silnou rukou a projevením hněvu

Slyšel jsem 25. den měsíce Sivan v roce Tav-Šin-Gimel (28. června 1943)

Proč je napsáno: „Silnou rukou a projevením hněvu vám Já vládnout budu (Ezechiel 20)"? Ale vždyť se říká, že v duchovním není žádné násilí. Jak je řečeno: „Nikoliv Mne jsi volal, Jákobe, neboť jsi byl Mnou sužován, *Jisra'eli*..." To znamená, že pokud člověk napravil své touhy, neuvěřitelně těžká práce pro Stvořitele se mění na potěšení a nadšení. A jestliže se nenapravil: „Nikoliv Mne jsi volal, Jákobe..." – pak nepracuje pro Stvořitele. (Vysvětlení Magida z Dubna) Ale pokud ano, znamená to, že „silnou rukou Já vám vládnout budu"?

Kdo si opravdu přeje dospět k práci pro Stvořitele, splynout s Ním na základě podobnosti vlastností a vstoupit do paláce Stvořitele, ten tuto příležitost okamžitě dostane. Prověřují jej, neboť může mít jiné touhy kromě touhy splynout se Stvořitelem. A pokud opravdu nemá jinou touhu, dovolí mu vstoupit.

A jak prověřují člověka, zda má pouze jednu touhu? Vytvoří mu překážky tak, že mu dávají cizí myšlenky a posílají k němu cizí lidi, aby ho vyrušili a on opustil svoji cestu a procházel životem jako všichni ostatní.

A pokud člověk překoná všechny překážky, které před ním vyvstávají, dostane se přes ně a je nemožné ho zastavit a svést z cesty obvyklými překážkami, pak mu Stvořitel pošle celou armádu nečistých sil, jež člověka odrazují právě od splynutí se Stvořitelem, od ničeho jiného. A toto se nazývá: silnou rukou jej Stvořitel odstrkuje. Vždyť v případě, že Stvořitel neukazuje „silnou ruku", je obtížné ho odrazit, protože má člověk velikou touhu splynout se Stvořitelem; touží pouze po tomto, a nikoli po jiných potěšeních.

Ale toho, kdo nemá dostatečně velkou touhu, může Stvořitel odradit slabou překážkou. Posílá člověku velkou touhu po něčem v našem světě. A člověk opouští veškerou duchovní práci a není třeba ho odstrkovat silnou rukou.

Ale pokud člověk překoná překážky a obtíže, není snadné jej odvést z jeho cesty a odstrčit ho je možné jen silnou rukou. A překoná-li člověk překážky i silnou ruku Stvořitele a v žádném případě nechce sejít z cesty ke Stvořiteli, nýbrž si především přeje splynout se Stvořitelem a cítí, že je odstrkován, pak říká, že Stvořitel „naň vylévá Svůj hněv", neboť jinak by mu dovolil vstoupit. A člověku se zdá, že se na něho Stvořitel hněvá, a proto jej nenechá vstoupit do Svého paláce, aby s Ním splynul.

Proto předtím, než si člověk přeje se zvednout z místa a prorazit ke Stvořiteli, neexistuje stav, kdy by mohl říci, že se na něho Stvořitel zlobí. Teprve po veškerém odstrkování, pokud neustoupí a vytrvale se pokouší se Stvořitelem sblížit, když se mu odhaluje „silná ruka a hněv" Stvořitele – tehdy se realizuje řečené: „Vám Já vládnout budu." Poněvadž se mu odhaluje moc Stvořitele pouze za cenu velkých úsilí a on se stává hoden vstoupit do Jeho paláců.

71. Ve tmě plač, má duše

Slyšel jsem 25. den měsíce Sivan v roce Tav-Šin-Gimel (28. června 1943)

„Ve tmě plač, má duše, vždyť jsem pyšný." Neboť tma je důsledek domýšlivosti lidu Izraele. Je však možné plakat před Stvořitelem? Vždyť je o Stvořiteli řečeno: „Síla a radost v Něm." Co však znamená „pláč" v duchovním pojetí?

Pláč je namístě tehdy, když si člověk nemůže pomoci sám. Tehdy pláče, aby mu někdo pomohl. A „ve tmě" znamená v rozporech, ukrytí, nepochopení, zmatenosti, které se mu odhalují.

V tom tkví smysl řečeného: "Ve tmě plač, má duše." Protože "všechno je v moci nebes kromě strachu před Stvořitelem".

A proto je řečeno: "Pláč je uvnitř domu." Když Světlo naplňuje pouze vnitřní část *Kli* a neodhaluje se směrem ven v důsledku nepřítomnosti *Kli*, které by ho přijalo, je namístě pláč.

Kdežto ve "vnějším domě", když Světlo může zářit ven a odhalit se nižším, je viditelná "síla a radost v Něm". A když nemůže dávat nižším, pak se tento stav nazývá "pláč", protože postrádá *Kli* nižších.

72. Jistota – oděv Světla

Slyšel jsem 10. den měsíce Nisan v roce Tav-Šin-Zajin (31. března 1947)

Jistota je oděv Světla zvaný "život". V souladu s pravidlem: není Světlo vně *Kli*. Proto Světlo, které je nazvané Světlem života, může svítit jen tehdy, když se oblékne do nějakého *Kli* (touhy). A touha plná Světla života se nazývá "jistota", protože člověk vidí, že může uskutečnit každý, i ten nejtěžší čin.

Ukazuje se, že v tomto *Kli* jistoty je rozpoznáváno a cítěno Světlo. Z toho důvodu je míra života člověka určena mírou, v jaké pociťuje jistotu (tj. mírou Světla, které svítí v *Kli*), protože jistota, kterou cítí, v něm také určuje míru života.

Proto může sám člověk vidět, že mu po celou dobu, během níž cítí život, ve všem svítí jistota a on nevidí nic, co by mohlo narušit dosažení žádoucího. A to všechno proto, že mu svítí a dává mu sílu "výše lidské" Světlo života čili síla Shora. Vždyť Vyšší světlo není omezeno ve svých možnostech jako materiální síly.

Když se však Světlo života z člověka vytratí, což je cítěno jako ztráta úrovně životní síly, člověk se stává chytrákem a filozofem a posuzuje každý svůj čin: zda má cenu to udělat, nebo ne. A stává se opatrným a rozumným, a není planoucí a vznětlivý jako předtím, když začínal sestupovat ze silné životní úrovně.

Ale nemá dost rozumu na to, aby pochopil, že veškerá jeho moudrost a šikovnost, s jejichž pomocí nyní posuzuje každou událost, vznikla právě proto, že se z něho vytratilo kdysi jej naplňující Světlo života. A proto si myslí, že se stal chytrým – není jako dříve před ztrátou Světla života, kdy byl prudký a ukvapený.

Je však nutné vědět, že veškerou moudrost, kterou dosáhl, obdržel z toho důvodu, že ztratil Světlo života, které ho naplňovalo dříve.

Vždyť Světlo života, které mu Stvořitel dával předtím, bylo měřítkem všech jeho činů. A nyní, když se nachází ve stádiu propadu, mají k němu možnost přicházet nečisté egoistické síly (*Sitra Achra*) se všemi svými zdánlivě spravedlivými výhradami.

A zde je možné dát jedinou radu – člověk by si měl říci: Nyní nemohu mluvit se svým tělem a přít se s ním, protože jsem mrtvý. A čekám na vzkříšení tohoto mrtvého těla. A mezitím začínám pracovat „výše rozumu" – tudíž svému tělu říkám, že má na všechny své nároky právo a podle rozumu nemám co namítnout. Ale doufám, že začnu znovu pracovat. A nyní na sebe přijímám břemeno Tóry a Přikázání (práci se záměrem „pro Stvořitele") a stávám se *Gerem*[46], o kterém je řečeno: „*Ger* je podobný znovuzrozenému." A já čekám na spásu (z egoismu) od Stvořitele a věřím, že On mi jistě pomůže a já se znovu vrátím na přímou cestu k Němu.

A když opět získám duchovní sílu, budu mít pro tebe odpověď. Zatím však musím postupovat výše rozumu, protože nemám dostatek Svatého rozumu (ve prospěch Stvořitele a odevzdávání). Proto mne, moje tělo, v tomto stavu můžeš přemoci svým rozumem. Takže nemám žádnou jinou cestu než věřit v mudrce, kteří mi radí plnit Tóru a Přikázání (tj. nápravu odevzdáváním) vírou výše svého rozumu a přebývat v jistotě, že se silou víry stanu hoden pomoci Shora, jak je řečeno: „Tomu, kdo se přichází napravit, pomáhají."

73. Po zkrácení

Slyšel jsem v roce Tav-Šin-Gimel (1942–1943)

Po zkrácení (*Cimcum Alef*) se stalo prvních devět *Sfirot* (*Tet Rišonot*) místem Svatosti a *Malchut*, na níž bylo učiněno zkrácení, vytvořila prostor pro světy, které se skládají z:

1. prázdného prostoru (*Makom Chalal*) – místa pro *Klipot*, egoistická přání „pro sebe sama",
2. místa svobodné volby (*Makom Panuj*) – místa, které je svobodné pro vložení toho, co si člověk zvolí: Svatost, nebo, Bůh chraň, opak.

A před zkrácením byl celý vesmír zaplněn jedním Jednoduchým světlem. A až po zkrácení vznikla možnost volby: činit dobro, nebo zlo.

---

[46] *Ger*, גר, proselyta.

A pokud si zvolí dobro, sestupuje do toho místa Vyšší světlo, jak řekl Ari, že světlo Nekonečna svítí nižším. Nekonečnem se nazývá touha Stvořitele těšit stvoření. A přestože existuje mnoho světů, deset *Sfirot*, mnoho jmen, všechno však pochází z Nekonečna, nazývaného „Myšlenkou stvoření".

A jméno každé *Sfiry* nebo světa naznačuje osobitost šíření Světla z Nekonečna přes určitou *Sfiru* nebo určitý svět. A jedná se o to, že nižší nemůže přijmout Světlo bez předběžné přípravy a nápravy, jež ho učiní schopným toto Světlo přijmout. Nápravy, které musí člověk završit, aby mohl přijmout Světlo Shora, se nazývají *Sfirot*.

To znamená, že každá *Sfira* obsahuje svou vlastní speciální nápravu. Proto je mnoho náprav, které existují pouze vzhledem k těm, kdož přijímají Světlo Shora. Vždyť nižší přijímá Světlo z Nekonečna právě pomocí těchto náprav, jež jej přizpůsobují k přijímání Světla. A v tomto smyslu se říká, že člověk přijímá Světlo od určité *Sfiry*. Avšak v samotném Světle nedochází k žádným změnám.

Z toho pochop, proč se v naší modlitbě ke Stvořiteli obracíme na světlo Nekonečna, kterému říkáme Svaté, Požehnané jméno Jeho. Vždyť je spojením mezi námi a Stvořitelem, jež nazýváme „Jeho touha těšit stvoření". Ačkoli je v záměru modlitby zahrnuto mnoho jmen, smysl tkví v tom, že Světlo sestupuje a naplňuje nižší pomocí náprav, které se nacházejí ve jménech, neboť právě díky nápravám, jež se nacházejí ve jménech, může toto Světlo přebývat v nižších.

74. Svět, rok, duše

Slyšel jsem v roce Tav-Šin-Gimel (1942–1943)

Je známo, že není nic „existujícího", aniž by to někdo necítil. Proto, když říkáme *Nefeš de-Acilut*, máme na mysli, že do jisté míry postihujeme sestupující Vyšší světlo a tuto míru nazýváme „světlem *Nefeš*".

A svět označuje pravidlo dané porozuměním, což znamená, že všechny duše vnímají stejný obraz a každý, kdo dosáhne určitého stupně, chápe toto jméno s názvem *Nefeš*. Tudíž to není jen jakýsi jeden člověk, jenž pochopil daný obraz, neboť Vyšší světlo bezpodmínečně proudí na každého, kdo dosáhne této duchovní úrovně, v souladu s jeho osobní přípravou a nápravou.

Tento jev lze pochopit na příkladu z našeho světa: když jeden říká druhému, že jde do Jeruzaléma, vysloví název města, které všichni znají. A nikdo nepochybuje, o jakém místě se hovoří, protože všichni, kteří toto místo navštívili, již vědí, o co se jedná.

75. Budoucí svět a tento svět

Slyšel jsem na slavnostní hostině na počest obřízky v Jeruzalémě

Existuje budoucí svět a existuje tento svět. Budoucí svět se nazývá „víra" a tento, současný svět se nazývá „porozumění".

O budoucím světě je řečeno: „Budou jíst a užívat si" – to znamená, že se v tomto stavu budou těšit neomezeně, protože přijímání s vírou nemá hranic.

Avšak přijímání v porozumění má hranice, protože se uskutečňuje v samotném stvoření a stvoření je omezováno tím, co přijímá. Proto je stav „tento svět" omezen.

76. Ke každé oběti přidej sůl

Slyšel jsem 30. den měsíce Š'vat (leden–únor)
na hostině na počest dokončení Šesté části v Tverji

V Tóře je uvedeno: „Ke všem svým obětem Mně přidávej sůl." To znamená „Spojenectví soli". A v podstatě je spojenectví jakoby proti rozumu. Vždyť v době, kdy jeden druhému činí dobré, kdy mezi nimi vládne přátelství a láska, není nutné, aby uzavírali dohodu nebo spojenectví.

Zároveň však vidíme, že je obvyklé uzavírat dohody a spojenectví právě v době, kdy mezi lidmi vládne láska, která je jasně vyjadřována jejich jednáním, jelikož se dohody a spojenectví neuzavírají pro přítomnost, ale pro budoucnost. A pokud se v budoucnu jejich vztahy zhorší a oni nebudou jeden s druhým celým srdcem, pak existuje předem dojednaná dohoda, která jim ukládá, aby si vzpomněli, že mezi sebou uzavřeli spojenectví proto, aby jejich vzájemná láska zůstala zachována i nyní.

A v tom tkví smysl řečeného: „Ke všem svým obětem Mně přidávej sůl." To znamená, že veškeré úsilí a oběti v práci pro Stvořitele musí být doprovázeny uzavřením „Spojenectví soli – věčného před Stvořitelem".

77. Duše člověka učí

Slyšel jsem 8. den měsíce Elul v roce Tav-Šin-Zajin (24. srpna 1947)

„Duše člověka jej učí."

Je známo, že Tóra je studována pouze pro potřeby duše, tudíž ji studují ti, kteří již dosáhli své duše. Ale i oni stejně musí hledat a usilovat o to, co je v Tóře odkryto ostatními dušemi z jejich odhalení, aby se od nich naučili novým cestám, jež v Tóře předkládají kabalisté minulosti. Takto se mohou studující kabalisté, kteří se z nich učí, snadno pozvedávat na vyšší stupně porozumění a přecházet s jejich pomocí ze stupně na stupeň.

Existuje však Tóra, kterou je zakázáno odkrývat, protože je každá duše povinna sama provést volbu, analýzu a nápravu, a nikdo jiný to místo ní a pro ni nemůže udělat. Z toho důvodu je zakázáno jim tuto Tóru odhalit, dokud jejich duše nedokončí svoji práci. A proto velcí kabalisté skrývají mnohá svá odhalení a porozumění. Ale ve všem ostatním kromě tohoto je studium a přijímání odhalení jiných kabalistů pro duše velkým přínosem.

Duše člověka jej učí, jak a co má přijímat a využívat jako pomoc z odhalení Tóry jinými kabalisty a co má odkrývat sám.

78. Tóra, Stvořitel a *Jisra'el* – jeden celek

Slyšel jsem v měsíci Sivan v roce Tav-Šin-Gimel (červen 1943)

„Tóra, Stvořitel a *Jisra'el* – jeden celek."

Z toho důvodu, když se člověk učí Tóru, je povinen se jí učit v *Lišma* (nikoliv pro sebe, ale pouze pro Stvořitele) – to znamená studovat se záměrem, aby Tóra učila jeho, protože slovo Tóra znamená „poučení". A poněvadž je „Tóra, Stvořitel a *Jisra'el* – jeden celek", Tóra učí člověka cestám Stvořitele – tomu, jak se v Tóře Stvořitel odívá a skrývá.

79. Acilut a BJA[47]

Slyšel jsem 15. den měsíce Tamuz, 1. den týdne Pinchas, v roce Tav-Šin-Gimel (18. července 1943)

Acilut – nad *Chaze Parcufu*, odevzdávající přání (*Kelim de-Hašpa'a*).

---

[47] BJA (בי״ע) – akronym pro světy *Bri'a* (בריאה), *Jecira* (יצירה) a *Asija* (עשיה).

BJA (*Bri'a, Jecira, Asija*) – přijímání kvůli Stvořiteli.

Vzestup *Malchut* do *Biny*:
Jelikož je člověk zcela pod nadvládou touhy po sebepotěšení, není schopen udělat vůbec nic, pokud to není „ve prospěch jeho samého".

Proto je mudrci řečeno: „Z *Lo Lišma* přejdou k *Lišma*" (ze záměru pro sebe přejdou k záměru pro Stvořitele). To znamená, že s lekcemi Tóry začínají kvůli prospěchu v tomto světě a poté se učí kvůli prospěchu v budoucím světě. A pokud se člověk učí takto, musí přejít k učení se pro Stvořitele, pro Tóru – *Lišma*, aby jej Tóra učila cestám Stvořitele.

A především je povinen uskutečnit nápravu *Malchut* za pomoci *Biny*.[48] To znamená pozvednout *Malchut*, touhu přijímat potěšení, do *Biny*, touhy dávat, aby veškerá jeho práce byla jen pro odevzdávání.

A... okamžitě nadchází tma! Tma je pro něho v celém světě, protože tělo dodává energii pouze pro přijímání, a nikoliv pro odevzdání.

V tomto případě neexistuje žádné jiné východisko než se modlit ke Stvořiteli, aby Svým světlem člověku pomohl pracovat pro odevzdání. A o tom je řečeno: „*MI* požaduje." *MI* se nazývá Bina. A „požaduje" – ze slov: „prosí o déšť", což znamená modlitbu o sílu *Biny*, prosbu, se kterou je třeba se obrátit ke Stvořiteli.

80. Zády k zádům

Slyšel jsem

Přední (*Panim*) a zadní strana (*Achor*):

Tvář, přední strana, znamená altruistické přijímání Světla nebo jeho odevzdávání, vyzařování.

A záporný, k tomu protikladný stav, se nazývá záda, odvrácená strana (*Achorajim*), když není možné ani přijímat ve prospěch odevzdání, ani odevzdávat.

Když člověk zahajuje svoji duchovní práci, nachází se ve stavu „zády k zádům" (*Achor be-Achor*), poněvadž ještě přebývá ve svých egoistických touhách, a pokud do těchto tužeb přijme Světlo, potěšení, pak Světlo poškodí, jelikož k němu bude protikladný. Vždyť Světlo vychází ze svého Zdroje, jenž pouze dává. Proto přijímající používají *Kelim de-*

---

[48] Což se nazývá: „osladit *Malchut Binou*".

Ima, nazývané „odvrácená strana" (*Achorajim*) – to znamená, že nechtějí přijímat, aby si neuškodili.

A Světlo jim nedává ani Stvořitel, vycházeje z toho, že jim nechce ublížit. Světlo střeží samo sebe, aby mu neuškodili ti, kdo ho přijímají, a proto se tento stav nazývá „zády k zádům" (*Achor be-Achor*).

Z toho důvodu je řečeno, že v každém místě, kde je pociťována nepřítomnost dokonalosti a nedostatek, existuje možnost, aby se zde přisály a přijímaly nečisté síly. Poněvadž se toto místo ještě neočistilo od egoistické touhy *Ovijutu*, není tam možné pociťovat Světlo a dokonalost. Vždyť Vyšší světlo setrvává v konstantním klidu a všude, kde se vytvoří místo (přání) napravené clonou, je okamžitě naplněno Vyšším světlem. A pokud je pociťován nedostatek Vyššího světla, pak samozřejmě zůstává touha (*Ovijut*), která je založena výhradně na touze po potěšení.

81. Pozvednutí *MaN*

Slyšel jsem

V důsledku rozbití tužeb (*Švirat Kelim*) spadly jiskry (střepy clony a Odraženého světla) do světů *BJA*. Avšak tam padlé jiskry nejsou schopny projít nápravou. Náprava je možná pouze tehdy, pokud se pozvednou do světa *Acilut*.

A když člověk vykonává dobré skutky se záměrem pro Stvořitele (odevzdávání s pomocí clony), a nikoliv pro sebe sama, pak tyto jiskry pozvedne do světa *Acilut*. Tam se zapojí do clony Vyššího, jenž se nachází v hlavě (*Roš*) stupně, která je trvale spojena (v *Zivugu*) se Světlem. Jakmile se jiskry připojí do clony, ta na tyto jiskry vytvoří *Zivug* (spojení s Vyšším světlem). A Světlo, které se zrodilo z tohoto *Zivugu*, se šíří dolů do všech světů v míře, jíž vyvolaly pozvednuté jiskry.

To je podobné procesu osvětlení clony (oslabení clony, *Hizdachechut de-Masach*, הזדככות דמסך) ve světě *Nekudim*, když Světlo zmizí z těla (*Guf*) v důsledku vzestupu clony společně s *Rešimo* od *Taburu* (pupek) do *Pe de-Roš* (ústa hlavy). Příčina spočívá v tom, že když stvoření přestane přijímat Světlo v důsledku zeslabení clony a osvobodí se od *Ovijutu* (síly touhy), tak se *Masach de-Guf* pozvedne zpět do *Pe de--Roš*. Vždyť dříve sestoupil do těla (*Guf*) jenom proto, že se Světlo rozšířilo Shora dolů, tudíž do přijímacích *Kelim* (touhy). *Roš* (hlava) *Parcufu* je vždy považována za jednající „zdola Nahoru", protože se brání přijímání, šíření Světla.

Z toho důvodu, jakmile *Guf* přestane přijímat Světlo Shora dolů v důsledku nepřítomnosti clony, která zeslábla ze srážky Vnitřního a Obklopujícího světla (*Bituš Pnimi ve-Makif*), znamená to, že se *Masach de-Guf* (clona těla) osvobodil od *Ovijutu* (používání tužeb, tloušťky) a pozvedává se i se svými *Rešimot* (záznamy o minulém stavu). Také když se člověk zabývá Tórou a Přikázáními ve prospěch Stvořitele, a nikoliv ve svůj prospěch, pozvedávají se jiskry zdola Nahoru stupeň po stupni do *Masachu de-Roš* (clona hlavy) světa *Acilut*. A jakmile se k tomuto *Masachu* připojí, zrodí se *Parcuf* podle velikosti clony a ve všech světech je přidáváno Světlo. A člověk, který ve všech světech vyvolal vzestup a Světlo, také obdrží záři.

82. Modlitba, která je vždy nezbytná

Slyšel jsem v soukromí v týdnu VaJera v roce Tav-Šin-Jud-Gimel (listopad 1952)

Víra (*Emuna*, אמונה) se vztahuje k *Malchut*, která znamená rozum a srdce (*Mocha ve-Liba*, מוחא וליבא), tudíž odevzdání a víru (*Hašpa'a ve-Emuna*, השפעה ואמונה). A vlastnost protikladná k víře se nazývá *Arla* (ערלה, předkožka) a znamená vědění (*Jedi'a*, ידיעה). A člověku je vlastní, že si cení vlastnosti *Arly*. Zatímco víra, která se nazývá vlastností Svaté *Šchiny*, je sražena do prachu. To znamená, že se taková práce nazývá opovržení a této cestě se všichni snaží vyhnout. Avšak jen ta je nazývána cestou spravedlivých a Svatostí.

Stvořitel si přeje, aby stvoření právě touto cestou odhalila Jeho Jména (vlastnosti), protože pak bezpochyby neuškodí Vyššímu světlu; vždyť budou založena pouze na odevzdání a splynutí se Stvořitelem. A v tomto případě se tam nemohou přisát nečisté touhy, které se živí pouze z přijímání a vědění (*Kabala ve-Jedi'a*, קבלה וידיעה).

Ale na místě, kde vládne *Arla*, *Šchina* nemůže Vyšší světlo přijmout, aby toto Světlo nespadlo do *Klipot*. A proto *Šchina* trpí – vždyť do ní nemůže vstoupit Vyšší světlo, aby mohlo být předáno duším.

A tady vše závisí pouze na člověku. Vždyť Vyšší může jen předat Vyšší světlo, ale síla clony – to znamená, že si nižší nepřeje nic přijímat egoisticky – závisí na práci samotného člověka. Právě my sami jsme povinni přijmout toto rozhodnutí.

83. „Vav" pravé a „Vav" levé

Slyšel jsem 19. den měsíce Adar v roce Tav-Šin-Gimel (24. února 1943)

Jsou vlastnosti: „ten" (*Ze*, זה) a „ta" (*Zot*, זאת). Mojžíš se nazývá „ten" (*Ze*), protože je „Přítel Krále". Ostatní proroci patří k „ta" (*Zot*) nebo k Bchině *Kaf-Hej* (כ״ה),[49] což je tajemstvím slov *Jad-Ko* (יד־כה),[50] levé písmeno *Vav*.

A je pravé písmeno *Vav* – „soubor písmen *Zajin*", „spojujících dvě písmena *Vav*" jako „jedno, přiřazující je do sebe" – a v tom spočívá tajemství *Jud-Gimel* (יג, čísla 13), jež vypovídá o plné duchovní úrovni.

Je pravé Vav a levé *Vav*.[51] Pravé *Vav* se nazývá Strom života a levé *Vav* se nazývá Strom poznání, kde se nachází chráněné místo. A tato dvě písmena *Vav* se nazývají *Jud-Bet* (číslo 12) Šabatních chlebů: šest v řadě a šest v řadě, což znamená třináct náprav, které se skládají z dvanácti a ještě jedné, jež je v sobě všechny sdružuje a nazývá se úspěch a „očištění". A také zahrnuje třináctou nápravu s názvem „a nebude očištěno", což je soubor písmen *Zajin*, kde *Zajin* znamená *Malchut*, která je zadržuje uvnitř sebe. Dokud nebude hodna takové nápravy, kdy „se více nevrátí k hlouposti svojí", nazývané „a nebude očištěna". A ten, kdo se již stal hoden toho, aby „se více nevrátil k hlouposti svojí", se nazývá „očištěný".

A v tom tkví smysl slov písně: „Poznávám chuť dvanácti sobotních chlebů – je to písmeno ve jméně Tvém, dvojité a slabé". A také: „Písmeny *Vav* budeš spojena a písmena *Zajin* shromáždí se v tobě". „Písmeny *Vav* budeš spojena" – znamená, že nastane spojení vlastností dvěma písmeny *Vav*, jež symbolizují dvanáct sobotních chlebů, což představuje „písmena jména Jeho".

Písmeno je základ a říká se o něm, že je dvojité a slabé, protože je písmeno *Vav* zdvojeno a levé písmeno *Vav* se nazývá „Strom poznání", kde se nachází chráněné místo. A protože písmena zeslábla (což se nazývá „lehčí"), vytváří se tak místo, kde je možné lehce pracovat. A kdyby neexistovalo toto zdvojení ze spojení se Stromem poznání,

---

[49] Slovo *Ko* (כה) s písmeny napsanými pohromadě znamená „zde".
[50] Slovo *Jad-Ko* (יד־כה) připomíná slovo *Jadcha* (ידך), ruka tvoje, protože písmeno *Kaf* (כ, k) je možné číst i jako *Chaf* (ch).
[51] ...Hřích čistí a neočistí... (Šimon 34, 7)

bylo by nutné pracovat s pravým *Vav*, které znamená Strom života. Ale kdo by se pak mohl pozvednout, aby obdržel světlo *Mochin*?

Kdežto levé *Vav* poskytuje ochranu, pod níž se sám člověk stále nachází. A díky této ochraně, která je jím přijímána vírou výše rozumu, se jeho práce stává žádanou. A to je důvod, proč se to nazývá „zeslabením". Vždyť je to snadné – to znamená, že je možné s lehkostí najít místo k práci.

Tímto způsobem, ať už by se člověk nacházel v jakýchkoliv stavech, vždy může pracovat pro Stvořitele, protože nic nepotřebuje a všechno činí výše rozumu. To znamená, že nepotřebuje žádný rozum (*Mochin*) k tomu, aby s ním pracoval pro Stvořitele.

A to vysvětluje řečené: „Prostíráš přede Mnou stůl před zrakem nepřátel Mých." (Žalm 23) Kde „stůl" (*Šulchan*, שלחן) ze slova „pošle ji pryč" (*Šilcha*, שלחה), jak je napsáno: „A pošle ji z domu svého, ona vyjde z domu jeho a jde..." (*Deuteronomium, Ki Tece* 24, 1–2) – což znamená odchod z duchovní práce.

To naznačuje, že dokonce i v době odchodu z duchovní práce, tedy ve stavu pádu, stejně ještě existuje možnost, aby člověk pracoval. Člověk své pády překonává vírou výše rozumu a říká, že jsou mu pády také dány Shora, a díky tomu mizí nepřátelé. Vždyť si tito nepřátelé mysleli, že člověk kvůli pádům dospěje k pocitu úplné bezvýznamnosti a uteče z boje. A nakonec to dopadlo naopak a nepřátelé zmizeli sami.

V tom spočívá smysl slov: „Stůl, jenž je před Stvořitelem". A právě díky tomu člověk obdrží odhalení tváře Stvořitele. A podstata tkví v tom, že se člověk podrobuje všem soudům a omezením, a to dokonce i těm největším, a přijímá na sebe vládu Stvořitele na věčné časy. A tak si vždy najde místo pro práci, jak je napsáno, že rabi Šimon Bar Jochaj řekl: „Nemám kam se před tebou skrýt."

84. A vyhnal Adama z ráje, aby nevzal ze Stromu života

Slyšel jsem 24. den měsíce Adar v roce Tav-Šin-Dalet (19. března 1944)

A zeptal se Stvořitel Adama: „Kde jsi?" A on odpověděl: „Hlas Tvůj uslyšel jsem... a vyděsil jsem se, že jsem nahý, a skryl jsem se."

A řekl Stvořitel: „Nepřipustím, aby vztáhl ruku svou a nevzal také ze Stromu života..." A vyhnal Adama. (*Genesis*)

Co je to za strach, který tak silně padl na Adama, když objevil svou nahotu, že ho donutil se skrýt? Jde o to, že dříve, než ochutnal ze Stromu poznání, byl Adam vyživován z *Biny* a to je samotná svoboda. A poté, co ochutnal ze Stromu poznání, viděl, že je nahý, a vyděsil se, že by mohl přijmout Světlo Tóry a používat ho egoisticky, což se nazývá „pro potřeby pastýřů Lota". A pojem „pastýři Lota" je protikladný víře výše rozumu s názvem „pastýři Abraháma", kde je člověk odměněn odhalením Světla Tóry, které nepoužívá pro odůvodnění své práce.

Avšak člověk, který tvrdí, že již nepotřebuje posílit víru, protože mu jako základ pro jeho práci slouží Světlo Tóry, patří k „pastýřům Lota", jež náleží k „prokletému světu" a znamená prokletí jako protiklad k víře, která je požehnáním.

Člověk však musí říci, že právě tehdy, když postupuje vírou výše rozumu, odhalí se mu Světlo Tóry jako potvrzení správnosti této cesty. Ale on toto Světlo nepotřebuje jako podporu pro práci uvnitř rozumu. Vždyť se tímto způsobem dostávají k přijímacímu *Kli*, na němž bylo zkrácení, a proto se to nazývá prokletým místem a Lot znamená „prokletý svět".

Z toho důvodu se Stvořitel Adama zeptal: „Proč se bojíš přijmout toto Světlo? Ze strachu, že můžeš napáchat škodu (přijmout pro sebe sama)? Ale kdo ti řekl, že jsi nahý? Je zřejmé, že je to zpoza toho, že jsi ochutnal ze ‚Stromu poznání', a proto se v tobě zrodil strach! Vždyť dokud jsi jedl ze všech ostatních stromů v Rajské zahradě, takže jsi používal Světlo jako ‚pastýři Abraháma' (ve prospěch Stvořitele), nebál ses ničeho!"

A vyhnal Stvořitel Adama z ráje, aby „nevztáhl ruku svou a nevzal také plod ze Stromu života". A strach měl zpoza toho, že vykoná nápravu a připojí se ke „Stromu života" a nezačne napravovat hřích ochutnání ze „Stromu poznání". Vždyť pokud zhřešil na „Stromu poznání", musí napravit právě to.

Stvořitel vyhnal Adama z „Rajské zahrady" proto, aby napravil hřích „Stromu poznání" a poté měl možnost do „Rajské zahrady" znovu vstoupit.

Podstata „Rajské zahrady" (*Gan Eden*) spočívá ve vzestupu *Malchut* do *Biny*, kde může přijímat světlo *Chochma*, které se nazývá „ráj" (*Eden*). *Malchut* se nazývá „Zahrada" (*Gan*) a *Malchut* naplněná světlem *Chochma* se nazývá „Rajskou zahradou" (*Gan Eden*).

85. Plod velkolepého stromu

Slyšel jsem v polovateční den svátku Sukot v roce Tav-Šin-Gimel (27. září 1942)

Je napsáno: „A vezměte si prvního dne plod velkolepého stromu, větve palmové, výhonky stromu listnatého a říční vrby." (*Levitikus* 23, 40) Co je to „plod velkolepého stromu"? „Strom" znamená spravedlivého, jenž se nazývá „strom v poli". Plody jsou to, co se rodí ze stromu; jsou to plody spravedlivých – jejich dobré skutky. A musí být ozdobou jeho stromu rok co rok – to znamená v průběhu celého roku: „šest měsíců v myrhovém oleji a šest měsíců ve vůni kadidla" (jak je řečeno v *Megilat Ester*) a to je dostatečné pro toho, kdo rozumí.

Zatímco hříšníci jsou jako „odpad unášený větrem".

Palmové větve (palmové ruce), dvě dlaně – jsou dvě písmena jména Stvořitele *HaVaJaH*. První *Hej* (*Bina*) a druhé *Hej* (*Malchut*), pomocí kterých se stávají hodni „Zlaté nádoby plné kadidla".

Větve, dlaně (*Kafot*, כפות) – ze slova násilí (*Kfija*, כפיה), když na sebe člověk násilně přijímá vládu Stvořitele. To znamená, že ačkoliv s tím jeho rozum nesouhlasí, on stejně kráčí „výše rozumu" a to se nazývá „násilné spojení".

Palmy (*Tmarim*, תמרים) – ze slova strach (*More*, מורא), což znamená chvění (*Jir'a*, יראה) – jak je řečeno: „Stvořitel učinil tak, aby se před Ním chvěli." A proto je palmová větev nazývána *Lulav* (לולב).

Vždyť dokud se člověk nestane hoden splynutí se Stvořitelem, má dvě srdce, což se nazývá *Lo Lev* (לא לב, bez srdce) a znamená to, že své srdce nezasvěcuje Stvořiteli. A když se stane hoden obdržet vlastnost *Lo* (לו, Jemu), z čehož vzniká „srdce pro Stvořitele" (לה' לב),[52] nazývá se *Lulav*.

A člověk také musí říci: „Když se moje činy stanou podobnými činům mých otců," v důsledku čehož se stává hoden být „větví stromu Svatých praotců" (totéž slovo znamená „výhonek stromu listnatého") – tři větve myrty, zvané *Hadasim* (הדסים).

Současně je však nutné dosáhnout stavu „větve říční vrby", které jsou zbaveny chuti i vůně. A z takového stavu v práci Stvořitele je třeba být šťastný a radovat se, i když v ní člověk necítí chuť ani vůni.

---

[52] Písmeno ה' (*Hej* s apostrofem) je zkrácená verze *ha-Šem* (השם), dosl. „to Jméno" – označující Stvořitele.

Pouze v této formě se práce nazývá „Písmeny Jediného jména", protože díky ní jsou odměňováni úplným splynutím se Stvořitelem.

86. A postavili chudá města

Slyšel jsem od svého otce a Učitele 3. den měsíce Š'vat v roce Tav-Šin-Alef (31. ledna 1941)

V knize *Exodus* (1) je řečeno, že Židé v Egyptě pro Faraona postavili chudá města (*Arej Miskenot*, ערי מסכנות) – Pitom a Ramses. Avšak proč je na jiném místě řečeno, že to byla velkolepá města? Vždyť „chudoba" znamená nouzi a bídu a kromě toho i hrozbu (chudoba a hrozba, *Anijot ve-Dalot*, עניות ודלות – souzvučná slova ke slovům *Arej Miskenot*).

A ještě je nepochopitelné, že když se praotec Abrahám ptal Stvořitele: „Kde je jistota, že moji potomci zdědí velikou zemi?" (*Genesis*, *Lech Lecha* 15, 8) Co řekl Stvořitel? Řekl Abrahámovi: „Věz, že tvoji potomci budou ve vyhnanství – budou trpět v otroctví a podstupovat ponížení 400 let."

A jak to pochopit? Vždyť Abrahám chtěl jistotu pro budoucnost svých dětí – a Stvořitel mu pro ně neslíbil nic jiného než vyhnanství? Abrahám se nicméně s touto odpovědí opravdu spokojil.

Ale vždyť vidíme, že když se Abrahám přel se Stvořitelem o obyvatelích Sodomy, tento spor se vlekl dlouho. A pokaždé namítal: „Možná..." Avšak zde, když Stvořitel řekl, že jeho potomci budou ve vyhnanství, byl okamžitě uspokojen a neměl žádné námitky – přijal to jako příslib dědictví země.

A je třeba pochopit tuto odpověď a také to, proč je řečeno, že Faraon přiblížil Židy ke Stvořiteli. Jak je možné, že chtěl sblížit Židy se Stvořitelem takový úplný hříšník jako Faraon?

Mudrci je řečeno, že v budoucnosti, na konci nápravy veškerého stvoření, Stvořitel přivede zlý počátek člověka (sklon ke zlu, *Jecer ha--Ra*, יצר הרע) a zabije ho před zrakem spravedlivých i hříšníků. Spravedlivým se zdá zlý počátek (sklon ke zlu) člověka velký a silný jako veliká hora a hříšníkům jako tenká nit. A jedni pláčou a druzí pláčou. Spravedliví vykřikují: „Jak jsme mohli zdolat tak vysokou horu?!" a hříšníci křičí: „Jak to, že jsme nedokázali překonat tak tenkou nit?!" (Traktát *Suka* 52, 71)

A řečené vyvolává několik otázek:

1. Pokud je již zabit zlý počátek člověka, jak to, že ještě existují hříšníci?
2. Proč pláčou spravedliví? Vždyť by se naopak měli radovat!
3. Jak mohou o zlém počátku člověka existovat současně dva tak protichůdné názory: od obrovské hory až k tenké niti, jestliže se jedná o stav úplné nápravy zlého počátku člověka, kdy se pravda stává každému jasná?

V *Talmudu* je řečeno, že zlý počátek člověka se zprvu jeví jako tenká nit pavučiny a poté jako silná oj. Jak je řečeno (Izajáš 5): „Běda vám, kteří vláčíte hřích na provazech lži a viny jako na ojích vozu!"

Je nutné vědět, že duchovní práce, jež je nám dána Stvořitelem, je založena na principu víry výše rozumu. A vůbec to není proto, že nejsme schopni dělat více a jsme donuceni vše přijímat pomocí víry. Nám se však tento princip zdá ponižující a bezcenný a člověk doufá, že se jednoho dne bude moci od víry výše rozumu osvobodit.

Ve skutečnosti je to však velmi vysoká a důležitá duchovní úroveň, která je nekonečně vznešená. Zdá se nám nízká jen v důsledku našeho egoismu. Egoistická touha se skládá z „hlavy" a „těla". „Hlava" – to jsou znalosti a „tělo" je přijímání. Proto vše, co je v rozporu se znalostmi, je námi pociťováno jako nízké a živočišné.

Z toho je pochopitelná otázka Abraháma ke Stvořiteli: „Kde je jistota, že moji potomci zdědí Svatou zemi (tj. vejdou do duchovního světa)?" Vždyť jak mohou přijmout víru, je-li to v rozporu s jejich znalostmi? A kdo je schopen jít proti znalostem (výše znalostí)? A jak potom obdrží Světlo víry, na kterém výhradně závisí dosažení duchovní dokonalosti?

A na to mu Stvořitel odpověděl: „Věz, že tvoji potomci budou ve vyhnanství." To znamená, že Stvořitel objasňuje Abrahámovi, že On již předem připravil nečistou sílu, hanebný a zlý počátek člověka, Faraona – Krále Egypta. Slovo „Faraon" (*Par'o*, פרעה) se skládá ze stejných písmen jako „týl" (*Oref*, ערף) a slovo Egypt (*Micrajim*, מצרים) je možné číst jako *Mecar Jam* (מצר ים, mořská šíje). Ari o tom píše v knize „Brána záměrů" (*Ša'ar ha-Kavanot*) v kapitole o svátku *Pesach*, že se „Faraon" přisává k člověku, k jeho „týlu", a vysává pro sebe veškeré blaho, které k člověku sestupuje Shora, tím, že člověku pokládá otázku (*Exodus* 5, 2): „Kdo je Stvořitel, že bych měl poslouchat jeho hlas?" Člověk v sobě tuto otázku slyší jako svoji vlastní. A jakmile ji v sobě uslyší, okamžitě se ocitne v moci Faraona, zlého, egoistického počátku člověka – o čem je řečeno: „Neuctívejte cizí bohy." Ale jen jedním tímto oslovením, jednou touto otázkou, okamžitě přestupujeme zákaz: „Neuctívejte..."

Egoistické touhy člověka, nazvané Faraon, si přejí vysávat Světlo z přání odevzdávat, a proto je řečeno, že Faraon přiblížil syny Izraele ke Stvořiteli. Ale jak je možné, aby nečisté síly pomáhaly nalézt Svatost? Vždyť musí člověka od Stvořitele oddalovat.

A Kniha *Zohar* vysvětluje, že se právě takto tvoří skrytý zločin – přesně jako úder hada, který okamžitě skryje hlavu ve svém těle. Vždyť není možné odvrátit tento tajný zločin, ve kterém je uzavřena síla hada, jenž kouše lidi a přináší na svět smrt, dokud zůstává v plné síle. Je jako had, který člověka kousne a okamžitě skryje svoji hlavu v těle – a pak není možné ho zabít.

A v Knize *Zohar* je také napsáno, že někdy had skloní hlavu a udeří svým ocasem. Takže umožňuje člověku, aby na sebe přijal břemeno víry, které se nazývá víra výše rozumu, což znamená „sklánění hlavy". Ale zároveň „udeří ocasem". „Ocas" znamená „výsledek". Tudíž sklání hlavu pouze proto, aby poté všechno získal pro své potěšení. Nejprve dá člověku povolení k tomu, aby na sebe přijal víru, ale jenom kvůli tomu, aby poté vše uchvátil pod svou vládu. Vždyť *Klipa* ví, že existuje jen jediný způsob přijímání Světla – na základě Svatosti – a jiný není.

V tom spočívá smysl řečeného, že Faraon přiblížil syny Izraele (ty, jež se chtějí duchovně pozvednout) ke Stvořiteli, aby poté mohl všechno uchvátit do své moci. A Ari o tom píše, že Faraon zadržoval veškeré Vyšší světlo, které sestupuje k nižším, a všechno zabíral pro své vlastní potěšení.

A v tom tkví smysl řečeného: „A postavili chudá města," jež byla chudá právě pro *Jisra'el*. Vždyť bez ohledu na to, kolik úsilí ve vyhnanství vynaložili, vše si pro sebe zabíral Faraon. A lid Izraele zůstával chudý.

Ve slově „chudý" (*Miskenot*, מסכנות) je skrytý druhý význam ze slova „hrozba" (*Sakana*, סכנה). Vždyť cítili velkou hrozbu, že by v tomto stavu mohli zůstat po celý zbytek svého života. Avšak pro Faraona byla práce Izraele plodná, jak je řečeno, že města Pitom a Ramses byla krásná a velkolepá. Proto je řečeno, že postavili chudá města – pro *Jisra'el*, a pro Faraona – krásná města Pitom a Ramses, protože vše, co Izrael odpracoval, padalo k nečistým silám, do *Klipot*. *Jisra'el* však ze své práce neviděl nic dobrého.

A když synové Izraele zvýšili své úsilí ve Svatosti, ve víře a odevzdání, jako důsledek úsilí se v nich zrodilo duchovní. Ale jakmile padli do znalostí a přijímání, okamžitě se ocitli v moci nečistých přání Faraona. A tehdy dospěli ke konečnému rozhodnutí, že otroctví musí být pouze ve formě víry výše rozumu a odevzdání.

Ale viděli, že nemají sílu, aby se sami vymanili z moci Faraona. Proto je řečeno: „A synové Izraele křičeli z této práce." Vždyť se obávali, že mohou zůstat ve vyhnanství navždy. A tehdy „Uslyšen byl jejich hlas Stvořitelem", a proto se stali hodni odchodu z vyhnanství.

Ale dříve než spatřili, že jsou v moci *Klipot*, nečistých tužeb, a začalo je bolet a děsit, že tam mohou zůstat navždy, neměli potřebu se obrátit ke Stvořiteli, aby jim pomohl se vymanit z egoismu. Vždyť necítili újmu, kterou jim tyto egoistické touhy přinášejí, že jim překážejí ve sloučení se Stvořitelem. A jinak je pro člověka důležitější práce pro „vědění a přijímání", zatímco práce ve formě „víry a odevzdání" se mu jeví jako nízká a nehodná úcty. Proto člověk dává přednost „vědění a přijímání", což mu ukládá jeho pozemský rozum.

Z toho důvodu připravil Stvořitel pro syny Izraele vyhnanství, aby pocítili, že se vůbec nepřiblížili ke Stvořiteli a že je veškerá jejich práce pohlcena nečistými touhami (*Klipot*) s názvem „Egypt". A tehdy spatřili, že neexistuje žádná jiná cesta než na sebe přijmout nízkou a ve svých očích neúctyhodnou práci ve „víře výše rozumu" a úsilí o odevzdávání. Jinak zůstanou v moci nečistých sil.

Ukazuje se, že přijali víru, protože viděli, že neexistuje jiná cesta. A jen proto souhlasili s touto ponižující prací. A toto se nazývá práce závislá na výsledku. Protože tuto práci přijali jenom kvůli tomu, aby nespadli do moci nečistých sil. Pokud by však tento důvod zmizel, jistě by zmizela i potřeba práce. To znamená, že v případě, že by zmizel egoismus, který neustále dodává nečisté myšlenky, na základě kterých padají do moci nečistých sil a porušují zákaz uctívání cizích bohů, pak by nebylo nutné vykonávat tuto pro ně ponižující práci.

Z toho pochopíme, co je řečeno mudrci: „Egoismus, zlý počátek člověka, je nejprve jako tenká nit pavučiny a nakonec se stává silný jako oj vozu."

Je známo, že je možné zhřešit:
- z přinucení,
- omylem,
- ze zlého úmyslu.

V člověku se od prvopočátku nachází egoistická touha přijímat potěšení a ta se definuje jako přinucení, neboť není v silách člověka ji zrušit. A proto se nepovažuje za trestný hřích (*Chet*), ale za nedobrovolný hřích (*Avon*). Vždyť je člověk k vykonávání pokynů této touhy uvnitř sebe přinucen nedobrovolně. Jak je napsáno: „Běda vám, kteří vláčíte hřích na provazech lži..."

Je nemožné od sebe tuto touhu odstrčit nebo ji začít nenávidět, protože ji člověk necítí jako zločin. Ale z tohoto malého prohřešku poté vyroste zločinný hřích o hmotnosti oje vozu. A z této egoistické touhy se potom rodí *Klipot* – celý systém nečistých světů, podobný a paralelní k čistému systému (jak je řečeno: „Jedno proti druhému stvořil Stvořitel") – odkud také pochází zlý počátek člověka. To znamená, že se všechno zrodilo z touhy podobné tenké niti.

A poněvadž již se odhalilo, že to je hřích, stává se jasným, jak nutné je se střežit i před nejtenčí nití egoismu. A tehdy chápou, že pokud chtějí vstoupit do duchovního, neexistuje jiný způsob než na sebe přijmout ponižující práci ve víře a odevzdávání. Jinak vidí, že zůstanou pod nadvládou Faraona, Krále Egypta.

Ukazuje se, že je vyhnanství prospěšné. Vždyť v něm pocítili, že je egoistická touha hříchem. A tak se rozhodli, že neexistuje žádná jiná cesta než vynaložit veškeré úsilí na dosažení touhy po odevzdání. Proto Stvořitel odpověděl Abrahámovi na otázku, jak je možné mít jistotu, že jeho potomci zdědí Svatou zemi: „Věz, že tvoji potomci budou ve vyhnanství... trpět a podstupovat ponížení." Vždyť právě ve vyhnanství jim bude odhaleno, že je hříchem dokonce i tenká nit egoismu, a tehdy na sebe přijmou pravou práci, aby se odklonili od hříchu.

Rabi Jehuda o tom řekl, že v budoucnosti „Smrt zmizí navěky". Protože Stvořitel zabije zlý počátek a nezůstane z něho více než na tlouštku vlasu, což není pociťováno jako hřích (vždyť tenký vlas není postřehnutelný zrakem). Ale stejně zůstanou hříšníci a spravedliví a všichni si pak budou přát splynout se Stvořitelem. Avšak hříšníci dosud nenapravili nečistou touhu tloušťky vlasu – zůstává v nich z doby, kdy byl pociťován veškerý zlý počátek člověka, a díky tomu existovala možnost jej pocítit jako hřích.

A nyní, když zlý počátek zůstal jen ve velikosti vlasu, nemají hříšníci žádný důvod k tomu, aby tuto egoistickou touhu napravili na altruistickou, protože nečistá touha tloušťky vlasu není pociťována jako nečistá. Nicméně nemohou splynout se Stvořitelem kvůli rozdílu v jejich vlastnostech. Vždyť je řečeno: „Nemohu Já být na jednom místě s egoistou." Náprava hříšníků spočívá v tom, aby byli prachem u nohou spravedlivých: poněvadž je anulován zlý počátek, spravedliví nemají žádný důvod kráčet „vírou výše rozumu".

A pokud není důvod, pak kdo je může donutit? A nyní spravedliví vidí, že hříšníci zůstali s egoismem tloušťky vlasu a nenapravili jej, dokud ještě existoval zlý počátek člověka a bylo ještě možné jej napravit. Vždyť byla odkryta veškerá zlá touha a byla pociťována jako hřích. Avšak nyní hřích pociťován není a stal se nepostřehnutelným jako vlas.

A jelikož hřích není pociťován, není možné jej napravit. Ale také není možnost splynout se Stvořitelem, protože zůstala zachována odlišnost vlastností. A veškerá náprava hříšníků spočívá v tom, že po nich budou kráčet spravedliví. Vždyť když je zřejmé, že není důvod se bát systému nečistých sil a zlý počátek člověka je zabit, tak proč by nyní měli pracovat ve „víře výše rozumu"? Ale vidí, že hříšníci nejsou schopni dosáhnout splynutí se Stvořitelem, neboť k tomu nemají důvod. Vždyť zlo se stalo nerozpoznatelné, avšak brání splynutí, protože vnáší rozdíl vlastností.

A vidouce to, spravedliví chápou, jak dobré to bylo, když měli příčinu pracovat pro odevzdání, ačkoliv se jim zdálo, jako kdyby pracovali pro odevzdávání jen proto, že existuje zlo. Nyní však vidí, že hřích, který jim překážel, byl v jejich prospěch a stěžejní smysl ve skutečnosti spočívá v samotné této práci, a nikoliv v tom, že pracovali ze strachu, aby se nedostali do moci nečistých tužeb. A jako důkaz vidí, že hříšníci, kteří nenapravili zlo tloušťky vlasu, zůstanou venku. Vždyť nyní nemají možnost dosáhnout splynutí se Stvořitelem.

Ukazuje se, že spravedliví obdrží sílu jít kupředu od hříšníků, kteří se stali prachem pod jejich nohama, a pohybují se díky hříchu, jenž v nich zůstal. A tehdy se odhaluje, že tato práce je důležitá sama o sobě a není vynucená, jak se jim zdálo dříve, kdy se v nich nacházel zlý počátek. A teď vidí, že stojí za to pracovat ve víře a odevzdání i bez zlého počátku.

A proto je řečeno: „A jedni pláčou a druzí pláčou." Je známo, že pláč je malý stav čili *VaK* a mezi *GaR* a *VaK* je rozdíl. Vždyť Světlo malého stavu (*VaK*) svítí z minulosti. To znamená, že dostávají životní sílu a Světlo z toho, co prožili v minulosti, zatímco světlo *GaR* svítí v přítomnosti a provádí *Zivug* (sloučení).

A proto plakali mudrci a říkali: „Jak se nám podařilo překonat takovou vysokou horu?" Vždyť nyní vidí, co bylo před zničením zlého počátku, když jeho vláda byla ohromná, jak je řečeno: „Jedno proti druhému stvořil Stvořitel" (Svatost proti nečistotám). A Stvořitel jim prokázal velké milosrdenství a dal jim sílu k vítězství ve válce s egoistickým počátkem. A nyní se veselí a radují ze zázraku, který se jim stal v minulosti – což znamená „Světlo malého stavu" (*Mochin de-Katnut*).

Hříšníci pláčou proto, že nyní nemají možnost splynout se Stvořitelem, ačkoli vidí, že jejich zlý počátek je jako tenký vlásek. Ale jelikož teď žádný zlý počátek není, také nemají metodu, s jejíž pomocí by se *Kli* přijímání mohlo změnit na odevzdávání. Vidí jen to, že zůstali venku, a proto pláčou.

A jejich náprava spočívá v tom, aby se stali prachem pod nohama spravedlivých. Vždyť spravedliví vidí, že ačkoli teď není žádný zlý počátek, stejně nemohou být hříšníci odměněni splynutím. A tehdy spravedliví říkají: mysleli jsme si, že musíme kráčet cestou odevzdání kvůli zlému počátku, ale nyní vidíme, že se jedná o skutečné *Kli*, a dokonce i kdyby neexistoval zlý počátek, přesto je taková cesta – to jest pravda a cesta víry – zázračná cesta.

A z toho pochop, proč zůstali hříšníci i po zničení zlého počátku. A všechno je z toho důvodu, že bylo nutné, aby se stali prachem pod nohama spravedlivých. A v případě, že by nezůstali žádní hříšníci, kdo by odhalil tu velikou pravdu, že cesta víry neznamená lásku závislou na odměně?! Takže je třeba kráčet cestou víry na základě lásky nezávislé na odměně, a nikoliv ze strachu před zlým počátkem. A ačkoliv již více neexistuje zlý počátek, přesto je možné se stát hoden sloučení se Stvořitelem jen prostřednictvím víry.

A ještě jsem jednou slyšel: proč potřebujeme právě víru? Pouze kvůli hrdosti, která v nás žije a nedovolí nám přijmout víru. A třebaže je víra vysoká a krásná vlastnost, jejíž důležitost a vyšší předurčení není dostupné pochopení nižším, v důsledku síly naší pýchy, což je egoistická touha, se nám jeví jako nízká a živočišná.

A jindy jsem slyšel: když vidíme, že nechceme přijmout víru, padáme z našeho stupně. A znovu a znovu se pozvedáváme a padáme, dokud se v srdci nerozhodneme, že žádný jiný způsob než přijetí víry neexistuje. A celá tato cesta byla jen kvůli nalezení víry. O čem je také napsáno: „A postavili Faraonovi chudá města (pro Izrael)."

87. Šabat Škalim

Slyšel jsem 26. den měsíce Adar v roce Tav-Šin-Chet (7. března 1948)

Ba'al HaSulam vyprávěl, že při *Šabat Škalim* před svěcením *Šabatu* je v Polsku zvykem, že v Sobotu nazvanou *Šabat Škalim* přijíždějí všichni bohatí lidé ke svým duchovním učitelům, aby od nich dostali minci.[53]

A to je proto, že bez *Škalim* není možné zničit a vymazat Amáleka. Vždyť dříve, než člověk obdrží *Škalim*, ještě v něm není nečistá síla Amálek (*Klipat Amálek*). Ale když vezme *Škalim*, ukáže se mu obrovská *Klipa* nazvaná „Amálek" a teprve tehdy začne práce na vymazání Amáleka. A před tím člověk nemá co mazat.

A jako dodatek uvedl prohlášení Magida z Koženic o závěrečných slovech modlitby při *Jom Kipur*: „Ty jsi na počátku oddělil člověka (překládá se jako ,od hlavy') a poznáváš ho stojícího před Tebou." A Magid se na to zeptal: „Jak je možné stát bez hlavy?" To znamená, že se hlava odděluje od člověka, a jak je to možné? A vysvětlení je, že „Budeš počítat podle hlav všechny syny Izraele" (Šimon 30). A hlavu získají pod podmínkou, že dají polovinu šekelu, a díky tomu se stávají hodni hlavy.

A potom se zeptal... Proč je na hostinu připravováno více vína než jídla? To není správné! Vždyť je ustanoveno, aby „jídlo převažovalo nad pitím". Protože pití pouze doplňuje jídlo, jak je řečeno: „Pojedl a nasytil se a požehnal." To se však nestane, pokud pití převažuje nad jídlem. A jde o to, že jídlo znamená *Chasadim* a pití je *Chochma*.

A také řekl, že *Šabat* před příchodem měsíce *Adar* obsahuje celý měsíc *Adar*. Proto „když nadchází *Adar*, násobí se radost". A řekl, že je rozdíl mezi *Šabatem* a svátečním dnem. *Šabat* znamená lásku a svátek znamená radost. A rozdíl mezi radostí a láskou spočívá v tom, že láska existuje sama o sobě a radost je pouze následek, který se rodí z nějaké příčiny. A tato příčina obsahuje podstatu a důsledkem je pouze produkt této podstaty. Proto je *Šabat* nazýván „láskou a touhou" a svátek „radostí a veselím".

---

[53] *Škalim* je mn. č. od slova *Šekel*.

Vysvětlil také odpověď, kterou dal rabi Jochanan Ben Zakaj své ženě, když řekl: „Jsem jako ministr před Králem a on, rabi Chanina Ben Dosa, jako otrok před Králem, a proto má možnost se modlit." A zdálo by se, že by to mělo být naopak! Vždyť ministr má více příležitostí vyjádřit svůj názor Králi než otrok.

Jde však o to, že „ministrem" se nazývá někdo, kdo již Shora získal Osobní vedení. A proto nevidí, že je modlitba nutností; vždyť je všechno v pořádku. Zatímco „otrokem" je nazýván ten, kdo se nachází na stupni odměny a trestu. A ten má možnost se modlit, neboť vidí, že v něm je ještě něco, co potřebuje nápravu.

A dodal vysvětlení z článku *Talmudu* (*Bava Mecia* 85a), kde se vypravuje, jak vedli jedno telátko na jatka. Jak šlo, zabořilo hlavu do lemu oděvu rabína a zaplakalo. Rabín mu řekl: „Jdi, vždyť pro toto jsi byl stvořen." Řekli: „Za to, že se neslitoval, přijde k němu utrpení."

„Pro toto jsi byl stvořen" – znamená Osobní vedení, ke kterému není možno něco přidat nebo z něho odebrat a kde se utrpení také přijímá jako požehnání. A proto na sebe přitáhl utrpení. A *Gemara* říká, že se spasil od utrpení tím, že řekl: „A milosrdenství Jeho – na všech Jeho stvořeních." (Žalm 145)

Jednoho dne zametala služebnice rabína dům a vymetla krysy, které tam byly. Řekl jí: „Nech je!" Je napsáno: „A milosrdenství Jeho – na všech Jeho stvořeních." Vždyť tehdy pochopil, že modlitba zůstává navěky, a proto se mu ukázala možnost se modlit. A z toho důvodu od něho odešlo toto utrpení.

A na konci Svatého *Šabatu* vysvětlil, co je řečeno v Knize *Zohar*: „Vždyť na Jákoba padl výběr Stvořitele." Kdo vybral koho? A Kniha *Zohar* odpovídá, že „Stvořitel vybral Jákoba" (*Genesis* 161, 2). Ale Kniha *Zohar* se ptá: „Jestliže Stvořitel vybral Jákoba, ukazuje se, že Jákob neudělal nic, takže to bylo Osobní vedení Shora?" Kdyby si vybíral Jákob, vyšlo by najevo, že Jákob jednal, tudíž se nachází v podmínkách odměny a trestu.

A on odpověděl, že zpočátku by člověk měl kráčet cestou odměny a trestu. A když završí etapu odměny a trestu, bude hoden vidět, že vše bylo v důsledku toho, že je osobně veden a „Jen On sám koná a bude konat všechny činy". Avšak Osobní vedení není možné pochopit dříve, než člověk završí svou práci ve stádiu odměny a trestu.

A v neděli v noci po lekci vysvětlil lstivost Jákobovu, o které je napsáno: „Přišel bratr tvůj s podvodem." (*Genesis* 27) A samozřejmě tady žádný podvod nebyl, neboť by o Jákobovi nebylo napsáno: „Vyvolený z Praotců", pokud by byl podvodníkem. A jeho důvtip se vysvětluje tím, že člověk používá moudrost (*Chochma*), avšak nikoliv kvůli samotné moudrosti (*Chochma*), ale aby z ní vytěžil nějaký přínos, který nutně potřebuje. A vidí, že toho není možné dosáhnout přímou cestou. Proto pro dosažení nezbytného používá nějakou moudrou lstivost (*Chochma*). To se nazývá velká moudrost (*Chochma*).

V tomto smyslu se říká: „Důvtipný rozumem", což znamená, že ovládá moudrost (*Chochma*) zásluhou rozumu. Vždyť si nepřeje získat moudrost (*Chochma*) kvůli samotné moudrosti (*Chochma*), ale kvůli něčemu úplně jinému, a to jej nutí přitáhnout světlo *Chochma*. Znamená to, že chce přitáhnout *Chochmu*, aby bylo dodáno světlo *Chasadim*.

Vždyť předtím, než *Chasadim* získají *Chochmu*, pobývají v malém stavu (*Katnut*). Ale poté, co člověk přitáhne světlo *Chochma*, a navzdory tomu dává před světlem *Chochma* přednost *Chasadim*, *Chasadim* se stává mnohem důležitějším než *Chochma*. A to se nazývá stupněm *GaR de-Bina*, když používá *Chasadim* na základě své vlastní volby. A je to označováno za „moudrost díky rozumu", protože v *JiŠSUT*[54] se odhaluje *Chochma* na úrovni *VaK* a v *Aba ve-Ima* se *Chochma* odkrývá zpoza toho, že dávají přednost *Chasadim* a že s *Chasadim* setrvávají.

Avšak ačkoli *Bina* znamená nápravu *Chafec Chesed* (חפץ חסד, toužící pouze odevzdávat), není tím míněno, že si *Chasadim* vybírá ona sama, poněvadž působí *Cimcum Bet* (druhé zkrácení), ve kterém není světlo *Chochma*. Kdežto ve velkém stavu (*Gadlut*), když přichází světlo *Chochma*, již používá *Chasadim* na základě svého vlastního výběru.

88. Veškerá práce je na rozcestí dvou cest

Slyšel jsem na konci Šabatu Be-Šalach v roce Tav-Šin-Chet (24. ledna 1948)

Jakákoliv práce je namístě pouze tehdy, pokud existují dvě cesty, tudíž dvě možnosti, jak je řečeno: „Žij v Mých přikázáních a neumírej v nich." Přikázání raději zemřít než zhřešit působí pouze ve třech případech: *Avoda Zara* (uctívání něčeho jiného než Stvořitele čili svého egoismu), *Šfichut Damim* (krveprolití, vražda), *Giluj Arajot* (zakázaný

---

[54] *JiŠSUT* (ישסו״ת) – akronym pro *Jisra'el Saba ve-Tvuna* (ישראל סבא ותבונה), dosl. Izrael, starý otec a inteligence.

pohlavní styk). Ale vždyť jsou nám z historie známi spravedliví, kteří odevzdávali život za jakékoliv Přikázání?!

Veškerá naše práce a úsilí mají význam pouze ve stavu, kdy je člověk nucen dodržovat Tóru, protože jenom tehdy vnímá zákony Tóry jako těžké břemeno a nesnesitelné omezení, jako by s podmínkami Tóry nesouhlasilo celé jeho tělo.

Ale když se člověk stává hoden toho, aby Tóra ochraňovala jeho, pak v práci „pro Stvořitele" nepociťuje žádnou tíži, protože člověka střeží sama Tóra, jak je řečeno: „Duše člověka jej učí."

89. Aby bylo pochopeno napsané v Knize *Zohar*

Slyšel jsem 5. den měsíce Adar v roce Tav-Šin-Chet (15. února 1948)

Abychom pochopili, co je napsáno v Knize *Zohar*, je nutné nejprve pochopit, co nám chce Kniha *Zohar* říci. A to závisí na míře, v jaké se člověk odevzdá ideji této knihy, to znamená jeho sebeobětování „Tóře a Přikázáním", aby jej přivedly k očištění a on se očistil od egoistické lásky. Vždyť kvůli tomu se učí Tóru a plní Přikázání (učí se, jak odhalit Stvořitele a vykonávat altruistické činy). A tímto způsobem pochopí, co je skutečně řečeno v Knize *Zohar*. Jinak se jedná o *Klipot*, egoistické touhy samotného člověka, které skrývají a uzavírají pravdu obsaženou v Knize *Zohar*.

90. V Knize *Zohar, Berešit*

Slyšel jsem 17. den měsíce Adar Bet v roce Tav-Šin-Chet (28. března 1948)

Kniha *Zohar, Berešit*, s. 165, o tajemství Tóry: „Přiděleni jsou panovníkům strážci Shora a pozvednut je planoucí ohnivý meč nad každým vojskem a vojenským táborem... A vycházejí odtamtud stvoření různých druhů ze všech úrovní."

Když se v práci vydělí levá linie a je nutné ji změkčit pravou linií, probíhá to ve třech úrovních:
1. v jejich kořenu – v *Aba ve-Ima*,
2. v *Malchut*,
3. v andělech Stvořitele.

V *Aba ve-Ima* se to nazývá „strážci panovníků". V *Malchut* se to nazývá „ohnivý meč". A v andělech se tomu říká: „A vycházejí odtamtud stvoření různých druhů ze všech úrovní."

91. Podstrčený syn

Slyšel jsem 9. den měsíce Nisan v roce Tav-Šin-Chet (18. dubna 1948)

Kniha *Zohar* vypráví o Rúbenovi, synovi Lei. A když byl Jákob s Leou, představoval si Ráchel. Pravidlo však říká, že pokud myslel na jinou, potom se dítě narozené za takových poměrů nazývá „podstrčené".

Kniha *Zohar* vysvětluje, že Jákob myslel na Ráchel a byl si jist, že je s Ráchel, a „podstrčený" by se nazýval syn, kdyby myslel na Ráchel, ale ve skutečnosti by byl v té době s Leou a věděl o tom. A jestliže myslel na Ráchel a byl si jist, že je s Ráchel, narozený není považován za „podstrčeného".

Smysl tkví v tom, že duchovní stupně vzájemně souvisejí jako příčina a následek, jako pečeť a otisk: každý nižší stupeň je otisk Vyššího. A pečeť a otisk mají vždy protikladné vlastnosti. Takže to, co se ve světě *Bri'a* nazývá nečistá touha (*Klipa*, egoismus), je v nižším světě *Jecira* považováno za čistou touhu (*K'duša*, altruismus, Svatost). A to, co je považováno za nečistou sílu ve světě *Jecira*, je považováno za čisté ve světě *Asija*.

Když spravedlivý dosáhne nápravou svých přání určité duchovní úrovně, splyne s jejími čistými vlastnostmi. A pokud během své duchovní práce myslí na jiný duchovní stupeň, na kterém je považováno za nečisté to, co se zde považuje za čisté, pak následek, který se zrodil z takové činnosti (jednoty), se nazývá „podstrčený", protože jsou to stupně jeden ke druhému protikladné svými vlastnostmi.

Ale Jákob, jenž myslel na Ráchel, přemýšlel o čisté vlastnosti „Ráchel" a během činnosti si také myslel, že to byla ve skutečnosti „Ráchel", a proto byl v myšlenkách i v činnosti na jednom stupni „Ráchel" – takže se zde neúčastní žádná vlastnost „Lea", což znamená, že se nejedná o „podvrh".

92. Smysl štěstí

Slyšel jsem 7. den měsíce Sivan v roce Tav-Šin-Chet (14. června 1948)

Štěstím se nazývá to, co je výše rozumu. To znamená, že ačkoli by podle zdravého rozumu a logiky měl nastat určitý vývoj událostí, příznak štěstí však způsobí jiný, příznivější výsledek. Rozumem se nazývá příčino-následkové logické myšlení, kdy je zřejmé, že určitá příčina způsobí přesně definovaný následek. Ale být výše rozumu a logiky znamená, že původní příčina není spojena s následkem. Taková událost se nazývá „výše rozumu" a považujeme ji za příznak štěstí, protože není způsobena zákonitou příčinou, ale štěstím.

Veškeré působení a odevzdání vycházejí ze světla *Chochma*. Když svítí *Chochma*, nazývá se to levou linií i tmou a Světlo se v této době skrývá a tuhne jako „led". A zdá se, že by měl člověk přijímat z levé linie, což se nazývá „podle míry svých zásluh". To znamená, že příčinou zrození světla *Chochma* jsou zásluhy člověka a zásluhy a Světlo jsou spojeny jako příčina a následek.

Avšak je řečeno, že „Synové, život a živobytí nejsou závislé na zásluhách člověka, ale na štěstí", tudíž na střední linii, kde se světlo *Chochma* zmenší do té míry, že může být přijato se záměrem „ve prospěch Stvořitele". Zmenšení a *Zivug* na střední linii se nazývá *Masach de-Chirik*.

Ukazuje se, že světlo *Chochma* nesvítí podle své skutečné příčiny – nikoliv zásluhou levé linie, ale naopak, v důsledku svého zmenšení, k čemuž dochází „výše rozumu" (navzdory rozumu), a proto se nazývá „štěstím".

93. Ploutve a šupiny

Slyšel jsem v roce Tav-Šin-Hej (1944–1945)

Mudrci je řečeno, že pokud jsou šupiny, tak jsou i ploutve, ale pokud jsou ploutve, ještě není známo, zda jsou šupiny.

Šupiny (*Kaskeset*, קשקשת) – ze slova *Kuši'ot* (קשיות, otázky). A slovo *Kuši'a* (קשיה, otázka) pochází ze slova *Koši* (קושי), obtíž, která vzniká v práci „pro Stvořitele". To znamená, že šupiny (*Kaskeset*) jsou *Kelim*, do kterých jsou přijímány odpovědi na otázky, protože odpovědi nejsou cítěny vnějším rozumem, ale vnitřním. Vnitřní rozum je Vyšší světlo, které naplňuje člověka, a teprve potom se v něm utiší všechny jeho otázky.

Proto, čím více má člověk otázek, tím více jej poté ve stejné míře naplňuje Vyšší světlo, poněvadž jsou *Kaskeset* známkou čistoty a napravenosti. Vždyť pouze tehdy, má-li člověk *Kaskeset*, může dospět k tomu, aby se očistil (od egoistických požadavků), protože se chce zbavit otázek. A dělá všechno, co je v jeho silách, aby se očistil a stal se hoden Vyššího světla.

Snapir (סנפיר, ploutev) je také známkou čistoty (altruismu, „pro Stvořitele"). Protože *Snapir* pochází ze slov *Sone-Pe-Or*[55]. Vždyť pokud má člověk otázky, je to proto, že v sobě chová nenávist k Vyššímu světlu. Ale pokud má *Snapir*, není nutné, aby měl otázky. Vždyť možná nenávidí Vyšší světlo nikoliv z toho důvodu, že ho přemáhají složité otázky, nýbrž proto, že touží po potěšení a domnívá se, že se mu v žádném případě nepodaří se napravit a pozvednout.

Z toho důvodu jsou známkami čistého *Kli* právě *Snapir* a *Kaskeset* společně – když má člověk rybu[56]. Vždyť ryba je maso oděné v ploutvích (*Snapir*) a šupinách (*Kaskeset*), což znamená, že v těchto dvou známkách čistoty svítí Vyšší světlo. Avšak pokud člověk jakoby vynakládá úsilí, studuje, ale nemá žádné otázky proti práci „pro Stvořitele", znamená to, že také nemá známky čistoty, nápravy, protože známkami očištění jsou především otázky proti duchovnímu.

A když nemá žádné otázky, Vyšší světlo se v něm nemá kde usídlit. Vždyť nemá žádný důvod, který by ho nutil, aby se naplnil Vyšším světlem, protože i bez Vyššího světla vidí sám sebe v dobrém stavu.

Proto Faraon, král Egypta, který si přál ponechat syny Izraele pod svou nadvládou, nařídil, aby jim nevydávali slámu (*Kaš*, קש), ze které dělali cihly. (Jak je řečeno: „A odebral se lid sbírat slámu...") Vždyť v tomto případě v člověku nikdy nevznikne potřeba, aby ho Stvořitel z tohoto nečistého stavu vyvedl do napraveného.[57]

94. Opatrujte duše svoje

Slyšel jsem v roce Tav-Šin-Hej (1944–1945)

Je řečeno: „Opatrujte duše svoje." Tím se míní ochrana své duchovní duše. Zatímco živočišná duše chráněna být nemusí. Vždyť tu člověk opatruje sám i bez veškerých pokynů Tóry. Poněvadž Přikázání[58] se v podstatě projevuje tehdy, když ho člověk plní výlučně proto, že dostal pokyn, a pokud by pokyn neobdržel, nedělal by to. A vykonává tuto činnost pouze kvůli zákonu.

---

[55] שונא־פה־אור – ústa nenávidící Vyšší světlo.
[56] Ryba, *Dag*, דג – ze slova *D'aga*, דאגה – starost, úzkost.
[57] Viz článek 109. Dva druhy masa.
[58] Jeden ze 620 zákonů vesmíru.

Z toho důvodu, když člověk plní Přikázání, musí se podívat, zda by neučinil stejný skutek i bez Přikázání?

Tehdy musí začít pečlivě prověřovat a najít to Přikázání, o kterém by mohl říci, že ho plní jen kvůli tomu, že existuje pokyn Shora. V tomto případě jeho činnost osvětluje Světlo tohoto Přikázání – to znamená, že se pomocí Přikázání čistí *Kli*, které může naplnit Vyšší světlo. Zásadní starostlivost proto spočívá v opatrování duchovní duše.

95. Odseknutí předkožky

Slyšel jsem na slavnostní hostině na počest Brit Mila v roce Tav-Šin-Gimel (1942–1943) v Jeruzalémě

Malchut se sama o sobě nazývá „nižší moudrostí". *Malchut* připojená k *Jesodu* se nazývá vírou. Kolem *Jesodu* je obal, který se nazývá *Arla*, předkožka, jejíž role spočívá v oddělení *Malchut* od *Jesodu*, aby se s ním *Malchut* nemohla spojit.

Síla předkožky spočívá v tom, že nastiňuje člověku zobrazení, ve kterém víra nemá žádnou důležitost stejně jako prach. Toto se nazývá „*Šchina* v prachu".

Když člověk odstraňuje tuto rušivou sílu, jež v něm vytváří představu, že je víra zbytečná, a on si naopak říká, že právě tato rušivá síla je v jeho očích nízká a nicotná stejně jako prach, pak se taková náprava nazývá „obřízka". Tímto způsobem odsekne předkožku a hodí ji do prachu.

Tehdy se pozvedne Svatá *Šchina* a odkrývá se velikost víry. Takový stav se nazývá *Ge'ula* (spása), jelikož se člověk stává hoden pozvednout *Šchinu* z prachu.

Proto je nutné soustředit veškeré své úsilí na odstranění rušivé síly a získání víry. Pouze z víry pochází dokonalost. (A v tomto je možné se neustále zdokonalovat v závislosti na tom, nakolik chce člověk vírou proniknout do každé své jednotlivé touhy a analyzovat ji.)

Takové zdokonalování se nazývá „Omezit sám sebe na drobnou olivu a vejce".[59]

---

[59] Tudíž do přesně specifikované velikosti, pod kterou člověk již není schopen rozpoznávat.

„Oliva" je podobná tomu, co řekla holubice, kterou vypustil Noe: „Dávám přednost hořkému jídlu jako olivám, ale z nebes." „Vejce" – podobně jako to, že v samotném vejci není nic živého, nyní v něm není vidět život, ačkoliv se z něho potom narodí něco živého. To znamená, že člověk omezuje sám sebe a upřednostňuje duchovní práci, přestože v něm vyvolává hořkost jako oliva a nevidí ve svém stavu ani ve své duchovní práci žádný život.

Avšak veškerá síla jeho práce vychází z toho, že chce pozvednout *Šchinu* z prachu. A v důsledku této práce se člověk stává hoden spásy a jídlo, které se mu dříve zdálo hořké jako oliva a zbavené života jako vejce, je v jeho očích plné Vyššího života a sladkosti.

Proto je řečeno: „Proselyta (*Ger*) je jako novorozené dítě," protože je povinen podstoupit obřízku (*Brit Mila*) a tehdy chápe veselí. Z toho důvodu se v tradiční proceduře *Brit Mila*, když je nemluvněti odříznuta předkožka, radují všichni blízcí, ačkoli dítě trpí, jelikož věří, že se raduje duše dítěte. Také při vykonání duchovní činnosti *Brit Mila* by se měl člověk radovat navzdory pocitu utrpení, protože věří, že se raduje jeho duše, která prochází těmito nápravami.

Všechna duchovní práce člověka by měla být v radosti. Vychází to ze samotného prvního Přikázání, které je člověku dáno a je vykonáváno jeho rodiči s radostí. A s radostí musí být plněno i každé další Přikázání.

96. „Odpady humna a vinohradu" v duchovní práci

Slyšel jsem večer o svátku Sukot uvnitř stánku (Suka)
v roce Tav-Šin-Gimel (říjen 1942)

„Humno" je *Dinim de-Dchura* (דינין דדכורא, soudy a omezení mužské strany), o čem je řečeno: „Skryla se a neposkvrnila se." (*Numeri 5*) Je to pociťování vlastnosti *Goren* (גורן, humno) člověkem, když se cítí jako *Ger* (גר, proselyta, cizí příchozí) v duchovní práci.

„Vinohrad" znamená *Dinim de-Nukva* (דינין דנוקבא, soudy a omezení ženské strany), o kterých je řečeno: „Skryla se a poskvrnila se." Vinohrad (*Jekev*, יקב) je pociťování nedostatku (*Nekev*, נקב).

Existují dva druhy Suky:
1. oblaka slávy,
2. odpady humna a vinohradu.

Oblak je druh ukrytí, když člověk cítí, že je před ním skryté duchovní. A pokud člověk svou vůlí tento oblak překoná – to znamená, že cítí skryté – pak je odměněn oblakem slávy. A to se nazývá *MaN de-Ima*, jenž působí v průběhu 6 000 let a je tajemstvím, protože dosud nesestupuje do přírody[60] nazvané *Pšat* (פשט, jednoduchý, doslovný význam).

Odpady z humna a z vinohradu označují „jednoduchý, doslovný význam" a příroda je *MaN de-Malchut*, která je napravena právě vírou a nazývá se *Itaruta de-Letata* (aram. probuzení, prosba zdola).

Avšak *MaN de-Ima* je *Itaruta de-Le'ila* (aram. probuzení Shora), které nepochází z přirozenosti. Ze strany přirozenosti – znamená, že pokud člověk není hoden přijmout Světlo, žádné Světlo nedostane. Kdežto díky probuzení Shora, jež je výše přirozenosti, prochází Světlo k nižším, jak je řečeno: „Já, Stvořitel, přebývám s nimi v celé jejich nečistotě," nebo, jak je napsáno v Knize *Zohar*: „Ačkoli hřeší, jako kdyby vůbec nehřešili."

Ale pod vlivem probuzení zdola, *Itaruta de-Letata*, může Světlo sestoupit k nižším pouze v případě, že jsou schopni ho přijmout v souladu se svými kvalitami čili osobními vlastnostmi. Když se člověk může napravit vírou, nazývá se to *MaN de-Nukva*. A to je náprava, jež vychází ze samotného člověka a patří k úrovni sedmého tisíciletí, které se nazývá „a jeden rozbořený", protože „v samotné *Malchut* není nic z ní samotné".

A když tento stav napravíme, stáváme se hodni desátého tisíciletí, úrovně *GaR*. A taková duše se nachází v jedné z deseti generací. Existuje však „Sedmé tisíciletí", které završuje 6 000 let a nazývá se „dílčí". A jak je známo, dílčí i společné jsou si v duchovním vždy rovny. Patří však k *MaN de-Ima*, které se nazývají „oblaka slávy".

Cílem práce je být na úrovni „jednoduchého, doslovného významu" a přírody. Vždyť při takové práci nemá člověk možnost klesnout níže, pokud se již opírá o zemi. Je to proto, že nepotřebuje velký stav. Vždyť neustále začíná jakoby znovu.

A vždy pracuje tak, jako kdyby právě začal pracovat a přijal na sebe vládu Nebes vírou výše rozumu. Základ, na kterém je založeno pořadí práce, by měl být co nejjednodušší, aby byl absolutně výše znalostí.

---

[60] Také přirozenost.

A jenom ten nejnaivnější člověk se může tak ponížit, aby se mohl pozvedávat bez jakékoli základny, spoléhaje se pouze na svou víru, aniž by potřeboval jinou podporu.

A ještě navíc tuto práci musí přijímat s velikou radostí, jako kdyby disponoval znalostmi a jasnou vizí, o které se opírá na podporu své víry, aby se na víru výše rozumu spoléhal v naprosto stejné míře, jako by to byly znalosti. A pokud se člověk drží takové cesty, nikdy neupadne, nýbrž se vždy může radovat, že slouží velikému Králi.

A o tom je řečeno: „Jedno obětní jehňátko přines ráno a druhé jehňátko za soumraku – podobně rannímu daru a jeho úlitbě." (*Numeri* 28) Smysl tkví v tom, aby se stejnou radostí, jakou měl v době přinášení oběti, když pociťoval „ráno"[61] a Světlo Tóry mu svítilo tak, že bylo vše dokonale jasné – se stejnou radostí musí přinést svou oběť – to znamená vykonávat svoji práci, když nastane „večer".

A i když mu není nic jasné ani v Tóře, ani v práci, navzdory tomu stejně všechno vykonává s radostí, protože jedná výše rozumu. Proto nemůže posoudit, v jakém stavu Stvořiteli přináší více potěšení.

Z toho důvodu to rabi Šimon ben Menasia nazýval: „něco, co je podobné materiálu". Materiál je to, co nemá znalosti a rozum. Ucho, které slyšelo hlas Stvořitele na hoře Sinaj, neukradne – to znamená, že nepřijme nic pro sebe sama, převezme na sebe vládu Nebes bez požadování velkého stavu a ve všem zůstane výše rozumu. A odešel a ukradl pro sebe jakési osvícení, neboť řekl: „Nyní mohu být pracovníkem Stvořitele, vždyť již mám pro tuto práci znalosti a rozum, když chápu, že stojí za to pracovat pro Stvořitele. A teď již nepotřebuji víru výše rozumu."

A proto byl prodán soudnímu domu. „Soudní dům" znamená lidský rozum a znalosti, které posuzují činy člověka, stojí-li za to je vykonat, nebo ne. A „prodali ho" znamená, že se v práci Stvořitele cítí cizí.

A když se dostaví rozum, pokládá známou otázku: „Co ti dává tato práce?" A přichází pouze kvůli krádeži, neboť člověk již obdržel pro svoji víru nějakou podporu, takže přichází proto, že chce tuto podporu pomocí takových otázek zrušit. Ale to všechno je jen „pro šest" – to znamená, že ho prodali na šest let, což je *Dinim de-Dchura* (mužský soud).

---

[61] Ránem se nazývá Světlo.

A pokud otrok říká: „Miluji svého pána a neodejdu na svobodu!" – vyjadřuje tím, že se nechce osvobodit od Jeho Přikázání, a pak je na něm vykonávána následující náprava. Přivádí ho Pán, to jest Pán celé země, „ke dveřím nebo k *Mezuze*", omezuje jej v přijímání vlády Nebes a „probodává": dělá otvor v jeho uchu. Dělá mu tento otvor proto, aby mohl ještě jednou slyšet to, co slyšel na hoře Sinaj: „Nepokradeš!" a „Staň se otrokem Jeho navěky!" Vždyť se od této chvíle stává opravdovým služebníkem Stvořitele.

Sukot znamenají dočasný domov. Pokud člověk již získal trvalý domov a nemá nic více co dělat, zbývá mu jen odejít do dočasného obydlí jako v době, kdy byl na cestě do paláce Stvořitele a ještě nedosáhl trvalého domu. Tehdy vždy cítil potřebu dosáhnout Královského paláce a setkával se s *Ušpizin* (אושפיזין, hosty). To znamená, že v této době vykonával práci jako dočasný host.

A nyní si člověk může vzpomenout na radost, kterou zažil ve své práci tehdy, když stále velebil a oslavoval Stvořitele za to, že jej po celou dobu k Sobě přibližoval. A tuto radost nyní může prodloužit až do *Sukot*. Právě na toto poukazuje dočasné obydlí. A proto je řečeno: „Vyjdi z trvalého domu a usídli se v dočasném obydlí!"

„Stěžejní není uvažování, ale dílo." Dílo je podobné materiálu. Jak vysvětlil rabi Šimon ben Menasia: „něco, co je podobné materiálu" – znamená, že hlavní je činnost a rozum je pouze její zrcadlový odraz.

Avšak zároveň s tím se činnost vztahuje k živočišné úrovni a rozum k úrovni lidské. A podstata spočívá v tom, že pokud je dosaženo dokonalosti na úrovni činů, pak se toto působení stává tak velikým, že přináší člověku rozum Tóry. A rozum Tóry znamená lidskou úroveň.

97. „Odpady humna a vinohradu" – 2

Slyšel jsem

„Humno" (*Goren*) v duchovním znamená zmenšení dobrých skutků, když člověk cítí nedostatek v práci pro Stvořitele. Proto zmenšuje své dobré skutky. A poté přejde do stavu „vinohrad" (*Jekev*), což znamená „proklínat jméno Stvořitele".

Sukot znamená radost, *Gvurot*, přináší veselí, návrat s láskou, když se vědomé hříchy minulosti mění v zásluhy. A tehdy se připojují ke Svatosti dokonce i „humno" a „vinohrad". Proto je základní vlastností

Sukotu Izák (levá linie) a všichni se v něm spojují. (A základní vlastností *Pesachu* je láska, pravá linie.) Proto je napsáno, že Abrahám dal život Izákovi.

Vždyť otec a syn jsou příčinou a následkem. A kdyby dříve neexistovala vlastnost pravé linie, která se nazývá „Abrahám", nebylo by možné dospět k vlastnosti „Izák", jenž náleží k levé linii – avšak levá linie se připojuje k pravé. Proto se říká: „A ty jsi náš otec," jak bylo Abrahámem řečeno: „setřou Svatost Jména Tvého" (na obvinění: „Zhřešili synové Tvoji"). A totéž řekl i Jákob. Znamená to, že hříchy vymažou Svatost Jména, a pokud zůstanou nenapraveny, vytvoří uprostřed trhlinu.

Zločiny mezi lidem Izraele jsou tudíž jako trhliny ve Svatosti.

Avšak Izák na toto obvinění odpověděl: „Polovina – na mě, polovina – na Tebe," což je část zločinů a část dobrých skutků – a jedni i druzí vejdou do Svatosti. A to je možné jen díky návratu z lásky, kdy se jeho minulé zločiny stávají zásluhami. A tehdy nezůstane žádná trhlina, jak je řečeno: „A nebudou trhliny a nebude nářek" (Žalm 144) a vše bude napraveno a vneseno do Svatosti.

A v tom tkví smysl řečeného mudrci: „Odpady a muly (to znamená: rozchody) Izáka jsou velkolepější než stříbro a zlato Abímeleka." Odpadem se nazývá bezvýznamná věc, která nepředstavuje žádnou hodnotu. To znamená, že člověk své otroctví ke Stvořiteli vnímá jako něco podřadného a pak se od něho oddělí, což se nazývá „odpady a rozchody Izáka". A protože Izák vše napravil návratem z lásky, proměnil všechny své minulé zločiny na zásluhy a získal z odpadů i z rozchodů více než všechno zlato a stříbro Abímeleka.

Stříbro (*Kesef*, כסף, také peníze) znamená náklonnost (*Kisufin*, כיסופין) ke Stvořiteli. A zlato (*Zahav*, זהב), ze slov „dej to" (*Ze-Hav*, זה־הב), znamená zaměření na Tóru, tudíž na pochopení Tóry. A protože Izák vše napravil dosažením návratu z lásky, zločiny se mu započítaly jako přednosti, takže se samozřejmě stal velmi bohatým, bohatším než Abímelek. Vždyť při plnění Přikázání nevyplníš více než 613, zatímco hříchy a zločiny nemají meze. A protože se stal Izák bohatým, jak je řečeno: „A obdržel stonásobně (doslova: našel sto bran)" – což znamená, že stoprocentně příslušel ke Svatosti, bez veškerého odpadu; vždyť napravil i odpady.

Proto se přístřešek *Suka* staví z odpadu humna a vinohradu (nebo jak řekli mudrci: z odpadů, kterými se obohatil Mojžíš). Základ svátku

Sukot je spojen se jménem Izák proto, že znamená: „*Gvurot* přinášející veselí", a kromě toho je *Sukot* spojen se jménem Mojžíš.

98. Duchovním se nazývá věčné

Slyšel jsem v roce Tav-Šin-Chet (1947–1948)

Duchovním se nazývá to, co nikdy nezmizí. Touha po potěšení v její současné formě přijímání pro sebe je nazývána materiální proto, že tuto formu ztratí a získá novou podobu – pro Stvořitele.

Reálnost místa v duchovním se ukazuje na místě reality, poněvadž každý, kdo tam dospěje, vidí na tomto místě stejný obraz. Na rozdíl od toho předpokládaná věc není nazývána skutečným místem, protože je to fantazie, kterou si každý představuje svým způsobem.

A říká se, že má Tóra 70 tváří, což znamená 70 stupňů. Na každém stupni se Tóra představuje v souladu se stupněm, na kterém se člověk nachází. Avšak svět je realita, takže každý, kdo se pozvedne na jeden ze 70 stupňů, z nichž je daný svět složen, postihuje totéž jako každý, kdo dosáhl tohoto stupně.

V kabalistických knihách se občas vyskytují vysvětlení frází z Tóry, jako je: „Tak řekl Abrahám Izáku..." – a je vyjádřeno, o čem tehdy hovořili, a objasňuje se řečené. Ale vyvstává otázka: odkud je známo, co si navzájem říkali?

A je to známo proto, že kabalista porozuměl stupni, na kterém se nacházel Abrahám nebo někdo jiný, a proto vidí a ví totéž, co viděl a věděl Abrahám. Takže ví, co Abrahám řekl.

A to je důvod, proč mohou kabalisté vysvětlovat fráze z Tóry: vždyť také dosáhli stejné úrovně. A duchovní stupeň je realitou, kterou vidí každý, podobně jako všichni, kdož přijedou do města Londýna v Anglii, vidí to, co se v tomto městě nachází, a slyší, o čem se tam hovoří.

99. Hříšník, nebo spravedlivý – není řečeno

Slyšel jsem 21. den měsíce Ijar v Jeruzalémě

Rabi Chananja ben Papa řekl: „Jméno anděla zodpovědného za těhotenství – Noc (*Lajla*). Vezme kapku semene, představí ji Stvořiteli a ptá se: ,Pane světa, co vznikne z této kapky: hrdina, nebo slaboch; mudrc, nebo hlupák; boháč, nebo chudák?' Ale bude-li hříšníkem, nebo spravedlivým – neříká." (Traktát *Nida* 16, s. 2)

Zpravidla se však hlupák nemůže stát spravedlivým. Vždyť je mudrci řečeno: „Nezhřeší člověk, dokud se v něm neusídlí duch hlouposti." A tím spíše ten, kdo strávil celý svůj život jako hlupák. Ukazuje se, že pokud se člověk narodí hloupým, nemá na výběr, neboť je odsouzen k hlouposti. A proč je tedy zdůrazněno, že není řečeno, zda bude spravedlivý, nebo hříšník, jako kdyby mu byla ponechána volba? Vždyť jaký má smysl neukazovat, je-li spravedlivý, nebo hříšník, je-li mu souzeno být hlupákem, což je rovnocenné ortelu být hříšníkem?

A rabi Jochanan řekl: „Uviděl Stvořitel, že jsou spravedliví ojedinělí – a vzal je a rozmístil je do všech generací," „vždyť Stvořitel vytvořil pilíře země a založil na nich celý svět." A Raši vysvětluje: „A založil na nich celý svět" – znamená, že je rozptýlil do všech generací, aby sloužili jako základ pro existenci světa. (Joma 38b)

„Jsou ojedinělí" – znamená, že je jich stále méně a celkem mizí. A co udělal On, aby zvýšil počet spravedlivých? Vzal je a rozmístil je do všech generací. A ptá se: v čem spočívá prospěch z rozptýlení spravedlivých do všech generací? Copak se jich na základě toho stane více? Jaký je rozdíl v tom, zda budou všichni spravedliví v jedné generaci, nebo v různých, a proč Raši vysvětluje, že se spravedliví znásobí, když se objeví v každé generaci?

A aby to bylo možné pochopit, je nutné doplnit a vysvětlit, co bylo mudrci řečeno o tom, že Stvořitel završí nad kapkou semene, bude-li člověk moudrý, nebo hloupý, tudíž takový, kdo se narodí slabý, bez síly k překonání svojí zlé přirozenosti, a kdo se narodí se slabou touhou a bez nadání. Vždyť dokonce již v přípravné fázi, když člověk začíná s duchovní prací, musí být schopen přijmout Tóru a moudrost kabaly, jak je napsáno: „Dává On moudrost rozumným." Ačkoli vyvstává otázka: pokud již jsou tak rozumní, nač jim je ještě moudrost? Nebylo by vhodnější dát moudrost těm, jež jsou hloupí?

A jedná se o to, že se moudrým nazývá ten, kdo o moudrost usiluje, přestože dosud moudrost nenalezl. Ale poněvadž má takovou touhu a touha se nazývá *Kli*, dochází k tomu, že člověk, jenž má snahu a touhu po moudrosti, má nádobu (*Kli*), ve které moudrost může zářit. A ten, kdo je hloupý – to znamená, že o moudrost neusiluje a všechny jeho touhy směřují jen ke svému prospěchu – není vůbec schopen odevzdání.

Jak je potom možné, aby člověk, který se narodil s takovými vlastnostmi, dosáhl stupně spravedlivého? Ukazuje se, že nemá na vybranou. Ale proč má smysl neukazovat, bude-li hříšníkem, nebo spravedlivým, jako kdyby mu byla ponechána volba? Vždyť když se narodil slabý nebo hloupý, už je zbaven jakékoli volby, protože není schopen žádného překonání a úsilí o moudrost Stvořitele.

Ale proto, aby měl na výběr dokonce i hlupák, učinil Stvořitel nápravu, o které je mudrci řečeno: „Uviděl Stvořitel, že jsou spravedliví ojedinělí – a vzal je a rozmístil je do všech pokolení." A nyní pochopíme, jaký to přináší prospěch.

Je známo, že není možné se sdružovat s hříšníky, dokonce i tehdy, když nejednáš podobně jako oni. Vždyť je řečeno: „Neseď ve společnosti posměšných." Ukazuje se, že člověk hřeší již tím, že se nachází ve společnosti neseriózních lidí, i když tráví čas studiem Tóry a plní Přikázání. A jinak by řekli, že má zakázáno neplnit Tóru a Přikázání. Avšak zakázána je mu právě taková společnost, protože člověk přebírá myšlenky a touhy lidí, kteří jsou mu příjemní.

A naopak, v případě, že sám člověk nemá sílu touhy a záměr k duchovnímu, ale je mezi lidmi, kteří usilují o duchovní, a tito lidé jsou mu příjemní, pak od nich přijímá sílu k překonání a je naplněn jejich přáními, touhami a ideály, navzdory tomu, že ve svých vlastnostech nemá taková přání, touhy a sílu ducha. Ale právě díky náklonnosti a úctě k těmto lidem získává nové touhy a síly.

Z toho pochop řečené: „Stvořitel viděl, že jsou spravedliví ojedinělí…" To znamená, že každý není schopen být spravedlivý, protože mu chybí potřebné vlastnosti; vždyť se narodil hloupý nebo slabý. Ale musí mít na výběr, ačkoliv to nemůže řešit vlastními silami. A kvůli tomu Stvořitel „rozmístil spravedlivé do všech pokolení". Proto má člověk svobodu volby k tomu, aby se vypravil na místo, kde jsou spravedliví, a podřídil se jejich vedení. A tehdy od nich obdrží síly, které mu chybí ze strany své vlastní přirozenosti.

A v tom tkví prospěch z toho, že jsou spravedliví rozmístěni do všech generací, aby v každé generaci bylo ke komu se obrátit a přimknout, a získat tak od nich sílu potřebnou k vystoupení na úroveň spravedlivých. A díky tomu se sám člověk stává spravedlivým.

Ukazuje se, že není řečeno, zda bude člověk spravedlivý, nebo hříšník, jelikož má na výběr. Vždyť se může vydat ke spravedlivým, přimknout se k nim a oni se stanou jeho rádci. A on od nich obdrží sílu, aby se sám později stal spravedlivým. A kdyby všichni spravedliví byli ve stejné generaci, pak by v žádném případě nebylo možné, aby se hloupí a slabí lidé přiblížili ke Stvořiteli – to znamená, že by neměli na výběr. Ale vzhledem k tomu, že jsou spravedliví rozmístěni do všech pokolení, má každý člověk možnost se vydat ke spravedlivým a přimknout se k nim, neboť jsou přítomni v každé generaci. Jinak by se pro něho Tóra stala smrtelným jedem.

A pochop to na materiálním příkladu. Když dva lidé stojí proti sobě, jeden proti druhému, tak se pravá strana jednoho nachází proti levé straně druhého a levá strana jednoho proti pravé straně přítele. A existují dvě cesty: jedna – pravá – to je cesta spravedlivých, kteří se starají jen o odevzdávání. A levá je cestou těch, kdož se starají jen o své vlastní dobro, a tím se oddělují od Stvořitele, který jenom dává. Proto jsou odděleni od skutečného života. A to je důvod, proč se hříšníci během svého života nazývají mrtvými.

Ukazuje se, že dokud se člověk ještě nestal hoden splynutí se Stvořitelem, jsou dva. A když se člověk učí Tóru, která se nazývá pravou cestou, tím více stojí proti levé straně Stvořitele. To znamená, že Tóru studuje kvůli sobě a to ho odděluje od Stvořitele. Proto se proň Tóra stává smrtelným jedem a ponechává ho v odloučení od Stvořitele. Vždyť chce na úkor Tóry přijmout naplnění pro své tělo – to znamená zvětšit s její pomocí svůj vlastní egoistický zisk. Takže se pro něho mění na smrtelný jed.

Když se člověk spojuje se Stvořitelem, zachová se pouze Jedna moc a člověk se sloučí se Stvořitelem do jednoho celku. A tehdy se jeho pravá strana stane pravou stranou Stvořitele a tělo se stává oděvem pro duši. A prověřit, kráčí-li pravdivou cestou, může podle toho, věnuje-li se potřebám svého těla jen do té míry, nakolik to potřebuje jeho duše.

A pokud se mu zdá, že přijímá více, než je nezbytné pro oblečení jeho duše, vnímá to jako člověk, který si obléká nevhodný oděv. A tehdy se stará o to, aby oděv nebyl příliš dlouhý ani široký, ale přesně padl na tělo. Stejně tak se musí starat i člověk, jenž pečuje o své tělo, aby požadavky těla nepřevyšovaly potřeby jeho duše – to znamená, aby se tělo obléklo na duši.

Avšak ke Stvořiteli se nemůže přiblížit každý, kdo si s Ním přeje splynout. Vždyť to je proti přirozenosti člověka, který se narodil s egoistickou touhou a je schopen milovat jen sám sebe. Proto tak nutně potřebujeme spravedlivé ve všech generacích. Pak se člověk může uchýlit ke skutečnému *Ravu*, jenž touží jenom odevzdat. A člověk cítí, že není schopen dobrých skutků – to znamená, že nemá záměr odevzdávat Stvořiteli. Ale díky tomu, že se přimkl k pravému *Ravu* a chce si zasloužit jeho náklonnost, tudíž dělá to, co miluje *Rav*, a nenávidí, co *Rav* nenávidí, může se svým Učitelem splynout a získat od něho sílu, kterou nebyl sám obdařen při narození. A s tímto cílem jsou spravedliví rozmístěni ve všech generacích.

Ale vzniká otázka, proč museli být spravedliví rozmístěni do všech generací, aby pomáhali hloupým a slabým, pokud je možné, aby hloupí lidé nebyli stvořeni? Kdo nutí Stvořitele završit nad kapkou semene, že z něho vzejde hloupý nebo slabý člověk? Cožpak by On nemohl všechny stvořit jako mudrce?

Jde o to, že jsou hloupí také potřební, neboť jsou nositeli egoistické touhy. Ale vidíme, že nemají žádnou možnost, aby se přiblížili ke Stvořiteli vlastními silami, jak je napsáno: „Až vyjdou, spatří mrtvá těla lidí, kteří se Mne zřekli, neboť jejich červ neumírá a jejich oheň neuhasne, a budou strašlivou výstrahou všemu tvorstvu." (Izajáš 66, 24) A stanou se „prachem pod nohama spravedlivých", díky čemuž spravedliví budou moci spatřit, jaké dobro pro ně Stvořitel učinil, když je stvořil jako mudrce a hrdiny a takovým způsobem je k Sobě přiblížil. A tehdy budou mít spravedliví možnost za to Stvořiteli prokázat chválu a vděčnost, neboť uvidí, v jaké nízkosti je možné být. Toto se nazývá prach pod nohama spravedlivých, kteří budou moci jít kupředu, protože oslavují Stvořitele.

Je však nutné vědět, že jsou nízké stupně rovněž nezbytné a nízký stav stupně nemůže být nazýván zbytečným a není možné říci, že by bylo lepší, kdyby se malé stupně hned rodily velkými. Vždyť je to podobné pozemskému tělu, které má samozřejmě důležitější orgány, jako jsou oči a rozum, a má i méně důležité orgány, jako je žaludek a střeva, prsty na rukou a nohou. Ale nemůžeme říci, že je nějaký orgán zbytečný, protože hraje druhotnou roli, ale naopak, důležité jsou všechny orgány. A naprosto stejně i v duchovním nutně potřebujeme jak hloupé, tak i slabé.

Proto Stvořitel říká: „Vraťte se ke Mně a tehdy Já se vrátím k vám." Stvořitel řekl: „Vraťte se!" a *Jisra'el* tvrdí opak: „Vrať nás k Sobě a tehdy se vrátíme." To znamená, že když člověk vypadne z duchovní práce, zprvu Stvořitel říká: „Vraťte se!" a díky tomu k člověku v práci Stvořitele přichází vzestup. A tehdy člověk začne křičet: „Vrať nás!" Zatímco během pádu člověk nekřičí „Vrať nás," ale naopak, od této práce utíká. Proto bychom měli vědět, že když křičí: „Vrať nás!" – je to díky probuzení Shora, protože mu dříve Stvořitel řekl: „Vrať se!" A na základě toho se člověk pozvedl a nyní může křičet: „Vrať nás!"

A o tom je řečeno: „A když se bárka vydávala na cestu, řekl Mojžíš: ‚Povstaň, Pane, a Tvoji nepřátelé budou rozptýleni.'" „Když se vydávala na cestu" – znamená během práce Stvořitele, což je vzestup, a tehdy řekl Mojžíš: „Povstaň!" Teprve když se zastavil, řekl: „Vrať se, Stvořiteli!" Ale během přerušení práce Stvořitele je nutné, aby Stvořitel řekl: „Vraťte se!" – což znamená: „Vraťte se ke Mně!" a to vyjadřuje, že Stvořitel dává probuzení. Proto musíme vědět, kdy říci: „Povstaň!" a kdy: „Vrať se!"

A v tom tkví smysl řečeného v kapitole *Ekev*: „A pamatuj si celou tuto cestu, kterou tě vedl Stvořitel, abys poznal, co je v tvém srdci: budeš-li zachovávat Jeho přikázání, nebo ne." „Zachovávat Jeho přikázání" znamená „vrátit se" k Němu. A „nebo ne" znamená „povstat!" A je nezbytné jak jedno, tak i druhé. A *Rav* ví, kdy „povstat" a kdy se „vrátit", protože tyto „přechody" jsou vzestupy a pády, které v duchovní práci mají proběhnout.

100. Písemná a ústní Tóra

Slyšel jsem v týdnu Mišpatim v roce Tav-Šin-Gimel (1943)

Písemná Tóra je zapříčiněna podnětem Shora a ústní Tóra probuzením touhy člověka zdola samotným člověkem. A obě společně jsou nazývány: „Šest let pracuj a v sedmém roce vyjdi na svobodu." (Šimon 21)

Stěžejní práce probíhá právě tam, kde je odpor, a nazývá se *Alma*[62] ze slova *He'elem*[63], ukrytí.

Vždyť tam, kde je ukrytí, existuje odpor, což znamená, že je zde místo pro práci.

---

[62] *Alma* (עלמא) v aram. znamená „svět" (hebr. *Olam*, עולם)
[63] *He'elem* (העלם) v hebr. znamená „ukrytí" (aram. *Alama*, עלמא).

Proto je řečeno: „Šest tisíciletí existuje svět a v jednom bude zničen," což znamená, že se ukrytí vytratí, a proto zmizí možnost práce. Stvořitel však pro člověka vytváří zvláštní ukrytí, které se nazývá „křídla", aby měl možnost pracovat.

101. Vítězi nad růžemi

Slyšel jsem 23. den měsíce Adar Alef v roce Tav-Šin-Gimel (28. února 1943)

Vítězi nad růžemi. Píseň synů Kóracha. Tomu, kdo rozumí, píseň lásky. Moje srdce cítí dobré slovo. Říkám: Moje činy Králi! Můj jazyk – pero hbitého písaře.

Krásnější nad všechny syny lidské, vlito kouzlo do úst tvých... (Žalm 45)

Vítězi – tomu, kdo již zvítězil nad růžemi (*Šošanim*, שושנים), tudíž dosáhl odhalení Svaté *Šchiny*, fenoménu Stvořitele, což znamená přechod ze stavu zármutku do stavu svátku a veselí[64]. A jelikož v sobě tento stav zahrnuje množství duchovních vzestupů a pádů, pády se nazývají *Šošanim* (růže) ze slova *Šenajim* (שניים, zuby), v souladu s výrazem: „Dej mu do zubů!" Vždyť na otázky hříšníka v člověku není jiná odpověď, než mu jenom dát do zubů. A když člověk opakovaně dává egoismu do zubů (*Šenajim*), dospěje do stavu *Šošanim*, ve kterém je obsaženo mnoho veselí (*Sason*), a proto se o něm hovoří v množném čísle: „růže" (*Šošanim*).

Synové Kóracha – Korach ze slova *Karcha* (קרחה, vypadání vlasů). *Se'arot* (vlasy) – vnější *Parcuf*, který skrývá vnitřní *Parcuf*. Vlasy (j. č. *Sa'ara*, שערה) znamenají *Hastara* (הסתרה, ukrytí), ze slova *Se'ara* (סערה, bouřka, vzpoura). A je známo, že „podle míry utrpení – odměna". To znamená, že když člověk cítí rozhořčení a rozrušení (stav *Se'arot*), má možnost vnitřně duchovně pracovat. A když tento stav napravuje, bouře (*Se'ara*) se mění na *Sa'ara*[65], jak je řečeno: „Toto je brána (*Ša'ar*) ke Stvořiteli."

Jestliže člověk napravil všechny stavy vzpoury proti duchovní práci (*Se'arot*) a překonal všechna ukrytí (*Hastarot*), pak již nemá na čem více pracovat, a proto nemá možnost získat odměnu. Ukazuje se, že

---

64 Veselí, *Sason*, ששון – se také píše s písmenem *Šin*, ש, jako i *Šošanim*, přičemž *Šin* je možné číst jako „s" i jako „š".

65 *Sa'ara*, vlásek – je v písemné podobě doslova „brána", *Ša'ar*, שער.

když se člověk ocitne ve stavu *Korach* (קרח, lysiny, ztráty „vlasů" či vzpoury), již v sobě není schopen udržovat víru, která se nazývá „brána ke Stvořiteli".

Ale když nejsou brány, není možné vstoupit do Chrámu Stvořitele. Vždyť toto je základem základů, neboť na víře je postavena celá stavba (Banin, בנין). A název „synové Kóracha" (*Bnei Korach*, בני קרח, *Banim*, בנים – synové) pochází ze slova *Havana*, הבנה, *Bina*, בינה (porozumění), jelikož ve stavu „synové Kóracha" člověk chápe, že *Korach* je stav v levé linii, ze které vzniká Peklo. Proto si přeje prodloužit přátelství a lásku, jež měl ve svém předchozím stavu, tudíž předtím než je porušil, o čemž je řečeno: „Slyšel jsem Stvořitele a vyděsil jsem se" (jak odpovídá Adam po spáchání hříchu, *Zohar Berešit* 4, 7). A když přitáhne sílu z minulého stavu, může vydržet a stoupat ze stupně na stupeň. Proto je řečeno, že synové Kóracha nezemřeli. Vždyť pochopili (*Havana, Bina*), že když zůstanou ve stavu *Korach*, nemohou pokračovat v životě – a proto nezemřeli.

Tomu, kdo rozumí, píseň lásky – chápajícímu, že míra lásky ke Stvořiteli musí být dokonalá.

Moje srdce cítí – to jsou prožívání v srdci, která se nerozkrývají ústy. To znamená, že ústa nevydávají to, co je cítěno v srdci, ale pouze „šeptají rty".

Dobré slovo (dobrá věc, dobrá vlastnost) – dobrou věcí se nazývá víra.

Říkám: „Moje činy Králi!" Když člověk obdrží Světlo víry, říká, že jsou jeho činy pro Stvořitele, a nikoliv pro něho, a zaslouží si stav: **„můj jazyk – pero hbitého písaře"**, tudíž se stává hoden písemné Tóry, která znamená jazyk Mojžíše.

Krásnější nad všechny syny lidské (*Jafifit mi-Bnei Adam*, יפיפת מבני אדם – doslova: krása tvoje od synů lidských) – zde se hovoří o Svaté *Šchině*, o tom, že Její krása pochází od lidí, z toho, že si lidé myslí, jakoby v Ní nic nebylo. Avšak Její krása se rodí právě z tohoto stavu.

Vlito kouzlo do úst tvých. Slovo „kouzlo" označuje věc, která nemá žádnou zjevnou přednost, ale o to více přitahuje, a proto říkají, že má nějaké kouzlo.

Do úst tvých (*Sfatecha*, שפתיך) – ze slova *Sof* (סוף, konec, okraj) – jde tedy o stav, kdy člověk vidí celý svět od kraje do kraje.

102. A vezměte si plod citrusového stromu

Slyšel jsem při Ušpizin Josefa

Je řečeno: „A vezměte si plod citrusového stromu..." (*Emor*) Spravedlivý se nazývá „strom, který dává plody". A v tom spočívá veškerý rozdíl mezi Svatostí a nečistou silou, o které se říká: „Cizí bůh je neplodný a nerodí plody." Kdežto spravedlivý se nazývá „citrusem", protože jeho strom nese plody po celý rok.

A proto je o Josefu napsáno, že „zásobil (*Mašbir*) všechny národy". To znamená, že všechny krmil (*Šover*) plody, které měl, avšak oni žádné plody neměli. A díky tomu každý pocítil svůj stav – na jaké je straně: dobré, nebo nečisté. Proto je řečeno, že Josef „živil všechny chlebem podle počtu dětí".

„Dětmi" (*Taf*, טף) se nazývá úroveň *GaR* v tajemství řečeného: „a nechť budou oni nápisem (*Totafot*, טוטפות) mezi očima tvýma", což znamená hlavní *Tfilin* (תפילין). Proto je Josef nazýván synem přestárlých rodičů, rozumným synem. A v tom tkví podstata slov: „Neboť pro udržování života (*Mechija*, מחיה) jsem poslán", což znamená *Moach Chaja* (מוח חיה), tedy úroveň *GaR*.

A o tom je napsáno (*Genesis*): „Já však tobě dám víc než bratrům tvým – o jeden díl (*Šechem*, שכם), který Já jsem vzal z rukou Emoreje mečem Svým a lukem Svým" (jeho synové obdrželi dva podíly a „díl" znamená jednu část navíc, jak vysvětluje Raši).

Tudíž vzal s pomocí Svých synů (a synové se nazývají plody) a dal je Josefovi. A proto je o Šaulovi řečeno: „O hlavu výše (*Mi-Schemo*, משכמו) byl nad vším lidem," což znamená: „Ty máš oděv – a ty máš také být naší hlavou."

Z toho důvodu je řečeno: „Proč přicházejí děti? Aby odměnily ty, kdo je přivedli." A zeptal se: „K čemu jim je moudrost? Vždyť hlavní není uvažování, ale činnost." A odpověděl: „Aby odměnily ty, kdo je přivedli" – moudrost tudíž přichází prostřednictvím činů.

Co se týče sporu mezi Šaulem a Davidem, Šaul neměl jedinou vadu, jelikož jak „minul rok po jeho nastoupení na trůn" nebylo potřeba nadále prodlužovat jeho kralování, protože vše završil v krátké době. David však musel vládnout čtyřicet let. David pocházel z kmene Jehudy, syna Lei – „skrytého světa". Zatímco Šaul pocházel z kmene Benjamina, syna Ráchel – „odkrytého světa", takže byl protikladem Davida. Proto David řekl: „Chci mír" – to znamená, že to, co jsem vybojoval, je předurčeno všem a já miluji všechny, „a oni usilují o válku".

A k Davidovi byl protikladný také Abšalóm. A to je podstata hříchu, který spáchal Jeroboám, syn Nebatův, když ho Stvořitel chytil za šosy oděvu a zvolal: „Já a ty a syn Jišaje (tj. David) procházet se budeme v Rajské zahradě." A on se zeptal: „Kdo půjde v čele?" Stvořitel odpověděl: „Syn Jišaje bude v čele." A tehdy on odpověděl: „Nechci!"

A jde o to, že podle pořadí stupňů nejprve přichází „skrytý svět" a pak „odhalený svět". A v tom tkví smysl toho, co bylo řečeno: „Mám všechno" (jak řekl Jákob) a „mám hodně" (jak řekl Ezau). Protože „hodně" znamená úroveň *GaR* a „všechno" znamená *VaK*. A o tom je napsáno: „Jak se pozvedne Jákob? Vždyť je malý!" Proto Jákob odňal Ezauovi prvorozenství a poté obdržel „všechno", takže měl také úroveň *GaR*, kterou získal prostřednictvím Josefa, jak je napsáno: „a živil Josef všechny."

Z toho důvodu je o Lei napsáno, že byla „nenávistná". Vždyť z ní proudí veškerá nenávist a sváry, které se vyskytují mezi „žáky mudrců", to jest kabalistů. A v tom tkví podstata sporu mezi Šamajem a Hilelem. A nakonec se obě tyto větve sjednotí, to jest pokolení Josefa a pokolení Judy. A proto Juda Josefovi řekl: „Dovol, Pane můj" (to však znamená: „Ve mně je Pán můj") a poté vzniká svazek Judy a Josefa. Avšak Juda musí být v čele.

Proto mohl Svatý Ari, jenž byl Mesiášem, synem Josefa, odhalit tolik moudrosti – vždyť měl souhlas „odhaleného světa". A tento spor trvá od té doby, kdy „strkali se synové v lůně jejím" (Jákob a Ezau). Vždyť Ezau obdržel krásné oděvy, které měla Rebeka.

103. Dobrotivý srdcem

Slyšel jsem večer o Šabatu Berešit v roce Tav-Šin-Gimel (říjen 1942)

Je řečeno: „Od každého dobrotivého srdcem vezměte k obětování Mně" (*Exodus, Truma*) a „Samotný předmět obětování pochází ze Svatosti." Z toho je zřejmé, že člověk s pomocí Svatosti, když se sám napraví, dospěje k „obětování", použití egoismu se záměrem „ve prospěch Stvořitele" (k vlastnosti Svaté *Šchiny*, nazvané „Obětování Mně"). A pokud dosáhne toho, že k tomu může přiložit celé své srdce, plně ho odevzdat, stává se hoden učinit „obětování" – úplně splynout se Stvořitelem (se Svatou *Šchinou*).

Je také řečeno: „V den svatby, v den radosti jeho." *Chatuna* (חתונה, svatba) – ze slova *Nechut* (נחות, ponížený). Pokud na sebe člověk přijímá práci Stvořitele dokonce v té nejponíženější formě a zároveň tuto práci vykonává s radostí, protože je v jeho očích důležitá, pak je nazýván *Chatan* (חתן, ženich) *Šchiny*. Kde slovo *Chatan* pochází ze slova ponížený – to znamená, že je ochoten pracovat za jakýchkoliv ponižujících okolností, protože je to důležitá práce, a nikoliv taková, jak vypadá v jeho nenapravených očích.

104. Škůdce byl ukryt v povodni

Slyšel jsem večer o Šabatu Berešit v roce Tav-Šin-Gimel (říjen 1942)

Kniha *Zohar* (v kapitole *Noe*) říká, že „Byla potopa a uvnitř potopy se skrýval škůdce." A ptá se: „Ale vždyť je škůdcem samotná potopa, jež zabíjí vše živé. Tak proč se v ní tedy ještě skrývá škůdce? Jaký je rozdíl mezi potopou a škůdcem?"

Samotná potopa jsou tělesná, materiální utrpení, uvnitř kterých se skrývá ještě jeden škůdce, který bojuje proti duchovnímu a škodí tím, že tělesná utrpení přivádějí člověka k vedlejším (od duchovního) myšlenkám natolik, že potlačují také jeho duchovní život.

105. Nelegitimní žák mudrce má přednost před nejvyšším knězem – jedním z lidu země

Slyšel jsem 15. den měsíce Chešvan v roce Tav-Šin-Hej
(1. listopadu 1944) v Tel Avivu

Říká se, že nelegitimní žák mudrce má přednost před nejvyšším knězem – jedním z lidu země.

„Nelegitimní" (*Mamzer*, ממזר) pochází ze slova *El-Zar* (אל־זר, cizí bůh). Jestliže člověk porušuje zákaz a obrací se k jiným silám (svým egoistickým touhám vládnout nad tím, co se děje), rodí se v něm nelegitimní (*Mamzerim*, ממזרים), jež se obracejí k jiným bohům, silám. (To znamená, že se spojuje s nečistou silou, se svým egoismem, a chce naplnit své egoistické touhy.) Nečistá síla se nazývá *Erva* (ערוה), neslušné místo. Proto se v tomto případě předpokládá, že člověk přišel k *Ervě* a ona s ním počala nelegitimního.

A „Názor lidu země⁶⁶ je protikladný k názoru Tóry". Proto jsou lidé země protikladní k mudrcům Tóry a je propastný rozdíl, rodí-li člověk „nelegitimního". Vždyť žák mudrce bere v úvahu, že to je také od Stvořitele a stav, který si nyní představuje a který je nazýván „nelegitimní", je k němu také poslán Stvořitelem (to znamená, že se Stvořitel postaral, aby se z jeho úsilí narodil „nelegitimní").

Kdežto hříšník říká, že je to pouze myšlenka cizí Svaté, cizí Stvořiteli, myšlenka, která k němu přišla jako důsledek jeho minulého hříchu. A proto potřebuje pouze napravit svůj hřích. Mudrc je však schopen věřit, že i tento stav musí vidět v celé jeho pravé podobě, a zároveň jej také přijmout a uznat nad sebou vládu Stvořitele až do sebeobětování.

To znamená, že dokonce když nastane to, co se jemu zdá naprosto nedůležité, a to tak dalece, že na světě není nic více bezcenného, zbytečného a skrytého, stejně je nutné tento stav přičíst Stvořiteli a pochopit, že mu tyto situace vytváří Stvořitel, že to On před ním kreslí tento obraz reality, který je nazvaný „cizí myšlenky o vedení". A na tak malou důležitost duchovního musí reagovat výše rozumu a pracovat, jako kdyby mu byla odhalena veškerá nekonečná důležitost duchovní práce.

Nejvyšší kněz (*Kohen Gadol*, כהן גדול, dosl. Velký Kohen) je ten, kdo pracuje pro Stvořitele a plní Tóru a Přikázání natolik, že v jeho práci není žádná chyba (tudíž mu nic nechybí). Avšak jestliže na sebe člověk přijímá podmínky duchovní práce, pak je její zákon takový, že nelegitimní žák mudrce má přednost před Velkým Kohenem.

To znamená, že přijímá svůj stav „nelegitimního" jako žák mudrce. Mudrcem (*Chacham*, חכם) se nazývá Stvořitel a ten, kdo se u Stvořitele učí (*Talmid*, תלמיד) být Mu podobný, se nazývá žákem mudrce, *Talmid Chacham* (תלמיד חכם). A pouze žák mudrce může říci, že všechno, co ve světě přijímá a pociťuje během své duchovní práce, pochází přímo od Stvořitele.

Kdežto Kohen, pokud zůstává lidem země, i když dokonce pracuje pro Stvořitele a vynakládá značné úsilí v Tóře a Přikázáních, ale dosud se nestal hoden toho, aby se učil práci od Stvořitele, se učedníkem mudrce nenazývá. Z toho důvodu v tomto stavu nikdy nemůže dosáhnout skutečné dokonalosti. Vždyť sdílí názor lidu země. A názor Tóry

---

⁶⁶ Lidem země se nazývají ti, kteří se ještě nacházejí ve svých pozemských, tudíž egoistických touhách.

získá jen ten, kdo se učí u Stvořitele. A pouze žák mudrce zná pravdu, že vše, co k němu přichází, sestupuje od Stvořitele.

Proto je v Tóře řečeno, že rabi Šimon Ben Menasia věnoval Tóře veškerý čas, ve dne i v noci zvyšoval své úsilí více než ostatní, dokud se nezastavil. Pak již nebyl schopen svoje úsilí dále zvyšovat, čili dosáhl bodu, kdy nemohl nic přidat, ale jakoby naopak.

Veliký komentátor Tóry Raši vysvětluje, že samo jméno Ben Menasia (מנסיא) vypovídá o tom, že „chápe na ústupu" (Hevin et Hamenuse, הבין את המנוסה) – to znamená, že když ustupuje z cesty, rozumí (Mevin, מבין), zná pravdu i to, jaké jsou jeho skutečné kvality. Ale v tomto případě se zastaví a nemůže se hnout z místa, dokud nepřijde rabi Akiva a neřekne, že je nutné znásobit žáky mudrců (Talmidej Chachamim, תלמידי חכמים).

A člověk může získat podporu pouze prostřednictvím sblížení s žáky mudrců. Tuto pomoc mu může poskytnout pouze žák mudrce, a nikdo jiný. Vždyť ať by byl v (tradiční) Tóře jakkoli veliký, stejně se zkrátka nazývá lidem země, není-li hoden se učit od samotného Stvořitele. Z toho důvodu je povinností člověka, aby se snížil před žákem mudrce a přijal to, co mu dá žák mudrce bez jakýchkoli diskusí nebo pochybností, výše svého rozumu a porozumění.

Je řečeno: „Tóra je delší než země." To znamená, že Tóra začíná za hranicemi Země, a proto není možné cokoliv začít z prostředka. Vždyť se začátek nachází za hranicemi Země, tedy nad hmotou, egoismem. Z toho důvodu je Nejvyšší kněz nazván jedním z lidu země. Vždyť ačkoliv dělá velkou práci, pokud ještě nebyl odměněn Světlem Tóry, nachází se na úrovni země, ve svém egoismu.

Abychom se dostali do stavu Lišma, pro Stvořitele, je třeba hodně studovat a vynakládat úsilí ze stavu Lo Lišma, pro sebe. To znamená, že vynakládáním úsilí ve stavu „pro sebe" člověk dosáhne pravdy: vidí, že si vše přeje jenom egoisticky. Avšak pravdu není možné spatřit bez vyvinutí obrovského úsilí.

A jindy Ba'al HaSulam řekl, že se člověk musí hodně učit Tóře Lišma, aby se stal hoden spatřit pravdu a pochopil, že se učí v Lo Lišma, sám pro sebe. Práce Lišma spočívá v Odměně a trestu a vztahuje se k Malchut a Tóra Lo Lišma se nazývá Ze'ir Anpin, Osobní vedení.

Proto se všichni králové Izraele, kteří dosáhli úrovně odhalení svého Osobního vedení Stvořitelem, zastavili na tom, že neměli dále co dělat a co přidat k tomu, co bylo učiněno. Z toho důvodu je řečeno, že nad králi Izraele nevládne žádný soud ani soudce a že nemají žádný díl v budoucím světě, protože nic nedělají; vždyť vidí, že všechno dělá Stvořitel.

Z tohoto důvodu je v Tóře vzpomenuto jméno manželky Achaba – Jezábel (Izevel, איזבל), z *i-Zevel* (אי־זבל, kde je odpad?), která se zeptala: „Kde je ve světě odpad?" Vždyť viděla, že vše je v pořádku. A její muž byl Achab (אחאב, ze slov *Ach-Av*, אח־אב – bratr-otce), tedy bratr Stvořitele. Kdežto krále domu Davida soudí, protože králové domu Davida mají sílu sjednotit Stvořitele se *Schinou*, ačkoli to jsou dvě různé věci: odhalení a ukrytí, Osobní vedení a Vedení odměnou a trestem.

A v tom tkví síla velkých spravedlivých, kteří jsou sto sjednotit Stvořitele a *Schinu* – to znamená Osobní vedení s Odměnou a trestem. A uvědomují si, že pouze ze spojení jich obou se zrodí nejvyšší dokonalost, kterou si přejí.

106. Dvanáct šabatních chlebů

Slyšel jsem v měsíci Elul v roce Tav-Šin-Bet (srpen 1942)

Při polední společné šabatní hostině je zvykem učinit požehnání dvanácti šabatním chlebům (*Chalot*, חלות), o čemž se zpívá v šabatní písni: „Poznávám chuť dvanácti šabatních chlebů, označujících písmeno ve jménu Tvém, dvojité a slabé."

Ari píše, že v důsledku *Cimcum Bet* vznikla dvě písmena *Vav*, která označují pravou a levou stranu *Parcufu* (odtud „dvojité" písmeno). Kvůli této nápravě *Cimcum Bet* došlo ke spojení vlastnosti milosrdenství a soudu (*Malchut* – přijímajících *Kelim* a *Biny* – odevzdávajících *Kelim*), takže se omezení (soudy) stanou méně přísné než před „změkčením" *Binou* a nápravou. A poté svítí dvě písmena *Vav* do *Malchut*, do písmene *Zajin*.[67]

Sedmý den odpovídá stavu *Gmar Tikun* (Konečné nápravy), který nadejde v budoucnosti. Avšak svítí ze svého stavu zdálky, stejně jako všech 6 000 let, během nichž se napravuje svět. Těchto 6 000 let se nazývá „šest dnů Stvoření", které Stvořitel stvořil pro práci. A *Šabat* je den odpočinku, jak je napsáno: „A sedmý den On dokončil své dílo a odpočíval."

---

[67] *Malchut* se označuje písmenem *Zajin*, jehož číselná hodnota je sedm, protože je *Malchut* sedmá *Sfira*, začneme-li od *Sfiry Chesed*.

A tak svítí *Šabat* všech 6 000 let podobně jako dočasný odpočinek – jako poutník, který nese celý týden těžké břemeno a zastaví se na jeden den k odpočinku, aby získal nové síly a mohl pokračovat v cestě. Ale po posledním *Šabatu* (v *Gmar Tikun*) již nenadejde každodenní všední život, protože nebude nic více co napravovat a nebude co přidat k práci.

107. Dva andělé

Slyšel jsem v týdnu Tecave v roce Tav-Šin-Gimel (únor 1943) v Jeruzalémě

V sobotu večer před požehnáním *Šabatu* zpívají nad pohárem vína: „Přijďte v pokoji, andělé světa, od Krále všech andělů, požehnaného Stvořitele. ... Jděte v pokoji, andělé světa, od Krále všech andělů, požehnaného Stvořitele."

K počátku *Šabatu* člověka doprovázejí dva andělé: dobrý a zlý. Dobrý je nazýván „pravým" a s jeho pomocí se člověk přibližuje k práci Stvořitele, což se nazývá „pravá ruka přibližuje". Zlý je nazýván „levým" a odrazuje člověka od práce – to znamená, že mu sugeruje cizí myšlenky, a to jak v rozumu, tak i v srdci. A když člověk silou vůle překonává překážky od zlého anděla a navzdory překážkám se sbližuje se Stvořitelem, pak pokaždé postupuje vpřed a přemáháním zla se přimyká ke Stvořiteli. Ukazuje se, že se přibližuje ke Stvořiteli pomocí obou andělů – to znamená, že oba plnili jeden úkol: dovedli člověka ke splynutí se Stvořitelem. A tehdy člověk říká: „Přijďte v pokoji."

Jestliže již člověk dokončil svoji práci a vnesl celou levou stranu do Svatosti, o čem je řečeno: „Není kam se před Tebou skrýt," pro zlého anděla již nezbyde práce, protože člověk svým úsilím překonal všechny překážky a obtíže, které před něho kladl zlý anděl. A tehdy zlý anděl člověka opouští a člověk říká: „Jděte v pokoji."

108. Když Mě opustíš na den, opustím tě na dva dny

Slyšel jsem v roce Tav-Šin-Gimel (1942–1943) v Jeruzalémě

Každý člověk je vzdálen od Stvořitele proto, že touží přijímat.

Ale pokud člověk usiluje pouze o potěšení tohoto světa, a nikoliv o duchovní, považuje se za vzdáleného od Stvořitele na jeden den. Tudíž na vzdálenost jednoho dne – pouze na jednu kvalitu, která jej vzdaluje od Stvořitele kvůli tomu, že je ponořen do touhy přijímat potěšení tohoto světa.

Avšak přibližuje-li se člověk ke Stvořiteli způsobem, že anuluje svůj egoismus ohledně potěšení tohoto světa, nazývá se blízkým ke Stvořiteli. Ale pokud se poté odtrhne a ztratí svou duchovní úroveň, jelikož si začal egoisticky přát požitky budoucího světa, pak je považován za vzdáleného od Stvořitele, neboť si přeje získat duchovní potěšení ve svůj prospěch. A tolik padá také proto, že má touhu přijímat pozemská potěšení, potěšení tohoto světa. Z toho důvodu se nyní považuje za vzdáleného od Stvořitele na dva dny:

1. touhou přijímat potěšení tohoto světa, kam ve svých tužbách znovu spadl;
2. touhou přijímat duchovní potěšení – potěšení z duchovního, budoucího světa. Vždyť protože vykonával duchovní práci, zavazuje Stvořitele, aby mu za jeho úsilí v Tóře a Přikázáních zaplatil odměnu.

Ukazuje se, že zpočátku šel člověk jeden den a přiblížil se k práci Stvořitele. A poté šel jakoby dva dny nazpátek – to znamená, že se od Stvořitele vzdálil na základě dvou druhů přijímání:

1. přijímáním z tohoto světa,
2. přijímáním z budoucího světa.

A proto došlo k tomu, že šel opačným směrem.

A východisko je jen jedno – vždy kráčet cestou Tóry, tudíž cestou odevzdání. Pořadí musí být takové, že je ze začátku nutné, aby byl člověk opatrný a dodržoval dva principy:

1. vykonával samu činnost Přikázání,
2. cítil potěšení z Přikázání díky víře v to, že má Stvořitel potěšení z toho, že plní Přikázání.

Člověk je tedy povinen dodržovat Přikázání v činech a také věřit, že je Stvořitel potěšen, když nižší plní Jeho přikázání. Přičemž neexistuje žádný rozdíl mezi velkým Přikázáním a malým – to znamená, že Stvořitele těší dokonce i nepatrný čin, který je vykonáván pro Něho.

A poté je třeba prověřit výsledek své činnosti a to nejdůležitější, co musí člověk shledat, je prožívání potěšení z toho, že poskytl radost Stvořiteli. A tato práce člověka má stěžejní důležitost, o čemž je řečeno: „Pracujte pro Stvořitele v radosti." A jeho odměnou za práci musí být to, že cítí potěšení z toho, že se stal hoden potěšit Stvořitele.

Proto je v Tóře řečeno: „A *Ger*, jenž se nachází uvnitř tebe, pozvedne se nad tebou stále výš a výše. Bude ti půjčovat a ty mu nevracej."

Ger (ten, jenž přestoupil na judaismus; proselyta) je egoistická touha po potěšení v době, kdy se člověk zapojuje do duchovní práce a začne pracovat pro Stvořitele. A předtím se nazývá *Gój*[68].

„Půjčuje" – znamená, že egoismus poskytuje člověku sílu k duchovní práci, ale dává ji ve formě úvěru, půjčky. Pokud den pracuje v Tóře a Přikázáních, i když nedostane odměnu hned na místě, věří, že mu později zaplatí za všechno, co do této práce vložil. Z tohoto důvodu přichází po pracovním dni k člověku a vyžaduje navrácení dluhu: tudíž slíbenou odměnu za to, že tělo vyvinulo úsilí při plnění Tóry a Přikázání. Ale člověk mu odmítne zaplatit. Tehdy *Ger* začne křičet: „Co je to za práci, za kterou nevyplácejí odměnu?!" A poté již člověku, jenž si přeje pracovat jako *Jisra'el*, nechce dávat sílu pro vykonávání duchovní práce. „Ale nevracej mu zpět." – Jestliže mu dáš výživu a přijdeš k němu prosit, aby ti dal sílu k práci, odpoví, že vůči tobě nemá žádnou povinnost, že nemá žádný dluh, aby vracel za výživu. Vždyť ti dal sílu k práci již předtím. A bylo to za podmínky, že mu vrátíš, co ti dal, ale ve formě, kterou si přeje, což znamená, že za tuto sílu koupíš to, co si přeje. A nyní, namísto toho, aby zaplatil, člověk přichází znovu a ještě jednou žádá o dluh.

Proto se egoistická touha uvnitř něho stane moudřejší a již předem vykalkuluje, nakolik je pro ni výhodné, aby se podílela na záměrech člověka. Občas se stává skromnou a říká, že se chce omezit pouze na to, co je nezbytné, a stačí jí to, co má. A proto člověku nechce dávat sílu pro duchovní práci. Jindy zase člověku říká, že cesta, kterou jde, je nebezpečná cesta a on nejspíš zbytečně plýtvá silami. Nebo tvrdí, že úsilí mnohonásobně převyšuje odměnu, a proto nesouhlasí s dáváním sil pro práci.

A pokud si člověk přeje získat od svého těla (své touhy) sílu následovat cestu Stvořitele čili pracovat v odevzdání, aby všechny jeho činy vedly ke zvyšování velikosti Stvořitele, tělo mu řekne: „A co z toho budu mít já?" To znamená, že pokládá známé otázky: „Kdo?" a „Co?" Přesně jako námitka Faraona: „Kdo je Stvořitel, že bych měl poslouchat Jeho hlas?" a námitka hříšníka: „Co vám dává tato práce pro Stvořitele?"

Ze strany těla, egoistické touhy člověka, jsou tyto otázky naprosto opodstatněné; vždyť takové ve skutečnosti byly jeho podmínky.

---

[68] *Gój* (גוי) je touha se těšit ve svůj prospěch, s níž se člověk rodí v našem světě a ve které existuje, dokud se nestane *Gerem*.

Z toho důvodu, nenaslouchá-li člověk hlasu, který je vůlí Stvořitele, tělo si vždy bude stěžovat, proč nejsou splněny jeho podmínky, proč nic nedostává. Avšak člověk musí poslouchat hlas Stvořitele. Jakmile opět cítí nějaké odchýlení z duchovní cesty, musí se začít se Stvořitelem znovu sbližovat, což se nazývá, že byl v duchovním propadu, vystoupil z duchovního a začíná duchovní vzestup, vstup do duchovního (a to se s ním opakuje mnohokrát). A on svému tělu musí říci: „Věz, že si přeji vstoupit do duchovní práce a mým záměrem je pouze odevzdávat a nic nepřijímat, a ty nemáš důvod doufat, že za své úsilí něco získáš, a věz, že všechno půjde pouze na odevzdání."

A pokud se tělo ptá: „Co budu mít z této práce?" To znamená: „A kdo ve skutečnosti obdrží plody této práce, na kterou musím vynakládat tolik úsilí?" Nebo se ptá ještě jednodušeji: „Pro koho bych měl tak tvrdě pracovat?" Pak je nutné mu odvětit, že věřím v mudrce, kteří odhalili a předali mi, že je třeba věřit prostou vírou, vírou výše rozumu, že nám Stvořitel přikázal, abychom na sebe vzali víru v to, že On nám přikázal plnit Tóru a Přikázání. A člověk musí věřit, že Stvořitele těší, když plní Tóru a Přikázání vírou výše rozumu, a radovat se, že svou prací poskytuje potěšení Stvořiteli.

Ve výsledku vidíme, že zde jsou čtyři podmínky:

1. Věřit mudrcům, že nám předali pravdu.
2. Věřit, že Stvořitel přikázal plnit Tóru a Přikázání pouze vírou výše rozumu.
3. Stvořitel má radost z toho, že stvoření plní Tóru a Přikázání na základě víry.
4. Člověk by měl mít radost a potěšení z toho, že se stal hoden Stvořiteli poskytovat potěšení, přičemž hodnota a důležitost práce člověka je měřena mírou radosti, kterou člověk během práce cítí, a to závisí na velikosti víry v tyto čtyři podmínky.

Z toho vyplývá, že pokud plníš podmínku: „Když uslyšíš hlas Stvořitele..." – to znamená, že když budeš vykonávat to, co řekl Stvořitel – pak všechny síly, které od svého těla obdržíš, nebudou pokládány za přijaté ve formě úvěru, který jsi povinen vrátit, „...pokud nebudeš poslouchat hlas Stvořitele". A jestliže se tělo ptá, proč je povinno dávat sílu k duchovní práci, když mu nic neslibuješ na oplátku, musíš mu odpovědět, že kvůli tomu je vlastně stvořeno a že se nedá nic dělat, když ho nenávidí Stvořitel, jak je řečeno, že Stvořitel nenávidí těla.

A navíc je v Knize *Zohar* řečeno, že Stvořitel obzvlášť nenávidí těla těch, kteří pro Něho pracují, protože si přejí získat věčnost – odměnu nejen v tomto světě, ale především odměnu duchovní, věčnou.

Proto je také právě zde podmínka: „...půjčuje, ale ty nevracej". To znamená, že svému tělu nemusíš nic vracet za energii a úsilí, které vynaložilo k vykonávání duchovní práce.

Ale pokud mu vrátíš nějaké potěšení, musí být pouze ve formě půjčky, nikoliv odměny nebo navracení. To znamená, že ti za to musí dát sílu k práci. Avšak v žádném případě mu není možné dávat jakékoliv potěšení zdarma.

A tělo je povinno ti dávat energii k práci neustále a úplně zadarmo. Ty mu však žádnou odměnu nedávej a neustále od něho požaduj, aby ti zajistilo sílu k práci, jak to od dlužníka vyžaduje ten, který dává na dluh. A tehdy bude tělo vždy otrokem a ty jeho pánem.

109. Dva druhy masa

Slyšel jsem 20. den měsíce Chešvan

Obvykle se rozlišují dva druhy masa: maso zvířat a rybí maso. Oba mají známky nečistoty a Tóra nám dala tato znamení proto, abychom věděli, od čeho se máme vzdálit, abychom nespadli do nečistoty.

V rybě jsou známky čistoty – přítomnost ploutví a šupiny. A pokud člověk tyto příznaky vidí, už ví, jak si dát pozor a nespadnout do nečistých přání.

Ploutve (*Snapir*, סנפיר) – ze slov *Sone-Pe-Or* (שונא־פה־אור, ústa nenávidící Světlo). *Malchut* se nazývá *Pe* (פה, ústa). A od ní přichází do *Parcufu* veškeré Světlo (אור, *Or*). Vždyť *Malchut* znamená víru.

A když člověk pociťuje víru jako něco nicotného, podobného prachu země, je to doba, stav, ve kterém jasně ví, že musí napravit své činy a pozvednout se ze stavu „*Šchina* v prachu".

A co znamenají šupiny (*Kaskeset*, קשקשת)? Když člověk překoná stav *Snapir*, tedy stav, kdy vůbec nemohl pracovat, začínají ho napadat neodbytné myšlenky – překážky (*Košija*, קושיא) o Vyšším řízení, které se nazývají *Kaš* (sláma, קש, ze slova *Koši*, קושי – nesnáz, obtíž). A pak opouští práci Stvořitele. Ale poté začne vynakládat úsilí ve víře výše rozumu a přichází k němu další překážka – myšlenka o nesprávném řízení světa Stvořitelem.

Takže se ukazuje, že už má dva krát *Kaš* (קש), z čehož vzniká slovo šupiny (*Kaskeset*, קשקשת).[69] A pokaždé, když člověk vírou výše rozumu překonává další špatné myšlenky o řízení Stvořitele, pozvedne se a poté klesá. A tehdy člověk vidí, že není schopen překonat bezpočet překážek a že ze svého stavu nemá jiné východisko než pouze křičet ke Stvořiteli, o čem je řečeno: „A křičeli synové Izraele z této práce a Stvořitel je uslyšel a vyvedl je z Egypta" – to znamená, že je zachránil před veškerým utrpením.

Je řečeno mudrci, že Stvořitel říká: „Já nemohu být pohromadě se samolibým," protože jsou jeden ke druhému protikladní svými vlastnostmi. Vždyť v člověku jsou dva druhy těl: vnitřní a vnější.

Do vnitřního těla se odívá duchovní potěšení čili víra a odevzdání, které se nazývá *Mocha* (מוחה, rozum) a *Liba* (ליבה, srdce).

Do vnějšího těla se odívá materiální potěšení, které se nazývá znalosti (*Jedi'a*, ידיעה) a přijímání (*Kabala*, קבלה).

Uprostřed, mezi vnitřními a vnějšími orgány, je střední tělo, které nemá jméno, ale když člověk dělá dobré skutky, tudíž činnosti odevzdání, přimyká se jeho prostřední tělo k vnitřnímu. A jestliže člověk dělá špatné činy – to znamená činnosti přijímání – pak se jeho prostřední tělo přimyká k vnějšímu. Prostřední tělo tedy přijímá životní sílu: buď duchovní z odevzdávání, nebo materiální z přijímání.

A protože jsou vnitřní a vnější těla vůči sobě navzájem protikladná vlastnostmi, pokud je prostřední tělo připojeno k vnitřnímu, stává se příčinou smrti vnějšího těla. A naopak, pokud je prostřední tělo připojeno k vnějšímu, stává se příčinou smrti vnitřního těla. Vždyť veškerá svoboda volby člověka spočívá pouze v tom, kam přesunout prostřední tělo: pokračovat ve sloučení se Svatostí, nebo naopak.

110. Pole požehnané Stvořitelem

Slyšel jsem v roce Tav-Šin-Gimel (1942–1943)

V *Genesis* (*Berešit*) je řečeno: „Pole požehnané Stvořitelem..." *Šchina* se nazývá polem. Někdy se pole (*Sade*, שדה) stává lží (*Šeker*, שקר). Písmeno *Hej* (ה) se skládá ze dvou písmen, písmene Vav (ו) a písmene Dalet (ד). Písmeno *Vav* uvnitř písmene *Hej* označuje duši a písmeno *Dalet*

---

[69] Písmena *Šin* a *Sin* jsou navzájem zaměnitelná.

označuje *Šchinu*. A když se duše člověka odívá do *Šchiny*, vzniká písmeno *Hej*. Ale pokud chce člověk k víře přidat znalosti a přijímání, prodlužuje tím písmeno *Vav* dolů čili k nečistým silám a z písmene *Hej* vzniká písmeno *Kuf* (ק) a písmeno *Dalet* se stává písmenem *Reš* (ר).

Vzhledem k tomu, že písmeno *Dalet*, které označuje vlastnost *Dal* (דל, chudý), není spokojeno s vírou a přeje si přidat, tato vlastnost se mění z *Dalet* na *Reš*, jak je řečeno: „A tento, ačkoliv panující, se narodil chudý." (*Kohelet*, Kazatel) A slovo *Dal* (chudý) se stává slovem *Raš* (רש, ubohý, bídný), protože do sebe vnáší zlé oko jak do rozumu, tak i do srdce, o čemž je řečeno: „A hryže ho kanec lesní." (Žalm 80) A toto oko je „závislé", protože se vrací k rozdělení, když se zlý duch stává andělem Svatosti.

A v tom tkví smysl řečeného: „Požehnán buď Stvořitel navěky!" Poněvadž člověk přichází do stavu, kdy ho opustí veškerá životní síla, ale pokaždé se posílí a tehdy se stane hoden být jako „pole požehnané Stvořitelem". A zlé oko se změní na dobré.

A z toho důvodu je oko nazýváno závislé; vždyť se nachází v pochybnosti, má-li být dobré, nebo zlé. A proto se vrací k rozdělení, o kterém je řečeno: „Jeden je hoden druhého," a také jak je řečeno: „Neexistovala větší radost než v ten den, kdy Stvořitel stvořil nebesa a zemi."

A proto se nakonec vyplní řečené: „Bude Stvořitel jediný a jméno Jeho jen jedno," v čemž také „spočívá" smysl Stvoření. A ve svém napraveném konečném stavu se všechno stává jedním celkem, protože ve Stvořiteli jsou minulost, současnost i budoucnost spojeny a jsou rovnocenné. Proto se Stvořitel dívá na konečnou podobu stvoření, jakým se stane na konci své nápravy, když jsou v něm zahrnuty všechny duše ve světě Nekonečna ve své dokonalosti a bez veškerého nedostatku.

Ale stvoření zatím stále pociťují nepřítomnost dokonalosti a zdá se jim, že je nutné ještě přidat a napravit v sobě to, co jim bylo uloženo, což se nazývá: „To, co Stvořitel stvořil k vyplnění". To znamená, že jsou všechny nedostatky a hněv (jak je řečeno: „Ve zlostném člověku není nic jiného než hněv") pravou formou projevování egoismu a všechny nápravy směřují pouze k tomu, aby jej přeměnily na odevzdání. A v tom tkví veškerá práce člověka.

Vždyť před stvořením světa se všechno nacházelo v Jediném Stvořiteli, jak je řečeno: „On a Jeho jméno jsou jedno." To znamená, že ačkoli z Něho Jeho jméno vychází a odhaluje se venku a již se nazývá Jeho jménem, stejně jsou jedním. A v tom tkví smysl slov: „Jeden je hoden druhého".

111. Výdech, hlas, řeč

Slyšel jsem 29. den měsíce Sivan v roce Tav-Šin-Gimel (2. července 1943) v Jeruzalémě

V duchovním jsou takové pojmy jako „výdech", „hlas", „řeč" a také „led" a „hrozný".

„Výdech" je Světlo odražené od clony, síla omezení, která nedovolí přijímat více, než je člověk schopen přijmout se záměrem pro Stvořitele, „aby se nevrátil zpět k hlouposti svojí". A když „výdech" dosáhne své plné míry, jeho omezení, čili clona s Odraženým světlem se nazývá „hlas".

„Hlas" je varování – to znamená, že člověku říká, aby neporušoval zákony Tóry. Když je poruší, okamžitě ztratí chuť Tóry. Pokud tedy člověk jistě ví, že porušením duchovních zákonů ztratí chuť duchovního a spojení s ním, pak se vystříhá toto omezení porušit.

A tehdy dospěje do stavu „řeč", což znamená *Malchut*, a je schopen provést *Zivug de-Haka'a*, spojení, sloučení Stvořitele se *Šchinou*, na základě čehož světlo *Chochma* sestupuje dolů.

Jsou dva stupně:

1. odevzdávání pro odevzdání (bez přijímání),
2. přijímání pro odevzdání.

Když člověk vidí, že může přijmout kvůli odevzdání, přirozeně si nepřeje setrvávat v otroctví „odevzdávání pro odevzdání". Vždyť pokud člověk přijímá potěšení kvůli Stvořiteli, Stvořitel má větší potěšení, protože světlo *Chochma* naplňuje touhu toto Světlo získat a těšit se jím, v čemž také spočívá Cíl stvoření. Z toho důvodu člověk vidí, že nemá smysl setrvávat v práci „odevzdávání pro odevzdání" ve světle *Chasadim*. Vždyť to je Světlo nápravy, a nikoliv Cíle stvoření.

Ale zde okamžitě dochází k přerušení chuti Tóry a nezůstane mu nic, protože světlo *Chasadim* je oděvem světla *Chochma*, a je-li nedostatek tohoto odění, pak dokonce i v případě, že světlo *Chochma* má, stejně ho nemá do čeho obléci.

A tehdy dospěje do stavu, který se nazývá „hrozný ledový chlad". Vzhledem k tomu, že *Jesod Parcufu Aba*, *Parcufu Chochma*, má světlo *Chochma*, avšak není tam světlo *Chasadim*, které by na sebe světlo

Chochma obléklo, je *Jesod Parcufu Aba* nazýván úzkým z nedostatku světla *Chasadim*, ale dlouhým díky přítomnosti světla *Chochma*. Světlo *Chochma* může zářit jen tehdy, když je oděno do světla *Chasadim*, avšak vně odění do světla *Chasadim* světlo *Chochma* ztuhne a změní se v led stejně jako zmrzlá voda, ačkoliv je vodou.[70] Pokud se však nerozšíří dolů, stává se ledem.

Jesod Parcufu Ima, Parcufu Bina, se nazývá „hrozným", protože je krátký kvůli nedostatku světla *Chochma* (v důsledku *Cimcum Bet*) a široký díky přítomnosti světla *Chasadim*.

Proto je možné k rozšíření světla *Chochma* ve světle *Chasadim* dospět pouze při působení obou – *Jesodu de-Aba* a *Jesodu de-Ima*.

112. Tři andělé

Slyšel jsem v týdnu VaJera v roce Tav-Šin-Gimel (říjen 1942)

Je nutné pochopit:
1. Proč tři andělé navštívili Abraháma po *Brit Mila* (obřízce)?
2. Proč ho navštívil Stvořitel a co mu během návštěvy řekl?
3. Proč si návštěvník bere 60. část nemoci?
4. Proč se Abrahám vzdálil od Lota?
5. V čem tkví smysl zničení země ve městech Sodoma a Gomora?
6. Jaký je smysl prosby Abraháma nezničit Sodomu?
7. Proč se Lotova žena podívala zpět a změnila se v solný sloup?
8. Jaká byla odpověď Šimona a Leviho obyvatelům Šekemu o původu obřízky, když řekli: „A jinak je to pro nás zhanobení?"
9. Jaká dvě „loučení" zůstala z časů Lota a byla napravena ve dnech králů Davida a Šalamouna?

V každém duchovním stavu rozlišujeme tři jeho složky: svět – rok – duše. V aktu *Brit Mila*, svazku obřízky, spojení člověka se Stvořitelem, jsou také tyto tři složky: svět – rok – duše. (Ve skutečnosti existují čtyři svazky se Stvořitelem: svazek očí, svazek jazyka, svazek srdce a svazek předkožky, tedy svazek obřízky. A svazek obřízky v sobě zahrnuje všechny ostatní.)

---

[70] Světlo *Chasadim* se nazývá „voda".

Kůže, předkožka, je *Bchina Dalet*, která musí být odtržena ze svého místa, aby spadla na úroveň prachu, do *Malchut*, když se *Malchut* nachází na svém místě – tudíž na úrovni prachu.

To je způsobeno tím, že *Parcuf Aba* dává *Loven* (לובן), bílé Světlo, které spouští dolů všechny dílčí *Malchut* ze všech 32 částí na místo samotné *Malchut* – až na samé dno Stvoření. V důsledku toho se všechny *Sfirot* vybělí z *Ovijutu Malchut*, z jejího omezení, z „vlastností soudu". Vždyť zpoza tohoto omezení proběhlo roztříštění clony (*Švirat Kelim*).

A poté *Parcuf Ima* poskytuje *Odem* (אודם), červené Světlo, z něhož *Malchut* obdrží vlastnosti *Biny*, nazvané „půda" (*Adama*), a nikoli prach.

V *Malchut* se rozlišují dva stavy: půda a prach.

Půdou se nazývá *Malchut*, ve které jsou vlastnosti *Biny*. Takový stav se nazývá pozvednutím *Malchut* do *Biny* nebo „změkčení" *Malchut*.

Prachem se nazývá *Malchut* na svém místě bez pozvednutí se do *Biny*. Tento její stav je také nazýván mírou soudu (přísnosti, omezení).

Když měl Abrahám přivést na svět Izáka, jenž je souhrnnou vlastností Izraele, bylo nezbytné, aby se očistil pomocí aktu *Brit Mila* (obřízky), a Izrael se tak narodil čistým (od touhy přijímat sebepotěšení, *Klipot*).

Stejně jako v každé činnosti i v *Brit Mila* existují tři definice: „svět – rok – duše" (*Olam – Šana – Nefeš*, עולם־שנה־נפש):

Na úrovni duše (*Nefeš*) se *Brit Mila* nazývá spojenectví obřízky, protože odmítá předkožku a vrhá ji dolů na úroveň prachu.

„Svět" je ve spojenectví obřízky zkázou Sodomy a Gomory.

Spojení všech duší ve světě (svět je spojením všech duší) se nazývá Lot. A akt obřízky ve světě se nazývá „zkázou Sodomy". Léčení bolesti po obřízce se nazývá spása Lota. Sám Lot označuje „prokletou zemi" – *Bchinu Dalet*.

Když se člověk stane hoden splynutí se Stvořitelem, když s Ním vyrovná svoje vlastnosti a bude toužit pouze odevzdávat a nebude si nic přát pro sebe, dospěje do stavu, kdy nemá co dělat, není v něm místo pro práci. Vždyť nic nepotřebuje sám pro sebe, nýbrž jen pro Stvořitele, avšak vidí, že je Stvořitel dokonalý a v ničem nemá nedostatek. V tomto případě člověk jakoby ztuhne na místě a trpí díky obřízce *Brit Mila*, protože obřízka ovlivnila jeho možnost pracovat.

Vždyť je obřízka oddělením touhy přijímat, nad kterou již nemá vládu. Proto nemůže ke své práci nic přidat. Na to existuje náprava: dokonce i poté, co se stal hoden toho, aby od sebe odřízl svou egoistickou touhu, nehledě na to v něm zůstanou jiskry Bchiny Dalet, které čekají na svou nápravu. A jsou napravovány přitahováním Světla většího stavu. Proto má člověk možnost i nadále pracovat.

Z toho důvodu praotec Abrahám cítil po vykonání obřízky bolest a Stvořitel ho přišel navštívit v podobě anděla Rafaela (*Rafua* znamená léčení) a uzdravil ho.

(Jsou pouze čtyři hlavní andělé: Michael – na pravé straně, Gabriel – na levé straně, Uriel – zpředu, Rafael – zezadu. Zezadu znamená, že se nachází na straně *Malchut*, na západě. A uzdravuje *Malchut* po odříznutí předkožky čili poslední části *Malchut*, *Dalet de-Dalet*, aby bylo vytvořeno nové místo pro práci.)

A druhý anděl se objevil, aby úplně změnil, zničil Sodomu. Poněvadž odseknutí předkožky „v duši" (ze svět – rok – duše) se nazývá obřízka a „ve světě" (ze svět – rok – duše) se odseknutí nazývá zkáza Sodomy. A pokud po odseknutí předkožky zůstane bolest, kterou je nutné vyléčit, pak po zkáze Sodomy také vzniká bolest nazvaná „loučení". Jejich vyléčení se nazývá „Spása Lota" a po uzdravení poskytne v budoucnosti „Dvě dobrá loučení".

Ale jak je vůbec možné si představit dobrá loučení? Stejně jako po odseknutí předkožky vzniká bolest v důsledku nedostatku duchovní práce, tak i z loučení, z jisker (*Nicocim*, ניצוצים), které zbyly z *Bchiny Dalet*, vzniká místo pro práci, protože je nezbytné je napravit.

A nemohou být napraveny, dokud není odseknuta předkožka. Vždyť je zpočátku nutné se pozvednout a napravit 288 jisker a poté napravit 32 jisker, které se nazývají *Lev ha-Even* (kamenné srdce). Proto je na začátku předkožka odseknuta všude a musí to být potají (*Sod*) – to znamená, že předem není známo, že tyto jiskry zůstanou ve formě *Rešimot*. A potom náprava pokračuje do *Jesodu*. A v tom tkví smysl tajemství (*Sod*) vyléčení obřízky, což je doplnění *Jesodu*, když přidáním písmene *Jud* (י) k *Sodu* – z tajemství (*Sod*, סוד) vzniká *Jesod* (יסוד, základ).

A protože stejný anděl Rafael jde zachránit Lota a přivádí k „dobrým loučením", které se týkají Rút a Naomi, to jest rozumu (*Mocha*) a srdce (*Liba*). „Rút" (רות) znamená „čtěná" (*Re'uja*, ראויה), pokud se nevysloví písmeno *Alef* (א). *Naomi* (נעמי) znamená „příjemná" (*Noam*, נועם) – to, co osladí srdce – a poté získává oslazení díky Davidovi a Šalamounovi.

Ale předtím řekl anděl: „Neohlížej se nazpět!" Protože „Lot" znamená *Bchinu Dalet*, která je však spojena s Abrahámem. Ale „za ní" čili za *Bchinou Dalet*, kde zůstává jen sama *Bchina Dalet* bez oslazení *Binou*, jsou obrovské mořské příšery: Leviatan a jeho žena. Proto *Nukvu* zabíjejí a „nasolují", aby byla uchována pro spravedlivé, kteří přijdou v budoucnosti – na konci všech náprav.

Proč se Lotova žena otočila a pohlédla zpět, jak je napsáno: „A ohlédla se žena Lota a změnila se v solný sloup"?

Je třeba ji nejprve zabít, a proto byla zničena Sodoma a Gomora. Avšak je zapotřebí zachránit Lota, který se nazývá „Leviatan" (což znamená spojení *Bchiny Dalet* s Abrahámem).

A to řeší věčnou otázku: jak mohl anděl, který uzdravil Abraháma, zachránit i Lota? Vždyť existuje pravidlo, které neumožňuje, aby jeden anděl vykonal dvě mise. Jde však o to, že je to jen jedna mise. Vždyť *Rešimo* z *Bchiny Dalet* musí zůstat, ale aby to bylo tajemstvím. To znamená, že dokud člověk neučiní sám sobě obřezání, nesmí o tom nic vědět a zabíjí *Bchinu Dalet*. A Stvořitel ji uchová, „nasolí" ji pro budoucí spravedlivé a tehdy se tajemství (*Sod*) změní v *Jesod*.

Z toho se stává srozumitelným rozpor mezi pastýři, které koupil Abrahám a Lot („nákup" znamená nabýt duchovní). To, co získal Abrahám, bylo pro zvýšení jeho vlastností čili víry výše rozumu, s jejíž pomocí se člověk skutečně stává hoden všeho. Ukázalo se, že si přeje nabýt to, co by potvrdilo, že cesta vírou výše rozumu je cestou pravdy. A důkazem je, že mu jsou Shora posílány duchovní úspěchy. A pomocí nich se pokouší kráčet pouze vírou výše rozumu.

Avšak on si nepřeje tyto duchovní odměny proto, že jsou to důležité duchovní stupně. To znamená, že věří ve Stvořitele nikoliv proto, aby pomocí víry dosáhl velkých duchovních odhalení, ale potřebuje duchovní porozumění k tomu, aby věděl, zda je na správné cestě. Ukazuje se, že si po všech velkých stavech přeje postupovat právě cestou víry, protože tehdy vidí, že něco dělá.

Zatímco pastýři Lota touží pouze po získání duchovního odhalení a po velkém duchovním porozumění, což znamená, že si přejí zvýšit vlastnosti Lota, který se nazývá „prokletá země" – touha po sebepotěšení v srdci i v rozumu, *Bchina Dalet*. Proto řekl Abrahám Lotovi:

„Vzdal se ode mne!" To znamená, že se od něho musí *Bchina Dalet* oddělit ve všech třech svazcích svět – rok – duše.

Oddělení *Bchiny Dalet* se nazývá odseknutím předkožky:
- oddělení předkožky „v duši" se nazývá obřízka,
- oddělení předkožky „ve světě" se nazývá zničení Sodomy,
- oddělení předkožky „v roku" je vzájemné spojení (*Hitkalelut*) všech duší, označující vlastnost Lota, ze slova „prokletí" (*Klala*, קללה), s názvem „prokletá země", a proto se od něho chtěl Abrahám oddělit.

Ale Lot byl také synem Hárana, což znamená *Cimcum Bet*, který se nazývá „potok vytékající z Ráje, aby zavlažil zahradu". A existuje takový pojem jako „po tu stranu potoka", což je za potokem a znamená to *Cimcum Alef*. A mezi *Cimcum Alef* a *Cimcum Bet* je rozdíl, neboť v *Cimcum Alef* se všechna omezení nacházejí pod všemi *Sfirot* Svatosti, jak se objevila zpočátku v souladu s posloupností rozšiřování světů. Zatímco v *Cimcum Bet* se omezení pozvedla na místo Svatosti a již se za ní mohou uchytit. V tomto smyslu jsou horší než *Cimcum Alef* a nerozšiřují se dále.

Kanaánská země se vztahuje k *Cimcum Bet* a to znamená velmi špatné vlastnosti, protože se přimykají ke Svatosti. Proto je o nich napsáno: „Nezůstane tam živá ani jedna duše." Vlastnosti Lota se však vztahují k *Bchině Dalet* a Lot nutně musí být spasen. Proto přijdou tři andělé jako jeden. První, aby požehnal potomkům, ze kterých vzejde národ Izraele. A zde je také zmíněno Přikázání Tóry: „Ploďte a množte se!" což vede k odhalení tajemství Tóry, která se nazývají synové (*Banim*, בנים) ze slova „porozumění" (*Havana*, הבנה).

A toho všeho lze dosáhnout až po nápravě, která se nazývá „obřízka". V tom tkví tajný smysl slov, která řekl Stvořitel Abrahámovi: „Mám Já před Abrahámem utajit, co učiním?" (*Genesis*) Vždyť Abrahám se zničení Sodomy obával ze strachu, že ztratí všechny své přijímací *Kelim*. A proto řekl: „A pokud je v tomto městě 50 spravedlivých?" – protože úplný *Parcuf* obsahuje 50 stupňů. A potom se zeptal: „A pokud se tam nashromáždí 45 spravedlivých?" – to znamená *Ovijut Bchinat Gimel*, který označuje „40" plus *Dalet de-Hitlabšut*, což je *VaK* – polovina stupně nebo pět *Sfirot*. A tak se ptal, dokud neřekl: „A je-li deset spravedlivých?" – to znamená úroveň *Malchut*, ve které je jenom 10. Ale když spatřil, že odtud nemůže vyjít ani úroveň *Malchut*, tehdy Abrahám se zkázou Sodomy souhlasil.

Vychází najevo, že když Stvořitel přišel navštívit Abraháma, ten se modlil za Sodomu. A o tom je řečeno: „Sestoupím a podívám se, zda jednali podle míry nářku jeho, přicházejícího ke Mně" – to znamená, jestliže zcela zabředli do egoistických přání: „Tehdy je hotovo – konec! A pokud ne, budu to vědět". Tudíž, mají-li vlastnost odevzdání, pak se to On dozví a připojí je ke Svatosti. Ale protože Abrahám viděl, že v nich není nic dobrého, souhlasil se zkázou Sodomy.

A v tom tkví smysl napsaného: „A Lot se usadil v sousedství a rozložil své stany až k Sodomě." Tedy do toho místa, kde přebývá samotná touha po potěšení, ale ještě v zemi Izraelské.

Avšak po tu stranu potoka čili na straně *Cimcum Alef*, kde vládne sama *Bchina Dalet*, není možné pracovat. Vždyť na svém místě *Bchina Dalet* vyhrává a panuje. A pouze v zemi Izraelské, která se nachází pod *Cimcum Bet*, je možná všechna práce.

A v tom spočívá tajemství jména Abrahám (אברהם): „Stvořený písmenem *Hej*" (*Be-He-Bra'am*, בה׳בראם), což znamená, že se písmeno *Jud* rozdělilo na dvě písmena *Hej*: na spodní *Hej* (*Malchut*) a horní *Hej* (*Binu*) a Abrahám si pro sebe vzal začlenění (*Hitkalelut*, התכללות) spodního *Hej* ve vyšším *Hej*.

A na základě toho se stává pochopitelný příběh Šimona a Leviho, kteří oklamali obyvatele Šekemu poté, co Šekem zatoužil po Díně. A protože všechny jeho záměry pocházely pouze z touhy po potěšení, řekli mu, že by měli být obřezáni všichni obyvatelé Šekemu – tudíž by měli zrušit své přijímací *Kelim*. Avšak poněvadž záměr se těšit bylo to jediné, co měli, ukázalo se, že tímto obřezáním zabili sami sebe. Vždyť po obřízce ztratili svou touhu po potěšení, což se pro ně rovnalo smrti.

Z toho vyplývá, že obyvatelé Šekemu ve skutečnosti oklamali sami sebe. Vždyť jejich jediným záměrem bylo získat Dínu, sestru Šimona a Leviho. A oni si mysleli, že mohou Dínu získat do egoistických *Kelim*. Ale když byli obřezáni a chtěli Dínu získat, vyjasnilo se, že jsou schopni používat pouze *Kelim* odevzdání a že *Kelim* přijímání ztratili po obřízce. A protože postrádali jiskry odevzdání (vždyť Šekem byl synem Chamora, který rozuměl jen egoistickému přijímání), nemohli Dínu získat do *Kelim* odevzdání, jelikož to bylo opačné k jejich kořenu. Vždyť se jejich kořeny nacházely pouze v Chamorovi, v touze po sebepotěšení, a ve výsledku nic nezískali tam ani tam. A proto je řečeno, že je Šimon a Levi přivedli k smrti, avšak svou smrt si zavinili oni sami, a nikoliv Šimon a Levi.

A z tohoto důvodu řekli mudrci: „Pokud tě urazil tento ničema, přitáhni ho do *Bejit Midraš* (čili učit se)." Ale co znamená „urazil"? Jako kdyby vždy neexistoval ten podlý ničema – touha po sebepotěšení? Jedná se o to, že všichni nepovažují svou egoistickou touhu za ničemnou. Pokud člověk cítí ničemnost svého egoismu, chce se ho zbavit, jak je řečeno: „Ať člověkem vždy hýbou jeho dobré úmysly, a ne zlý počátek. Když v tom uspěje – dobře, neuspěje-li – ať se zabývá Tórou, a pokud to nepomůže, nechť si přečte modlitbu ,Poslouchej *Jisra'el*', a pokud nepomůže ani to – připomeň mu den smrti." (*Berachot* s. 5)

Ukazuje se, že má hned tři rady a jedna bez ostatních není dostatečná. A to odpovídá na známou otázku, proč je v *Gemaře* obsaženo, že pokud nepomohla první rada – to znamená přitáhnout ho do *Bejit Midraš* – je nutné si přečíst modlitbu „Poslouchej *Jisra'el*", a pokud nepomůže ani to, připomenout mu den smrti. K čemu jsou mu však první dvě rady, které stěží pomohou? Proč hned nepoužít poslední radu a nepřipomenout mu den smrti? A to je objasněno tak, že jedna rada nemůže pomoci a že jsou nezbytné všechny tři společně.

1. Přitáhnout do *Bejit Midraš* – tedy k Tóře.
2. Čtení modlitby „Poslouchej, *Jisra'el*" – označuje Stvořitele a splynutí s Ním.
3. Připomenout den smrti – znamená oddaně odevzdat svou duši, jak postupuje *Jisra'el*, podobně jako holubice, která sama natahuje krk (před obětním nožem).

To znamená, že se všechny tři rady slučují do jediného pravidla, které se nazývá: „Tóra, *Jisra'el* a Stvořitel – jeden celek".

Stran Tóry a čtení modlitby „Poslouchej *Jisra'el*" je možné obdržet pomoc Učitele. Avšak stát se *Jisra'elem*, uskutečnit svátost obřízky – to znamená odevzdat svou duši Stvořiteli – je možné pouze prostřednictvím vlastní práce člověka. Avšak i v tom mu pomáhají Shora, jak je řečeno: „I uzavřu Já svaz s ním." To znamená, že Stvořitel člověku pomáhá, ale stejně je vloženo na samotného člověka, aby tuto práci započal. A v tom tkví smysl řečeného: „Připomeň mu den smrti" – je tudíž nutné si to po celou dobu připomínat a nezapomínat na to, poněvadž toto je stěžejní v práci člověka.

A *Rešimot*, která jsou po spáse Lota zapotřebí ponechat, se vztahují ke „dvěma dobrým loučením", jež se týkají Hamana a Mordechaje. Vždyť Mordechaj, který si přeje pouze odevzdávat, vůbec nepotřebuje přitahovat Světlo velkého stavu. Ale právě zásluhou Hamana, který chce pro sebe získat veškeré Světlo, se člověk probouzí a přeje si přitáhnout Světlo velkého stavu. Ale když již toto Světlo přitáhl, nelze ho přijímat do tužeb Hamana, které se nazývají *Kelim* přijímání, ale pouze do *Kelim* odevzdání. A v tom tkví smysl toho, co řekl Král Hamanovi: „A učiň tak Židu Mordechajovi," což označuje Světla Hamana zářící v *Kelim* Mordechaje.

113. Modlitba „Šmone Esre" (Osmnáct požehnání)

Slyšel jsem 15. den měsíce Kislev o Šabatu

V modlitbě *Šmone Esre* se říká, že Stvořitel slyší každého z lidu Izraele s milosrdenstvím. A není to srozumitelné: vždyť se z počátku říká, že Stvořitel slyší modlitbu každého – tudíž dokonce i toho, koho není žádoucí slyšet. A potom se říká, že Stvořitel slyší s milosrdenstvím národ Izraele.

To znamená, že On slyší pouze modlitbu za milosrdenství, jinak není modlitba slyšet.

A je nutné vědět, že veškerá tíže, jíž člověk pociťuje ve své duchovní práci, je vyvolána rozpory, které vznikají na každém kroku. Existuje například pravidlo, že by se člověk měl pokořit. Ale pokud bude pravidlo následovat do krajnosti, pak ačkoliv je mudrci řečeno: „Buď maximálně skromný," tato krajnost se přesto nezdá být pravidlem, neboť je známo, že člověk musí jít proti celému světu a nepodléhat množství myšlenek a idejí, které se v něm rozvíjejí. Jak je řečeno: „Nechť zpychne jeho srdce na cestě Stvořitele." A pokud je to tak, je toto pravidlo možné nazvat dokonalým?

Ale na druhou stranu, pokud se naopak stane pyšným, také to není dobré. Poněvadž Stvořitel o každém nadutci řekl, že On a samolibý nemohou žít pospolu. A také vidíme rozpor v souvislosti s utrpením. Vždyť v případě, že Stvořitel nějakému člověku posílá utrpení, musíme věřit, že je Stvořitel dobrý a vytváří dobro, takže je toto utrpení bezpochyby člověku ku prospěchu. Tak proč se modlíme ke Stvořiteli, aby nás zbavil našich utrpení?

A je nutné vědět, že utrpení jsou dávána výhradně k nápravě člověka, aby byl připraven přijmout Světlo Stvořitele. Posláním utrpení je očistit tělo, o čem je mudrci řečeno: „Jako sůl ochutí maso, tak utrpení čistí tělo." A dodali, že modlitba nahrazuje utrpení; vždyť také čistí tělo. Modlitba se nazývá cesta Tóry, a proto čistí tělo účinněji než utrpení. Z toho důvodu je člověku přikázáno, aby se modlil za utrpení. Vždyť to přináší dobro jak samotnému člověku, tak i všem společně.

Protiklady způsobují potíže v duchovní práci a její přerušení, když člověk nemůže pokračovat v práci a pociťuje špatnou náladu. A zdá se mu, že není schopen na sebe vzít břemeno práce Stvořitele a nést ho jako „vůl pod jhem a osel pod nákladem". A v tomto čase se nazývá „nežádoucí". Ale poté, co všechny své záměry nasměruje na zachování úrovně víry, která se nazývá vlastnost *Malchut*, a přeje si pozvednout *Šchinu* z prachu tak, aby se ve světě pozneslo Jeho jméno, vzrostla velikost Stvořitele a svatá *Šchina* nepřebývala v bídě a chudobě, Stvořitel slyší každého, dokonce i toho, kdo není příliš žádoucí – to znamená toho, kdo se cítí vzdálen od duchovní práce.

Tak se objasňuje, že Stvořitel slyší každého. Kdy slyší každého? V době, kdy se lid Izraele modlí za milosrdenství, tudíž za pozvednutí *Šchiny* z prachu – za nalezení víry. Připomíná to člověka, který nejedl tři dny, a když prosí, aby mu dali něco k jídlu, samozřejmě nežádá o žádný nadbytek, ale pouze o to, co je nezbytné k udržení života.

A stejné je to v práci Stvořitele, když člověk cítí, že se nachází mezi nebem a zemí. Pak neprosí Stvořitele o nic zbytečného, nýbrž pouze o Světlo víry, aby Stvořitel osvítil oči člověka a pomohl mu najít víru. A toto se nazývá pozvednutí *Šchiny* z prachu. A taková modlitba je přijímána od každého bez ohledu na to, v jakém stavu se člověk nachází. Pokud prosí o víru, aby zachránil svou duši, je jeho modlitba přijata.

Znamená to prosbu o milosrdenství. Vždyť se modlí pouze o to, aby se Nahoře slitovali a umožnili mu zachovat život. Proto je v Knize *Zohar* napsáno, že je okamžitě přijímána modlitba za chudé – tudíž za svatou *Šchinu*.

114. Podstata modlitby

Slyšel jsem v roce Tav-Šin-Bet (1941–1942)

Jak je ve vztahu k modlitbě možné milosrdenství? Vždyť existuje podmínka: „Pokud ti člověk říká, že dosáhl duchovního, aniž by vynaložil veškerá úsilí, nevěř mu".

Rada spočívá v tom, že člověk musí Stvořiteli slíbit, že po získání duchovních sil vynaloží veškerá potřebná úsilí a všechno v plné míře vrátí.

115. Neživé, rostlinné, živočišné, člověk

Slyšel jsem v roce Tav-Šin (1939–1940) v Jeruzalémě

Neživé: nemá nad sebou svobodu ani vládu, nýbrž se nachází pod vládou Pána a musí plně plnit přání Pána. A poněvadž Stvořitel stvořil všechna stvoření pro Svoji slávu, jak je řečeno: „Každý, kdo je nazván Mým jménem, je stvořen pro Moji slávu," což znamená, že stvořil stvoření pro Sebe, a ve stvořeních je otištěna podstata Stvořitele, jakožto Pána, z toho důvodu není žádné stvoření schopno pracovat pro bližního, ale všechno dělá pouze pro sebe.

Rostlinné: projevuje se v něm již počátek nezávislé touhy tak, že může do jisté míry jednat proti přání Pána – to znamená, že může něco dělat nejen pro sebe, ale také odevzdávat. A to je již v rozporu s přáním Pána, který dal svým stvořením touhu přijímat pro sebe sama.

Nicméně však na pozemských rostlinách vidíme, že ačkoli uskutečňují nějaký druh pohybu a rozšiřují se do šířky a do výšky, všechny mají jeden rys – žádná z nich se nemůže postavit proti přirozenosti všech rostlin; každá je povinna dodržovat zákony rostlin a nemá sílu udělat cokoliv proti ostatním. To znamená, že nemá samostatný život a její život je součástí života všech rostlin. Všechny rostliny vedou jeden způsob života; jsou jakoby jednou rostlinou, jejímiž jsou součástmi.

Stejně tak je tomu i v duchovním: ten, kdo už má trochu síly překonat touhu po sebepotěšení, se však přesto nachází v otroctví okolní společnosti a ještě není schopen jít proti ní. Ale přece jen může jít proti své touze po sebepotěšení – to znamená, že již jedná s touhou odevzdat.

Živočišné: každé zvíře má svou osobitost a nenachází se v otroctví okolní společnosti: každé má svoje vlastní pociťování, každé má své vlastní vlastnosti. A samozřejmě také může v něčem jednat proti vůli Pána – to znamená pracovat pro odevzdání – a také nepodléhá svému okolí. Vždyť má svůj vlastní osobní život, který není nezávislý na životech druhých.

Avšak zvíře není schopné vnímat více než samo sebe – to znamená, že nemůže pocítit ty, kdož jsou vně něho – a proto se nemůže starat o druhé.

Člověk: disponuje těmito přednostmi:
1. jedná proti přání Pána,

2. nezávisí na ostatních svého druhu, na okolní společnosti jako rostlinné,
3. pociťuje ty, kdož jsou vně něho, a proto se o ně může starat a naplňovat je.

Poněvadž může trpět utrpením společnosti, může se také těšit z radosti společnosti. Může pociťovat minulost a budoucnost, kdežto živočišná úroveň cítí pouze přítomnost a jenom sebe.

116. Přikázání nepotřebují záměr

Slyšel jsem

„Přikázání nepotřebují záměr a v tomto světě není za jejich plnění žádná odměna." Záměr je myšlenka a chuť v Přikázání. A to je ve skutečnosti odměna. Neboť když člověk ochutná chuť Přikázání a rozumí jeho myšlence, již nepotřebuje větší odměnu. Z toho důvodu, pokud Přikázání nepotřebují záměr, pak za ně samo sebou není žádná odměna v tomto světě, poněvadž člověk v Přikázání nenachází smysl a chuť.

Z toho vyplývá, že pokud se člověk nachází v situaci, kdy nemá žádný záměr, nezíská za Přikázání žádnou odměnu. Vždyť odměnou za Přikázání je jeho myšlenka a chuť. A když to člověk nemá, je samozřejmé, že v tomto světě nemá za Přikázání ani odměnu.

117. Vynaložil úsilí a nenalezl – nevěř

Slyšel jsem

Nezbytná míra úsilí je naší povinností. Představuje pro člověka dárek a Stvořitel si přeje, aby člověk pocítil hodnotu daru; jinak bude podobný hlupákovi, o kterém řekli mudrci: „Jaký hlupák! Ztrácí to, co mu dávají." A jelikož si daru neváží, neopatruje ho.

A člověk zpravidla nepociťuje žádnou hodnotu ve věci, kterou nutně nepotřebuje. A čím více pociťuje její nezbytnost a trpí její nepřítomností, tím více zakusí potěšení a radosti, když dosáhne požadovaného. Jako například člověk, kterému nabízejí různé lahodné nápoje, avšak nemá-li žízeň, nepocítí v nich žádnou chuť, která by byla „přesně jako balzám na unavenou duši".

Z toho důvodu, když připravují pohoštění, aby byli potěšeni a obdarováni přátelé, pak zároveň s rybou, masem a různými chutnými jídly podávají na stůl ostrá a hořká koření, jako je hořčice, pálivá paprika, marinády a nakládaná zelenina. A to vše kvůli tomu, aby byl vyvolán pocit hladu. Vždyť když srdce zakusí hořkou a ostrou chuť, vyvolá to v něm hlad a touhu, která pak může být na hostině s potěšením uspokojena nejrůznějšími pamlsky.

A nikoho nenapadne říci: „A proč potřebuji tato koření, která vyvolávají pocit hladu? Cožpak nestačí, aby hostitel připravil jen to, co uspokojí touhu hostů – tudíž samotné jídlo, a nikoliv ještě to, co v nich podnítí ještě větší chuť k jídlu?" A odpověď je všem jasná: vždyť si hostitel přeje, aby se hosté pohoštěním těšili, a čím větší hlad zakusí, tím větší potěšení budou mít z jídla.

Z toho důvodu, abychom se stali hodni obdržet Světlo Stvořitele, musíme trpět jeho nepřítomností. A pocit nedostatku je přímo spojen s vynaloženým úsilím – čím větší úsilí člověk vynaloží a čím více během velmi silného ukrytí směřuje ke Stvořiteli, tím více začíná Stvořitele potřebovat, aby mu Stvořitel otevřel oči a dal mu možnost následovat cestu Stvořitele. A když člověk již má toto *Kli* utrpení z nepřítomnosti Stvořitele, tehdy mu Stvořitel Shora pomáhá a člověk je také již samozřejmě schopen tento dar ochránit. Toto úsilí je odvrácená strana (*Achorajim*). A pokud člověk nalezne odvrácenou stranu, získá možnost se stát hoden přední strany (*Panim*) – odhalení tváře Stvořitele.

A o tom je řečeno: „Hlupák se nesnaží porozumět" – to znamená, že necítí touhu vyvinout úsilí k dosažení porozumění. Ukazuje se, že nemá „odvrácenou stranu", což znamená, že nemůže odhalit „přední stranu" – tvář Stvořitele. A o tom je řečeno: „Podle míry utrpení – odměna." Utrpení tudíž znamená vynaložené úsilí a vytváří v člověku touhu, *Kli*, jež mu umožní získat odměnu. A čím větší bude jeho utrpení, tím větší radostí a potěšením může být později odměněn.

118. Kolena, která se sklonila před pánem

Slyšel jsem

Existují takové pojmy jako „manželka" (nebo žena) a „muž" (nebo pán). Ženou se nazývá „ta, která má jen to, co jí dá její muž". A mužem (nebo pánem) se nazývá ten, kdo sám sobě zabezpečuje veškeré blaho. „Kolena" označují vlastnost obdivu, jak je řečeno: „Skloň se v kolenou."

Obdiv může být dvojího druhu:
1. Když člověk obdivuje někoho, kdo je větší než on. A třebaže nezná jeho pravou výši, ale věří v jeho velikost, sklání se před ním.
2. Když člověk dokonale pozná velikost a vysokou úroveň druhého.

A rozlišují se také dvě víry ve velikost Vyššího:
1. Když člověk věří ve velikost Vyššího, protože nemá jinou možnost. To znamená, že nemá vůbec žádnou možnost poznat jeho skutečnou úroveň.
2. Pokud má člověk možnost přesně a nesporně poznat skutečnou úroveň Vyššího, ale navzdory všemu si zvolí cestu víry, jak je řečeno: „Velikost Stvořitele je skryta." A přestože má ve svém těle jiskry, které si přejí přesně zjistit úroveň Vyššího, aby nekráčel bez rozumu jako zvíře, tím spíše si volí cestu víry.

Z toho vyplývá, že když člověk nemá jinou možnost, a proto následuje cestu víry, nazývá se ženou, která může přijímat pouze od muže, jak je řečeno: „Bezmocný jako žena." Ten, kdo má na výběr a současně bojuje za to, aby kráčel cestou víry, se nazývá mužem a vojákem. Proto ten, kdo se rozhodne následovat cestu víry, ačkoli má možnost si vybrat znalosti, se nazývá mužem nebo pánem, tedy tím, „kdo se nesklonil před pánem" – vždyť se nesnížil k práci pána, která vyžaduje znalosti, ale kráčí cestou víry.

119. Žák, který se učil tajně

Slyšel jsem 5. den měsíce Tišrej v roce Tav-Šin-Gimel (16. září 1942)

Gemara vypráví: „Byl jeden student, který se učil tajně. Bruria ho udeřila a řekla: ‚Ve všem musí být uspořádán Jeho svaz s tebou!' Když je uspořádán v *RaMaChu* (248 duchovních orgánů), uskuteční se."

Učit se „tajně" (*Chaša'i*, חשאי) znamená být v malém stavu (*Katnut*, קטנות), ze slov *Chaš-Mal* (חש-מל). *Chaš* se nazývají *Kelim de-Panim*, touhy přední strany (odevzdávající), a *Mal Kelim de-Achor*, odvrácené strany, pod *Chaze* (přijímající), jež přivádějí k velkému stavu (*Gadlut*, גדלות).

Tento žák si myslel, že když si zasloužil nápravu *Kelim Chaš* – to znamená přání odevzdávat – a všechny jeho záměry jsou pouze ve prospěch odevzdání, tak již dosáhl dokonalosti. Avšak Cílem stvoření a vytvoření všech světů bylo těšit stvoření, aby obdržela všechna

Vyšší potěšení a člověk mohl postihnout celou výšku své úrovně, všechny své *Kelim*, a to i pod *Chaze*, tedy všech 248[71] částí duše.

Proto mu Bruria (ברוריה) připomněla (jméno pochází ze slova *Birur*, בירור – vyjasnění) vyjádření Proroků: „Ve všem je uspořádán svaz" – to znamená ve všech 248 přijímajících přáních. Jinými slovy, musí prodloužit Světlo i pod *Chaze* a dosáhnout velkého stavu.

A to se nazývá *Mal* (מל), tedy „řeč", což znamená odhalení, které otevírá celou výši jeho úrovně. Aby si tím neuškodil, je nejdříve třeba dosáhnout malého stavu (*Katnut*), který se nazývá *Chaš* (pociťovat) a je chápán potají, tudíž ještě nikoliv otevřeně. A poté si také musí vyjasnit část *Mal*, která se vztahuje k velkému stavu (*Gadlut*), a tehdy se otevře do své plné výše.

A o tom je řečeno: „uspořádaný a chráněný" – to znamená, že pokud již dosáhl malého stavu, který mu poskytuje ochranu, může prodloužit Světlo do přijímacích *Kelim*, dosáhnout velkého stavu a ničeho se nebát!

120. Proč nejedí ořechy na Nový rok?

Slyšel jsem na konci svátku Roš ha-Šana v roce Tav-Šin-Gimel (září 1942) v Jeruzalémě

Smysl zvyku nejíst na Nový rok ořechy spočívá v tom, že gematrie (smysl hebrejských písmen v číselných hodnotách) slova „ořech" (*Egoz*, אגוז) odpovídá slovu „hřích" (*Chet*, חטא) – „חט". A vyvstává otázka, neboť „ořech" podle své číselné hodnoty také odpovídá slovu „dobro" (*Tov*, טוב).

A Ba'al HaSulam vysvětluje, že „ořech" symbolizuje Strom poznání dobra a zla, a dokud člověk nedosáhne návratu ke Stvořiteli z lásky, ořech pro něho znamená „hřích". Ale ten, kdo se již stal hoden návratu ke Stvořiteli z lásky, obrací své hříchy na zásluhy a to, co bylo hříchem, se proň obrací v dobro. A tehdy již může jíst ořechy.

Proto je třeba být opatrný a jíst jen takové jídlo, které nijak nenaznačuje hřích – tudíž plody ze Stromu života. Ale plody, jejichž gematrie je spojena s hříchem, poukazují na Strom poznání dobra a zla.

---

[71] *RaMaCh*, רמ"ח, vyjadřuje číslo 248: *Reš* = 200, *Mem* = 40, *Chet* = 8.

121. Podobná lodím obchodním

Slyšel jsem

Je řečeno: „Podobná je lodím obchodním, jež přivážejí svůj chléb zdaleka." (Kniha přísloví) V době, kdy se člověk hájí: „Všechno je moje!" – když požaduje, aby byly všechny jeho touhy zasvěceny Stvořiteli, tehdy se probudí a postaví se proti němu nečistá síla (*Sitra Achra*, סטרא אחרא) a také požaduje: „Všechno je moje!"

A začínají smlouvat... Obchod znamená, že si člověk chce koupit nějakou věc a kupující se s prodavačem pře o její hodnotu. To znamená, že každý trvá na tom, že je spravedlnost na jeho straně. A pak tělo zkoumá, koho je pro něho výhodnější poslechnout: přijímajícího, nebo sílu odevzdání, když oba prohlašují: „Všechno je moje"? A člověk vidí svoji nízkost. Vždyť se v něm probouzejí záblesky nesouhlasu s tím, aby vykonával duchovní práci, byť i tu nejmenší, jež se nazývá „na samotný koneček písmene *Jud*", a celé jeho tělo požaduje: „Všechno je moje!"

A tehdy „přivážejí svůj chléb zdaleka" – v důsledku oddálení se od Stvořitele. Vždyť pokud člověk vidí, nakolik je od Stvořitele vzdálen, lituje toho a prosí Stvořitele, aby ho přiblížil, zásluhou čehož „přiváží svůj chléb". „Chléb" znamená víru, a tak je odměněn silnou vírou: vždyť „Stvořitel učinil tak, aby se před Ním chvěli". To znamená, že sám Stvořitel přináší člověku všechny tyto stavy, ve kterých člověk pociťuje svoje oddálení od Stvořitele, proto, aby pocítil potřebu chvění před nebesy.

A v tom tkví smysl řečeného: „Vždyť nejen samotným chlebem živ je člověk, nýbrž vším, co vychází z úst Stvořitele." To znamená, že životní síla Svatosti přichází k člověku nejen z přiblížení se ke Stvořiteli a ze vstupu do duchovního čili vstoupení do Svatosti, ale také v důsledku odchodů odtud – to znamená v důsledku oddálení se od Stvořitele. Když nečistá síla pronikne do těla člověka a spravedlivě požaduje: „Všechno je moje!" – jestliže člověk takové stavy překoná, dosahuje pevné víry.

Musí přičíst Stvořiteli vše, co nastává, a pochopit, že od Něho pocházejí dokonce i odchody z duchovního. A když je odměněn pevnou vírou, pak vidí, že naprosto vše, počínaje odchodem z duchovního až po vstup do něho, přichází pouze od Stvořitele.

Proto je povinen být skromný. Vždyť vidí, že vše činí pouze Stvořitel, a to jak pády z duchovního, tak i vstupy do něho. A z tohoto důvodu je o Mojžíši řečeno, že byl skromný a trpělivý. Vždyť člověk musí přijmout svou nízkost. To znamená, že na každém stupni musí posilovat uvědomění si své nicotnosti, neboť v okamžiku, kdy ho ztratí, pro něho ihned zmizí celý stupeň „Mojžíš", kterého již dosáhl, a to je dostatečné pro toho, kdo rozumí...

Vyžaduje to trpělivost, protože každý chápe svoji nicotnost, avšak každý necítí, že je dobré být nicotným, a proto se s tím nechce smířit. Zatímco praotec Mojžíš byl se skromností vyrovnaný, a proto byl nazván skromným – to znamená, že se radoval ze svého nízkého stavu.

A existuje zákon: „Tam, kde není radost, nemůže zavládnout *Šchina* (Boží přítomnost)". Proto v období nápravy není možná přítomnost Božské *Šchiny*, ačkoliv je náprava nezbytná. (Jako například místo, kam je člověk nucen jít na záchod, i když chápe, že to zajisté není královský palác.)

A v tom spočívá význam slov „požehnání" a „prvorozenství", která se skládají ze stejných písmen (*Bracha*, ברכה, a *Bchora*, בכורה). „Prvorozenství" znamená *GaR*. A nečistá síla si přeje Světlo *GaR*, ale bez požehnání. Vždyť požehnání je oděv světla *Mochin*. A Ezau chtěl své prvorozenství bez oděvu, ale světlo *Mochin* je zakázáno přijímat bez oblečení. Proto řekl Ezau otci: „Opravdu jsi mi nezanechal ani jedno požehnání?" „Ani jedno požehnání" – znamená protiklad k požehnání, tedy prokletí. O čemž je řečeno: „Miloval prokletí a ona nastala. Neměl rád požehnání."

122. Vysvětlení k *Šulchan Aruch*

Slyšel jsem večer o Šabatu Nicavim, 22. den měsíce Elul v roce Tav-Šin-Bet (4. září 1942)

Je třeba pochopit, o co se jedná v díle *Šulchan Aruch*,[72] kde se říká, že by se člověk měl vrátit k četbě modliteb těchto hrozných dnů, aby byl již zkušený a zvyklý na modlitbu, když nastane čas se modlit.

Jde o to, že je modlitba pocit, jenž se zrodil v srdci jako důsledek předchozí práce, která byla vykonána v srdci. To znamená, že srdce musí souhlasit s vyslovovanými slovy (jinak se to nazývá podvod a modlitba je neupřímná; vždyť člověk to, co to říká, necítí v srdci).

---

[72] Židovská sbírka zákonů.

Proto si v měsíci *Elul* člověk musí zvyknout na ohromnou práci. Nejdůležitější je, aby mohl prosit Stvořitele: „Připiš nás k životu," a srdce s tím souhlasilo, aby nebyl pokrytecký, ale jeho srdce a slova byla jedním. Vždyť člověk vidí to, co vidí jeho oči, a Stvořitel vidí to, co se děje v srdcích.

A člověk prosí Stvořitele, aby ho připsal k životu, a život je proň splynutí se Stvořitelem a on si přeje k tomu dospět prostřednictvím toho, aby veškerá jeho práce byla pouze pro odevzdání a on neměl vůbec žádné myšlenky na své vlastní potěšení.

Je však období, kdy člověk cítí, že se jeho srdce může polekat toho, o čem hovoří; dostat strach, že jeho modlitba může být přijata a jemu pak nezůstane žádná touha pro sebe sama. A má představu, že opouští veškerá potěšení tohoto světa a spolu s nimi všechny přátele, příbuzné a veškerý svůj majetek a odchází do pouště, kde není nic jiného kromě divé zvěře a nikdo o něm a jeho existenci nic neví. Zdá se mu, že rázem mizí celý jeho svět, a cítí, že ztrácí svět plný radosti ze života, jako kdyby ve vztahu k němu umíral. A v době, kdy si představuje takový obraz, má pocit, jako kdyby ztratil rozum. A jindy mu nečistá síla (*Sitra Achra*) pomáhá jeho stav namalovat v tak černých barvách, že jeho tělo tuto modlitbu odstrkuje. A ukazuje se, že jeho modlitba nemůže být přijata; vždyť on sám nechce, aby ji přijali.

Proto je zapotřebí příprava na modlitbu. Člověk si musí přivyknout na takovou modlitbu, při níž by srdce a slova byla jedním. A srdce může souhlasit, pokud si zvykne na porozumění, že přijímání představuje oddálení od Stvořitele a to nejdůležitější v životě je spojení s Ním, odevzdávání. A vždy musí vynakládat úsilí v práci *Malchut*, což se nazývá „dopis" inkoustem za soumraku před úsvitem, když neusiluje o to, aby byla jeho práce „jasná a srozumitelná" (jako souzvučná jména „Libní a Šimeí" z kapitoly *Šemot* – Jména, *Exodus*). To znamená, že člověk musí poslouchat Tóru a Přikázání nejen tehdy, když je Světlo, nýbrž se jimi musí zabývat bez veškerých podmínek, bez rozlišování mezi černou a bílou, aby požadavky Tóry a Přikázání plnil v každém případě.

123. Odstrkuje a současně nabízí Svoji ruku

Slyšel jsem (vzpomínky na mého otce a Učitele)

Význam výroku „*Malchut* se nachází v očích" spočívá v tom, že se vytváří clona a ukrytí, které zastírají oči. Zatímco oči člověku poskytují vizi – to znamená, že umožňují vidět skryté řízení Stvořitele.

Podstata zkoušek a zkušenosti tkví v tom, že člověk nemá možnost se rozhodnout a nemůže si vybrat ani jedno. To znamená, že si nemůže uvědomit touhu Stvořitele a záměry Učitele. A ačkoliv je schopen splnit práci a obětovat se, nemůže rozhodnout, zda bude jeho práce, do které dává celou svou duši, přesně taková, jaká je zapotřebí, nebo zda se s přáním Stvořitele a názorem Učitele rozchází.

Aby bylo možné správně zvolit, je nutné si „vybrat to, co člověku ukládá zvýšit úsilí, protože na člověka jsou vložena pouze úsilí a nic více". A pokud je to tak, vůbec není zapotřebí, aby člověk pochyboval o tom, zda správně postupuje, přemýšlí nebo hovoří – prostě musí vždy jen zvýšit své úsilí.

124. Šabat Stvoření světa a šesti tisíciletí

Slyšel jsem

Jsou dva druhy *Šabatů*: jeden je *Šabatem* Stvoření, *Berešit*, a druhý *Šabatem* šesti tisíciletí. A jaký je mezi nimi rozdíl?

Je známo, že po skončení práce bývá odpočinek a také bývá dočasný odpočinek, přestávka. Odpočinek nastává, když již k práci není co přidat. Zatímco „přestávka" pochází ze slov „udělal si přestávku", aby získal energii a obnovil síly, se kterými bude poté pokračovat ve své práci.

Šabat Stvoření světa znamená dokončení práce, k níž již není co přidat, a nazývá se odpočinek. A *Šabat* šesti tisíciletí je přestávka, díky které člověk získá sílu a životně důležitou energii, aby mohl pokračovat v práci ve všední dny. A z toho pochop, co je řečeno mudrci: „*Šabat* si postěžoval Stvořiteli, že všem dal pár (dvojici), ale jemu ne. A Stvořitel mu odpověděl: *Jisra'el* bude tvým párem."

Jeho pár se nazývá *Ze'ir Anpin*, a jestliže existuje *Nukva*, pak je možné spojení tohoto páru, díky kterému se narodí potomci: tudíž obnovení a doplnění. *Nukvou* se nazývá nedostatek naplnění, a pokud je na nějakém místě pociťován nedostatek, znamená to, že existuje možnost jej napravit. A všechny nápravy přicházejí kvůli doplnění nedostatků a přitahují Vyšší Světlo k místu, kde jsou tyto nedostatky pociťovány. Ukazuje se, že žádné původní nedostatky nejsou a všechno, co se dříve zdálo být nedostatkem, ve skutečnosti od samého počátku přichází jako náprava, která umožňuje, aby se Shora rozlila Vyšší hojnost.

A je to podobné člověku, který je fascinován nějakou otázkou a vynakládá úsilí, aby ji pochopil. Když pochopí odpověď, už necítí, jaká muka kvůli svému nepochopení dříve zakoušel, ale naopak – raduje se ze svého porozumění. A tato radost je měřena mírou úsilí, které vyvinul, aby dosáhl pochopení. Doba hledání se tudíž nazývá *Nukva* – pociťování nedostatku. A když se člověk spojuje s tímto nedostatkem, vzniká důsledek, to jest nový stav. A na to si stěžoval *Šabat*. Vždyť o *Šabatu* není práce, a proto nemohou vznikat výsledky a obnovení.

125. Těšící se *Šabatem*

Slyšel jsem 8. den měsíce Sivan v roce Tav-Šin-Ten (15. června 1949) v Jeruzalémě

Každý, kdo se těší *Šabatem*, obdrží do své moci bezmezný úděl, jak je řečeno: „Těšit se budeš ve Stvořiteli a Já pozvednu tě na vrcholy země a živit tě budu dědictvím Jákoba, otce tvého." (Izajáš) Ale ne tak jako Abrahám, o němž je napsáno: „Vstaň a projdi křížem krážem celou tuto zemi." A ne tak jako Izák, o němž je napsáno: „Neboť tobě a tvému potomstvu dám všechny tyto země." A jako Jákob, o kterém je napsáno: „A rozšíříš se na západ i na východ, na sever i na jih." (*Šabat* 118)

A řečené je nepochopitelné, pokud to je chápáno doslova. Vždyť každému člověku z *Jisra'ele* přece nebude dán celý svět, tedy neomezený osud?!

A začneme z vyjádření mudrců: „V budoucnu Stvořitel vyvede slunce z jeho příbytku a zatemní se jeho záře. A vykoná soud nad hříšníky, ale spravedliví se díky němu uzdraví v souladu s tím, co bylo řečeno: ‚A přijde ten den, planoucí jako pec, a budou všichni povýšení i všichni zločinci jako sláma a spálí je den budoucí, jak řekl Stvořitel

Všemohoucí, že jim nezanechá ani kořen, ani větev.⁷³'" (Prorok Malachiáš)

Spravedliví se jím uzdraví, jak je řečeno: „A zazáří vám, kteří se bojíte Mého jména, slunce spásy a uzdravení – na křídlech Jeho" „a kromě toho se ještě také díky němu ztenčí." (*Avoda Zara* 3, 2)

A je třeba pochopit hádanku zadanou mudrci: co je slunce a jeho příbytek a odkud pochází tato protikladnost? Co znamená „kořen v tomto světě a větev ve světě budoucím"? A proč je řečeno: „A kromě toho se ještě také díky němu ztenčí"? Proč není řečeno prostě: „uzdraví se a ztenčí se"? Proč je řečeno: „a kromě toho"?

A to se vyjasňuje ze slov mudrců (*Suka* 29): „*Jisra'el* provádí odpočet podle měsíce a jiné národy podle slunce." Jedná se o to, že světlo slunce symbolizuje nejjasnější znalosti, jak se říká: „jasné jako den" čili jako světlo slunce. A národy světa nepřijaly Tóru a Přikázání, jak je napsáno, že se Stvořitel vrátil a obešel všechny národy, neboť se nechtěly těšit Světlem Tóry, které znamená světlo měsíce, jež odráží Světlo Stvořitele – světlo slunce, které je všezahrnujícím Světlem. A rovněž mají touhu a snahu zkoumat Stvořitele a poznat Jeho samotného.

Kdežto *Jisra'el* provádí odpočet podle měsíce, který značí Tóru a Přikázání, do nichž se odívá Světlo Stvořitele. A proto je Tóra příbytkem Stvořitele. A v Knize *Zohar* je řečeno: „Tóra a Stvořitel jsou jedním celkem." To znamená, že se Světlo Stvořitele odívá do Tóry a Přikázání a On a jeho příbytek tvoří jeden celek. Proto *Jisra'el* provádí odpočet podle měsíce, naplňuje se Tórou a Přikázáními a díky tomu se také stává hoden Stvořitele. Zatímco jiné národy Tóru a Přikázání nedodržují, tudíž nestřeží příbytek Stvořitele, a proto nemají ani světlo slunce.

A v tom tkví smysl slov: „V budoucnu vyvede Stvořitel slunce z jeho příbytku". A je řečeno, že mezi lidmi je velká potřeba odhalit Stvořitele; vždyť po tom Stvořitel touží a prahne. A v tom se skrývá podstata šesti dnů Stvoření, to jest práce v Tóře a Přikázáních. Vždyť „Vše, co Stvořitel stvořil, stvořil pro obdivovatele Svého". A dokonce i každodenní práce je také dílem Stvořitele, jak je napsáno: „Nestvořil On zemi, aby byla prázdná, nýbrž kvůli tomu, aby byla osídlena," a proto se nazývá příbytkem.

---

[73] Ani kořen v tomto světě, ani větev ve světě budoucím.

A *Šabat* je světlo slunce, den odpočinku pro věčný život. Jak je řečeno, že Stvořitel přichystal svět ve dvou úrovních:
1. když se během šesti dnů práce zásluhou Tóry a Přikázání otevře Jeho Boží přítomnost (*Šchina*);
2. když se v tomto světě otevře Jeho přítomnost bez Tóry a Přikázání.

A toto je tajemství *Be'ito – Achišena* (ve svůj čas a předběhnout čas). Když se toho stanou hodni – „předběhnou čas". To znamená, že k tomuto odhalení dospějí cestou Tóry a Přikázání. Nestanou-li se toho hodni – dospějí k tomu „ve svůj čas", protože rozvoj stvoření pod jhem nesmírného utrpení nakonec skončí a přivede lidstvo ke spáse – dokud v lidech nezavládne Stvořitel a Jeho Boží přítomnost. A toto se nazývá „ve svůj čas" čili v důsledku přirozeného průběhu vývoje.

126. Mudrc přišel do města

Slyšel jsem na hostině na počest svátku Šavu'ot v roce Tav-Šin-Zajin (květen 1947) v Tel Avivu

„Mudrc přišel do města." (Kniha přísloví) Mudrcem se nazývá Stvořitel. A „přijít do města" znamená, že se Stvořitel o *Šavu'ot* odhaluje světu.

Řekl lenoch: „Lev čeká na cestě a mudrc možná není doma a dveře jsou určitě zamčené." Ne nadarmo je řečeno: „Pokud vynaložil úsilí a nenalezl – nevěř!" A když člověk vidí, že ještě není hoden být v blízkosti Stvořitele, pak je to samozřejmě kvůli tomu, že nevynaložil dostatečné úsilí, a proto se nazývá lenochem.

Ale proč nepracoval? Pokud hledá blízkost se Stvořitelem, tak proč na to nechce vynaložit úsilí? Vždyť bez námahy není možné dosáhnout ani jakéhokoliv materiálního cíle. A ve skutečnosti by byl připraven vynaložit úsilí, kdyby nebyl lev na cestě, což je zlá síla, jak je napsáno: „Lev číhá v úkrytu." Člověk, jenž nastoupil na cestu ke Stvořiteli, potkává lva, který zatarasil cestu, a pokud tuto bitvu prohraje, již se nepozvedne.

A z toho důvodu se bojí na tuto cestu nastoupit. Vždyť kdo může porazit lva? Proto mu říkají: „Na tvé cestě žádný lev není!" To znamená, že „Není nikoho jiného kromě Něho", neboť ve světě není žádná jiná síla, jak je napsáno: „A všechno stvořené Jím bylo stvořeno proto, aby se před Ním chvěli."

A tehdy nachází další výmluvu: „A mudrc možná není doma!" Dům mudrce je *Nukva*, svatá *Šchina*. A protože člověk nemůže zjistit, zda kráčí cestou Svatosti, nebo ne, říká, že mudrc možná není doma. To znamená, že to není Jeho dům, není to dům Svatosti, a jak se tedy člověk může dozvědět, zda je na správné cestě? A tehdy mu říkají: „Mudrc je doma!" To znamená, že „člověka naučí jeho duše" a nakonec pozná, že kráčí po cestě Svatosti.

A tehdy namítá: „Ale dveře jsou určitě zamčené!" To znamená, že není možné vejít do paláce, protože „ke Stvořiteli nepřijde a nepřiblíží se k Němu každý, kdo si přeje se k Němu přiblížit". Avšak oni mu říkají: „Dveře nejsou zamčené!" Vždyť vidíme, že mnozí byli poctěni tím, že vešli dovnitř.

A pak odpoví: „Ať by to bylo jakkoliv, stejně nepůjdu!" Vždyť jestliže je líný a nechce vynakládat úsilí, stane se chytrým a neústupným, protože se obává, že na sebe naloží marnou práci. Ale ten, kdo chce skutečně pracovat, naopak vidí, že mnozí uspěli. Pokud nechce pracovat, zjistí, že existují ti, kteří nedosáhli úspěchu, ačkoliv je to jen proto, že nevynaložili úsilí. Ale on je líný a chce jen ospravedlňovat sám sebe a své činy, a proto se pouští do chytrých argumentů. Pravdou je, že je třeba na sebe přijmout duchovní práci bez jakýchkoli argumentů – a tehdy uspěješ!

127. Rozdíl mezi základním naplněním a přidáním Světla

Slyšel jsem 4. polosváteční den svátku Sukot v roce Tav-Šin-Gimel (30. září 1942) v Jeruzalémě

Je známo, že k zániku světla *Mochin* a přerušení *Zivugu* (sloučení) dochází pouze díky přidání Světla. A základem stupně ZON[74] je šest *Sfirot* (*Vav*) a bod. To znamená, že *Malchut* ve své podstatě není nic jiného než bod – černý bod, ve kterém není nic bílého. A když člověk tento bod považuje za svůj základ a již neříká, že se chce takového stavu zbavit, ale naopak ho přijímá jako to nejlepší, pak se to nazývá „krásným domem v srdci". Vždyť on toto otroctví neodsuzuje, nýbrž ho považuje za nejdůležitější hodnotu. A tím „zvedá *Šchinu* z prachu". A pokud zachovává tento základ jako to, co je proň nejdůležitější, pak již

---

[74] ZON (זו״ן) – akronym pro *Ze'ir Anpin ve-Nukva* (זעיר אנפין ונוקבא), tj. *ZA* a *Malchut*.

nemůže spadnout ze svého stupně, protože základní naplnění nikdy nezmizí.

A když člověk přijme podmínku pracovat jako černý bod, dokonce i v té nejhlubší tmě, která jen ve světě může nastat..., tehdy svatá *Šchina* říká: „Nemám kam se před tebou skrýt." A z toho důvodu: „Jedním uzlem jsme svázáni" a „nikdy jej nelze roztrhnout". Proto se pro něho spojení nikdy nepřeruší.

Pokud k němu Shora přichází nějaké doplňující záření, přijímá to v souladu s podmínkou: „není možné (odmítnout potěšení) a nehodlá (se potěšit)" – vždyť to od Stvořitele přichází bez jakékoliv prosby ze strany člověka. A o tom je řečeno: „Černá a překrásná. A pokud jsi schopen přijmout tuto černou tmu, pak uvidíš moji krásu."

O tom je řečeno: „Kdo je hloupý, nechť sem odbočí..." (Kniha přísloví) A když opouští všechny své činnosti a přeje si pracovat pouze pro blaho Stvořitele, jako „nevyspělý živočich jsem byl před Tebou" (Žalm 73) – tehdy se stává hoden vidět konečnou dokonalost. A v tom tkví smysl slov: „Řekla to bezcitnému..." Protože neměl srdce, musel se stát hloupým a důvěřivým, jinak by se nemohl přiblížit.

Ale občas se člověk ocitne ve stavu nazvaném „*Šchina* v prachu", když jeho bod sestoupí do nečistých světů *BJA*. A pak se nazývá „růže mezi trny", jež má ostny a trny, a v této době není možné dostat jakékoli naplnění, protože padl do moci *Klipot*. A tento stav přichází díky činnosti samotného člověka. Vždyť jak člověk působí dole, ovlivňuje tím i kořen své duše Nahoře ve svaté *Šchině*. Z toho důvodu, když se člověk dole nachází v otroctví svého egoismu, vyvolá stejný stav Nahoře a dovoluje *Klipě* vládnout nad Svatostí.

To je význam „půlnoční nápravy", kdy se modlíme za pozvednutí *Šchiny* z prachu, tedy za Její pozvednutí Vzhůru, kde by získala úctu. Vždyť vrch a spodek jsou určeny stupněm důležitosti. A tehdy se nazývá černým bodem. A během půlnoční nápravy člověk shromažďuje sílu a říká, že chce splnit to, co bylo řečeno o „Libní a Šimeí". Libní je vlastnost bílé barvy (*Lavan*), ve které není nic černého. A Šimeí znamená „slyšel jsem" (*Šmija Li*, שמיעא לי), tudíž to, co je přijímáno rozumem, když se proň stává přijatelným a dostupným, aby na sebe přijal vládu Stvořitele.

A „půlnoční náprava" (*Tikun Chacot*, תקון חצות) je náprava rozdělením (*Mechica*, מחיצה), tedy oddělením Svatosti od *Klipot*. Tehdy se napravuje zlý počátek, který je uzavřen uvnitř egoistický touhy, a připojuje se k touze odevzdávat.

„Vyhnanství" (*Gola*, גולה) se skládá ze stejných písmen jako „spása" (*Ge'ula*, גאולה), jež se liší pouze písmenem „*Alef*" (א). To znamená, že je třeba do stavu vyhnanství přitáhnout Stvořitele (Největšího na světě – *Alufo*) a pak okamžitě pocítíme spásu. A v tom tkví skrytý význam slov: „Ten, kdo ublíží z nedbalosti, nechť zaplatí nejlepším ze svého jmění". A proto je řečeno: „Pokud člověk soudí sám sebe dole, pak nad ním není soud Nahoře."

128. Z hlavy této padá rosa na *Ze'ir Anpin*

Slyšel jsem 3. den v týdnu Mišpatim v roce Tav-Šin-Gimel (27. února 1943)

„Z hlavy této padá rosa na *Ze'ir Anpin*." (Kniha *Zohar*) Každý vlas má pod bílým kořenem jamku, o čemž je řečeno (Jób 9): „Bouří mne On skolí",[75] a proto se říká, že „odpověděl Stvořitel Jóbovi z bouře". A v tom tkví smysl slov: „Každý přepisující, nechť vloží polovinu šekelu ke svatému šekelu" – „jedna *Beka* (בקע, prohlubeň) z hlavy – pro vykoupení jejich duší" (Exodus).

Podstata vlasů se odkrývá z takových pojmů jako čerň a inkoust. Když člověk pociťuje oddálení od Stvořitele, protože ho překonaly myšlenky cizí duchovnímu, nazývá se to „vlasy" (*Se'arot*). A „bílý kořen" čili bělost vzniká v době, kdy naň působí Světlo Stvořitele, které ho k Němu přibližuje. A obojí společně se nazývá „Světlo a *Kli*".

Veškerá práce začíná probuzením člověka k práci Stvořitele, když se stává hoden „bílého kořene" a pociťuje v práci Stvořitele život a Světlo. A potom k němu přijde nějaká myšlenka, která je cizí duchovnímu, díky níž spadne ze svého stupně a vzdálí se od práce. Cizí myšlenka se nazývá bouře (*Se'ara*) a vlas (*Sa'ara*). A pod vlasem je jamka, která znamená nedostatek a otvor v hlavě.

Vždyť předtím, než ho navštívily cizí myšlenky, byla jeho hlava celá a dokonalá a on byl blízko ke Stvořiteli. Ale díky cizím myšlenkám se od Stvořitele oddaluje, což znamená, že je v jeho hlavě otvor a nedostatek. A svou lítostí, že se to stalo, otevírá z tohoto otvoru „vodní

---

[75] *Se'ara*, סערה – „bouře" a také *Sa'ara*, שערה – „vlas".

zdroj". Tak se vlas stává kanálem pro šíření Světla, díky čemuž se člověk opět stává hoden bílého kořene vlasu.

A potom ho opět překonají cizí myšlenky a znovu ho oddalují od Stvořitele. A zase se vytvoří jamka pod vlasem, což je otvor v hlavě a nedostatek. A on toho lituje a znovu vytváří „vodní zdroj", a pak se vlasy změní v kanál, který vede Světlo.

Tak to jde dál a dál a stejné stavy se opakují znovu a znovu – vzestupy a pády – dokud se tyto „vlasy" nerozmnoží do plné míry. Vždyť pokaždé, když se člověk vrací a napravuje svůj stav, přitahuje Světlo. A toto Světlo se nazývá rosa, jak je řečeno: „Moje hlava je plná rosy" (Píseň písní), poněvadž Světlo přichází k člověku ve střídajících se dávkách, pokaždé kapka po kapce. Když úplně dokončí svou práci „a nikdy více se nevrátí k hlouposti svojí", pak „tato rosa oživuje mrtvé" (Kniha *Zohar*).

A v tom tkví význam *Beky* (prohlubně), což znamená, že mu hlavu provrtávají cizí myšlenky. A to je podstata poloviny šekelu, protože člověk je napůl hříšný a napůl spravedlivý. A je třeba chápat, že tyto „dvě poloviny, půl na půl", se nevyskytují současně a že v každém okamžiku musí být ukončený stav. Vždyť pokud člověk porušil jedno Přikázání a nesplnil ho, pak se již nepovažuje za napůl spravedlivého, ale považuje se za úplného hříšníka.

Jsou však dvě období. V jednom období je spravedlivý – to znamená, že se spojuje se Stvořitelem a je plně ospravedlněn. A pak k němu přichází pád a on se stává hříšníkem, jak je řečeno: „Svět byl stvořen pouze pro absolutní spravedlivé, nebo pro úplné hříšníky." A „polovinou" se nazývá proto, že střídá dvě období.

Proto je řečeno: „Pro vykoupení jejich duší" – zásluhou *Beky* (prohlubně) – když cítí, že jeho hlava není dokonalá. Vždyť pronikne-li do něho nějaká cizí myšlenka, jeho rozum přestává být v dokonalosti a v souhlasu se Stvořitelem. A tím, že toho lituje, vykoupí svoji duši. A tak pokaždé, když lituje a vrací se ke Stvořiteli, přitahuje Světlo, dokud se Světlem nenaplní v plné míře, jak je řečeno: „Moje hlava je plná rosy."

129. Šchina v prachu

Slyšel jsem

Zeptali se ho: „Jsou pro tebe tvoje utrpení drahocenná?" A odpověděl: „Ani ona, ani odměna za ně. Pláču pro krásu, jež je ponechána hnít v prachu." (Babylonský *Talmud*)

Stěžejní utrpení je pociťováno v tom, co je výše znalostí. A čím více jsou utrpení v rozporu s rozumem, tím jsou silnější. Toto se nazývá víra výše rozumu a Stvořitel má z takové práce potěšení. Ukazuje se, že odměna spočívá v tom, že tato práce poskytuje radost Stvořiteli.

Ale dočasně, dokud člověk nedokáže přemoci sám sebe a ospravedlnit řízení Stvořitele, do té doby zůstane *Šchina* v prachu. To znamená, že je práce v souladu s vírou, jež je nazývána Svatou *Šchinou*, ponechána ve vyhnanství – svržena do prachu. A o tom řekl: „Ani ona, ani odměna za ně" – to znamená, že tuto dočasnou situaci nemůže vydržet. A odpověděl: „A kvůli tomu a proto pláču." (Babylonský *Talmud*, Traktát *Brachot*)

130. Tverjo mudrců našich, jak dobré je tě spatřit

Slyšel jsem 1. den měsíce Adar v roce Tav-Šin-Zajin (21. února 1947) v Tverji

Tverjo mudrců našich, jak dobré je tě spatřit! „Zrak" znamená moudrost, *Chochmu*. „Dobré" znamená, že je tam člověk schopen dosáhnout moudrosti úrovně *Chochma*.

A rabi Šimon Bar Jochaj očistil trhy v Tverji od splašků mršin, tudíž od tužeb po sebepotěšení, o kterých je řečeno: „Hříšníci se za svého života nazývají mrtvými." A veškerý odpad patří pouze úrovni *Chochma*, a proto bylo nutné vyčistit trhy právě v Tverji, kde je soustředěna moudrost (*Chochma*).

131. Ten, kdo se přichází očistit

Slyšel jsem v roce Tav-Šin-Zajin (1946–1947)

„Tomu, kdo se přichází očistit, pomáhají." To znamená, že by člověk měl být vždy ve stavu „příchodu". Ale pokud se cítí čistý a napraven, pak již pomoc nepotřebuje, protože obdržel nápravu a odešel. Když však cítí, že jde, aby přišel, pak mu samozřejmě pomáhají. Vždyť touha člověka překonává všechny překážky, protože žádá pravdu.

„Neboť něha tvá je lepší než víno" (Píseň písní) – to znamená, že vínem je možné se opít a „opilý si myslí, že mu patří celý svět", a nemá žádné nesplněné touhy, dokonce ani v průběhu šesti tisíc let, dokud pokračuje náprava.

132. V potu tváře budeš jíst chléb

Slyšel jsem 14. den měsíce Adar v roce Tav-Šin-Zajin (6. března 1947) v Tel Avivu

„V potu své tváře budeš jíst chléb." (*Genesis*) „Chléb" znamená Tóru, o které je řečeno: „Jděte a jezte můj chléb (také ,bojujte')." (Kniha přísloví) To znamená, že je člověk povinen studovat Tóru ve strachu, chvění a potu tváře, a tím napravit hřích Stromu poznání.

133. Světlo Šabatu

Slyšel jsem v roce Tav-Šin-Zajin (1946–1947)

Světlo *Šabatu* dosahuje *Guf*, těla, a proto o *Šabatu* říkají: „Žalm Davidův. Dobrořeč, duše moje... a celé moje nitro," to jest tělo. Kdežto *Roš Chodeš* (začátek nového měsíce) se vztahuje k úrovni *Nešama*, takže dosahuje pouze duše a tělu nesvítí, a proto říkají jenom: „Dobrořeč, duše moje..." a nepřidávají „a celé moje nitro", protože nedospějí do těla (*Guf*). (Viz Kniha *Zohar* 1, 97.)

134. Opojné víno

Slyšel jsem v roce Tav-Šin-Zajin (1946–1947)

Je nemožné se stát hoden veškerého Světla Tóry v dokonalosti, ale když je člověk opojený vínem Tóry, pocítí, že mu patří celý svět, a navzdory tomu, že ještě nedosáhl dokonalé moudrosti (*Chochma*), si bude myslet a cítit, že je v něm všechno v naprosté dokonalosti.

135. Čistého a spravedlivého nezabíjej

Slyšel jsem 2. den měsíce Nisan v roce Tav-Šin-Zajin (23. března 1947) v Tel Avivu

„Čistého a spravedlivého nezabíjej." (*Šemot* 23, *Exodus*)

„Spravedlivý" je ten, kdo ospravedlňuje Stvořitele a všechno, co pociťuje, ať je to špatné, nebo dobré, přijímá vírou výše rozumu. A to je pravá linie.

„Čistý" značí čistý a upřímný pohled na svůj stav. Vždyť „soudce má jen to, co vidí jeho oči". A pokud nějakému stavu nerozumí nebo jej nemůže pochopit, pak nemusí zastírat vlastnosti, které se nyní odhalují jeho pohledu. Toto se nazývá levá linie a on je povinen zajišťovat existenci obou linií.

136. Rozdíl mezi prvním a posledním dopisem

Slyšel jsem o svátku Purim v roce Tav-Šin-Zajin (1947)

Jaký je rozdíl mezi prvním a posledním královským dopisem? (O událostech v *Megilat Ester*.) Písemná vyhláška obsahuje nařízení krále, které bylo vydáno v královském paláci. A královští poradci podrobně popisují vyhlášku s vysvětlením, aby se stala všem srozumitelná. V originále bylo uvedeno pouze: „Aby byli připraveni k tomuto dni."[76] A rádci rozhodli, že vyhláška platí pro všechny ostatní národy, které by měly být připraveny se pomstít Židům. A to se stalo kvůli tomu, aby si Haman promyslel: „Komu kromě mě chce král poskytnout pocty?" Takže do posledního dopisu připsal hned za slova krále, aby byli připraveni „Židé". Kdežto v prvních dopisech nebylo pro vysvětlení napsáno slovo „Židé", a proto měli sílu obviňovat.

A tato síla je dávána proto, že jinak není možné ospravedlnit žádnou touhu přijmout Světlo, to jest rozšířit Vyšší světlo dolů. Vždyť veškerá práce byla pro odevzdání, což znamená, že nebylo možné přitáhnout Světlo zdola. A východisko spočívá v tom, aby obdržel sílu Haman, který touží právě po největším Světle, o čem vypovídá jeho jméno: Haman Agagský (המן האגגי) ze slova *Gag* (גג, střecha) – což je stupeň *GaR*.

137. Clafchad sbíral klestí

Slyšel jsem v roce Tav-Šin-Zajin (1946–1947)

„Clafchad sbíral klestí (větve stromů)." (*Bamidbar, Numeri*) A Kniha *Zohar* vysvětluje, že měřil, který strom je větší – Strom života, nebo Strom poznání. Spravedlivý se nazývá Strom života, ve kterém je všechno ve prospěch odevzdání, a nemají se tu za co zachytit nečisté

---

[76] „Předat tento výnos do každé oblasti jako zákon, aby bylo oznámeno všem národům, že mají být připraveni k tomuto dni." (*Megilat Ester*)

touhy. Ale dokonalost je uzavřena ve Stromu poznání, který označuje šíření Světla moudrosti, *Chochma*, dolů, a v tom spočívá Cíl těšit stvoření. A je zakázáno je poměřovat, avšak je nutné, aby „se staly jedinou holí v ruce tvojí".

Z toho vyplývá, že jedno bez druhého není dokonalé. Mordechaj patřil ke Stromu života a nepřál si přitahovat Světlo dolů; vždyť nepociťoval žádný nedostatek. A povýšit Hamana bylo nutné proto, aby přitáhl Světlo dolů. A když se projeví Hamanova touha, pak toto Světlo přijme do svých vlastností Mordechaj a přijímá ho ve prospěch odevzdání.

A z toho je srozumitelné, proč poté, co Mordechaj poskytl službu Králi a zachránil ho před smrtí, Král povýšil Hamana, jeho nepřítele, jak řekli mudrci, že „jednali podle vůle každého" – to znamená podle vůle Mordechaje i Hamana, kteří se navzájem nenáviděli.

138. Bázeň a strach někdy ovládnou člověka

Slyšel jsem v roce Tav-Šin-Bet (1941–1942)

Když k člověku přichází strach, měl by vědět, že jedinou příčinou toho je sám Stvořitel, i když se dokonce jedná o magii. Avšak pokud ho strach ovládá stále ve větší míře, neměl by to přijímat jako nahodilost, ale považovat to za příležitost, kterou mu dalo nebe, a pochopit, s jakým cílem je mu Shora poskytnuta – s největší pravděpodobností proto, aby řekl, že není nikoho jiného kromě Stvořitele. A jestliže ho po tom všem bázeň a strach neopustí, měly by mu sloužit jako příklad takového pocitu v práci Stvořitele, aby chvění před Stvořitelem, kterého se chce stát hoden, v něm bylo stejně velké jako ten vnější strach těla, který ho nyní ovládá.

139. Rozdíl mezi šesti dny Stvoření a *Šabatem*

Slyšel jsem

Šest dní stvoření patří k *Ze'ir Anpinu* a *Šabat* se vztahuje k *Malchut*.

A člověk se ptá: ale vždyť je *Ze'ir Anpin* podle své úrovně vyšší než *Malchut*, tak proč je *Šabat* považován za důležitější než všední dny? A navíc, proč se tyto dny nazývají „všedními" (*Chol*, חול – také „písek")? Jde o to, že z *Malchut* se živí celý svět. A proto se *Malchut* nazývá „Shromážděním Izraele". Vždyť odtud vyzařuje dobrý vliv na celý

Jisra'el. Ačkoli šest pracovních dnů naznačuje *Ze'ir Anpin*, mezi *Ze'ir Anpinem* a *Malchut* neexistuje žádné spojení a za všední (jako písek) jsou považovány proto, že ze *Ze'ir Anpinu* neprochází Světlo k *Malchut*. A poněvadž z *Malchut* nevychází Svatost, jsou tyto dny nazývány všedními dny. Kdežto o *Šabatu* se *Ze'ir Anpin* spojuje s *Malchut* a z *Malchut* se šíří Svatost, a proto se nazývá *Šabatem*.

140. Jak miluji Tóru Tvoji

Slyšel jsem na konci 7. den svátku Pesach v roce Tav-Šin-Gimel (duben 1943)

„Jak miluji Tóru Tvoji! Celý den o ní přemýšlím." (Žalm 119) Řečené hovoří o tom, že se král David, ačkoliv již dosáhl dokonalosti, stále usiloval v Tóře, protože je Tóra větší a důležitější než jakákoli dokonalost, která ve světě existuje.

141. Svátek *Pesach*

Slyšel jsem

Svátek *Pesach* označuje světlo *Mochin de-Chaja*. A dny *Sfirat Omer*[77] se vztahují ke světlu *Mochin de-Jechida*. Proto v průběhu odpočtu *Omeru* dochází k odchodu světla *Mochin*. Vždyť je to čas pozvednutí *MaN* a je známo, že v době pozvednutí *MaN* odchází Světlo. Ale po skončení dnů *Omeru* se světlo *Mochin* vrací na své místo.

A to všechno je proto, že malý stav (*Katnut*), který existuje v době odpočtu *Omeru*, je *Katnut* na úrovni *Jechida*. Ale ve všední dny zároveň svítí světlo *Mochin de-JiŠSUT* a o *Šabatu* světlo *Mochin de-Aba ve-Ima*.

142. Stěžejní boj

Slyšel jsem

Stěžejní boj by měl být nasměrován tam, kde je možnost volby. Zatímco při dodržování nebo porušování Přikázání je člověk blízko k prohře a je vzdálen od výhry, a proto je povinen je plnit bez jakéhokoli uvažování, jak je ustanoveno.

Ale tam, kde je člověku dovolena volba, musí vést válku a plnit Přikázání svobody volby. A jelikož je to jen svobodná činnost (a nikoliv Přikázání), nespáchá velký hřích, dokonce ani tehdy, když v ní nebude

---

[77] Odpočet *Omeru* – 49 dnů mezi *Pesachem* a *Šavu'otem*.

úspěšný. A proto je zde blízko k odměně – vždyť pokud tuto válku vyhraje, přinese pod vládu Svatosti nový majetek.

143. Jenom pro blaho Izraele

Slyšel jsem od svého otce a Učitele

„Stvořitel – jenom pro blaho Izraele – pro čisté v srdcích." (Žalm 73) Je známo, že slova „pouze" a „jenom" znamenají snížení, takže na každém místě, kde je v Tóře napsáno „pouze" a „jenom", dochází ke snížení.

Z hlediska duchovní práce to znamená čas, kdy člověk sám sebe snižuje a ponižuje. Snižovat sebe sama je možné jenom v době, kdy člověk směřuje k tomu, aby se stal pyšným: tudíž chce být velký, přeje si vše pochopit a jeho duše touží získat schopnost všechno vidět a slyšet. Ale navzdory tomu člověk sám sebe snižuje a souhlasí s tím, že půjde se zavřenýma očima a bude plnit Tóru a Přikázání s dokonalou prostotou a naivitou. A to je „pro blaho *Jisra'ele*", kde se slovo *Jisra'el* (ישראל)[78] skládá ze stejných písmen jako *Li Roš* (לי ראש)[79].

To znamená, že člověk věří, že má svatý rozum navzdory tomu, že se nachází ve stavu „pouze", považuje se za malého a nízkého a říká, že toto „pouze" je pro jeho blaho. A tehdy se v něm ztělesní „Stvořitel – pro čisté v srdcích" – to znamená, že se stává hoden čistého srdce, o kterém je řečeno: „A Já jsem z vás vyrval srdce z kamene a dal jsem vám srdce ze živého těla." Živé tělo znamená světlo *Mochin de-VaK*, které se nazývá Světlo odění a přichází ze strany Vyššího. Zatímco světlo *Mochin de-GaR* musí přijít ze strany samotného člověka zdola, zásluhou jeho vlastních objasnění.

A je třeba pochopit, co znamená *GaR de-Mochin* a *VaK de-Mochin*. Vždyť v každém stupni je množství vlastností *GaR* a *VaK*. A možná je tím míněno, že malý stav (*Katnut*), který se nazývá *Galgalta ve-Ejnajim* nižšího, se pozvedává s modlitbou *MaN* pomocí *Kli*, jež *MaN* pozvedává, a nazývá se *AChaP* Vyššího. Ukazuje se, že Vyšší pozvedává nižšího, ale poté se nižší musí pozvednout sám, aby obdržel *GaR* Světel a *AChaP Kelim*.

---

[78] *Jisra'el*, ישראל, ze slov *Jašar El*, ישר אל, přímo ke Stvořiteli.
[79] Mně hlava, rozum.

144. Je jeden národ

Slyšel jsem v noci o svátku Purim po přečtení Megilat Ester v roce Tav-Šin-Jud (březen 1950)

„Je jeden národ, který je rozptýlen a rozdělen mezi jiné národy." (*Megilat Ester*) Haman řekl, že podle jeho názoru se podaří Židy zničit, neboť jsou rozděleni a každý je oddělen od svého bližního, a proto jistě budou přemoženi. Vždyť takové rozdělení vede k oddálení člověka od Stvořitele, a pokud jsou od Něho odloučeni, Stvořitel jim nepomůže.

Proto se Mordechaj vypravil tuto vadu napravit, jak říká *Megila*: „Židé se shromáždili... Shromáždili se, aby ochránili své duše" – což znamená, že díky svému spojení zachránili svoje duše.

145. Proč je moudrost dána právě mudrcům

Slyšel jsem 5. den v týdnu Truma v roce Tav-Šin-Gimel (11. února 1943)

Je řečeno, že Stvořitel „dává moudrost mudrcům". A ptá se: vždyť by se patřilo dát moudrost hlupákům?

Je však známo, že v duchovním není žádné násilí a každému je dáváno podle jeho přání. Vždyť duchovní je zdrojem života a potěšení. A jak by bylo vůbec možné dát něco dobrého násilím? Z toho důvodu, pokud vidíme, že se Tórou a Přikázáními zabýváme s přemáháním, tudíž že musíme překonávat odpor našeho těla, které s touto prací nesouhlasí, protože v ní necítí potěšení, je to samozřejmě kvůli tomu, že není pociťováno duchovní, jež je obsaženo v Tóře a Přikázáních; duchovní, které je zdrojem života a potěšení, jak je napsáno v Knize *Zohar*: „Pokud je pro tebe práce břemenem, znamená to, že se na ní podílí nečistá síla."

A proto je možné dát moudrost pouze mudrcům. Vždyť k ní hlupáci necítí žádnou potřebu. Moudrost potřebují jenom mudrci v souladu se svou přirozeností. Protože moudrý moudrost miluje a moudrost je jeho jedinou touhou! A existuje pravidlo, že vším hýbe pouze touha, díky níž pak člověk vynaloží na získání moudrosti veškeré úsilí, což znamená, že se jí nakonec stane hoden. Proto toho, kdo miluje moudrost, je již možné nazvat mudrcem ve shodě s jeho konečným stavem.

Zatímco o hlupákovi se říká: „Hlupák netouží po porozumění." Z toho vyplývá, že právě pro nás je řečeno: „Moudrost je dána mudrcům," aby si ten, kdo miluje moudrost, nezoufal, že jí doposud nedosáhl, ačkoli do toho vložil značné úsilí. Ale aby pokračoval ve své práci, a pak jistě moudrost získá. Vždyť moudrost miluje. A proto je řečeno: „Půjdete-li touto cestou, určitě uspějete."

Je však třeba pochopit, co může udělat člověk, jestliže je od přírody „narozený jako divoký osel", a odkud se v něm vezme touha po moudrosti?

K tomu je nám dána rada: jednejte takovým způsobem, abyste „plnili Jeho slova a poslouchali Jeho hlas" (Žalm 103). Poněvadž, když si člověk přeje něčeho dosáhnout, udělá pro dosažení požadovaného cíle všechno. A pokud nemá touhu po moudrosti, znamená to, že mu chybí právě touha získat moudrost. A proto začne vyvíjet úsilí a jednat, aby získal touhu po moudrosti – vždyť to je to jediné, co mu chybí.

A pořádek je takový, že je člověk povinen vyvinout úsilí v Tóře a v duchovní práci, a to navzdory své neochotě. A to se nazývá práce s přemáháním, když vykonává činnosti a nepřeje si dělat to, co dělá. A o tom je mudrci řečeno: „Všechno, co je v tvých silách učinit, čiň!" A zásluhou zázračné síly poznání se v něm zrodí touha a vášeň pro moudrost. A napsané: „Moudrost je dána mudrcům," se v něm zrealizuje tehdy, když se stane hoden uslyšet hlas Stvořitele a činnosti, které předtím vykonával proti své vůli, se pro něho stanou žádoucí.

Z toho důvodu, když chceme najít člověka, který miluje moudrost, musíme se dívat na toho, kdo vynakládá úsilí pro její dosažení, přestože se dosud lásky k moudrosti nestal hoden. Vždyť se zásluhou svého úsilí stane hoden, aby si ji zamiloval, a když získá touhu po moudrosti, tehdy si zaslouží i samu moudrost. Ve skutečnosti se ukazuje, že touha se stát moudrým je *Kli* a moudrost je Světlo. A to znamená, že v duchovním není žádné násilí.

Světlo moudrosti označuje Světlo života. Vždyť moudrost není chápána jako suchý intelekt, ale jako život sám a v tom spočívá celá jeho podstata, bez níž je člověk považován za mrtvého. A proto lze říci, že se moudrost nazývá životem.

146. Vysvětlení ke Knize *Zohar*

Slyšel jsem v roce Tav-Reš-Cadi-Chet (1937–1938)

V Knize *Zohar* je řečeno: „Když se rodí člověk, dají mu čistou živočišnou duši." To znamená, že s prací pro Stvořitele souhlasí i jeho živočišná duše. A když se stává hoden více, pak mu dají „proměnlivou duši", která se nazývá „v kruzích". To znamená, že získá duši, která neustále teskní a točí se z místa na místo. Duše člověka se převrací a otáčí jako věčně se otáčející kolo, aby splynula se Svatostí.

147. Práce v přijímání a v odevzdání

Slyšel jsem 21. den měsíce Adar v roce Tav-Šin-Jud-Gimel (8. března 1953)

Práce v přijímání a v odevzdání závisí na srdci a je to úroveň *VaK*. Zatímco práce ve víře a poznání patří k úrovni *GaR*. A třebaže tvoří jeden celek, protože člověk přijímá víru v souladu s důležitostí, kterou přisuzuje práci v přijímání a v odevzdání, stejně to jsou dvě zvláštní kategorie. Vždyť dokonce i tehdy, když člověk může pracovat v odevzdání, přece jen chce vidět, komu dává a kdo přijímá jeho práci. Proto do své práce musí zapojit rozum – to znamená věřit, že existuje Ten, který vše řídí a přijímá práci nižších.

148. Volba mezi hořkým a sladkým, pravdou a lží

Slyšel jsem

Existuje možnost volby mezi hořkým a sladkým a existuje možnost volby mezi pravdou a lží. Pravda a lež je vybírána rozumem a hořké nebo sladké srdcem. A proto je třeba věnovat pozornost práci v srdci, aby srdce usilovalo o odevzdání, nikoli o přijímání. Ale ze strany přirozenosti je pro člověka sladké jenom přijímání a odevzdávání je hořké. A je zapotřebí pracovat na tom, aby bylo přijímání nahrazeno odevzdáváním, což se nazývá práce v srdci.

Rozum však pracuje s pravdou a lží a zde je nutné kráčet vírou výše rozumu – to znamená věřit mudrcům, protože samotný člověk není schopen rozlišit, kde je pravda a kde lež.

149. Proč je třeba přitahovat Světlo moudrosti

Slyšel jsem 22. den měsíce Adar v roce Tav-Šin-Jud-Gimel (9. března 1953) v Tel Avivu

Ptá se, proč je třeba přitahovat Světlo moudrosti, které znamená znalosti, když je veškerá naše práce vykonávána ve víře nad vědomostmi? A Ba'al HaSulam vysvětluje: kdyby spravedlivý v generaci neměl znalosti, národ Izraele by nemohl pracovat vírou nad vědomostmi. Neboť právě v době, kdy spravedlivý v generaci přitahuje Světlo moudrosti (*Chochma*), září jeho znalosti (*Da'at*) mezi lidem Izraele.

Jako v lidském těle, pokud mozek rozumí a ví, co člověk chce, fungují všechny orgány, plní své funkce a nepotřebují žádný rozum – jak ruka a noha, tak i všechny ostatní orgány pracují a provádějí to, co je jim svěřeno. A nikoho by nikdy nenapadlo pochybovat a říci, že kdyby měla ruka nebo noha svůj vlastní rozum, pracovaly by lépe.

Ale pro orgány těla není vlastní rozum důležitý, protože jsou posuzovány podle síly mozku. A pokud má mozek velký rozum, jsou díky němu nazývány velikými všechny orgány. Stejně tak i zde: pokud se národ přimyká ke spravedlivému, již se stává hoden poznání, může jednat v plné víře, má vše potřebné a nepostrádá žádné doplňující znalosti.

150. Opěvujte Stvořitele, neboť On veliké stvořil

Slyšel jsem 14. den měsíce Š'vat

Ve verši: „Opěvujte Stvořitele, neboť On veliké stvořil" (Izajáš 12) – stejná slova znamenají: „Odřízněte špatné výhonky pro Stvořitele, neboť On stvořil pýchu." Bylo by namístě říci, že „odřízněte" (opěvujte) má stejný význam jako „Síla moje a odříznutí" (a také „Tvoje opěvování"). (Žalm 18) To znamená, že je vždy třeba odříznout a odstranit trny z vinice Stvořitele. A vyjádření: „Protože stvořil pýchu" – zahrnuje dokonce i dobu, kdy se člověk cítí dokonalý a zdá se mu, že již trny odstranil. To znamená, že Stvořitel v tomto světě jakoby stvořil výplod pýchy, když je pro člověka příjemné, aby se považoval za oddaného a čestného, a proto se mu zdá, že už od sebe odstranil trny a stal se dokonalým člověkem – a to je pýcha.

Avšak člověk by měl své činy vždy pečlivě analyzovat, prověřovat je deseti různými způsoby a nespoléhat se na svůj dočasný pocit; vždyť je to jen projev pýchy. Jak je řečeno jménem spravedlivých: „Lenoši jste, lenoši! Proto také říkáte: Pojďme a přinesme oběti Stvořiteli našemu!" (*Šemot, Exodus*)

A synové Izraele jsou obviňováni z toho, že říkají: „Pojďme a přinesme oběti," a tímto způsobem cítí, že už byli povoláni, aby se přiblížili k oltáři, který stojí před Stvořitelem – jen kvůli lenosti a bezmocnosti. Vždyť nechtějí více pracovat a stále sebe samé prověřovat, jsou-li povoláni k této veliké práci. Proto se jim zdá, že již tuto práci dokončili, jak bylo vysvětleno na konci verše: „Neboť On stvořil pýchu".

151. A spatřil *Jisra'el* Egypťany

Slyšel jsem v týdnu Be-Šalach

Je řečeno: „A *Jisra'el* spatřil Egypťany mrtvé na mořském břehu a národ spatřil Stvořitele a uvěřil v Něho a ve služebníka Jeho, Mojžíše." (*Exodus, Šemot* 14)

Je třeba pochopit, proč se tu říká „a uvěřili". Vždyť je zřejmé, že zázrak odchodu z Egypta a překročení moře přivedl *Jisra'el* k větší víře, než byla ta, kterou měli předtím. A vysvětluje slova: „On je Bůh můj a já Ho proslavím." Mudrci řekli, že prostá služka viděla na břehu moře více než prorok Ezechiel. Tehdy se ukázalo, že byl odchod z Egypta založen na zjevných zázracích, které vedly k poznání Stvořitele, což je protikladné k pojmu „víra"; vždyť to nepochází z „výše rozumu". A když člověk vidí odkryté zázraky, pak je pro něho velmi těžké setrvávat ve víře, protože obdržel poznání. Proč je tedy napsáno: „A uvěřili ve Stvořitele"?

A to lze vysvětlit pouze slovy: „A všichni věří, že On je Bůh víry". Říká se ke cti Izraele, že dokonce ani pohled na zázraky, které se odhalily, neuškodil jejich práci pro Stvořitele, jež je realizována vírou výše rozumu. A to je obrovská práce, jelikož se již stali hodnými toho, aby obdrželi možnost pracovat pro Stvořitele v poznání, a přesto se drželi cesty víry a vůbec jí neopovrhovali.

152. Podplácení zaslepí mudrce

Slyšel jsem 24. den měsíce Tevet v roce Tav-Šin-Chet (6. ledna 1948)

„Podplácení zaslepí oči mudrců." (*Deuteronomium*)

Když člověk začne prověřovat podmínky duchovní práce, nabyde přesvědčení, že ji není možné přijmout ze dvou důvodů.

Za prvé, neexistuje žádná záruka, že bude za tuto práci odměněn, protože nevidí nikoho, kdo by již dostal odměnu. A z pohledu na lidi, kteří již svoje záda nastavili strádání pod tíhou této práce, není patrné, že za svou práci dostali odměnu. A když se zeptá sám sebe: „Proč nedostali odměnu?" najde vysvětlení, že zřejmě nesplnili podmínky této práce až do konce. Kdežto ten, kdo splní celou práci až do konce, obdrží plnou odměnu.

A pak v něm vzniká druhá otázka: ale odkud je známo, že k této práci bude mít více schopností než přítel a že dokáže splnit všechny její podmínky tak, aby si byl naprosto jist, že nikdo v jeho díle nemůže najít žádnou vadu a on všechno vykonal na sto procent správně?

A pokud ano, pak se ptá: ten, kdo začal duchovní práci, samozřejmě zvážil všechny tyto důvody, a pokud ji přesto vzal na sebe, znamená to, že si pro sebe dokázal najít nějaké vysvětlení? Jde však o to, že vidět pravdu jsou schopné jen pronikavé oči, jinak se nám pouze zdá, že vidíme, na čí straně je pravda: na straně spravedlivého, nebo zbývajícího světa. Ve skutečnosti však pravdu nevidíme, a aby se naše oči staly pronikavými, musíme se obávat podplácení, které „zaslepí oči mudrců a překroutí slova spravedlivých".

A podplácení v podstatě prochází skrze náš egoismus, a proto neexistuje žádné jiné východisko než přijmout tuto práci za jakýchkoli podmínek a bez jakéhokoli uvažování – pouze samotnou vírou výše rozumu. A až později, když je člověk očištěn od egoismu a dokáže stav zanalyzovat, je naděje, že ho může spatřit v pravém světle. A ten, kdo nutně potřebuje záruky, se samozřejmě s touto otázkou nebude schopen vypořádat, protože se mu zdá, že v jeho argumentech je skutečná pravda, a vždy v tomto sporu vyhraje, neboť není schopen vidět pravdu.

153. Myšlenka je důsledkem touhy

Slyšel jsem 7. den měsíce Š'vat v roce Tav-Šin-Chet (18. ledna 1948) v Tel Avivu

Myšlenka je důsledek, produkt touhy. Proto člověk přemýšlí o tom, po čem touží, a nepřemýšlí o tom, co nechce. Například nikdy neuvažuje o dnu smrti, ale naopak si vždy myslí, že je věčný, protože si takový přeje být. To znamená, že vždy přemýšlí o žádoucím.

Rozum však má zvláštní funkci, která spočívá ve schopnosti zvyšovat touhu. Pokud má člověk malou touhu, která nemá sílu se projevit a přimět jej dosáhnout požadovaného cíle, bude-li o této touze přemýšlet, může ji zvýšit a rozšířit tak, aby začala požadovat své naplnění.

Z toho vyplývá, že myšlenka pouze slouží touze a touha je základem, podstatou člověka. Pokud je touha velká, vládne nad malými touhami. A když chce člověk zvýšit nějakou malou touhu, může to udělat, jestliže o této touze neustále přemýšlí. A ve stejné míře, v jaké člověk na tuto touhu myslí, se také zvětšuje jeho touha.

Proto je řečeno, že se člověk musí neustále zabývat kabalou (jak je řečeno: „Vyvíjet úsilí v Tóře ve dne i v noci"), protože díky tomuto neustálému úsilí v mysli zvýší duchovní touhu natolik, že bude převažovat nad ostatními.

154. Na světě by neměla být žádná prázdnota

Slyšel jsem 7. den měsíce Š'vat v roce Tav-Šin-Chet (18. ledna 1948) v Tel Avivu

Na světě by neměla být žádná prázdnota. A poněvadž je pro člověka nejdůležitější touha, která tvoří základ stvoření a je podle ní měřeno, zda je člověk malý, nebo velký (*Katnut* a *Gadlut*), musí mít nějakou touhu buď v našem světě, nebo ve světě duchovním. A ten, kdo je těchto tužeb zbaven, je považován za mrtvého, protože veškeré stvoření je jenom touha, která „vznikla z ničeho". A protože mu chybí tento materiál, který představuje veškerý materiál stvoření, je přirozeně považován za mrtvého, jako kdyby neexistoval.

Proto je třeba se snažit, aby měl člověk touhu. Vždyť je to veškerý materiál stvoření. Je však nutné tuto touhu prověřovat. Stejně jako každá živá bytost na základě své přirozenosti cítí, co je pro ni škodlivé, musíme se také my starat o to, aby naše touhy směřovaly ke správnému cíli.

155. Čistota těla

Slyšel jsem na hostině o Šabatu 13. den měsíce Š'vat

Čistota těla (čili tužeb) naznačuje čistotu rozumu. Čistota rozumu se nazývá pravda, která není smíchána se žádnou lží. A v tomto si nejsou všichni rovni, protože jsou tací, kteří to od sebe vymáhají velmi maličerně do posledního puntíku – příliš přísně hledat nedostatky v čistotě svého těla však nemá cenu. Vždyť se nám nečistota tak hnusí proto, že nás poškozuje, a my se musíme vystříhat všeho, co je škodlivé. Ale nemá smysl věnovat tolik pozornosti tělu, které nakonec stejně zmizí, bez ohledu na to, jak striktní jsou požadavky, které naň klademe.

Zatímco duše, která je věčná, by měla být prověřována s veškerou důkladností, aby v ní nebyla žádná nečistota. Vždyť každá nečistota způsobuje škodu.

156. Aby nevzal ze Stromu života

Slyšel jsem 15. den měsíce Š'vat

„Aby nevzal ze Stromu života, nepojedl a nežil věčně." (*Genesis*)

Ba'al HaSulam vysvětluje, že si člověk může vzít *Chasadim Mechusim*,[80] jež se šíří od úrovně *Chaze* a výše, a úplně se tím uspokojí. A kvůli tomu nenapraví hřích Stromu poznání, který náleží k úrovni od *Chaze* a níže. Strom života patří k úrovni od *Chaze* a výše, kde se šíří skryté *Chasadim*.

A zdá se mi, že to vysvětluje slova, která pronášíme v modlitbě: „Dej nám život, ve kterém je bázeň před Nebesy, a život, ve kterém je strach ze spáchání hříchu." A rozdíl mezi nimi, jak vysvětluje Ba'al HaSulam, spočívá v tom, že v jednom případě si člověk vybírá svůj život ze strachu ze spáchání hříchu, což označuje, že nemá jinou možnost. A bázeň před Nebesy znamená, že má na výběr, a i kdyby takovou podmínku nepřijal, stejně nebude hřešit a vybere si na základě chvění před Stvořitelem.

A pak již nelze říci, že skryté *Chasadim* znamenají malý stav (*Katnut*) – jako v době, kdy nemá jiné možnosti. Když však dosáhne odhaleného světla *Chasadim* (*Chasadim Megulim*, odhalené *Chasadim*) na úrovni Ráchel, pak také úroveň Lea, jež přísluší ke skrytým *Chasadim*, znamená úroveň *GaR* a velký stav (*Gadlut*). A když dosáhne odkrytých *Chasadim*, avšak navzdory všemu si vybírá skryté *Chasadim*, nazývá se to chvěním před Nebesy.

Ukazuje se, že existují dva druhy skrytých *Chasadim*:

---

[80] „Skryté *Chasadim*", které nepotřebují světlo *Chochma*.

1. v době, kdy člověk nedosáhl stupně Ráchel a nachází se na úrovni *VaK*;
2. v době, kdy dosáhne stupně Ráchel, a tehdy se nazývá jménem Lea, jež přivádí k úrovni *GaR*.

157. Spím, ale mé srdce je vzhůru

Slyšel jsem 9. den měsíce Nisan v roce Tav-Šin-Chet (18. dubna 1948)

Kniha *Zohar* (kapitola *Emor* 95a): „Řekla *Šchina* Shromáždění duší Izraele: ‚Spím v egyptském vyhnanství, zatímco moji synové trpí pod těžkým otroctvím.'" Míní se tím, že světlo *Mochin* je ve stavu „spánku", jak je vysvětleno, že výraz „je" (z *Megilat Ester*: „je jeden národ") znamená: „jejich Bůh spí" (druhé přečtení slova „je").

„Ale mé srdce je vzhůru a ochraňuje je, aby se ve vyhnanství neztratili." (Kniha *Zohar*) To znamená, že když obdrží *Mochin de-Achorajim* (Světlo odvrácené strany), budou jím chráněni, ačkoliv zatím stále zůstávají ve vyhnanství; vždyť toto Světlo neozařuje *Šchinu*. Ale přesto se to nazývá bděním, jak je řečeno: „Srdce se nevylévá ústy." Srdce patří k úrovni *VaK*, protože je tam *VaK* světla *Chochma*. A dokonce ani v době dosažení velkého stavu (*Gadlut*) tam kromě této úrovně není žádné jiné světlo *Chochma*.

„Hlas milovaného, který na mne klepe" (Píseň písní) – je úder na cloně *de-Chirik Ze'ir Anpinu*.

„A Já jsem si vzpomněl na svaz Svůj" (*Šemot, Exodus*), což je tajemství obřízky, které znamená *Dinim de-Nukva* (omezení *Nukvy*), jež ruší *Dinim de-Dchura* (omezení z mužské strany). Tato omezení ruší úroveň *GaR*, což znamená obřízku.

A jsou tam také doplňkové nápravy, které se nazývají *Prija* (פריעה, zastrčené). „Otevři mi otvor na ucho jehly a já ti otevřu vyšší bránu." Úzké otevření znamená „úzké cesty" Světla, jelikož v nepřítomnosti *Chasadim* existuje pouze tenká záře světla *Chochma*. A teprve tehdy, když je přitahováno světlo *Chasadim*, dostává se světlo *Chochma* do *Chasadim* jako *VaK* (šest) širokých proudů.

A „vyšší brána" je tajemství *Chasadim Aba ve-Ima*, které se nazývají „čistý vzduch". Teprve poté, když má člověk *Chochmu*, ale přitahuje *Chasadim*, se tyto *Chasadim* nazývají „čistý vzduch", protože si člověk vybírá *Chasadim* a dává jim přednost před světlem *Chochma*.

Když má jen světlo *Chasadim*, bez *Chochmy*, nazývá se *Katnut*, malý stav.

„Otevři mi" – se říká o *Ze'ir Anpinu* a jeho sestře *Malchut*, která se vztahuje k *Chochmě* a přitahuje světlo *Chochma*: „Vždyť v tobě se nachází vchod, kam mohu vejít". Pouze v případě, že v tobě bude *Chochma*, budu mít otvor, do kterého budu moci vstoupit s *Chasadim*, které jsem obdržel od *Aby ve-Imy*, jež se nazývají „čistý vzduch".

„Přijď a pohleď na ten čas, kdy Stvořitel zabíjel prvorozené v Egyptě a svrhl stupně Shora dolů." (Kniha *Zohar*) Egypťané – to je levá linie, ale ze strany *Klipy*, nečisté síly, bez jakéhokoli spojení s pravou stranou. A když byl *Jisra'el* v Egyptě, lid se nacházel pod nadvládou Egypťanů – to znamená, že také museli přijmout levou linii. A poprava prvorozených znamená, že Stvořitel zrušil vládu *GaR* (tří prvních *Sfirot*) levé linie, čímž svrhl stupně Shora dolů.

„Přijď v tom čase, kdy *Jisra'el* uzavírá posvátný svaz." Význam svazu obřízky spočívá v omezení *Nukvy* a spojení se clonou *de-Chirik*, která ruší *Dinim de-Dchura* (omezení z mužské strany). Zásluhou toho se ruší *GaR* levé linie a svítí pouze *VaK*. Ukazuje se, že díky tomu, že Stvořitel popravil jejich prvorozené, obdrželi sílu k naplnění tohoto svazu, a „pak tu krev uviděli u vchodu, na dveřních rámech".

„A byly dvě krve: krev *Pesachu* a krev obřízky." Krev *Pesachu* znamená nápravu připojení levé linie. A krev obřízky je náprava pomocí omezení *Nukvy*, která označují stav *Chirik*. A krev *Pesachu*...

158. Proč není během svátku *Pesach* obvyklé jíst na návštěvě

Slyšel jsem na ranní hostině o svátku Pesach v roce Tav-Šin-Chet (1948)

Říká se, že zvyk během *Pesachu* nejíst na návštěvě je způsoben požadavky *Kašrutu* (požadavky na košer jídlo). Tak proč takto nejednají po celý rok? A i když je známo, že člověk jinde dodržuje *Kašrut* ještě důkladněji než u sebe doma, stejně není obvyklé, aby u někoho jedl. A jedná se o to, že se zákaz kvasu (*Chamec*, חמץ) vztahuje k jakékoli maličkosti, k čemukoliv, a sám člověk ho není schopen řádně splnit – pouze Stvořitel ho může zachránit před drobným porušením.

A v tom tkví smysl pokynu vyvarovat se všeho kvašeného a člověku je přikázáno, aby byl opatrný, následoval všechny rady a nepřibližoval se k něčemu nepovolenému. Je však nemožné, aby se člověk ochránil sám. Vždyť ho může zachránit jen Stvořitel. A je samozřejmé, že ochrana není pro každého stejná. Jsou lidé, které Stvořitel chrání více, a jsou ti, které Stvořitel tak silně nechrání. Závisí to na tom, jak člověk potřebuje Stvořitele, neboť jsou ti, kteří vědí, že potřebují zvýšenou ochranu, a proto volají ke Stvořiteli, aby se o ně více staral. A jsou i lidé, kteří necítí zvláštní potřebu ochrany Shora. Ale zvenku to není možné rozlišit, protože vše závisí na vnitřním pocitu, když v sobě člověk pociťuje takovou potřebu a má zapotřebí zvýšenou ochranu.

159. A uplynul dlouhý čas, když se to stalo

Slyšel jsem

„A uplynul dlouhý čas, když se stalo (v těchto velikých dnech), že zemřel král Egypta a synové Izraelští začali sténat z práce a volali – a povznesli tento křik ke Všemohoucímu a uslyšel Všemohoucí jejich křik a sténání." (*Exodus, Šemot* 2, 23–24)

Utrpení a neštěstí dosáhly takového stupně, že nebylo možné je snést. Tehdy se lidé tak silně modlili ke Stvořiteli, že Stvořitel jejich křik a sténání uslyšel. Ale na druhou stranu vidíme, že říkali: „Kdo nám to dá?" vzpomínajíce na plné hrnce s masem a chléb do sytosti a také na ryby, které v Egyptě jedli zdarma, cukety, vodní melouny, zelené byliny, cibuli a česnek.

Jedná se o to, že pro ně byla práce v Egyptě velmi příjemná. Jak je řečeno: „A smísili se oni s jinými národy a přijali jejich způsob života." To znamená, že pokud se *Jisra'el* nachází pod nadvládou jiných národů, ty nad *Jisra'elem* vládnou a on se od cizího vlivu nemůže osvobodit, neboť v této práci nachází chuť a nepřeje si, aby se osvobodil z tohoto otroctví.

A tehdy to Stvořitel zařídil tak, že „zemřel král Egypta" a jeho moc nad nimi zanikla, a proto již nemohli více pracovat. Pochopili, že pokud nezáří světlo *Mochin*, které poskytuje dokonalost, je nedokonalé i otroctví. A „synové Izraelští začali sténat z této práce", která jim nepřinášela ani uspokojení, ani životní sílu. Vždyť „zemřel král Egypta" – to znamená, že zmizela veškerá moc Faraona, která jim poskytovala jídlo a živobytí. A proto získali možnost se modlit a okamžitě došlo k vysvobození.

A když šli potom pouští a dospěli do stavu *Katnut*, vášnivě toužili, aby se vrátili do otroctví, ve kterém byli, dokud nezemřel král Egypta.

160. Skromnost v Přikázáních

Slyšel jsem

Proč je macu (paschální nekvašený chléb) zvykem mít vždy přikrytou – to znamená na speciální misce pro macu nebo v jiné uzavřené nádobě? Je řečeno: „A odnesl národ těsto svoje předtím, než zkvasilo, do svých díží, zabalené do svých šatů na ramenou svých." (*Šemot, Exodus*) Řešení tkví zejména v tomto: „zabalené do svých šatů". Jde o to, že v *Pesachu* nebyly ještě nádoby (*Kelim*) napraveny tak, jak by měly být. Proto je kvůli nápravě *Kelim* nutná *Sfira*[81]. O čemž je řečeno: „Viděla jsem jakoby kapku růže." To znamená, že se v noci *Pesachu* stal zázrak. Sice tam byla možnost se nějakým způsobem přimknout (k nečistým touhám), nicméně se to nestalo, poněvadž byla přikryta a nebyla viditelná navenek, na což naznačují slova: „zabalené do svých šatů".

161. Darování Tóry

Slyšel jsem na hostině o svátku Šavu'ot

V čem tkví smysl Darování Tóry na hoře Sinaj? Neznamená to, že Stvořitel kdysi daroval Tóru, a nyní ne. Darování Tóry je navždy. Stvořitel ji daruje vždy, my ji však nejsme schopni přijmout. A tehdy u hory Sinaj obdrželi Tóru, protože se spojili jako jeden člověk s jedním srdcem a všichni měli jen jedinou myšlenku – na přijetí Tóry.

Avšak Stvořitel ze své strany dává Tóru vždy. Je řečeno, že člověk musí každý den slyšet Deset přikázání, přijatých u hory Sinaj.

Tóra se nazývá „elixírem života" a „smrtelným jedem". A ptá se: „Jak se mohou dva takové protiklady vměstnat do jednoho?" Avšak celý obraz, který vidíme, existuje jen v našich pocitech a nezajímá nás, jaká je skutečná realita. Proto, když Tóra při studiu oddaluje člověka od lásky ke Stvořiteli, pak je samozřejmě „smrtelným jedem". A pokud Tóra člověka ke Stvořiteli přibližuje, pak se nazývá „elixírem života".

Avšak zde se nebere v potaz Tóra sama o sobě, tedy realita, jaká je ve skutečnosti. Vše se nachází v našich pocitech, které pro nás definují celou realitu. Tóra sama o sobě je v nepřítomnosti přijímajících považována za Světlo bez *Kli*, které nelze pochopit, protože je to abstraktní

---

[81] „Odpočet" dnů mezi *Pesachem* a *Šavu'otem*.

podstata, která není oděna do hmoty. A my podstatu nejsme schopni pochopit – dokonce ani podstatu materiální, a tím spíše duchovní.

Dokud člověk pracuje pro sebe sama, považuje se za pracujícího v *Lo Lišma*, ale z *Lo Lišma* přechází k *Lišma*, pro Stvořitele. Pokud se tedy někdo ještě nestal hoden obdržení Tóry, doufá, že ji obdrží příští rok. A když plně získá vlastnosti *Lišma*, pak již nemá v tomto světě nic více co dělat.

Proto nastane čas darování Tóry každý rok. Vždyť čas je spojen s probuzením zdola, poněvadž se čas probouzí, když se Světlo darování Tóry odhaluje lidem. Tehdy vždy nastává probuzení Shora, které jim pomáhá uskutečnit tentýž čin jako kdysi.

Pokud tedy člověk následuje cestu, která ho přivádí z *Lo Lišma* k *Lišma*, znamená to, že dodržuje pořádek a doufá, že si nakonec zaslouží obdržet Tóru *Lišma*. Avšak když před očima neustále neudržuje cíl, ukáže se, že od něho jde opačným směrem. Přímá cesta se nazývá „Strom života". Proto je opačná cesta ekvivalentní smrtelnému jedu – vždyť se neustále vzdaluje od přímky života.

„Nevěř tomu, kdo tvrdí, že vynakládal úsilí, ale nenašel to, po čem toužil." A co znamená „našel"? Co je třeba najít? Je třeba najít přízeň Stvořitele.

„Nevěř tomu, kdo tvrdí, že našel bez veškeré námahy." Ale ten, kdo to říká, nelže. Vždyť se nehovoří o konkrétním člověku, ale o obecném pravidle pro všechny. A když spatří, že v očích Stvořitele nalezl přízeň, tak čemu tady nevěřit?

Jde o to, že je občas člověk počten přízní v očích Stvořitele na základě modlitby, protože je v ní zvláštní síla, která může působit podobně jako úsilí. (Stejně jako v našem světě vidíme, že tam jsou ti, kteří vydělávají vlastním úsilím, ale také ti, kteří se o výdělek modlí a získají ho.)

Avšak v duchovním, byl-li člověk počten přízní v očích Stvořitele, poté stejně musí zaplatit plnou cenu – to znamená vynaložit stejnou míru úsilí, jakou vynakládá každý. A pokud stejnou míru úsilí nevynaloží, ztratí *Kli*. A proto je řečeno: „Nevěř tomu, kdo říká, že našel bez veškeré námahy," protože všechno ztratí. Z toho důvodu je poté povinen vše splatit plnou mírou svých úsilí.

162. Proč říkají „Buď silný!"
po skončení oddílu studijní lekce

Slyšel jsem na ranní šabatní hostině 2. den měsíce Av v Tel Avivu

Říkají: „Buď silný!" *(Chazak,* חזק)[82] po skončení každého oddílu studijní lekce, neboť je třeba z tohoto zakončení získat sílu, která umožní dokončit všechny stupně výstupu. Stejně jako má tělo 248[83] orgánů a 365[84] žil, i duše má 613[85] částí, což jsou kanály duše, kterými proudí Světlo. A na základě studia Tóry (tedy kabaly) se tyto kanály otevírají. A po celou dobu, dokud se neotevřou všechny kanály, člověk zakouší nedostatek dokonce i na svém dílčím stupni. Vždyť i dílčí stupeň obsahuje zapojení do společného.

Ukazuje se, že pokud ve společném chybí nějaká část, pak tato kvalita chybí také v dílčím. Takto se postupně ztělesňuje stupeň po stupni, podle pořadí stupňů. A když jsou všechny ukončeny, nastane Konečná náprava *(Gmar Tikun).* Ale předtím se střídají a jeden po druhém procházejí nápravou. Z toho pochop, co řekli mudrci: „Tóra předchází světu." To znamená, že Tóra již byla předtím, než bylo vytvořeno omezení světa.

Jak je však možné, aby poté Tóra svítila uvnitř světa, jehož podstatou je omezení? Avšak Tóra svítí takovým způsobem, že jedno následuje za druhým. A když jsou završeny všechny stupně, člověk musí vystoupit z tohoto světa, protože v sobě shromáždil celou Tóru ze všech stupňů.

Proto je třeba z každého zakončení získat sílu, s níž je možné jít dál. A pět částí Tóry odpovídá sedmi *Sfirot (Chesed, Gvura, Tif'eret, Necach, Hod, Jesod, Malchut),* z nichž pět je základních, jelikož *Jesod* a *Malchut* nejsou základní, ale skládají se z ostatních.

---

[82] *Chazak* znamená „silný"; je to požehnání, které se říká po dočtení každé knihy z Pěti knih Mojžíšových *(Pentateuch).*
[83] *RaMaCh,* רמ"ח, vyjadřuje číslo 248: *Reš* = 200, *Mem* = 40, *Chet* = 8.
[84] *ŠaSaH,* שס"ה, vyjadřuje číslo 365: *Šin* = 300, *Samech* = 60, *Hej* = 5.
[85] *TaRJaG,* תרי"ג, vyjadřuje číslo 613: *Tav* = 400, *Reš* = 200, *Jud* = 10, *Gimel* = 3.

163. O čem hovořili autoři Knihy *Zohar*

Slyšel jsem na konci Šabatu, týdenní kapitola Masa'ej v roce Tav-Šin-Chet (7. srpna 1948) v Tel Avivu

Kniha *Zohar* není napsána ve stylu ponaučení *Musar* (מוסר) proto, že by to bylo nutné pro vylíčení jejího tajemství. Tajemství bylo možné vylíčit jiným způsobem, v jiném oděvu. Ale zapsali ji takto, aby bylo čtenáři jasné, že to hlavní není moudrost a znalost Tóry, ale Dárce Tóry. A to základní, kvůli čemu je dána Tóra a Přikázání, je splynutí s Dárcem Tóry.

A protože to oděv *Musar* připomíná více, oblékli materiál Knihy *Zohar* do tohoto stylu. A to, že se v ní občas objevuje i oděv rozumu, je proto, aby se nespletli a netvrdili, že tam není nic více než morální ponaučení (*Musar*) a že v Knize *Zohar* není ukryt jiný smysl, moudrost a rozum. Proto byla Kniha *Zohar* napsána ve dvou stylech, oděvech, a jedno poukazuje na druhé.

164. Rozdíl mezi materiálním a duchovním

Slyšel jsem 3. den měsíce Av v roce Tav-Šin-Chet (8. srpna 1948)

Rozdíl mezi materiálním a duchovním spočívá v tom, že v materiálním síla předchází činu, jak je řečeno: „Napřed zavolejte a Já odpovím." Vždyť je tam stejný pořádek jako v Konečné nápravě (*Gmar Tikun*), kdy se nedělá nic, dokud se nevytvoří síla pro vykonání požadovaného.

Zatímco v duchovním, které ještě nedosáhlo Konečné nápravy a které funguje v souladu s pořadím postupného odhalování přání vhodných k nápravě, platí povinnost začít pracovat dříve, než je získána síla, jak je řečeno: „Plňte ukázané, abyste uslyšeli hlas Ukazujícího. Plňte to, co vám bylo ukázáno, abyste uslyšeli hlas toho, Kdo ukazuje."

165. Prosba Elíši k Elijášovi

Slyšel jsem

Eliáš se zeptal Elíši: „Co pro tebe mohu udělat?" Elíša odpověděl: „Učiň mého ducha dvakrát většího, než je tvůj." A on řekl: „O nesnadné jsi poprosil..." (Kniha *Melachim*)

Jde o to, že existuje analýza *RaPaCh*[86] a je analýza kamenného srdce (*Lev ha-Even*[87]), které nelze napravit. Když se napravuje *RaPaCh*, odkrývá se *Lev ha-Even*, ale samotný *Lev ha-Even* není možné používat. Ten, kdo odkrývá a napravuje *RaPaCh*, odhaluje také *Lev ha-Even*.

166. Dvě úrovně v porozumění

Slyšel jsem

Existují dvě úrovně:
1. rozšíření světů Shora dolů;
2. pozvedání se zdola Nahoru.

První úroveň je ta, „kterou stvořil Stvořitel" (*Genesis*), čímž nám připravil místo k práci.

Druhá úroveň je, když se začneme sami zabývat duchovní prací a odívat se do připravených stupňů zdola Nahoru. Ale předtím, než je stupeň úplně završen, není možné jej jasně poznat, a proto je řečeno: „Nejdříve dokonči studium a potom porozumíš."

Stejně jako malé dítě, které začíná jíst chléb a ještě nezná nic jiného kromě samotného chleba. A když povyroste, začíná chápat, že existuje příčina, na základě které může být chléb nazýván chlebem – to znamená, že by měl mít podobu, na níž jsme zvyklí: bílou, měkkou a chutnou. A tehdy postihuje formu chleba, s níž vychází z pece, když je chléb příliš měkký a velmi horký a ještě není vhodný k jídlu. Vždyť zde chybí určité působení, díky němuž po nějaké době chléb proschne a vychladne; mezitímco vzduch neučiní chléb vhodným k jídlu a chléb nezíská nám známou formu, jak ho podáváme na stůl.

Ale pak pokračuje ve zkoumání a poznává ještě jednu formu, kterou měl chléb předtím, než byl vložen do pece. A ačkoliv měl podobnou formu, přesto se s ním udály velké změny. Protože se chléb díky žáru v peci stal větším i pevnějším a zčervenal. Vždyť byl dříve bílý a nyní změnil barvu. A když to zkoumá, uvědomí si, že chléb získal formu a hmotnost již předtím, než byl vložen do trouby.

---

[86] *RaPaCh* označuje 288 částí duše, kde *RaPaCh*, רפ״ח, vyjadřuje číslo 288: Reš = = 200, *Pej* = 80, *Chet* = 8.

[87] *Lev ha-Even* je „kamenné srdce", které má 32 částí; *Lev*, ל״ב, vyjadřuje číslo 32: *Lamed* = 30, *Bet* = 2.

A tak dále, dokud nedosáhne stavu, ve kterém vezmou obilí a zasejí ho do země. Dříve věděl jen to, jak chléb získat, to znamená odebírat chléb, který existuje ve světě. Ale poté již ví, jak ho přidávat. A přesně tak je tomu v duchovním: nejprve musí člověk získat porozumění zdola Nahoru. A v tomto stavu může pouze přijímat a nemůže přidávat. Avšak později, na druhé úrovni, může také přidávat.

167. Proč se „Šabat pokání" nazývá takto

Slyšel jsem o Šabatu pokání v roce Tav-Šin-Tet (9. října 1948) v Tel Avivu

Proč se *Šabat* před svátkem *Jom Kipur* nazývá „Šabat pokání"?[88] Protože pronášejí modlitbu pokání „Za hřích" a každý, kdo upírá zrak na slova modlitby „Za hřích", bezpochyby nenajde svou vinu ani v šedesáti procentech z vyčísleného. Může si nanejvýš tak ve čtyřiceti procentech vyjasnit a smířit se s tím, že možná zhřešil, ale nepociťuje to. Avšak šedesát procent napsaného na sebe v žádném případě nevztahuje.

Proto existuje zázračná síla *Šabatu*, kdy Světlo *Šabatu* poskytuje člověku možnost spatřit a nalézt sám sebe ve sto procentech hříchů uvedených v modlitbě „Za hřích" a pochopit, že je tato modlitba psána pouze pro něho a pro nikoho jiného. Ale bez Světla to necítí. Z toho důvodu se nazývá *Šabatem* pokání, neboť *Šabat* pomáhá kajícnosti, umožňuje pocítit hřích. A je třeba se ke hříchu přiznat a tehdy je možné prosit o odpuštění.

Pokud však pronáší modlitbu „Za hřích", a necítí, že zhřešil, jaképak je to doznání? Vždyť ve svém srdci říká, že nehřešil. A když ústy pronáší, ale ve svém srdci nesouhlasí, takové přiznání samozřejmě nemá cenu.

168. Zvyky Izraele

Slyšel jsem

Zvyky Izraele jsou tak důležité, že je možné říci, že dávají člověku více duchovního než samotná Přikázání. Ačkoli neexistuje žádný trest za porušení zvyků, poruší-li však zákon, dostanou trest. Avšak zaměříme-li pohled na hledisko prospěchu – to znamená na dosažení chvění před Nebesy – zvyky přinášejí více prospěchu. Je to proto, že

---

[88] Na konci deseti dnů pokání v Soudný den je *Jom Kipur*.

to mudrci, kteří tyto zvyky zavedli, uspořádali tak, aby skrze ně svítidlo duchovní. Proto ten, kdo například odmítá zvyk jíst o *Šabatu* maso a ryby, odmítá duchovní.

To se však týká pouze člověka, který dosud nedosáhl dokonalosti – to znamená toho, kdo nedokáže vidět, co dělá, protože se ještě nestal hoden poznat chuť Přikázání. A v tomto případě musí dodržovat zvyky. Stejně jako jablko, které se začne kazit předtím, než shnije. A pokud je zkažené, bezpochyby shnije. A těsně předtím, než se člověk stane svobodným, začne opovrhovat zvyky. A poté, co je odmítne, buď se stane svobodným on sám, nebo se stanou svobodnými jeho děti.

169. Dokonalý spravedlivý

Slyšel jsem

„Dokonalým spravedlivým" se nazývá ten, kdo nikdy nehřešil. Je však řečeno, že „Není na světě spravedlivého, který by činil jen dobro a nezhřešil".

Jedná se o to, že na každém stupni je stav „Dokonalý spravedlivý", ve kterém nemůže být žádný hřích a který na tomto stupni nikdy nehřešil. Takové jsou touhy na každém stupni výše *Chaze*, jež se nazývají „Strom života" – skryté (od světla *Chochma*) *Chasadim*.

Ale v přáních níže *Chaze* je možný hřích i jeho náprava (*Tšuva*, תשובה). A když člověk tento stupeň napraví, dosáhne vyšší úrovně, kde se opakuje stejné pořadí. To znamená, že také začíná ze stavu „Dokonalý spravedlivý" a poté přechází ke stavu: „Není na světě spravedlivého, který by činil jen dobro a nehřešil".

170. Nechť nebude v tvojí kapse kamene velkého...

Slyšel jsem

„Nechť nebude v tvojí kapse kamene velkého nebo malého." (*Deuteronomium* 25) Kamenem (*Even*) se nazývá víra (jako kámen pro vážení), která má malou hmotnost a vlastnost výše vědomostí, rozumu. Ale zároveň řekni, že máš velký kámen, což je rozum, protože všechno, co si přeješ, se již nepodobá tomu, co si přeje celý svět, a máš pevný rozumný základ (*Gadlut*), a nikoliv malý stav (*Katnut*), který nevyžaduje žádný základ a celistvý kámen.

A kámen musí být malý, ale celý, abys na základě malého kamene mohl splnit celou Tóru a Přikázání. A teprve poté je nazýván celým, dokonalým kamenem. Ale pokud je kámen malý a dovoluje ti dělat jen malé činy (*Katnut*), pak se celistvým (dokonalým) kamenem nenazývá.

A „dvojí míra: velká, nebo malá" – znamená, že pokud má člověk malý základ, cítí se malý a v době, kdy má velký kámen, velký základ, cítí se velký. Zatímco celá (dokonalá) míra vzniká tehdy, když člověk dosáhne Osobního vedení Stvořitele.

171. Kniha *Zohar*, *Emor*

Slyšel jsem 4. polosváteční den svátku Pesach v roce Tav-Šin-Tet (18. dubna 1949)

V Knize *Zohar* v kapitole *Emor* (s. 43) je napsáno: „Řekla *Šchina* Shromáždění duší Izraele: ,Spím v egyptském vyhnanství.'"

Odchod světla *Mochin* se nazývá „spánek".

„Ale mé srdce bdí." (Píseň písní) Srdce[89] znamená 32 proudů moudrosti (*Chochma*), ve kterých svítí *Chochma*, ale bez odění se do *Chasadim*, což je považováno za egyptské vyhnanství, a proto je nazýváno spánkem. Avšak zároveň byli připraveni přijmout světlo *Mochin de--Chochma*, ale pouze „z opačné strany".

„Hlas milovaného, který na mne klepe" – to je hlas *Ze'ir Anpinu*, který přináší *Chasadim* (Světlo lásky a milosrdenství).

A Stvořitel o tom říká: „Otevři Mi dírku na ucho jehly" – to znamená, že On v době spásy prosí, aby znovu přitáhli záři *Chochmy*. A když tam není světlo *Chasadim*, nazývá se to dírka na ucho jehly, protože *Chochma* nesvítí bez *Chasadim*.

„A Já před tebou rozevřu vyšší bránu" – to znamená, že jí budou dány *Chasadim*, které ji rozšíří tak, aby v ní svítila *Chochma* spolu s *Chasadim*.

„Otevři Mi, jen v tobě se nachází ten vchod, kam Já mohu vejít. Vždyť nemohou synové Moji vejít do Mne, ale pouze do tebe." Synové potřebují světlo *Chochma*, které jim nemůže dát, protože Jeho vlastností je

---

[89] Srdce (*Lev*, לב) zároveň vyjadřuje číselnou hodnotu 32; v gematrii *Lamed* = = 30 a *Bet* = 2.

Chasadim. Pokud *Malchut* přitáhne *Chochmu*, mohou synové také přijmout světlo *Chochma*. Proto je pouze ona schopna tento vchod otevřít.

„A jinak jsem Já zakryt a nebudou Mne moci najít." To znamená, že v Něm synové nenajdou dokonalost. Vždyť je-li v *Ze'ir Anpinu* jenom *Chasadim*, jedná se pouze o úroveň *VaK*, která se nazývá „prostý vzduch". Jestliže je v něm také *Chochma* a on si přesto vybírá *Chasadim*, pak se jeho *Chasadim* nazývají „čistý vzduch". A ačkoliv mají jeho *Chasadim* přednost před *Chochmou*, bez *Chochmy* v Něm není možné nalézt dokonalost.

A toto je význam toho, co bylo napsáno: „Otevři, abych se s tebou spojil a byli jsme spolu navěky."

„Přijď a viz v ten čas, kdy Stvořitel zabil prvorozené v Egyptě, všechny ty, které zabil o půlnoci, a svrhl stupně *Shora* dolů." (Kniha *Zohar*) To znamená nápravu pomocí clony *Masach de-Chirik*, která vedla ke dvěma událostem: zmizení stupně *GaR* a protažení světla *Chasadim*. A díky tomu se stalo možným rozšíření Světla *Shora* dolů.

„Přijď' v ten čas, kdy *Jisra'el* uzavře symbol posvátného svazu obřízkou." Poprava prvorozených a krev *Pesachu* a také krev obřízky mají společný význam. Egypťané uctívali ovce jako božstvo a paschální oběť se týkala jejich božstev. Nečisté síly (*Klipot*) Egypta pro sebe chtěly přitáhnout Světlo Konečné nápravy, což je podobné hříchu Stromu poznání. Znamená to, že chtěly protáhnout světlo *GaR Shora* dolů. Ale díky popravě *Pesachu* byl zničen *GaR de-Chochma*, což označuje popravu prvorozených. Vždyť prvorozenec patří ke stupni *GaR* a stupeň *GaR* byl zrušen zásluhou *Masach de-Chirik*, tedy pozvednutím *Man'uly*[90], jež vede ke zrušení stupně *GaR*.

A to znamená krev (*Dam*, דם) ze slova mlčení (*Dmama*, דממה), které je podobné zabití (*Dmemit*, דממית) *GaR*, v čem spočívá význam krve obřízky. Kde řezák je *Dinim de-Nukva* (omezení *Nukvy*), jež ruší *Dinim de-Dchura* (omezení z mužské strany), o čemž je napsáno: „Byly dvě krve: krev *Pesachu* a krev obřízky." A z krve *Pesachu* je *GaR* zrušen a probíhá zapojení do nápravy tří linií, což naznačuje na „trám" a „dvě *Mezuzot*" (מזוזות).

A „Čtrnáctý den", atd., utekl *Jisra'el* zpod cizí nadvlády a spojil se svatým svazkem skrze *Maces*.

---

[90] *Man'ula*, מנעולא, zámek, který zamkne Světlo.

Chamec (חמץ, kvašený chléb) znamená světlo *Mochin*, které se odívá níže *Chaze* a září *Shora* dolů. A *Maces* je světlo *Mochin*, zářící od *Chaze* a výše, kam se nemohou připojit nečisté síly. A to proto, že *Man'ula* (zámek), jež se otevírá v noci *Pesachu* a díky níž se uskutečňuje oběť *Pesachu* a poprava prvorozenců, působí pouze směrem od sebe dolů, tedy z toho místa v *Chaze*, kde se otevírá.

Ukazuje se, že nejedná na základě svého vlastního soudu a omezení na všechno, co se nachází nad ní. Kdežto vše, co se odívá od *Chaze* a níže, je pod jejím vlivem, a proto je tam pociťován její rozsudek a omezení. Z toho důvodu byl *Jisra'el* varován, aby v noci *Pesachu* jedl jen *Maces*, a nikoliv *Chamec*.

A *Maces* má přednost, kterou nemá *Chamec*, a *Chamec* má přednost, kterou nemá *Maces*. Přednost *Macesu* v plném Světle je *Mochin GaR de-Chochma*, který se také nazývá „dvě velká svítidla" – avšak ve formě *Achorajim* (z odvrácené strany), protože nemůže svítit kvůli nepřítomnosti *Chasadim*. A přednost *Chamce* spočívá v tom, že ačkoli se jeho Světlo vztahuje pouze k úrovni *VaK*, je již oděno do *Chasadim*. V Chrámu bylo také světlo *Mochin de-Chochma*, ale šířilo se od *Chaze* a výše, což znamená vlastnost *Macesu*. A proto je řečeno: „Neboť žádný kvásek a žádný med nesmí být použity jako oběť."

172. Překážky a nesnáze

Slyšel jsem 7. den svátku Pesach v roce Tav-Šin-Tet (20. dubna 1949) v Tel Avivu

Všechny překážky a nesnáze, které jsou vidět a otevírají se před našima očima, nejsou ničím jiným než znamením přiblížení se ke Stvořiteli, což svědčí o tom, že si nás Stvořitel přeje k Sobě přiblížit. A všechny tyto překážky nás vedou pouze ke sblížení. Jinak by neexistoval vůbec žádný způsob, jak se k Němu přiblížit. Vždyť ze strany přírody nás nic nemůže více oddělit od vznešené výšky Stvořitele než ten materiál, který do nás byl založen při stvoření. A člověk může posoudit propast, která je rozděluje, teprve tehdy, když se začíná přibližovat ke Stvořiteli. A každá překážka, kterou překoná, mu tuto cestu zkracuje.

Vždyť pokud si člověk zvykne kráčet v oddálení, pak i když znovu a znovu cítí, jak je od Stvořitele vzdálen, v žádném případě nemůže svůj pohyb přerušit, poněvadž je mu předem známo, že jde zdaleka.

A vzdálenost mezi ním a Stvořitelem je bezpochyby obrovská. Ale nehledě na to, že pokaždé cítí, že je oddálení ještě větší, než si myslel, stejně ho to nezastaví.

173. Proč říkají „Le-Chajim!"

Slyšel jsem na Šabatní hostině 23. den Omeru, týdenní kapitola Acharej Mot – Kedošim, v roce Tav-Šin-Tet (7. května 1949)

Proč říkají „*Le-Chajim*!" v době, kdy pijí víno? Protože jak řekli mudrci: „Víno a život je v souladu s mudrci i učedníky jejich." (Babylonský *Talmud*) A člověk se ptá: proč je v souladu jenom s mudrci, ale s prostým lidem nikoliv?

Jedná se však o to, že když říkají: *Le-Chajim*,[91] mají na mysli Vyšší život. A když pijí víno, musí pamatovat na to, že poukazuje na „opojné víno Tóry" a že je zapotřebí přitáhnout Světlo Tóry, které se nazývá „život". Kdežto pozemský život je mezi mudrci nazýván: „Hříšníci se již během svého života nazývají mrtvými".

Proto je právě o mudrcích možné říci: „víno a život". To znamená, že pouze oni jsou připraveni přitáhnout duchovní život. A prostý lid nemá takové *Kelim* (touhy), aby jej mohl přitáhnout.

(A je možné, že „v souladu s mudrci" znamená „v souladu s názory mudrců" v tom smyslu, že je tím míněn právě ten život, který je mudrci nazýván životem – tedy život duchovní.)

174. Ukrytí

Slyšel jsem

Ukrytí je náprava, bez níž by člověk nemohl dosáhnout dokonalosti. Vždyť jinak není schopen pochopit důležitost duchovního. Ukrytí však tuto věc učiní důležitou. Jelikož sám člověk není schopen ocenit skutečný význam této věci, ukrytí ji vyzdvihuje v jeho očích. A čím silněji pociťuje ukrytí, tím větší má důvod si jí cenit.

Je to jako žebřík, po kterém stoupá stupeň po stupni, stále výš a výše, dokud nedosáhne místa, které je mu předurčeno. To znamená, že dosáhne největší výše uvědomění důležitosti, na které je ještě schopen se udržet. Ačkoli skutečnou důležitost a výši velikosti Stvořitele

---

[91] *Le-Chajim*, לחיים, v překladu – „Pro život!"

není možné ocenit, přesto ji postihuje v míře, která mu umožní, aby i nadále existoval.

Avšak ukrytí se ukrytím nenazývá samo o sobě, nýbrž podle míry, v jaké si ho člověk přeje odhalit. Vždyť čím více je nějaká věc žádoucí, tím bolestivěji je pociťováno její ukrytí. A z toho pochop smysl řečeného: „Celá země je plná Jeho velikosti." A ačkoli tomu věříme, stejně se celá země plní i ukrytím.

A o budoucnosti je napsáno: „A Já postavím kolem ní ohnivou hradbu a v ní se proslavím." (Prorok Zachariáš) Oheň znamená ukrytí, ale o to víc „v ní se proslavím" – označuje, že bude odhalena Jeho sláva. A to všechno je díky ohromné touze po odhalení, ačkoli ukrytí zůstane i nadále. Liší se to však od období, kdy existuje ukrytí, ale není touha ho odhalit, a proto se toto období nazývá vyhnanstvím. Zatímco v budoucnu bude navzdory ukrytí existovat také touha po jeho odhalení. A to nejdůležitější je toužit po odhalení.

175. Jestliže pro tebe příliš dlouhá bude cesta

Slyšel jsem o šabatní hostině, týdenní kapitola Behar – BeChukotaj, 22. den měsíce Ijar v roce Tav-Šin-Tet (21. května 1949)

„Jestliže pro tebe tak příliš dlouhá bude cesta, že nedokážeš unést své břemeno." (*Deuteronomium*)

Ale proč je cesta tak dlouhá? Protože člověk nedokáže unést své břemeno, což znamená, že nemůže unést břemeno Tóry a Přikázání, a tak tuto cestu považuje za dlouhou. A východisko spočívá v tom, aby konal tak, jak je uvedeno dále: „A vezmi toto stříbro do svých rukou."

Stříbro (*Kesef*, כסף, taky peníze) označuje *Kisufin* (כסופין, utrpení lásky), což znamená, že v sobě v tomto otroctví musí zažehnout utrpení lásky díky vášnivé touze po Stvořiteli. A pak je schopen unést břemeno Tóry a Přikázání. A kromě toho znamená „stříbro" také stud, neboť byl člověk stvořen proto, aby povznesl velikost Stvořitele, jak je napsáno: „Požehnaný je Stvořitel, který nás stvořil ke Své slávě."

Vždyť se člověk zabývá Tórou a Přikázáními pouze kvůli tomu, aby nalezl přízeň Stvořitele. Poněvadž je povaha otroka taková, že se chce zalíbit pánovi, aby získal jeho srdečnou náklonnost. Stejně tak jsou i zde veškerá četná úsilí a břímě práce, jež člověk zakouší, jen prostředkem k nalezení milosrdenství v očích Stvořitele. A tehdy dosáhne požadovaného cíle.

A člověk jde a plní Tóru a Přikázání pro blaho druhých lidí a vytváří z potřeb Stvořitele jen prostředek, s jehož pomocí je možné se zalíbit lidem. A po celý čas, dokud se člověk nestane hoden Tóry a Přikázání *Lišma* (pro Stvořitele), pracuje pro stvoření. A ačkoli nemá žádnou jinou možnost než pouze pracovat pro lidi, navzdory všemu by se přesto měl za takové otroctví stydět. A pak se na základě tohoto „stříbra" stane hoden svatého stříbra, tudíž vášnivé touhy po Svatosti.

„Vezmi stříbro do svých rukou" – ačkoliv člověk nemá ve svých rukou moc nad svými přáními, a nemá-li přání, nemůže nic dělat, přesto v sobě musí odhalit touhu po utrpení lásky – to znamená přání získat tuto touhu. (A je možné, že slovo „vezmi", *ve-Carta*, וצרת, pochází z „přej si", *Racita*, רצית, neboť se skládá ze stejných písmen.) Člověk v sobě musí odhalit takovou potřebu, tedy přání a touhu po Stvořiteli, touhu rozmnožit slávu Nebes, poskytnout potěšení svému Stvořiteli a nalézt milost v Jeho očích.

A je „zlato" a je „stříbro". Stříbro znamená, že má člověk obecnou touhu a stesk po duchovním. A zlato (*Zahav*, זהב) je stav, kdy chce jenom jedinou věc a všechny touhy a přitažlivost k nějakým jiným věcem, které prožívá, před touto touhou zaniknou a on říká: „Dej jen to (*Ze-Hav*, זה-הב)!" To znamená, že nechce nic jiného než pozvednout *Šchinu* z prachu a to je jeho jediné přání.

Ukazuje se, že dokonce i tehdy, když člověk vidí, že nemá potřebná přání a touhy, navzdory všemu se stejně musí snažit a svou činností a myšlenkami usilovat o dosažení těchto přání. A to se nazývá „A vezmi toto stříbro do svých rukou". A neměli bychom si myslet, že je to maličkost. Když již se nachází v rukou samotného člověka, musí ji odevzdat „za velký dobytek (přízeň) i malý dobytek" (*Deuteronomium*), což znamená, že se díky tomu stane hoden největšího Světla.

176. Když pijí víno po skončení svátečního dne

Slyšel jsem večer po skončení Jom Kipur v roce Tav-Šin-Jud-Alef (21. září 1950)

„A On učinil den dobrým tím, že vystoupil ze Svatosti."

Svatost je moudrost (*Chochma*) a levá linie, kde se nachází strach ze soudu a omezení. A proto tam není místo pro dobrý den. Ale právě „tím, že vystoupil ze Svatosti", jež se nazývá *Chochma* a levá linie, je možné učinit dobrým den, jenž se vztahuje ke světlu *Chasadim*.

177. O původu vykoupení

Slyšel jsem

Vykoupení hříchů nastává díky odhalení světla *Chochma*, tudíž zásluhou zpovědi, která *Chochmu* přitahuje. A čím je kajícnější, čím kajícnější bude zpověď člověka, tím více se mu odhalí světla *Chochma*, o čemž je řečeno: „V tento den poprosí o odpuštění Jákobovy viny – a nenajdou ji." (Jeremiáš) Vždyť žádný odpuštěný hřích nebude skutečně odpuštěn, dokud se naň nerozlije světlo *Chochma*. A proto hledali hříchy, aby k nim přitáhli světlo *Chochma*.

„Objetí zleva" nastává zásluhou přitažení levé linie, když je každý den během deseti dnů pokání přitahována jedna *Sfira* z deseti *Sfirot* světla *Mochim de-Chochma*, které se nazývá levou linií. A při *Jom Kipur* dochází k *Zivugu* (sloučení).

„Objetí zprava" je šíření světla *Chochma* od *Chaze* dolů – tam, kde se nachází místo odhalení a je již oslazeno světlem *Chasadim*. A to hlavní je přitom šíření světla *Chasadim*, díky němuž se uskutečňuje vytváření *Nukvy*, jež pokračuje až do osmého dne *Sukotu* (*Šmini Aceret*), a osmý den nastane *Zivug* (sloučení).

178. Na stvoření člověka se podílejí tři

Slyšel jsem 3. den měsíce Ijar v roce Tav-Šin-Jud-Alef (9. května 1951) na hostině na počest dokončení Deváté části Knihy Zohar

Na stvoření člověka se podílejí tři: Stvořitel, otec a matka. A Ba'al Ha-Sulam řekl, že existuje ještě čtvrtý účastník, a to země. Vždyť pokud se člověk neživí plody země, pak nemůže existovat. Země (*Arec*) znamená *Malchut* a obvykle se předpokládá, že existují čtyři stádia, které se nazývají: *Chochma, Bina, Tif'eret* a *Malchut*. Produkty, které člověk obdrží od země, jsou podobné objasněním, protože díky produktům jsou od potravy odděleny skořápky (*Klipot*). *Malchut* má dvě úrovně:
1. Svatost,
2. ničemná Lilith.

Proto, když člověk jí a provádí první a poslední požehnání, vyvádí tím jídlo z moci nečistot (*Sitra Achra*, סטרא אחרא). A jelikož jídlo přechází do krve a krev patří k úrovni *Nefeš* (duše), jeho duše je osvobozena od nečistot a stává se neutrální. Když se člověk účastní slavnostní hostiny, což je Přikázáním, jídlo je považováno za svaté, pokud se jí se správným záměrem. Ukazuje se, že jídlo přechází do krve a krev znamená *Nefeš* (duši), a tak člověk dosahuje Svaté duše.

A to je důvod, proč v člověku povstane jeho zlý počátek (*Jecer ha--Ra*) a vždy ho přiměje pochopit, že z mnoha důvodů nemá cenu jíst na hostině, jež je Přikázáním. A hlavní příčina toho, že si nepřeje se zúčastnit přikázaného jídla, je právě ve výše uvedeném – vždyť je to část, která patří ke Svatosti.

179. Tři linie

Slyšel jsem 2. polosváteční den svátku Pesach v roce Tav-Šin-Jud-Alef (23. dubna 1951)

Existují takové pojmy jako: „pracovat ve třech liniích" a „*Jisra'el* se drží za tělo Krále" a „egyptské vyhnanství", když národ Izraele musel sestoupit do Egypta, a „odchod z Egypta" a také takový výrok jako: „Ten, kdo se chystá si vzít ženu, si musí vzít za svědka obyčejného člověka" (Babylonský *Talmud*), stejně jako to, na co se ptal Abrahám: „Jak se dozvím, že moji potomci zdědí tuto zemi?" A Stvořitel mu odpověděl: „Věz, že budou potomci tvoji cizinci v cizí zemi a budou je utlačovat po čtyři sta let a poté odtamtud odejdou velmi obohaceni." A také existují pojmy, jako jsou úrovně *GaR* a *VaK* a *VaK de-GaR*.

Takže: Myšlenkou stvoření bylo těšit stvoření. A pouze proto, aby se nestyděli za chléb zdarma, byl učiněn *Cimcum* (zkrácení) a *Masach* (clona), což vytvořilo místo pro práci. A odtud pocházejí tři linie:

První, pravá linie, patří k úrovni *VaK* bez *Roš* (hlavy) a nazývá se víra.

A druhá je levá linie, která se nazývá porozumění. A tyto dvě linie jsou v rozporu, protože víra vylučuje porozumění a porozumění vylučuje víru.

A tehdy vzniká střední linie nazvaná *VaK de-GaR* nebo *Chochma* a *Chasadim*, nebo pravá a levá linie spojené dohromady. To znamená, že člověk přijímá porozumění pouze v souladu s velikostí své víry. Tudíž přijímá porozumění v míře, v jaké to dovolí jeho víra. Ale tam, kde nemá dostatek víry, neodhaluje porozumění a nesnaží se ho doplnit, nýbrž vždy stojí a zvažuje obě linie takovým způsobem, aby jedna nepřevažovala druhou.

A úroveň *GaR* (která se před ním odhaluje) znamená porozumění bez víry, což se vztahuje k práci jiných národů. Práce Izraele se vztahuje k víře, v níž je zahrnuto porozumění, a to se nazývá „královské tělo", tedy víra a porozumění. Abrahám je nazýván otcem víry, tedy vlastností *Chasadim* (milosrdenství). A věz, že všichni, kdož se chtějí přiblížit ke Stvořiteli, musí nejprve přijmout pravou linii čili víru. A víra je v rozporu s porozuměním. Avšak jak je možné získat porozumění, pokud pro to nemají *Kelim*? A z toho důvodu mu bylo řečeno: „Tvoji potomci budou cizinci v cizí zemi." To znamená, že „se smísí s ostatními národy a naučí se jejich činnostem", tudíž se dostanou pod nadvládu jiných národů. A když se ocitnou pod nadvládou jiných národů, přitáhnou světlo *GaR de-Chochma*.

A veškerá podstata egyptského otroctví spočívá v tom, že si *Jisra'el* také přeje získat světlo *GaR de-Chochma*. A to pro ně představuje vyhnanství, protože na sebe přivolávají tmu. A k odchodu z Egypta došlo zásluhou popravy prvorozených. Vždyť „prvorozený" patří ke *GaR de--Chochma*. A když Stvořitel rozdrtil prvorozené v Egyptě – označovalo to krev *Pesachu* a krev obřízky, o čemž hovoří Kniha *Zohar*: „V ten čas, kdy Stvořitel zabíjel všechny prvorozené v Egyptě, uzavřel *Jisra'el* svatý svaz, podstoupil obřízku a připojil se ke shromáždění duší Izraele." (Kapitola *Emor* 43)

Levá linie se nazývá *Arla* (předkožka), protože překrývá cestu Světlům (*Orot*). Protože v době, kdy Stvořitel zabil prvorozené, čili zrušil *GaR*, lid Izraele zdola podstoupil obřízku – to znamená odříznutí *Arly* (předkožky), která se nazývá *Din de-Dchura* (mužský soud) a která překrývá Světlo. A k tomu dochází zásluhou obřezání řezákem, který má sílu železa a nazývá se *Dinin de-Nukva* (ženský soud), zásluhou kterého je zrušen mužský soud *Dinin de-Dchura*. A tehdy se k nim rozšíří záře *VaK de-Chochma*.

Nejprve je tedy nutné přitáhnout dokonalost – *GaR de-Chochma* a není možné obdržet polovinu stupně. A musí to být učiněno právě prostřednictvím Egypťanů. A vyhnanstvím je nazýváno to, že Židé byli povinni být pod jejich nadvládou. A poté, zásluhou odchodu z Egypta, to jest po nápravě clony „*Masach de-Chirik*", vystoupí z moci Egypťanů. A samotní Egypťané křičí: „Pozvedněte se a odejděte!"

A o tom je řečeno: „Já Sám, a nikoliv posel." „Já" – znamená *Malchut*, což je *Man'ula* (zámek), který ruší *GaR*, z něhož vzniká připojení levé linie do pravé a pravé do levé.

Proto je napsáno: „Ten, kdo se chystá si vzít ženu," to jest vlastnost *Chochmy* (moudrosti), která náleží k levé linii, „si musí vzít za svědka obyčejného člověka." Vždyť on sám patří do pravé linie, která znamená víru. Přeje si však porozumění a právě s pomocí obyčejného člověka může získat úroveň *Chochmy*, poněvadž je jeho náprava pouze ze strany porozumění, ale ne víry.

„Vstala jsem, abych otevřela svému milovanému a z rukou mých kapala myrha a z prstů mých stékala myrha dolů na skoby zámku." (Píseň písní) „Myrha" (*Mor*, מור) je ze slov „A neschová se již více před tebou tvůj Učitel (*More*, מורה) a oči tvoje spatří Učitele". „Ruce" znamenají porozumění a „prsty" vidění, jak je napsáno: „A každý ukáže prstem a řekne: ,Hle On, Stvořitel náš!'" A „skoby zámku" označují *Man'ulu*.

180. Jak je napsáno v Knize *Zohar*, *Emor*

Slyšel jsem 2. polosváteční den svátku Pesach v roce Tav-Šin-Jud-Alef (23. dubna 1951) v Tel Avivu

V Knize *Zohar* je řečeno: „Rabi Chija odhalil (Světlo): ,Spím v egyptském vyhnanství, ale mé srdce bdí...' Řekla *Šchina* Shromáždění duší Izraele: ,Spím v egyptském vyhnanství, dokud mé děti trpí v těžkém otroctví. Ale mé srdce je vzhůru a chrání je, aby se ve vyhnanství neztratili. Hlas Milovaného na mne klepe' – to je Stvořitel, který říká: ,A Já si vzpomněl na svaz Svůj.'" (Kapitola *Emor* 43)

Co znamená „spánek"? Dokud se národ Izraele nacházel v Egyptě, pobýval pod nadvládou Egypťanů a také přitáhl světlo *GaR de-Chochma*. A poněvadž *Chochma* nemůže svítit bez *Chasadim*, tento stav se nazývá „spánek". Proto je řečeno, že byla práce v Egyptě velmi těžká a nazývala se *Dinim de-Dchura* (soudy a omezení z mužské strany) a také „veškerou prací na poli", což znamená *Dinim de-Nukva* (soudy a omezení z ženské strany).

„Ale mé srdce bdí" – nehledě na to, že spí ze strany levé linie. A pak se *Malchut* nazývá „dvě velká svítidla" nebo „čtvrtý pilíř" a vztahuje se k *Sfiře Tiferet*, která je výše *Chaze*. „Ale mé srdce je vzhůru" – znamená, že tam již existuje uzavírající bod (*Man'ula*), který ukládá, aby přešli na střední linii a vrátili se do „stavu bodu z přední strany" (*Panim*), což jim umožňuje „se neztratit ve vyhnanství".

A v tom tkví smysl toho, co bylo řečeno: „Otevři Mi dírku na ucho jehly." To znamená, že *Ze'ir Anpin* prosí *Malchut*, aby přitáhla světlo *Chochma*. A poněvadž *Chochma* nemůže svítit bez *Chasadim*, a proto se nazývá jenom dírkou na ucho jehly, tehdy však „Já rozevřu před tebou vyšší bránu" – to znamená, že jí poté předá *Chasadim*, díky kterým do ní může vstoupit Světlo.

A do té doby, dokud *Malchut* nepřitáhne světlo *Chochma*, je pouze *Chasadim* a není *Chochma*, což se nazývá „otevři mi, sestro moje". A když *Malchut* získá světlo *Chochma*, nazývá se sestrou.

181. Úcta

Slyšel jsem 25. den měsíce Nisan v roce Tav-Šin-Jud-Alef (1. května 1951)

Pocty uchvátí tělo do své moci a v té míře poškozují duši. Proto, když vzdávají pocty spravedlivému, jenž se stal známým, je to trest. Vždyť pocty poškozují duši.

Ale pokud se Stvořitel stará o to, aby Jeho velcí spravedliví na základě své spravedlivé slávy neprohráli, pak On je střeží, aby neobdrželi pocty, a nepoškodili tím svou duši.

Proto ve stejné míře, v jaké jsou proslaveni jako spravedliví a jsou jim na jedné straně vzdávány pocty, je na druhé straně obviňují a vyčítají jim nejrůznějších hříchy, aby váha hanby vyrovnávala pocty, které obdrží.

182. Mojžíš a Šalamoun

Slyšel jsem 3. den měsíce Ijar v roce Tav-Šin-Jud-Alef (10. května 1951)

Mojžíš a Šalamoun jsou vlastnosti přední (*Panim*) a odvrácené strany (*Achorajim*). O Mojžíšovi je řečeno: „A uvidíš Mne zezadu (z opačné strany)." (*Exodus, Šemot*)

Zatímco o Šalamounovi je řečeno, že reprezentuje přední část, lícovou stranu, a pouze Šalamoun používá odvrácenou stranu – Mojžíše.

Proto písmena jména „Šalamoun" (*Šlomo*, שלמה) tvoří slovo „pro Mojžíše" (*le-Moše*, למשה).

183. Mesiáš
Slyšel jsem

Existují definice:
1. Mesiáš Ben Josef a
2. Mesiáš Ben David.

A oba se musí sjednotit. Teprve potom vznikne skutečná dokonalost.

184. Rozdíl mezi vírou a rozumem

Slyšel jsem 15. den měsíce Š'vat v roce Tav-Šin-Tet (14. února 1949) v Tverji

Rozdíl mezi vírou a rozumem.

Víra má tu výhodu, že působí na tělo více než rozum, protože je tělu více blízká. Vždyť víra je vlastnost *Malchut* a tělo také patří k *Malchut*. Proto víra působí na tělo.

Kdežto rozum, který se vztahuje k prvním devíti *Sfirot*, tělo nemůže ovlivnit ve stejné míře. Současně však výhoda rozumu spočívá v tom, že je považován za duchovní ve srovnání s vírou, která je pokládána za materiální, tudíž se vztahuje k tělu. A v duchovním je zákon: „V duchovním nic nezaniká" a každá nová náprava se přidává k předchozím. („Groš ke groši a nashromáždí se velký kapitál.")

Avšak víra, stejně jako všechno materiální, je odsouzena k odloučení, odejde a zmizí a minulost zanikne, aniž by se spojila s přítomností a budoucností. Z toho důvodu, ačkoliv víra oproti rozumu působí na člověka během samotné činnosti na celých sto procent, je toto působení víry pouze dočasné. Kdežto rozum, třebaže působí pouze na jedno procento, toto procento však zůstává trvale a po stovce takových činů se nashromáždí plných sto procent, což by víra učinila najednou. Ale pokud víra provede sto činů, stejně se člověk vrátí do předchozího stavu, zatímco rozum s člověkem zůstane navždy.

Například je známo, že pokud člověk něco studuje, ačkoli to potom zapomene, pojmy však zůstávají v mysli. To znamená, že se rozum rozvíjí do té míry, v jaké je člověkem používán.

Zatímco materiální, jež existuje v čase a v prostoru, se nemůže změnit, stejně jako se na stejném místě východ nemůže setkat se západem nebo minulá hodina nastat ve stejném čase s přítomnou. Avšak v duchovním se všechno může uskutečnit ve stejnou dobu.

185. Když k prostému člověku přijde Šabat

Slyšel jsem

Mudrci se ptají: „Kdy k prostému člověku přijde Šabat?" (Jeruzalémský *Talmud*) Spravedlivý (žák Mudrce) je podobný Šabatu, protože se nachází v jeho vlastnostech. Vždyť Šabat odpovídá konci nápravy. A stejně jako jsou na konci nápravy napravené a vhodné k přijímání veškerého Vyššího světla všechny *Kelim* (touhy), také *Šabat* znamená zakončení, na základě kterého se může projevit Vyšší světlo a naplnit nižší stvoření. Ale *Šabat* označuje naplnění nižších pouze pod vlivem „probuzení Shora" (aram. *Itaruta de-Le'ila*), to jest Stvořitele.

186. Učiň *Šabaty* každodenními a staneš se nezávislým

Slyšel jsem

O *Šabatu* je zakázáno dělat jakoukoliv práci – to znamená, že je zakázáno probuzení zdola (aram. *Itaruta de-Letata*).

Žák Mudrce, tedy ten, kdo si zasloužil se učit od samotného Stvořitele (dosáhl toho, že od Stvořitele obdržel Světlo moudrosti, *Chochma*), jenž je nazýván Mudrcem, se sám také stává „podnětem Shora" (aram. *Itaruta de-Le'ila*) v důsledku odhalení tajemství Tóry.

Proto, když podnět přichází Shora, což se nazývá *Šabat*, pak se i „prostého člověka", to jest tělo, zmocní strach a v tomto stavu přirozeně není místo pro práci.

187. Volba spočívá ve větším úsilí

Slyšel jsem

Smysl výroku „*Malchut* se nachází v očích" spočívá v tom, že se vytvoří clona a ukrytí, které zatemňují oči a nedovolí jim vidět skryté řízení Stvořitele.

Podstata zkoušek a zkušenosti tkví v tom, že člověk nemá možnost se rozhodnout a vybrat si ani jedno, ani druhé. To znamená, že si nemůže uvědomit přání Stvořitele a záměry Učitele. A i když je schopen tuto práci splnit a obětovat se, nemůže rozhodnout, zda je jeho práce, do níž odevzdává celou svou duši, přesně taková, jaká je zapotřebí, nebo zda se práce rozchází s přáním Stvořitele a názorem Učitele.

A proto, aby bylo možné učinit správnou volbu, je nutné volit to, co člověku ukládá, aby zvýšil své úsilí. To znamená, že musí poslouchat Učitele v tom, že jsou na člověka vložena jen úsilí a nic více. Ale pokud je to tak, pak nikdy nenastane stav, kdy by člověk mohl pochybovat o tom, jak jednat a jakou volbu učinit, ale prostě vždy musí zvýšit své úsilí.

188. Práce je možná, pokud existují dvě cesty

Slyšel jsem na konci Šabatu Be-Šalach, 14. den měsíce Š'vat v roce Tav-Šin-Chet (25. ledna 1948)

Jakákoli práce je možná pouze tehdy, pokud existují dvě cesty, jak je řečeno: „Žij v mých Přikázáních a neumírej v nich." A „Umři, ale neporuš", se týká pouze tří Přikázání. Zároveň však zjistíme, že v minulosti kabalisté obětovali sami sebe kvůli vykonání jakéhokoliv Přikázání.

Pravdou však je, že v tom spočívá veškerá práce, a když člověk musí zachovávat Tóru, pak zakouší celou její tíži. A když Tóra střeží člověka, není pro něho žádnou zátěží, jak je řečeno: „Duše člověka jej učí (vede)." Právě to se nazývá, že Tóra člověka chrání.

189. Činy vytvářející mysl

Slyšel jsem 27. den měsíce Tišrej

Proč je člověku vlastní taková ostrost myšlení, nadšení a vynalézavost a všechny jeho orgány pracují v harmonii a plnou rychlostí, zatímco přemýšlí o hmotných ziscích? Pokud však jde o duši a je třeba se vynasnažit o nabytí něčeho duchovního, lidské tělo a všechny jeho pocity pracují s velkými obtížemi.

Jedná se o to, že lidský rozum a myšlenky jsou jen otiskem lidských činů, které se v nich odrážejí jako v zrcadle. Proto se v zrcadle mysli člověka odráží, když se převážně stará o hmotné potřeby. To znamená, že jsou všechny tyto potřeby otištěny do jeho mysli a on pak může tuto mysl využívat k dosažení všeho, co si přeje, neboť jeho mozek přijímá z hmotných cílů životně důležitou energii. Z toho důvodu obsluhuje stejné místo, z něhož přijímá životní sílu. Ale duchovní ještě nezanechalo v jeho mozku tolik vzpomínek a informačních záznamů

(*Rešimot*), které by stačily k tomu, aby mu dodávaly životní sílu a nadšení. A proto mu není mozek připraven sloužit pro potřeby jeho duše.

Z toho důvodu je člověk povinen překonávat sám sebe a vykonat mnoho činů a práce, dokud se činy neotisknou do jeho mozku. A tehdy se jeho rozum zajisté zvětší a bude mu sloužit s maximální rychlostí a ostrostí ještě lépe než pro nabytí materiálního zisku. Vždyť rozum je oděv, který je duši nejbližší.

190. Každý čin zanechává otisk

Slyšel jsem na hostině 1. den svátku Pesach v roce Tav-Šin-Tet (15. dubna 1949)

Otázka: Ovlivňuje nás to, že jsme vysvobodili naši zemi ze zotročení a stali se hodni vystoupit zpod cizí nadvlády a začali být svobodným národem jako všechny národy? Působí na nás tato svoboda tak, že z toho máme zvláštní pocity v práci a službě Stvořiteli?

Odpověď: Neměli bychom si myslet, že nás to neovlivňuje a že se otroctví nijak neliší od svobody. Vždyť v tom případě se ukazuje, že Stvořitel jedná naprosto zbytečně.

Ve skutečnosti v nás všechny Jeho činy vytvářejí a zanechávají otisk: dobrý, nebo špatný. To znamená, že z každého činu, který vykoná a který my vnímáme jako pozitivní, nebo negativní, jako Světlo, nebo jako tmu, k nám sestupuje doplňující síla. A díky tomu máme možnost dospět k duchovnímu vzestupu, protože v duchovním není vždy trvalá moc a síla, kterou k sobě musíme přitáhnout. Proto člověk nemůže říci, že svoboda, které jsme dosáhli, v nás nezpůsobila žádnou změnu. Avšak necítíme-li změny k lepšímu, jsme povinni říci, že je to změna k horšímu, ačkoli to necítíme.

A na konci svátku dodal, že příkladem toho je šabatní hostina, ze které přijímáme materiální potěšení, a zásluhou spojení kořene a jeho následku probouzíme duchovní potěšení, jež se podobá budoucímu světu, Konečné nápravě. Ale abychom ochutnali duchovní potěšení *Šabatu*, samozřejmě nutně potřebujeme zvláštní přípravu během šesti dnů Stvoření (práci a skutky). A jaká je míra přípravy – taková je i míra pociťování.

A pokud člověku chybí pro pociťování duchovní chuti *Šabatu* opravdová příprava, pak se naopak díky tělesným potěšením stane horším a po materiální hostině se zaměřuje jen na spánek a na nic více. Ukazuje se, že když člověk okusí potěšení, duchovně ho to snižuje.

Je však zapotřebí vyvinout mimořádné úsilí, aby bylo přes tělesná potěšení možné dospět k duchovnímu, protože je to přání Stvořitele, ačkoli jsou navzájem v rozporu, neboť duchovní se nachází pod linií odevzdání a tělesné je pod linií přijímání. A poněvadž to bylo Jeho přání, duchovní je přitahováno hned vzápětí za tělesnými potěšeními přijatými kvůli Přikázáním Stvořitele, jako jsou potěšení ze svátků a *Šabatu*.

Musíme si také uvědomit, že podmínkou této svobody, které jsme se stali hodni, je ohromná příprava pro získání duchovní svobody nazvané „Svoboda od anděla smrti", kdy „Celá země je plná Jeho velikosti", tudíž světla *Mochin de-Aba ve-Ima*. A pak nebude ani čas, ani místo, které by nebylo naplněno Stvořitelem. A nebudeme moci říci, že by mohl být nějaký čas nebo nějaké místo prázdné, bez Něho – vždyť celá země bude naplněna Jeho velikostí. Ale do té doby existuje rozdíl mezi Světlem a tmou, mezi Izraelem a jinými národy. Vždyť Stvořitel se nachází na místě, kde musí zářit Světlo, a nikoliv na místě tmy.

Stejně tak je v *Jisra'eli* místo pro Světlo *Jisra'ele*, Stvořitele, avšak mezi národy světa nikoli: Stvořitel v nich nepřebývá a *Šabat* je oddělen od šesti dnů Stvoření. Když postihneme světlo *Mochin de-Aba ve--Ima*, stáváme se hodni pociťování toho, že „Celá země je plná Jeho velikosti", a zmizí rozdíl mezi obdobími a stavy – a Světlo Stvořitele zavládne všude a navždy.

A v tom tkví smysl svátku *Pesach*, ve kterém si *Jisra'el* vysloužil svobodu, to jest odhalení světla *Mochin de-Aba ve-Ima*, jež plní celou zemi Jeho velikostí. A samozřejmě zde nezůstane místo pro egoismus. Vždyť egoismus již více neoddaluje od duchovní práce, ale naopak je patrné, že člověka přiblížil ke službě Stvořiteli. Ale tento stav dosud existuje pouze ve formě probuzení Shora (aram. *Itaruta de-Le'ila*). Proto je řečeno, co říká svatá *Šchina*: „Viděla jsem kapku podobnou červené růži" (znamení nečistoty) – to znamená, že viděla místo, které ještě potřebuje nápravu a kde nemůže svítit Světlo Stvořitele. Z toho důvodu museli ještě očistit sedm týdnů *Sfirat Omer* (dny od *Pesachu* po *Šavu'ot*), aby byla napravena všechna odhalující se nečistota, dokud nenastane to, že „celá země je plná Jeho velikostí".

A je to podobné králi, který má vznešený zámek plný veškerého dobra, ale nemá žádné hosty. Proto On stvořil lidi, aby přišli a obdrželi všechno dobro a blaho. Avšak my tento zámek plný dobra nevidíme, ale naopak se nám zdá, že celý svět je plný utrpení. A to se objasňuje tím, že „Královského vína bylo dostatek". *(Megilat Ester)* Vždyť na straně *Malchut* (v překladu: království) není nedostatek vína čili potěšení podobného požitkům, jež získáváme z vína. Nedostatek je tedy pouze na straně přijímajících, protože nemáme *Kli* (nádobu) schopnou toto Světlo přijmout. Vždyť Světlo je možné přijmout jen do odevzdávajícího *Kli*, a čím je *Kli* větší, tím větší Světlo se v něm otevírá.

A proto jsou všechny změny možné pouze v *Kelim*, a nikoliv ve Světle. A o tom hovoří *Megila*: „Nápoje byly podávány v rozmanitých nádobách a vína královského bylo dostatek s královskou štědrostí" – což také bylo Myšlenkou stvoření: těšit stvoření se vší štědrostí Stvořitele.

191. Období pádu

Slyšel jsem 14. den měsíce Sivan v roce Tav-Reš-Cadi-Chet (13. červen 1938)

Je těžké si představit stav duchovního pádu, když se vytratí chuť duchovní práce i úsilí, jež člověk vyvíjel po celou dobu od počátku své duchovní práce až k pádu. Jako kdyby chuť duchovní práce nikdy necítil; jakoby to všechno bylo vně něho. Z toho je zřejmé, že se duchovní pád děje pouze těm, kdož se již nacházejí na vysokých duchovních stupních. Zatímco obyčejní lidé nemají s takovými stavy absolutně nic společného. Vždyť se snaží pouze o naplnění pozemských tužeb, kterými je ovinut celý náš svět.

Je však třeba si uvědomit, nač jsou člověku stavy pádu? Vždyť se na základě jeho souhlasu či nesouhlasu nic nezmění v systému vesmíru, který řídí dobrý Stvořitel absolutním dobrem. Jaký je tedy prospěch z těchto stavů?

Jedná se však o to, že stav pádu přichází k člověku proto, aby odhalil velikost Stvořitele – neumožňuje jeho srdci ztvrdnout a probouzí v něm strach a chvění před velikostí Stvořitele. Vždyť začíná poznávat, jak nekonečně je od Stvořitele vzdálen – natolik, že rozumu není dostupné, aby pochopil možnost spojení a splynutí člověka se Stvořitelem.

Během duchovního pádu člověk cítí nemožnost jakéhokoli spojení a sloučení se Stvořitelem, protože svou příslušnost „k" duchovnímu vnímá jako něco, co je naprosto cizí tomuto světu. A opravdu tomu tak je. Avšak: „Společně s pocity velikosti Stvořitele člověk odhaluje Jeho skromnost" a je to zázrak, který je výše přírody, že Stvořitel člověku věnoval jako dar možnost dosáhnout spojení a sloučení s Ním.

Proto, když člověk znovu dosahuje spojení se Stvořitelem, musí si neustále připomínat stav svého pádu, aby si uvědomil, ocenil a povznesl stav sloučení se Stvořitelem – aby věděl, že se nyní stal hoden zázraku spásy Shora.

192. Podstata osudu (losu)

Slyšel jsem v roce Tav-Šin-Tet (1948–1949) v Tel Avivu

Los se používá tehdy, když jsou dvě věci rovnocenné a pomocí rozumu není možné zjistit, která z nich je důležitější. Proto je zapotřebí los. A v Knize *Zohar* je otázka: „Jak je možné, že obětní beránek obětovaný Stvořiteli a obětní beránek vykoupení obětovaný nečisté síle jsou stejně důležití?"

Jedná se o to, že se oběť Stvořiteli vztahuje k pravé straně a oběť nečisté síle se vztahuje k levé straně, k níž se také vztahuje světlo *GaR de-Chochma*. O tom je řečeno: „Budou hodni – dobře, nebudou hodni – špatně." Špatně znamená, že se otevírá *Malchut* s vlastnostmi soudu (*de-Midat ha-Din*), omezení *Malchut* nazvané „zámek" (*Man'ula*), uzavírající Světlo. Zámek se nachází v *Chaze* v každém *Parcufu*. Z toho důvodu má světlo *Chochma* možnost svítit před zámkem, ale v *Chaze* končí šíření Světla v *Parcufu*, protože pod *Chaze* se začínají projevovat síly zkrácení (*Cimcum*), které nepůsobí od *Chaze* a výše.

Oběť Stvořiteli zahrnuje část levé strany oběti nečisté síle, Azazel, tudíž připojení světla *Chochma*. Ale nikoliv stejným způsobem jako v levé části, která patří nečistým silám, kde je světlo *Chochma* přitahováno Shora dolů, a proto se Světlo v důsledku vlivu zámku přestane šířit, ale pouze ve směru zdola Nahoru, díky čemuž se skrývá „zámek" a odhaluje se „klíč" (*Miftecha*).

Ukazuje se, že se v oběti nečisté síle nachází *GaR de-Chochma* (plné Světlo) a v oběti Stvořiteli pouze *VaK de-Chochma* (podsvícení), avšak *VaK de-Chochma* může svítit a *GaR de-Chochma* se musí ukončit. Nečisté síle je nutné obětovat proto, aby neobviňovala. A ona obviňuje kvůli tomu, že chce přitáhnout světlo *Chochma* do *Malchut*, do *Bchiny*

Dalet. Vždyť ji jiné Světlo nemůže uspokojit, neboť z *Bchiny Dalet* pochází veškerá její přirozenost. A pokud nepřijímá Světlo na svém původním stupni, zůstává prázdná, a proto vždy člověka svede, aby do *Bchiny Dalet* přijal Světlo. A jestliže si to člověk nepřeje udělat, vymýšlí si nejrůznější lsti, aby ho donutila k sobě přitáhnout světlo *Chochma*. Z toho důvodu, je-li část světla *Chochma* dána nečisté síle, ta tehdy neobviňuje *Jisra'el* – vždyť se bojí, že ztratí Světlo, které již přijala.

Ale když nečistá síla přitahuje *GaR de-Chochma*, ve stejné době *Jisra'el* přitahuje *VaK de-Chochma*. A toto světlo *Chochma* se nazývá Světlem, které vymaže přestupky, a díky tomu se stávají hodni návratu ke Stvořiteli s láskou (*Tšuva*, תשובה, dosl. pokání), když se zločiny mění na zásluhy. Ukazuje se, že obětní beránek vykoupení, obětovaný nečisté síle, na sebe bere všechny hříchy Izraele – což znamená, že se všechny změní na zásluhy.

A Kniha *Zohar* uvádí podobenství o královském šaškovi. Když ho opijí vínem, a pak mu vyprávějí o všem, co natropil, dokonce i o nejvíce nedůstojných činech, odpovídá, že jsou všechny tyto věci náležité skutky a že lepších ve světě není.

„Šaškem" se nazývá „ďábel", kterému dají víno, to jest část světla *Chochma*, jež je přitaženo jako Světlo, které vymaže přestupky, a ty se tímto Světlem mění na zásluhy. V tomto případě o všech špatných činech říká, že jsou dobré, protože se všechny úmyslné hříchy stávají zásluhami. A poněvadž ďábel chce získat svůj podíl, neobviňuje *Jisra'el*.

A z toho důvodu obviňoval v Egyptě a ptal se: „Cožpak se *Jisra'el* něčím liší od Egypťanů? Nechť zemřou jako Egypťané, nebo ať se vrátí do Egypta." Protože Egypt je zdrojem přitahování světla *Chochma*, avšak plného světla *GaR de-Chochma*, a když byl *Jisra'el* v Egyptě, nacházel se pod nadvládou Egypťanů.

193. Jedna Stěna jim slouží oběma

Slyšel jsem

Hlavním znakem „odvrácené strany" (*Achorajim*) je nepřítomnost světla *Chochma*, které tvoří podstatu životní síly a nazývá se Přímým světlem. Na toto Světlo bylo provedeno zkrácení (*Cimcum*), aby nedošlo k protikladnosti vlastností (Stvořitel a stvoření). Pokud tedy nejsou napraveny *ZON* (*Ze'ir Anpin* a *Nukva*), nemají úroveň *GaR*, aby nebyly vyživovány nečisté síly (*Sitra Achra*).

Ale přesto existuje nebezpečí, že se tam přisají *Klipot*, neboť jim chybí *GaR*. Vždyť se nečisté síly těší vším, co postrádá Svatost; proto přicházejí a ptají se: „Kde?" (Kde je sláva vašeho Stvořitele?) Ale na tuto otázku není možné odpovědět, pokud chybí světlo *Chochma*. Z toho důvodu je vykonávána náprava *ZON*, při níž se pozvedávají a připojují se k *Bině*, která disponuje vlastností *Chafec Chesed* (toužící jen po odevzdání, *Chasadim*) a odpuzuje světlo *Chochma*. Samotná *Bina* nemá potřebu přijímat světlo *Chochma*; vždyť ve své podstatě je sama *Chochmou*.

A to znamená, že všechno vykonávají podle pokynů svých Učitelů a celá jejich základna se nachází v jejich kořenech – to znamená, že je založena na názoru Učitele. A nemůže tam vyvstat otázka: „Kde je sláva vašeho Stvořitele?"

A zůstanou v *Bině* až do té doby, dokud nebudou napraveni a nepozvednou na základě svých úsilí modlitbu (*MaN*), dokud nebudou očištěni od egoistických vlastností a nebudou schopni přijmout moudrost (*Chochma*). A teprve tehdy jim bude povoleno odhalit svou vlastní podstatu a zjistit, že trpí nepřítomností *Chochmy*, a vyřešit tuto otázku – to znamená přitáhnout světlo *Chochma*, které je osvítí Světlem moudrosti (září *Chochmy*).

Pak získají nezávislost a vymaní se z moci *Biny*, protože disponují světlem *Chochma*, které ničí a odděluje *Klipot*. A je možné, že v tom tkví smysl výroku: „A věz, co odpovědět bezbožným".

A toto se nazývá „jedna Stěna" za *Binou*, která je dostatečná pro oba dva, protože slouží jako zástěna proti nečistým silám (*Sitra Achra*). To znamená, že pokud se člověk spoléhá na názor Učitele a spojuje se s Učitelem v jeden celek, pak je i k jeho ochraně dostatečná stejná Stěna, kterou má Učitel a která disponuje vlastností *Chafec Chesed*.

Když se rozdělí – to znamená, že září *Chochma* přitahuje sám žák – může již jednat nezávisle, neboť je schopen odpovědět na všechny záludné otázky nečisté síly.

194. Sedm celých dnů

Přepsáno ze záznamů mého otce a Učitele

Po každém novoluní je nutné počkat sedm celých dnů a teprve poté je možné požehnat Měsíci. Ale kromě toho to musí být na konci *Šabatu*. A není možné, jak je obvykle zavedeno, počkat na konec *Šabatu*, který nastane před koncem sedmi celých dnů, a pak požehnat Měsíci. A také není možné odpočítat sedm celých dnů a nepočkat na konec *Šabatu*. Ne! Bezpodmínečně musí být splněny oba tyto požadavky.

Jedná se o to, že duchovní kořen Měsíce je *Malchut*, nazvaná „sedmá", což znamená: „Vždyť On je ve mně." Když je *Šabat* naplněn šesti všedními dny, jež jsou nazvány „On", *Šabat* říká: „On je ve mně." „On" je Slunce a „ve mně" je Měsíc, který se naplňuje Světlem Slunce, protože on sám není zdrojem Světla.

Ale Měsíc má dvě funkce nazvané *Šabat* a Měsíc. Vždyť Měsíc je *Malchut*, která se skládá ze čtyř částí: *Chochma, Bina, Tif'eret* a *Malchut*. První tři části: *Chochma, Bina* a *Tif'eret* odpovídají *Šabatu*, tedy třem šabatním hostinám, které jsou v Tóře naznačeny třikrát zopakovaným slovem „dnes", tento den. (Všechny tři hostiny se nazývají denní.) A čtvrtá část *Malchut* (*Malchut* v *Malchut*) odpovídá konci *Šabatu* nebo Měsíce. A není zahrnuta do šabatního dne (tohoto dne), protože již je to noc.

Ale vždyť i první šabatní hostina také probíhá v noci. Proč je však o ní v Tóře řečeno: „tento den" a nazývá se denní? Protože noc *Šabatu* je „jeden den známý Stvořiteli – nikoliv den, nikoliv noc, ale když k večeru nastane Světlo". Zatímco na konci *Šabatu* je dosud ještě tma, nepřítomnost Světla. Z toho důvodu jsou dány pokyny mudrců, aby byly této noci a tmy na konci *Šabatu* uskutečněny nápravy, které dosud nejsou vykonány, zvláštní hostinou nazvanou *Melave Malka* (Vyprovázení Královny).

Tato hostina odpovídá duchovní nápravě, která dává sílu pro existenci „kostičky *Luz*" (*Ecem Luz*), čtvrté části *Malchut*, která nemůže přijímat ze tří šabatních hostin. Ale když získá sílu z duchovní činnosti nazývané „Vyprovázení Královny", čtvrtá část *Malchut* se napravuje činem, který se nazývá „Požehnání Měsíce". Tímto způsobem „*Jisra'el* osvětluje časy" – to znamená, že napravuje zbytek *Šabatu*, který se nenaplňuje ze šabatních hostin.

A dokonce i Veliký Kohen, Nejvyšší kněz, jenž disponuje vyšší Svatostí, musí být opatrný, aby se neposkvrnil dotykem mrtvého, dokonce i kdyby to byl jeho příbuzný. Je mu dáno toto varování: „A dotykem blízkého příbuzného[92] se poskvrníš." Jedná se o to, že *Šabat* je zdrojem veškeré vyšší Svatosti. A poněvadž *Ecem Luz*, čtvrtá část *Malchut*, nazývaná „zbytek" *Šabatu*, není šabatní hostinou napravena, může se jí poskvrnit dokonce i Nejvyšší kněz.

A v tom tkví podstata nápravy činem „Požehnání novoluní", třebaže pochází ze *Šabatu*. Proto nemohl Mojžíš požehnat novoluní předtím, než mu Stvořitel ukázal podobu ohnivé mince a zdůraznil: „Takovému Měsíci žehnej." Ale Mojžíš zaváhal, protože veškerá jeho síla pocházela ze *Šabatu*; vždyť mu byla o *Šabatu* udělena Tóra. Z toho důvodu nenalezl sílu ve všech Světlech Tóry, aby napravil tento „zbytek", čtvrtou část v *Malchut*, jelikož není vyživována šabatními hostinami. Proto *Mojžíš* nemohl požehnat Měsíci.

A co udělal Stvořitel? Vzal a vytvořil uvnitř Měsíce ještě jednu formu uvnitř formy, jakoby ohnivou minci. A otisk na této její straně není formou podobný druhé straně. Jak řekli mudrci o minci praotce Abraháma: na jedné její straně je otisk starého muže a staré ženy, což znamená *Bchinu Bet* a vlastnost milosrdenství, a na druhé straně je to mladý chlapec a dívka, což znamená čtvrtou část, *Bchinu Dalet*, tudíž přísný soud a omezení, jak je řečeno: „A nepoznal ji ani jeden muž." (*Genesis*) A tyto dvě formy vlastností: *Bina* a *Malchut* se společně podílejí na nápravě *Malchut*.

Když si tam Stvořitel přeje pokračovat v nápravě Světlem *Šabatu* díky práci spravedlivých, ukáže jim stejnou vlastnost, která vychází z prvních tří částí *Malchut* a nazývá se *Bchina Bet*, kterou mohou spravedliví požehnat Světlem *Šabatu*.

195. Staňte se hodni duchovního rozvoje

Slyšel jsem v roce Tav-Reš-Cadi-Chet (1937–1938)

„Staňte se hodni předstihnout čas" – což znamená: staňte se hodni cesty Tóry (duchovního rozvoje). Jinak půjdete cestou utrpení a všeobecného rozvoje, což konec konců také povede k Cíli stvoření.

---

[92] *Še'ero*, שארו, stejné slovo jako „zbytek" *Šabatu* – zbytek, *Ša'aro*, שארו.

Cesta Tóry spočívá v tom, že je člověku dána síla Shora (*Sgula*, סגולה, dosl. zázrak), aby pro sebe mohl vytvořit potřebná *Kelim*. Avšak *Kelim* se vytvářejí prostřednictvím naplnění Světlem a jeho ztráty. Vždyť podstata *Kli* spočívá v touze přijímat potěšení – to znamená v pociťování nedostatku. „Není Světlo bez *Kli*", takže je nutné získat *Kli*, aby do něho bylo přijato Světlo.

A obyčejný člověk nemůže vnímat potřebu duchovního dříve, než ho pocítí. Jak je napsáno: „Rozšiřování a ztráta Světla vytvářejí připravené *Kli*."

Člověk má například tisíc lir a cítí se bohatý. Ale pokud potom vydělá více, řekněme pět tisíc lir, a ztratí tři, takže mu zbydou dva tisíce, okamžitě pocítí ztrátu tří tisíc. Vždyť již obdržel *Kelim* na tři tisíce lir, které měl kdysi.

A taková je cesta Tóry. Když si člověk na cestě Tóry zvykne litovat ztráty svých malých odhalení, pokaždé dostává malé osvícení, které se tu objeví, tu zmizí, což v něm vyvolává stále více zármutku a vytváří stále rostoucí *Kli*.

Každé *Kli* má nedostatek Světla, které by ho naplňovalo. A proto se každé místo, které není zaplněno Světlem, stává místem pro Světlo víry. A kdyby bylo naplněno Světlem, nebylo by *Kli* – místo pro víru.

196. Přisávání egoismu

Slyšel jsem v roce Tav-Reš-Cadi-Chet (1937–1938)

Nečisté záměry (*Klipot*) mohou existovat pouze tam, kde není naplnění a dokonalost. A pokud se projeví dokonalost, nečisté myšlenky okamžitě zmizí a nemají žádnou možnost se dotknout čistých záměrů.

V tom tkví smysl rozbíjení *Kelim*, záměrů, při kterém dochází k oddělení světla *Chochma* od světla *Chasadim*. Vzhledem k tomu, že byla mezi světem *Acilut* a světy *BJA* vytvořena *Parsa*, světlo *Chochma* nemůže sestoupit pod *Parsu*. A pod *Parsu* sestupuje pouze světlo *Chasadim*, ve kterém bylo dříve světlo *Chochma*. Dolů může sestoupit pouze světlo *Chasadim* osvobozené od světla *Chochma*. Ukazuje se, že jim ještě zůstaly síly z předchozího stavu. A tato činnost se nazývá: „nejprve se Svatost spouští do nečistých záměrů, *Klipot*".

197. Kniha, autor, příběh

Slyšel jsem v roce Tav-Reš-Cadi-Chet (1937-1938)

Kniha, autor, příběh. Kniha je stav před Stvořením (Myšlenkou stvoření). Autor je majitel knihy. Jednota autora a knihy se odhaluje jako „příběh". A „přijmout příběh", to znamená Tóru, je třeba společně s Dárcem Tóry.

198. Svoboda

Slyšel jsem v roce Tav-Reš-Cadi-Chet (1937-1938)

Říká se o deskách, na kterých jsou vytesána Přikázání: nečti „vytesané" (*Charut*, חרות), ale čti „svoboda" (*Cherut*, חירות). To znamená, že když člověk vytesá Deset přikázání, získá svobodu, jak je řečeno: „Zapiš do srdce svého."

Zápis se provádí černým inkoustem. Pokaždé, když člověk píše, rozhoduje se, jakým způsobem postupovat, a poté je ze svého rozhodnutí zklamán a vrací se do minulosti, což je podobné vymazání napsaného. Proto je nutné psát pořád znovu, dokud není zápis vytesán do srdce a napsané nelze vymazat.

A tehdy se okamžitě stává hoden svobody. Napsané do srdce je *Kli* pro získání svobody a v míře napsaného, vytesaného do srdce, si zaslouží spásu. Vždyť základem nádoby (*Kli*) je prázdné místo. Proto je řečeno: „Srdce moje je ve mně sklíčené." (Žalm 109) A pak je osvobozen od „Anděla smrti", egoistických záměrů, protože bezmocnost a bezvýznamnost je sama nečistá síla. A je nutné ji rozpoznat v celé míře a pokoušet se ji překonat, dokud člověku nepomůže Stvořitel.

199. Každý z Jisra'ele

Slyšel jsem 3. polosváteční den

Každý z *Jisra'ele* má v srdci vnitřní bod, prostou víru – dědictví našich předků, kteří stáli na hoře Sinaj. Ale na tento bod je oděno mnoho nečistých záměrů, *Klipot*, nazývaných *Lo Lišma* (pro sebe), které musí být odstraněny. Pak bude základem člověka pouze „Víra", která nepotřebuje žádnou oporu a podporu ze strany.

200. Zeslabení clony

Slyšel jsem o Šabatu, 1. den měsíce Kislev (listopad–prosinec) v Tverji

Zeslabení clony,[93] k němuž dochází v duchovním *Parcufu*, také vyvolá to, že z něho odejde, zmizí Světlo. Protože po *Cimcum Alef* se může Světlo nacházet pouze v *Kli*, jímž je clona. Clona je síla, která odpuzuje sebepotěšení, a je v ní základ *Kli*. Proto, když zmizí clona, zmizí i Světlo.

Kli je víra výše rozumu. Když existuje, objeví se Světlo a svou přirozeností působí na clonu tak, že ji oslabuje. To znamená, že zruší *Kli* „Víra" a přivádí ke *Kli* „Znalosti", v důsledku čehož z něho okamžitě zmizí Světlo. Proto je nutné obnovit a zvětšit *Kli* „Víra" – tudíž vytvořit clonu na „Znalosti". Pouze v tomto případě Světlo nezmizí.

Každé *Kli* má nedostatek Světla, které by ho mohlo naplnit. Ukazuje se, že jakékoliv místo, kde je pociťován nedostatek Světla, poskytuje příležitost k víře. Pokud se naplní, *Kli* zmizí a nezbyde místo pro víru.

201. Duchovní a materiální

Slyšel jsem 1. den Chanuky v roce Tav-Reš-Cadi-Tet (18. prosince 1938)

Proč vidíme, že kvůli materiálním ziskům mnoho lidí pracuje v potu tváře, a to i tam, kde je to životu nebezpečné? Ale práce ve prospěch nabytí duchovního v každém vyvolává mnoho otázek a pochybností.

A více než to: kvůli materiálnímu je člověk ochoten pracovat i za nepatrnou odměnu, zatímco s duchovní prací nesouhlasí, pokud si není zcela jist, že obdrží v plné míře to, s čím počítá.

Rozumu je však naprosto jasné, že tělo, tudíž všechno materiální, nemůže mít žádnou hodnotu, protože je každému zřejmý jeho konec i to, že z něho nic nezbyde. Proto je tak snadné jím opovrhovat. Vždyť stejně není věčné. Zatímco v duchovním stojí na straně těla a jeho existence egoistické záměry, nazývané *Klipot*, a proto jím je obtížné opovrhovat.

Proto člověk, který žije pouze materiálním, snadno opovrhuje svým tělem a necítí v tom žádnou obtíž. Ale v duchovním tomu tak vůbec není. A tato obtížnost se odloučit od přání těla (egoistických záměrů

---

[93] Též očištění clony – *Hizdakchut de-Masach*.

člověka, záměrů „pro sebe") je opačná strana (AChaP) budoucích čistých přání (záměrů „pro Stvořitele"). Tyto čisté touhy se nazývají „sebeobětování" (Mesirut Nefeš, מסירות נפש). Právě díky nim a v nich se člověk stává hoden Světla Stvořitele. A předtím, než je plně připraven se zcela obětovat, není možné dosáhnout jakéhokoliv duchovního stupně.

202. V potu tváře budeš jíst svůj chléb

Slyšel jsem

Zmenšení Světla je náprava člověka. Vždyť ničeho nemůže být dosaženo bez úsilí. A protože Světlo není možné postihnout dokonale a v plném poznání, musí se zmenšit. A v této podobě je možné mu porozumět i s malým úsilím, které je člověk schopen vynaložit.

Je to podobné tomu, když si přejí přemístit velkou budovu na jiné místo, neboť je samozřejmé, že není možné ji přemístit celou. A co potom učiní? Rozdělí ji na malé cihly, které je člověk schopen přemisťovat a skládat. Proto, když je před člověkem ukryto a zkráceno Světlo, což je učiněno Shora, umožňuje mu to s malým úsilím dosáhnout dokonalosti a úplnosti.

203. Povýšenost ponižuje člověka

Slyšel jsem 2. polosváteční den svátku Sukot v roce Tav-Reš-Cadi-Tet (12. října 1938)

„Povýšenost ponižuje člověka", vede k jeho pádu. Je známo, že člověk je stvořen jako nejnižší. Ale pokud nízký zná svou úroveň, netrpí tím, že je nízký, protože zaujímá své místo. Stejně jako nohy, které necítí své ponížení kvůli tomu, že šlapou na nečistotu a jsou povinni na sobě nosit celé tělo. Nejsou tím, čím je hlava, která je vždy nahoře. A poněvadž nohy znají své předurčení, necítí žádné ponížení a netrpí svým nízkým stavem.

Ale pokud by se chtěly pozvednout nahoru a byly donuceny zůstat dole, pak by pocítily utrpení. Z toho důvodu „povýšenost ponižuje člověka". Vždyť kdyby člověk chtěl zůstat na nízké pozici, v tom případě by tu pozici necítil jako nízkou – to znamená, že by necítil žádné utrpení z toho, že se narodil tak nízký, jak je řečeno: „Divokým oslem se rodí člověk." Ale jelikož chce být sám na sebe pyšný, cítí svou nicotnost, a proto trpí.

Utrpení a pocit nicotnosti jsou navzájem neoddělitelné, protože pokud člověk netrpí, nepovažuje se za poníženého. A to přesně odpovídá míře jeho pýchy, když si přeje vysokou pozici, ale nemá ji – a proto pociťuje svůj stav jako nízký.

Tento pocit nicotnosti je poté nahrazen hrdostí, jak je řečeno: „Stvořitel kraluje, oděl se do velikosti." (Žalm 93) Protože pokud člověk dosáhne splynutí se Stvořitelem, pak je podle slov modlitby počten hrdostí a velikostí: „Hrdost a velkolepost – pro Stvořitele". Vždyť člověk, který dosáhl sloučení se Stvořitelem, je velice hrdý. A ve stejné míře, ve které cítí svou nicotnost a trpí tím, se stává hoden se odít velikostí Stvořitele.

204. Cíl duchovní práce

Slyšel jsem v roce Tav-Reš-Cadi-Chet (1937–1938)

Začátek duchovní práce člověka, jeho příprava na duchovní stavy, se uskutečňuje při plnění zakazujících Přikázání (pokynů) čili zákazů: „NE", jak je napsáno (o potomcích Abraháma v Egyptě): „A utlačovat je budou v zemi (cizí)." Pokud se jedná o práci nad samotným egoismem, je nejdříve nutné dosáhnout stupně lásky.

Zatímco během přípravy se veškerá práce omezuje na zákaz „NE", tedy na podmínku: „Nechť nebudeš mít (jiná božstva kromě Stvořitele)". A v důsledku splnění mnoha zákazů „NE" (*Lo*, לא – písmena *Lamed-Alef*), člověk dospěje ke stavu *El*, Stvořitel (אל, písmena *Alef-Lamed*) – k milosrdenství. Ale předtím, než tohoto stavu dosáhne, prochází mnohými stavy typu „NE" (nelze, zakázáno), přes mnohé energie protikladné Stvořiteli, takzvaná cizí božstva. Vždyť právě ze stavu *Lo Lišma* (pro sebe) člověk přichází k *Lišma* (pro Stvořitele).

A poněvadž nečisté síly (*Sitra Achra*) poskytují základnu a podporu dokonce i tehdy, když člověk již přechází k duchovnímu stavu, je-li této podpory zbaven, tím spíše padá ze své duchovní úrovně. A tehdy si nečisté síly pro sebe berou všechno Světlo, které člověk přitáhl. Díky tomu získávají nečisté síly možnost vládnout nad člověkem. Přitahují ho k sobě, nutí ho, aby naplňoval jejich touhy, a nemá jiný způsob, jak uniknout ze své podřízenosti nečistým silám než se pozvednout na vyšší stupeň. A znovu prochází „49 nečistými branami".

To znamená, že člověk postupuje po čistých stupních do „49 bran". Avšak tam vzniká na straně nečistých sil moc zabrat veškerou jeho životní sílu a Světlo natolik, že člověk pokaždé spadne do stále nižších a nižších nečistých bran (nebo vyšších, je-li to posuzováno z hlediska velikosti nečistých tužeb), protože „Stvořitel stvořil jedno proti druhému" – shodné a paralelní systémy čistých a nečistých sil.

A když člověk přijde k 49. bráně, už není schopen se pozvednout, dokud se neobjeví Stvořitel a nespasí ho. A tehdy se naplňuje řečené: „Spolkne nečistá síla a vychrlí nazpět, Stvořitel vše vyvrhne z jejího lůna." (Jób) To znamená, že všechno Světlo a veškerou životní sílu, kterou nečisté síly vzaly ve všech 49 čistých branách, získá nyní člověk nazpět a odebírá je z moře nečistých přání.

Ale dokud člověk neprocítí všechnu hořkost vyhnanství, není spása možná. Když vchází do 49. brány, pocítí své vyhnanství a v 50. bráně jej Stvořitel spasí. A vyhnanství (*Gola*, גולה) a spása (*Ge'ula*, גאולה) se liší jedním písmenem *Alef* (א, doplňující písmeno ve slově *Ge'ula*), které označuje přítomnost Stvořitele. Pokud tedy člověk neprožil vyhnanství až do konce, bude jeho stupeň neúplný a nebude schopen plně pocítit a postihnout Stvořitele.

205. Moudrost promlouvá na ulici

Slyšel jsem v roce Tav-Reš-Cadi-Chet (1937–1938)

„Moudrost promlouvá na ulici, na náměstích pozvedá svůj hlas. Kdo je hloupý, nechť sem zabočí. Řekla bezcitnému..." (Kniha přísloví)

Když se člověk stává hoden splynutí se Stvořitelem, samotné odhalení Stvořitele, nazývané *Šchina*, mu řekne, že pokud byl předtím donucen jednat jako hlupák, navzdory rozumu (vírou výše rozumu), není to proto, že by to byla skutečně pravda, ale proto, že mu chybělo „srdce". A to je důvod, proč říkáme: „A všichni věří, že Stvořitel je Bůh víry."

Ale nyní, když se stal hoden skutečného splynutí se Stvořitelem (*Dvekut*), již nelze říci, že se chová jako hlupák, to znamená jednající „vírou výše rozumu" z přinucení. Naopak, musí pracovat a věřit, že svou práci výše rozumu vykonává navzdory tomu, že všemi svými smysly vidí a cítí, že pracuje uvnitř rozumu. Což je úplný opak toho, co viděl dříve: že ho rozum nezavazuje k otroctví Stvořiteli. Nehledě na to byl povinen pracovat výše rozumu a říkat, že v tom je pravé poznání.

To znamená, že věří, že toto otroctví je skutečná realita.

A poté je to naopak: zavazuje ho veškerá jeho práce i jeho rozum – to znamená, že sloučení se Stvořitelem (*Dvekut*) zavazuje k otroctví. A člověk věří, že vše, co je proň viditelné uvnitř poznání, je všechno výše rozumu. Kdežto předtím přijímal jako vnitřní znalosti vše, co je výše rozumu.

206. Víra a potěšení

Slyšel jsem v roce Tav-Reš-Cadi-Chet (1937–1938)

Člověk se nikdy nezeptá sám sebe: „Nač, s jakým cílem se těším?" Pokud si však uvědomí byť jen tu nejmenší myšlenku na otázku o smyslu potěšení, znamená to, že se nejedná o opravdové potěšení. Protože opravdové potěšení musí veškerou prázdnotu touhy naplnit natolik, aby žádná prázdnota nezbyla. A tehdy nezůstane místo na otázku o smyslu potěšení ani v myšlenkách, ani ve vědomí. A pokud se ptá na cíl potěšení, je to znamení, že potěšení ještě není dokonalé, a proto také nenaplňuje veškerou prázdnotu touhy.

Stejně tak, pokud se jedná o víru: víra musí zaplnit všechna místa namísto znalostí. Proto je nutné si představovat, jako kdyby nás naplňovalo poznání. A snažit se, abychom byli přesně v té míře naplněni vírou namísto znalostí.

207. Smysl přijímání kvůli odevzdání

Slyšel jsem o Šabatu, 13. den měsíce Tevet

Člověk se duchovně pohybuje kupředu po dvou „nohách" nazvaných potěšení a utrpení. K potěšení je neustále přitahován a od utrpení neustále utíká – a takto se pohybuje vpřed.

Proto, když se člověk stává hoden ochutnat pravou chuť Tóry a Přikázání, jak je řečeno: „Ochutnejte a uvidíte, jak překrásný je Stvořitel," usiluje o to, aby sloužil Stvořiteli. A díky tomu si zaslouží neustálé stoupání na stále vyšší stupně Tóry a Přikázání, jak je řečeno: „A v Tóře Jeho vynakládej úsilí ve dne i v noci." (Žalm 1)

Ale jak člověk může omezit svůj rozum, aby myslel jen na jediné? Jde o to, že touha po lásce a potěšení přitahuje myšlenky člověka tak, že jeho hlava a tělo jsou nepřetržitě připoutány k lásce a potěšení stejně, jako je tomu v běžné pozemské lásce.

A tak se to děje, zejména když se již člověk stal hoden naplnění vyšším poznáním, které rodí lásku. A tento jeho stav se nazývá „uvnitř poznání". Avšak člověk musí neustále pracovat „výše rozumu", neboť to se nazývá „víra a odevzdání".

Zatímco „uvnitř poznání" s jeho prací souhlasí všechny pocity – vždyť také přijímají lásku a potěšení. Právě z toho důvodu se to také nazývá „uvnitř poznání". V tomto čase se člověk nachází v obtížném stavu, protože se obává, že poškodí svou víru. Vždyť to, co má v sobě, je Světlo Stvořitele, záře Shora. Řešením je náprava obou vlastností – víry i znalostí.

A pak musí pochopit sám sebe a uvědomit si: odkud má všechno, čemu nyní porozuměl, čili Tóru, kterou teď postihl, a Světlo, které ho naplňuje? To vše je pouze díky tomu, že měl předběžnou přípravu, která mu pomohla na sebe vzít „víru výše rozumu". To znamená, že se díky úsilí o spojení se Stvořitelem přimkl ke Kořenu, v důsledku čehož se stal hoden poznání. A poznání, které bylo dosaženo vírou, se opravdu a úplně odkrylo.

Ukazuje se, že zásluhou toho, že člověk podstatně zvyšuje „víru výše rozumu", také zvyšuje poznání. Vždyť se nyní stal hoden odhalení jmen Stvořitele na základě toho, že k němu sestoupilo Světlo.

Proto se nyní musí prostřednictvím poznání ještě více posílit a přijmout na sebe větší víru „výše rozumu" než dříve. Vždyť to hlavní je splynutí s Kořenem, což je možné pouze s pomocí víry. A právě v tomto spočívá jeho stěžejní cíl. A to se nazývá kabala (přijímání), tudíž poznání (*Da'at*, דעת), které přijímá kvůli odevzdání Stvořiteli. S pomocí toho bude na sebe schopen přijmout „víru výše rozumu" v ještě větší míře – jak v kvantitě, tak i v kvalitě.

208. Význam úsilí

Slyšel jsem

Úsilí, které člověk vynakládá, je pouze přípravou k tomu, aby dospěl do stavu úplného sebeobětování (*Mesirut Nefeš*). Z toho důvodu si musí zvyknout na neustálé sebeobětování. Vždyť není možné ovládnout jakoukoli duchovní úroveň, aniž by předtím neovládl tuto vlastnost, poněvadž právě tato vlastnost dovoluje člověku vystoupit na jakýkoliv stupeň.

209. Tři podmínky pro modlitbu

Slyšel jsem

Existují tři podmínky pro modlitbu:
1. Věřit tomu, že Stvořitel může člověka spasit, přestože má nejhorší vlastnosti, návyky a poměry v porovnání s kýmkoli ve své generaci. Vždyť „Cožpak je ruka Stvořitele krátká, aby ho spasila?" a cožpak Pán nespasí svého věrného sluhu?
2. Všechno, co mohl učinit, učinil, a spása stejně nepřišla.
3. Pokud ho Stvořitel nespasí, je lepší smrt než takový život.

Modlitba pochází z pocitu ztráty v srdci. Čím větší je pocit nedostatku žádaného, tím silnější je jeho modlitba. Vždyť ten, kdo touží po nadbytku, se liší od toho, kdo je odsouzen k smrti, čeká na popravu a je již spoután řetězy, jehož každý okamžik je modlitbou ke spáse. A neusne a nezdřímne si, ale neustále se modlí za spásu své duše.

210. Krásná vlastnost v tobě

Slyšel jsem

Talmud (*Nedarim* 66b) vypráví, že jeden člověk řekl své ženě toto: „Nebudeš mi vítána, dokud v sobě neuvidíš krásnou vlastnost." Rabi Izmael, syn rabína Josiho, vysvětluje, že se Stvořitel nemůže spojit s člověkem, dokud v sobě člověk neuvidí potřebné krásné vlastnosti. Jako ženě je zakázáno potěšit manžela, dokud v sobě nenajde alespoň nějakou příjemnou vlastnost. A pokud člověk může říci, že má krásné vlastnosti, pak tím pomáhá Stvořiteli ve vzájemném sblížení. Vždyť Stvořitel pomohl právě jemu, a nikoli druhému. To znamená, že má něco, co druzí nemají: víru, dobré vlastnosti, laskavé srdce, modlitbu...

A *Talmud* pokračuje: aby Stvořitel přivedl člověka k sobě, člověk musí mít stejně jako krásná žena:
- velkou mysl – větší než mají druzí, aby nebyly brány v úvahu jejich důvody, čí cesta je správná,
- krásné vlasy – když se stará o čistotu a správnost své cesty „na tloušťku vlasu",

- krásné oči – vidí v duchovním krásu, kterou nezamění za jinou vnější krásu,
- krásné uši – neslyší pomlouvání.

211. Jako ten, kdo stojí před Králem

Slyšel jsem 1. den měsíce Elul v roce Tav-Reš-Cadi-Chet (28. srpna 1938)

„Ten, kdo sedí ve svém domě, se nepodobá tomu, kdo stojí před Králem." To znamená, že víra musí být taková, aby se člověk cítil, jako by neustále stál před Králem, což vyvolává dokonalou lásku a bázeň. Dokud nedosáhne takové víry, nemůže si dopřát přestávku a odpočinek, protože to je jeho život a on nechce získat žádnou jinou odměnu namísto víry. Nedostatek víry by měl být cítěn v celém lidstvu natolik, aby se stal zvykem, jeho druhou přirozeností, v míře řečeného: „Vzpomínám na Něho a nemohu usnout."

Ale dojmy tohoto světa pocit nedostatku víry potlačují. Vždyť každá radost anuluje utrpení a bolest. A proto si ve svém stavu nepřeje přijímat žádnou útěchu. Je třeba si dát pozor, aby úsilí o duchovní nebylo anulováno jakýmkoli materiálním přijímáním. A to je možné pouze tehdy, pokud bude sám litovat, že potěšení uhasí jiskry čistých záměrů a pocit nepřítomnosti a nedostatku duchovního. A tato lítost a bolest ho ochrání a nedovolí mu ztratit čisté duchovní touhy.

212. Objetí zprava a objetí zleva

Slyšel jsem 8. den měsíce Kislev v roce Tav-Šin-Bet (28. listopadu 1941)

Existuje objetí zprava a objetí zleva a obě musí existovat současně a věčně.

Když se člověk nachází v pravém, chápe svým rozumem, že levý vůbec neexistuje. A naopak, když se nachází v levém, jeho rozumu se zdá, že neexistuje pravý.

Pravý stav je Osobní vedení. Levý stav je Vedení odměnou a trestem. A ačkoli člověk rozumem chápe, že je nemožné je spojit dohromady, aby byly oba stavy jako jeden, stejně musí pracovat vírou nad znalostmi a porozuměním, aby ho jeho porozumění nezastavilo. Tím hlavním je vždy kráčet výše rozumu, aby navzdory rozumu a logice byla veškerá práce měřena tím, nakolik je vyšší než znalosti.

A třebaže poté dospěje do stavu „uvnitř poznání" – to znamená, že dostává a zná všechno – nic to však pro něho neznamená, protože prvotní základ jeho práce spočíval ve víře výše rozumu, a proto neustále získává sílu ze svého kořene.

Ale pokud člověk dosáhne poznání a přeje si z něho přijímat, Světlo okamžitě zmizí. A jestliže si přeje pokračovat ve své nápravě, je povinen ji začít ve víře výše rozumu. Vždyť v ní je celý kořen práce. A poté přichází ke svatému poznání.

213. Odhalení touhy

Slyšel jsem

Základní je zvýšit touhu, protože na ní je budována celá duchovní budova a základy budovy určují její odolnost.

Existuje mnoho příčin, které člověka nutí vynaložit úsilí, ale nikoliv na požadovaný cíl. Proto špatné základy ničí celou budovu. A třebaže z *Lo Lišma*, „pro sebe", přejde k *Lišma*, „pro Stvořitele", je však zapotřebí mnoho času, aby se vrátil k cíli. Proto je nezbytné, aby měl vždy před očima cíl.

Jak je řečeno v *Šulchan Aruch*: „Vždy si sám sebe představoval, jako by stál před Králem." Vždyť ten, kdo stojí před Králem, není podobný tomu, kdo sedí doma. A ten, kdo věří ve Stvořitele, jenž „naplňuje celou zemi Svou velikostí", je plný bázně a lásky. A k tomu, aby odevzdával Stvořiteli, nepotřebuje přípravu ani uvažování, nýbrž je Mu oddán plně a absolutně; ovšem zásluhou samotné přírody.

Je to stejné jako v našem světě, kde opravdová láska vyvolává úsilí a myšlenky jenom směrem k milovanému – pouze na to, jak mu činit dobro, aby se vyhnul jakékoliv újmě. A nepotřebuje předběžné výpočty a nevyžaduje vysokou inteligenci, protože je přirozená jako láska matky ke svému synovi, jež se stará pouze o blaho dítěte a miluje ho bez veškerých příprav a rozvažování.

Vždyť přirozený cit vzniká sám od sebe a nepotřebuje rozum, aby si zavázal city. Všechno vychází přímo ze samotných pocitů, které obětavě pracují samy o sobě, jak jim to ukládá jejich přirozená láska. Síla lásky člověka zavazuje, aby pro dosažení cíle odevzdal celý svůj život – a bez toho život není životem.

Z toho důvodu ten, kdo pociťuje sám sebe, jako by stál před Králem, cítí dokonalost, tedy přítomnost víry. Ale do té doby, dokud nepociťuje sám sebe jako stojícího před Stvořitelem, cítí opak.

A proto člověk musí vidět, že to nejdůležitější je dosáhnout toho, aby sloužil Stvořiteli a litoval nedostatku víry, neboť chápe, že potřeba víry je celý jeho základ. A musí se modlit, prosit a vynakládat úsilí, aby pocítil nedostatek víry. Vždyť pokud necítí potřebu víry, nemá přání (*Kli*), jež je nezbytné k získání naplnění. A je třeba věřit, že Stvořitel slyší modlitby každého, zachraňuje a obdarovává dokonalou vírou.

214. Známý v městské bráně

Slyšel jsem o svátku Šavu'ot v roce Tav-Reš-Cadi-Tet (1939) v Jeruzalémě

„Já jsem Bůh, tvůj Všemohoucí." (*Exodus, Šemot* 20, 2) V Knize *Zohar* (Přísloví 31, 23) je také řečeno: „Známý v městské bráně."

Proč mudrci změnili psaný název svátku *Aceret* (Ukončení, *Šavu'ot*, Letnice) na „Darování Tóry" (*Matan Torateinu*), o němž se v Tóře hovoří jako o svátku *Bikurim* (Prvních plodů), jak je řečeno (*Numeri* 28, 26): „A v den obětování prvních plodů..." – a nazvali ho svátkem „Darování Tóry" (*Matan Torateinu*)? Jde o to, že mudrci nic nezměnili, nýbrž pouze odhalili podstatu svátku *Bikurim* (Prvních plodů).

Je řečeno: „Jásejte pole a vše, co je na nich, zpívejte všechny stromy lesa." (*Žalm* 96, 12) Rozdíl mezi polem a lesem tkví v tom, že pole dává „ovoce (plody)", zatímco lesní stromy ovoce nepřinášejí. Pole označuje *Malchut*, tedy přijetí vlády Stvořitele, což znamená víru výše rozumu.

Ale jak velká by měla být víra? Musí být taková, aby naplňovala člověka a absolutně mu nahradila poznání. Taková *Malchut* se nazývá „Pole požehnané Stvořitelem" (*Genesis* 27, 27), které přináší „ovoce (plody)". A člověk může dosáhnout splynutí se Stvořitelem pouze takto, protože tehdy ho neovládají žádná omezení – vždyť se ve všem pozvedává výše rozumu.

Poznání však omezuje, protože jeho velikost je určena úrovní člověka. Z toho důvodu se nazývá: „Cizí, neplodné božstvo, které nenese ovoce" – čili „les". Ale jelikož jsou tyto dvě síly protikladné, musí být mezi nimi střední: když člověk potřebuje také znalosti, ale pod podmínkou, že nepoškodí svoji víru výše rozumu.

Pokud však pomocí vědomostí pracuje o trochu lépe než s vírou, okamžitě vše ztratí. Proto proň musí být víra a znalosti neoddělitelné, aniž by mezi nimi byl jakýkoliv rozdíl. A tehdy „jásají pole a zpívají všechny stromy lesa", protože tímto se napravuje dokonce i „cizí bůh", který byl divokým, neplodným lesem, a získává sílu víry.

Proto je o Abrahámovi napsáno (*Genesis* 17, 1): „Choď přede Mnou a buď neposkvrněný." To znamená, že Abrahám nepotřeboval žádnou podporu. O Noemovi je však řečeno (*Genesis* 6, 9): „Noe chodil před Všemohoucím." To znamená, že Noe potřeboval podporu, třebaže podporu Stvořitele. Avšak nejhorší ze všeho je, když člověk potřebuje podporu lidí v podobě daru nebo půjčky:

Dárek znamená podporu, kterou přijímají od lidí, nechtějí ji vrátit zpět a chtějí ji využívat po celý svůj život.

Půjčka znamená podporu, kterou si berou na určitý čas v okamžiku, kdy ji potřebují, když nemají vlastní sílu. Ale doufají, že zásluhou své čisté duchovní práce získají vlastní sílu a laskavost vrátí. Avšak i toto má slabinu. Vždyť pokud nezíská svou sílu, padá.

A vrátíme-li se k našemu tématu, pokračujeme v bodě, že je svátek nazván Darování Tóry, a nikoliv svátkem přijetí Tóry, protože se tehdy stali hodni pocítit Dárce Tóry, jak je řečeno: „Přejeme si sami vidět našeho Vládce!" Tudíž tím nejdůležitějším je, že se stali hodni vlastnosti Dárce *Tory* a proměnili se v „pole, kterému požehnal Stvořitel", tedy nesoucí „ovoce (plody)".

A v tom tkví smysl svátku *Bikurim*, tedy dne darování „ovoce (plodů)", první sklizně z pole. To je známka toho, že se stali hodni spojení s Dárcem Tóry a plného porozumění. A proto je řečeno: „Můj otec byl Aramejec, kočovník" (*Deuteronomium* 26, 5), což znamená, že dříve zakoušel pády a nebyl upřímný, nyní však našel trvalé a věčné spojení se Stvořitelem. Proto mudrci nazvali svátek *Bikurim* svátkem Darování Tóry, kdy se stávají hodni Dárce Tóry.

215. Podstata víry

Slyšel jsem

Víra je čistá práce, protože touha po potěšení v této práci nepomáhá, ale naopak jí klade odpor. Vždyť povaha touhy po potěšení člověka nutí pracovat jenom tam, kde vidí a ví, že to není výše rozumu. Z toho důvodu je splynutí se Stvořitelem možné pouze vírou výše rozumu. Vždyť v tom je soulad vlastností, tedy skutečné odevzdání.

Proto, je-li tento základ v člověku neochvějný, pak, i když přijímá dobro, přijímá to jako „varování" (*Atria*, אתריא), které v gematrii odpovídá slovu Tóra (*Tora*, תורה, poučení). A měl by mít strach a střežit, aby nepřijímal pomoc a podporu z Tóry, ale pouze z víry. A dokonce, i když se mu zdá, že je to úplně zbytečné, jelikož přijímá jen dobro jako ve vytoužené zemi, stejně musí stále věřit, že taková je pravda. Jak je řečeno: „A všichni věří, že Stvořitel je Bůh víry." Vždyť pouze vírou je možné udržet dosaženou úroveň.

216. Pravé a levé

Slyšel jsem 6. den měsíce Tevet

Je pravá a levá strana. Do pravé patří: *Chochma, Chesed, Necach* a do levé: *Bina, Gvura, Hod*. Pravá linie znamená Osobní vedení a levá linie Vedení odměnou a trestem.

Pokud se člověk zabývá pravou stranou, musí říci, že se nachází pod Osobním vedením, a proto nic nedělá sám. Z toho důvodu se nedopouští žádných hříchů. Ale i dobré skutky (Přikázání), které uskutečňuje, také nejsou jeho, nýbrž darem Shora. A proto za ně musí děkovat Stvořiteli stejně jako za dobro, které přijímá v tomto světě.

A toto se nazývá *Necach* (נצח, věčnost) – to znamená, že zvítězil (*Nice'ach*, נצח) nad nečistými silami (*Sitra Achra*), z nichž se pozvedává na úroveň *Chesed* (חסד, milosrdenství), což znamená lásku. Díky tomu přichází k *Chochmě* (חכמה, moudrosti), což se nazývá *Reiša de-Lo Etijada* (רישא דלא אתידע, nerozpoznaná hlava). A teprve poté musí přejít k levé linii, na úroveň *Hod* (הוד, velkolepost).

217. Pokud ne já sám sobě, tak kdo mi pomůže?

Slyšel jsem 27. den měsíce Adar Alef

„Pokud ne já sám sobě, tak kdo mi pomůže? Ale pokud já sám pro sebe, tak kdo jsem já?" A toto je vzájemně se popírající rozpor v práci člověka.

Člověk musí dělat veškerou svou práci tak, jako kdyby mu nikdo nemohl pomoci, jenom on sám sobě, a nebyl nikdo, kdo by ho spasil. Jak je řečeno: „V ústech tvých je toto slovo a v srdci tvém, abys ho splnil."

(*Deuteronomium*) Znamená to, že je třeba vynaložit úsilí jako při Vedení odměnou a trestem. Avšak ve svém nitru by měl vědět: „Ale pokud já sám pro sebe, tak kdo jsem já?" To znamená, že je plně závislý na Osobním vedení Stvořitele a nikdo v tom nemůže nic změnit.

Pokud však všechno probíhá pouze podle řízení Shora, jaký je smysl práce: „Pokud ne já sám sobě, tak kdo mi pomůže?" Jde o to, že když člověk pracuje, jako kdyby mu nemohl pomoci nikdo kromě něho samotného, pochopí své Osobní vedení a uvědomuje si, že se všechno děje kvůli nápravě. A toto rozdělení mezi povinností a Tórou, nazývané „synové Stvořitele", je skryto a odkrývá se až po úsilí: „Pokud ne já sám sobě, tak kdo mi pomůže?"

218. Tóra a Stvořitel – jedno

Slyšel jsem

„Tóra a Stvořitel tvoří jeden celek."

V procesu nápravy (práce), jsou Tóra a Stvořitel samozřejmě dva protichůdné a dokonce navzájem se popírající pojmy.

Pro nás Stvořitel znamená splynutí na základě podobnosti vlastností a anulování svého „já" v Něm. (Je nezbytné si vždy představovat stav v minulosti, kdy se člověku podařilo dosáhnout byť i toho nejmenšího spojení se Stvořitelem, nakolik byl tehdy plný života a potěšení. A neustále usilovat o stav sloučení se Stvořitelem, kdy je duchovní neoddělitelné. A poněvadž duchovní nese naplnění, je třeba se vždy cítit v dobrém stavu a představovat si dobu spojení v minulosti. Vždyť v těle nezanechává silný dojem negativní, nýbrž existující, tudíž stavy dosažené v minulosti. A tyto stavy může tělo přijmout jako vzor.)

Tóra je nazývána Světlem, jež je v ní uzavřeno, je pociťováno během studia a vyvolává touhu odevzdávat Stvořiteli, jak je řečeno: „Ten, kdo zná nařízení Stvořitele, bude Mu sloužit." Proto pociťuje svoje „já" jako toužící odevzdávat Stvořiteli.

Ale když dosáhne úrovně „Tóra a Stvořitel – jedno", zjistí, že všechno je jenom jedno, protože v Tóře vnímá Stvořitele. A je třeba neustále usilovat o nápravu Světlem Tóry, jež lze nalézt při studiu Tóry, avšak studiem kabaly je možné jej najít rychleji.

Světlo Tóry a Stvořitel vystupují během práce v podobě protikladů:

- buď se člověk snaží přimknout ke Stvořiteli a pak nemůže studovat ve prospěch Světla Tóry a je přitahován k chasidským knihám,
- nebo usiluje o nápravu Světlem Tóry – to znamená, že si přeje znát cesty Stvořitele, světy, jejich procesy a řízení.

A to jsou dva protikladné body. Avšak v budoucnosti bude jejich rozdíl smazán, jak je řečeno: „A rozdrtí hranice Moába" (*Numeri*), a oba se spolu sjednotí.

219. Smysl sebeobětování

Slyšel jsem

Oddanost Stvořiteli musí být v bázni a lásce až do úplného otroctví.

Láska nevyžaduje sebeobětování, protože láska je přirozený jev a silná láska pohlcuje celou duši tak, jak je napsáno: „Láska je silná jako smrt." (Píseň písní) Z toho důvodu je dosažení sebeobětování v bázni tím stěžejním tehdy, když člověk v otroctví prozatím necítí chuť lásky a je v otroctví z přinucení.

Pocity, které prožívá tělo, nepodléhají přinucení. Vždyť je stvořeno jen kvůli nápravě. A náprava spočívá v tom, že otroctví musí být důsledkem lásky, v čemž tkví cíl splynutí. „Pokud je v něčem pociťována tíže, znamená to, že je tam skrytý egoismus."

A neomezené otroctví v bázni je v podstatě nutné až do úplného sebeobětování, když s prací člověka nesouhlasí celé tělo, protože v otroctví necítí žádnou chuť. A tělo pro každou činnost provádí propočet a podává důkaz, že jeho otroctví nepřináší pocit dokonalosti, a tato práce proto neposkytuje žádný užitek. A poněvadž v takovém otroctví nepociťuje žádný smysl ani chuť, je možné vynakládat úsilí pouze prostřednictvím sebeobětování. Vždyť z tohoto otroctví cítí hořkost a každý čin mu působí velké utrpení, protože tělo není zvyklé pracovat zbytečně, ale jen tehdy, je-li to prospěšné pro něho nebo pro druhé.

A v malém stavu (*Katnut*) necítí žádný vlastní prospěch, nyní necítí v otroctví žádné potěšení a také nevěří, že z toho budou mít prospěch jiní. Vždyť když to pro něho není důležité, jak to může být užitečné pro ostatní? A jeho utrpení je veliké. A čím více úsilí vyvíjí, tím více trpí, dokud se jeho utrpení a úsilí nenashromáždí v určité míře, na základě čehož se nad ním Stvořitel slituje a nechá ho v otroctví pocítit chuť, jak je řečeno: „Dokud se naň nerozlije Světlo Shora."

220. Smysl utrpení

Slyšel jsem

Těžké utrpení je důsledkem pocitu „nepřítomnosti života". Ale co může člověk udělat? Vždyť získat životní sílu není v lidské moci, a proto upadne do apatie. A právě v tomto okamžiku je povinen vyvinout ještě větší úsilí, i když nemůže nic změnit.

221. Společné vlastnictví

Slyšel jsem

Přání se může osvobodit z vlastní moci pouze tehdy, je-li naplněno něčím jiným. Vždyť nemůže existovat prázdné. Proto, když je v moci nečistých přání a samozřejmě je třeba ho osvobodit, je nutné se pokusit ho naplnit jinými přáními. Z toho důvodu musí být naplněno láskou. A pak k ní bude přitahován a osvobodí se od lásky k sobě samému.

222. Část, která je odevzdávána nečisté síle, aby opustila Svatost

Slyšel jsem

Zpočátku Stvořitel stvořil svět silou spravedlnosti a soudu a spatřil, že takto svět nemůže existovat. Vždyť vlastnost soudu náleží *Malchut*, na níž došlo ke zkrácení (*Cimcum Alef*), a pod ní se nacházejí nečisté touhy. Zatímco v prvních devíti *Sfirot* (*Tet Rišonot*, dosl. devět prvních) je možné beze strachu přijímat potěšení.

Avšak není možné, aby svět takto existoval. Vždyť v tomto případě by *Bchina Dalet* nikdy nemohla obdržet nápravu, protože to je její místo, které nemůže být změněno. To znamená, že touha po potěšení nemůže být anulována. Vždyť je to příroda a tu nezměníš. Příroda je Vyšší síla a přáním Stvořitele bylo, aby touha po potěšení dosáhla dokonalosti a nebylo možné ji zrušit.

Člověk není schopen změnit svou přirozenost ani v našem světě. Ale Shora mu byla dána možnost ji sjednotit s vlastností milosrdenství, touhou odevzdat: rozšířit omezení, které existuje v *Malchut*, na úroveň *Biny* – to znamená učinit to tak, jako kdyby tam byl zákaz přijímat. A tím pádem už je vytvořeno místo pro práci – pro přijímání kvůli odevzdávání; vždyť tam není místo *Bchiny Dalet*, a proto může být anulována.

Z toho vyplývá, že se *Bchina Dalet* napravuje tím, že klesá dolů; vždyť odhaluje, že to nebylo její místo. Člověk to odkrývá prostřednictvím svého úsilí ve studiu a při plnění Přikázání. V *Bchině Bet* si vyjasňuje *Bchinu Dalet* a vidí, že její místo je dole. Pak se zvedne *Zivug* a Světlo se šíří dolů. A tehdy se *Malchut* pozvedne do očí a kvůli nápravě touhy přijímat znovu začíná otroctví. A náprava v podstatě vzniká tím, že odevzdává část nečistým touhám.

Předtím si nečisté touhy mohly pro sebe brát jenom z *Bchiny Dalet*, z jejích omezení, ale nikoliv z *Biny*. Avšak nyní samu sebe snížila i *Bina* a smísila se se silou omezení a soudu. Znamená to, že se zvětšila oblast, kde působí omezení. Díky této části se však nyní objevilo místo pro práci, odkud je možné odstrčit touhy *Malchut*. Vždyť to není její pravé místo. A poté, když se ji člověk naučí odrážet z místa, odkud je toho schopen, vzniká možnost ji odrazit i z místa, ze kterého toho dříve nebyl schopen.

Proto je řečeno: „Pohltí sílu a vychrlí ji zpět." (Jób) Vzhledem k tomu, že vzrostly hranice jejího ovládání a ona spolkla obrovské síly, sama dospěje k tomu, že ji zcela napravují. A v tom tkví smysl oběti „obětního beránka pro nečisté síly", když odevzdají část nečistotě, aby se oddělila od Svatosti, a poté ji napravují na místě, které jí dali, a nikoliv na jejím vlastním místě.

223. Oblečení – hrubá látka – lež – ořech

Slyšel jsem

„Ke Králi nevcházejí oblečeni do hrubé látky." Když se člověk probudí, aby spatřil, jak daleko je od Stvořitele, a je pln hříchů, zločinů a přestupků, v té době se nemůže spojit se Stvořitelem a přijmout od Něho spásu. Vždyť je oblečen do hrubé látky a v této podobě se nepatří objevovat před palácem Krále.

Proto je člověk povinen vidět svůj pravý stav tak, jak je, a neskrývat ho za různými oponami. Zatímco veškerý smysl *Klipot* naopak spočívá v tom, aby se skrývaly. Pokud je člověk odměňován *Shora*, pak může odhalit a spatřit svůj pravý stav. Musí však pochopit, že to není dokonalost, nýbrž nutnost. A toto hořké období se nazývá *Dalet* (ד, písmeno) a ve spojení s hrubou látkou (*Sak*, שק, písmena *Šin-Kuf*) nabývá významu „ořech" (*Šaked*, שקד, dosl. mandle) a urychluje spásu.

Ale vytvoří-li hořkost v práci sám člověk, znamená to, že může shrnout závěry a je spokojen, že alespoň vidí pravdu. Pak se má za to, že to činí na úrovni *Roš*, tudíž tento nízký stav považuje za důležitý. A tehdy se písmeno *Reš* (ר) ve spojení s hrubou látkou (*Sak*, שק) změní v „lež" (*Šeker*, שקר). Když si však uvědomí, že je jeho stav falešný a že se ocitl v moci nečistých přání, okamžitě se musí posílit v plné víře budoucí nápravy.

224. Ženský základ a mužský základ

Slyšel jsem

Vzestup *Malchut* do *Ejnajim* se nazývá *Jesod de-Nukva* (ženský základ). *Nukva* je touha po naplnění a zkrácení je pro ni považováno za nedostatek. Ale poněvadž se pozvedává do *Ejnajim*, kde je *Chochma*, přece jen je nazývána prvním stádiem ze čtyř (*Bchinou Alef*).

Avšak když se *Malchut* pozvedává do *Keter*, jehož podstatou je touha odevzdávat a kde není možné zkrácení, neboť na touhu odevzdávat nepůsobí žádná omezení, pak se nazývá *Jesod de-Dchura* (mužský základ).

225. Pozvednout sám sebe

Slyšel jsem

Není možné, aby člověk pozvedl sám sebe a vyrval se ze svého kruhu. Z toho důvodu, když si přeje se pozvednout, je povinen se vyživovat ze svého prostředí a vynakládat velké úsilí na cestě Tóry.

A pokud si člověk pro sebe zvolí dobré prostředí, pak vyhrává v čase i v úsilí, protože následuje své dobré prostředí.

226. Písemná a ústní Tóra

Slyšel jsem 3. den v týdnu Mišpatim v roce Tav-Šin-Gimel (2. února 1943) v Tel Avivu

„Písemná Tóra" je vyvolána podnětem Shora (*Itaruta de-Le'ila*) a „ústní Tóra" je probuzením touhy zdola (*Itaruta de-Letata*) samotným člověkem. A obě společně se nazývají: „Šest let pracuj a v sedmém roce odejdi na svobodu." (*Šemot* 21)

Stěžejní práce probíhá právě tam, kde se nachází odpor, a nazývá se *Alma*[94] ze slova *He'elem*[95] (ukrytí). Vždyť tam, kde je ukrytí, existuje odpor, což znamená, že existuje místo pro práci.

Proto je řečeno: „Šest tisíciletí existuje svět a v jednom bude zničen" – to znamená, že se vytratí ukrytí, a proto zmizí možnost práce. Ale Stvořitel vytváří pro člověka zvláštní ukrytí, které se nazývá „křídla", aby měl možnost pracovat.

227. Odměnou za splnění Přikázání je samo Přikázání

Slyšel jsem

Člověk by měl usilovat o to, aby se stal hoden odměny za splnění Přikázání. To znamená, že když plní Přikázání, stává se hoden splynutí s jejich Dárcem.

228. Ryba před masem

Slyšel jsem 1. den měsíce Adar v roce Tav-Šin-Zajin (21. února 1947) v Tverji

Zvyk jíst na hostině nejdříve ryby a potom maso pochází z toho, že člověk přijímá duchovní úroveň „ryba" bez předchozí přípravy. Proto jí jedí jako první. Vždyť se na to nemusí připravovat. Jak je řečeno: „Pamatujeme si rybu, kterou jsme jedli v Egyptě zdarma." (*Numeri*) Kniha *Zohar* vysvětluje: „zdarma" – znamená plnit Přikázání bez úsilí, tedy bez přípravy.

A ryba nevyžaduje přípravu, protože má pouze hlavu, ale žádné ruce ani nohy, jak je o ní řečeno: „Josef chtěl rybu a našel perlu v jejím těle."

---

[94] V aram. *Alma* (עלמא) znamená svět (hebr. *Olam*, עולם).
[95] V hebr. *He'elem* (העלם) znamená ukrytí (aram. *Alama*, עלמא).

(Babylonský *Talmud*) „Perla" (*Margalit*, מרגלית) znamená vlastnost „pátrat" (*Meragel*, מרגל) a „ryba" znamená nepřítomnost objasnění a vyjednávání, a proto nemá ani ruce, ani nohy[96].

Ryba má polovinu těla jako *Parcuf* v *Cimcum Bet*, když se *Malchut* pozvedává do *Biny*. A na základě toho je každý stupeň rozdělen na dvě poloviny, čímž se vytváří prostor pro vyzvědače (*Meraglim*). A všechna vyjednání se týkají pouze těchto vyzvědačů, z čehož pochází celá Tóra. A v tom tkví význam perly (*Margalit*), kterou měl pověšenou kolem krku, a každý nemocný se okamžitě uzdravil, jakmile na ni pohlédl.

Za „rybu" samu se neplatí. Dává se zdarma, jak je řečeno, že *Jisra'el* v poušti plakal pro rybu, kterou jedli v Egyptě zdarma. Toto je „Bystrý zrak, který je stále ve střehu", a proto nepotřebuje ochranu, jelikož je tělo ryby *Chochma*, jež je přijata před nápravou, jako je *Šabat* dán před Tórou.

Tóra je Světlo přijaté z „vyjednávání" (odhalení, náprava a naplnění touhy přijímat, *AChaP*). A je řečeno: „Ani ruku, ani svou nohu jsem na místě studia nenalezl" – to znamená, že nedělal objasňování a vyjednávání a toto se nazývá „zdarma". A Tóra se nazývá „budoucí svět", o kterém je řečeno: „seďte a užívejte si," a nasycení potěšením nezmenšuje potěšení, protože to je potěšení duše. Kdežto *Šabat*, který byl dán před Tórou, je světlo *Chochma*, přijaté a omezené tělem, a proto nasycení anuluje potěšení.

229. Kapsy Hamana

Slyšel jsem v noci o svátku Purim po čtení Megily v roce Tav-Šin-Jud (3. března 1950)

Existuje zvyk, že jsou o svátku *Purim* podávány sušenky trojúhelníkového tvaru, které se nazývají *Homen Tašim*,[97] což znamená „Kapsy Hamana".[98] A je řečeno, že se „člověk musí opít natolik, aby nerozlišil prokletého Hamana od požehnaného Mordechaje." A „Kapsy Hamana" jedí proto, aby měli na paměti, že nám Haman dal jenom „kapsy" –

---

[96] Nohy, *Raglajim*, רגליים, ze slova vyzvědači, *Meraglim*, מרגלים.
[97] V jidiš.
[98] Kapsy Hamana jsou spíše známé jako Uši Hamana a jedná se o tradiční pečivo, které se připravuje o svátku *Purim*.

Kelim, touhy, ale nikoliv naplnění. Vždyť se v moci Hamana nachází jen velikost touhy po potěšení a my jsme povinni si ji od něho vzít.

Avšak tyto touhy není možné naplnit potěšením s *Kelim* Hamana, nýbrž pouze s pomocí *Kelim* „Mordechaje" – se záměrem odevzdat, zatímco na *Kelim* přijímání působí *Cimcum* (zkrácení). A o tom je řečeno: „Řekl si Haman ve svém srdci: ‚Komu kromě mě bude Král chtít prokázat pocty?!'" (*Megilat Ester*). Toto se nazývá skutečná touha po potěšení. Proto řekl: „Nechť přinesou královské roucho, které si Král oblékal, a přivedou koně, na kterém Král jezdil!"

Ve skutečnosti však touhy Hamana, které jsou nazývány přijímajícími *Kelim*, nemohou nic přijmout, protože na ně působí zkrácení. Je v něm pouze touha a potřeba naplnění. To znamená, že ví, co požaduje. A proto Král řekl Hamanovi: „Vezmi co nejrychleji roucho a koně a udělej to, co jsi řekl, Židovi Mordechajovi."

A toto se nazývá: „Světla Hamana v *Kelim* Mordechaje" čili v záměrech odevzdávat.

230. Veliký je Stvořitel a jen nicotný Ho uvidí

Slyšel jsem o Šabatu Truma v roce Tav-Šin-Tet (5. března 1949) v Tel Avivu

„Stvořitel je veliký a jen ho nicotný Ho uvidí." (Žalm 138) Jak může existovat podobnost se Stvořitelem, když člověk přijímá a Stvořitel dává? O tom je řečeno: „Stvořitel je veliký a jen nicotný Ho uvidí." Pokud člověk anuluje svoje „já", vytratí se veškerý jeho vlastní egoistický názor i moc, která ho odděluje od Stvořitele, a tehdy vidí Stvořitele – to znamená, že se stává hoden Světla *Chochma*, Světla moudrosti a poznání.

Ale hrdý a domýšlivý je od Stvořitele daleko. Ten, kdo setrvává ve svém egoismu, ve svém „já", ve své moci, oddaluje se od Stvořitele v důsledku nepřítomnosti podobnosti vlastností.

Nicotností se nenazývá to, že se člověk ponižuje před ostatními. To je pokora, kterou člověk ve své práci cítí jako dokonalost. A nicotností se nazývá pocit studu a ponížení, když ho zahanbuje a ponižuje celý svět. Z toho důvodu v tomto případě žádnou dokonalost necítí. Vždyť je to zákon přírody, že na člověka působí všechno, co si myslí lidé v jeho okolí. A ten, koho lidé uznávají, se cítí dokonalý, a koho zostouzejí, se cítí nicotný.

231. Náprava touhy po sebepotěšení

Slyšel jsem v měsíci Tevet v roce Tav-Reš-Pej-Chet (leden 1928) v Jeruzalémě (Givat Ša'ul)

Je třeba dbát na to, aby s každým potěšením pociťoval člověk lítost z toho, že se těší tělo, protože když se těší, on se vzdaluje od Stvořitele. Vždyť potěšení dává Stvořitel. A pokud člověk přijímá potěšení, pak se stává protikladným ke Stvořiteli. Rozdíl ve vlastnostech určuje oddálení od duchovního, a proto se člověk nemůže spojit se Stvořitelem.

A jak splnit zákon: „Splyň s Ním"?

Pokud člověk při přijímání potěšení cítí utrpení z toho, že je přijímající, pak utrpení anuluje potěšení. Je to podobné člověku, který má vřed na hlavě a je nucen česat bolestivé místo, z čehož má potěšení, i když chápe, že se tím zvětšuje vřed a nemoc se zhoršuje až do stavu, který již nelze vyléčit. To znamená, že když cítí potěšení, ve skutečnosti se jím netěší, ačkoliv se není schopen udržet před jeho přijetím.

Přesně tak se člověk musí dívat na potěšení, které přijímá, aby bylo potěšení doprovázeno pociťováním utrpení z toho, že těší-li se, vzdaluje se od Stvořitele. Až k pocitu, že nemá cenu přijímat potěšení, neboť je nesrovnatelné se ztrátou, kterou z toho zakouší. A taková práce se nazývá práce srdce.

(Svatost – vše, co člověka přibližuje k práci Stvořitele, se nazývá Svatost.

Nečistota – vše, co vzdaluje člověka od práce Stvořitele, se nazývá nečistota.)

232. Završení úsilí

Slyšel jsem

„Nevěř tomu, kdo prohlašuje, že vynakládal úsilí, ale nenašel požadované." A co znamená „našel"? Co je zapotřebí najít? Je třeba najít přízeň Stvořitele.

„Nevěř tomu, kdo prohlašuje, že našel bez veškerého úsilí." Ale on neříká lež. Vždyť nejde o konkrétního člověka, ale o obecné pravidlo pro všechny. A když spatří, že nalezl přízeň v očích Stvořitele, tak pročpak nevěřit?

Jde o to, že je občas člověk odměněn přízní v očích Stvořitele na základě modlitby, protože v ní je zvláštní síla, která může působit podobně jako úsilí. (Stejně jako vidíme i v našem světě, že jsou ti, kdož vydělávají svým úsilím, a jsou ti, kdož se o výdělek modlí a získají ho.) Ale v duchovním, i když byl v očích Stvořitele počten přízní, stejně poté musí zaplatit plnou cenu – to znamená vynaložit stejnou míru úsilí, jakou vynakládá každý. A pokud stejnou míru úsilí nevyvine, ztratí *Kli*. A proto se říká: „Nevěř tomu, kdo prohlašuje, že našel bez veškerého úsilí," protože ztrácí všechno. Z toho důvodu je to potom povinen splatit plnou mírou svého úsilí.

233. Odpuštění, pokání a vykoupení

Slyšel jsem

Odpuštění (*Mechila*, מחילה) – ze slov „připojit ke ctnosti". Jinými slovy, právě díky návratu z lásky, kdy se zlé úmysly mění na zásluhy, „připojuje" je člověk ke ctnosti, to znamená k zásluhám.

Pokání (*Slicha*, סליחה) – ze slov „odehnat svůj dobytek" (*ve-Šalach et--Be'iro*, ושלח את־בעירה), po nahrazení písmene *Samech* písmenem *Šin*). (*Exodus, Šemot* 22, 4) Jinak řečeno, člověk od sebe odhání trestné úmysly a rozhodne se, že od tohoto dne a nadále bude dělat jen to, co se proň stane zásluhami. Toto je považováno za návrat ze strachu, když se pro něho zlé úmysly stanou pochybeními.

Vykoupení (*Kapara*, כפרה) – ze slov: „A očistí i oltář" (*ve-Kiper et ha--Mizbe'ach*, וכפר את־המזבח, *Levitikus* 16, 33), což znamená, že „musí obdržet vykoupení prostřednictvím tohoto člověka". Vždyť když člověk ví o své nečistotě, nemá sílu a opovážlivost vstoupit do paláce Krále. Z toho důvodu, když člověk vidí a vzpomíná si na své zlé činy, které jsou v rozporu s přáním Krále, je pro něho obtížné se učit Tóru a Přikázání – tím spíše požádat Krále o povolení se k Němu přimknout a spojit se s Ním.

Vykoupení je nutné proto, aby neviděl svůj bídný stav a naprostou nicotnost a zapomněl na své postavení, ale mohl pocítit radost, že se může zabývat Tórou a duchovní prací. Pokud se začne radovat, bude mít možnost požádat o spojení s Králem. Vždyť *Šchina* vládne pouze tam, kde je radost.

A z toho důvodu je především nutné vykoupení. A poté, co uskuteční návrat kvůli rozechvění a strachu, stává se člověk hoden pokání. A po pokání uskuteční návrat z lásky a zaslouží si odpuštění. Je třeba věřit, že vše, co se v našem světě děje, je důsledkem Vyššího řízení a že neexistují žádné náhody. A také je nutné vědět, že všechna varování, která pro nás byla napsána, tudíž že všechna prokletí, která se na nás sesypou, „pokud nebudeme poslouchat", jsou strašná utrpení. Avšak nikoliv tak, jak si myslí lidé, když někteří z nich říkají, že to není prokletí, nýbrž požehnání. A uvádějí jako důkaz Magida z Kozince, který vždy říkal zvláštní modlitbu „Vystupování k Tóře" (Alija la-Tora)[99], když četl kapitolu Tochachot (varování). A říkal, že to jsou opravdová prokletí a neštěstí.

A sami také vidíme, že tato prokletí skutečně existují – to znamená, že v tomto světě cítíme trpkost strašného a nesnesitelného utrpení. Musíme však věřit, že je třeba veškeré toto utrpení přičítat působení Vyššího řízení a že všechno určuje Stvořitel. Praotec Mojžíš vzal tato prokletí a spojil je se Stvořitelem, o čemž je řečeno: „A nebylo proroka jemu rovného ve všech hrůzách, které se vyplnily."

A když v to člověk věří, věří také, že „Je soud a je Soudce". Proto Magid vykonával „Vystupování k Tóře" po kapitole obsahující varování. Vždyť pouze on mohl tato prokletí a utrpení spojit se Stvořitelem, poněvadž věřil, že „Je soud a je Soudce". Zásluhou toho vyrůstala ze všech těchto prokletí pravá požehnání: „Vždyť učinil Stvořitel tak, aby se před Ním chvěli".

A v tom tkví smysl řečeného: „Obvaz léčí samu ránu." To znamená: „Stejnou cestu, na které hříšníci klopýtnou, spravedliví projdou." Vždyť jakmile se ocitnou na místě, kde není žádná opora, okamžitě se tam uchytí nečistá síla (Sitra Achra, סטרא אחרא) a hříšníci klopýtnou. Hříšník, který není schopen kráčet vírou výše rozumu, padá, ocitne-li se bez veškeré opory. A pak zůstane mezi nebem a zemí, poněvadž hříšníci mohou pracovat pouze uvnitř poznání, mají „zlé oko, domýšlivý pohled".

Kdežto spravedliví, kteří „nehledí zvysoka a nejsou povýšeni v srdci", touto cestou projdou. Ukazuje se, že se to přemění v požeh-

---

[99] Rituální čtení Tóry během bohoslužby.

nání. Neboť díky tomu, že člověk všechna utrpení spojuje s Vyšším řízením a vše přijímá vírou výše rozumu, získává *Kelim* připravené přijmout požehnání.

234. Ten, kdo opouští slova Tóry a pouští se do rozhovorů

Slyšel jsem v měsíci Adar Alef v roce Tav-Šin (1940) na cestě do Gazy

„Ten, kdo opouští slova Tóry a pouští se do rozhovorů, se živí tlejícím uhlím." (*Talmud*)

V době, kdy se člověk věnuje Tóře a nepřestává pracovat, Tóra se pro něho stává planoucím ohněm, který spálí jeho egoistický počátek. Zásluhou toho může pokračovat ve své práci.

Avšak pokud studium uprostřed přeruší, i když se k němu dokonce okamžitě vrátí a začne se znovu učit, pak se Tóra pro něho změní v „tlející uhlí". To znamená, že už není schopna spálit jeho egoistický počátek a tehdy se proň zkazí chuť Tóry a on je nucen ukončit svou duchovní práci.

Z toho důvodu, když se člověk vrací ke studiu, musí si dát pozor, aby své učení znovu uprostřed nepřerušil. A díky tomu, že přijme takové rozhodnutí do budoucna, opět roznítí oheň Tóry.

235. Dívaje se znovu do knihy

Slyšel jsem

Když člověk vidí, co je napsáno v kabalistické knize, a zapamatuje si to nazpaměť, tato znalost vstoupí do mysli a on se okamžitě stává neúplným, vadným. Proto, když se znovu dívá do knihy, může z ní získat nové Světlo ze záře, kterou přijímá nyní. A to se již nazývá nové a nepoškozené.

236. Nepřátelé mne proklínají celý den

Slyšel jsem 6. den měsíce Tišrej v roce Tav-Šin-Gimel (17. září 1942)

„Neboť horlivá péče o Chrám Tvůj mne sužuje a nepřátelé mne proklínají celý den." (Žalm 69 a 42) Kletby a spílání mohou být vyjádřeny různými způsoby:

1. Během duchovní práce, když člověk plní nějaké Přikázání, mu tělo říká: „Co za to získáš? Jaký prospěch?" Z toho důvodu, i když překoná sám sebe a s přemáháním vykonává činnost, stejně se pro něho stává toto Přikázání zátěží a těžkým břemenem. A pak vyvstává otázka: „Pokud skutečně plní Přikázání Krále a slouží Mu, cožpak by neměl být v radosti, jak je příznačné se radovat z toho, že slouží Králi?" A tady se ukazuje opak. Zakouší zde kletby a spílání a jeho přemáhání dokazuje, že nevěří, že slouží Králi. A není horší urážky, než je tato.

2. Nebo vidí, že nesetrvává ve spojení se Stvořitelem po celý den, protože to nepovažuje za dostatečně hodnověrné a k prázdnotě není možné se přimknout. A jeho pozornost je tudíž odváděna od Stvořitele. (Zatímco na opravdovost, v níž je cítit potěšení, je naopak obtížné zapomenout. A pokud se z ní chce vymanit, musí vyvinout velké úsilí, aby ji odstranil ze svých myšlenek.) A to znamená: „Nepřátelé mne proklínají celý den."

Tyto stavy jsou vlastní každému člověku. Jediný rozdíl je v pocitu. Pokud to však člověk necítí, je to proto, že není dostatečně pozorný, aby spatřil svůj pravý stav. Je to podobné člověku s dírou v kapse, kterou peníze vypadávají ven, a on všechny peníze ztratí. Nezáleží na tom, jestli ví, že má díru, nebo ne. Jediný rozdíl spočívá v tom, že pokud ví, že má díru, je schopen ji spravit. Ale na samotnou ztrátu peněz tato znalost nemá žádný vliv. A proto, když cítí, že tělo, které se nazývá jeho nepřítelem, proklíná Stvořitele, tak říká: „Neboť horlivá péče o Chrám Tvůj mne sužuje." Ponevadž si přeje tento stav napravit.

237. Vždyť Mne člověk nemůže spatřit a zůstat naživu

Slyšel jsem

„Vždyť Mne člověk nemůže spatřit a zůstat naživu." (*Exodus, Šemot* 33, 20) To znamená, že pokud člověk spatří odhalení Stvořitele větší, než dokáže vydržet, může dojít k egoistickému přijetí, které je protikladné pravému životu, a tímto způsobem dospěje k smrti. Z toho důvodu je povinen kráčet cestou víry.

238. Šťastný člověk, který na Tebe nezapomíná a vyvíjí pro Tebe úsilí

Slyšel jsem 10. den měsíce Elul

„Šťastný člověk, který na Tebe nezapomíná a vyvíjí pro Tebe úsilí" (v modlitbě). V době, kdy člověk kráčí „v bílém světle" (v odhalení), by měl vždy pamatovat na to, že se stal všeho hoden jenom díky tomu, že souhlasil s přijetím stavu „tmy". A musí vynakládat své úsilí „pro Tebe", aby se držel Stvořitele, jak je řečeno: „Všichni věří, že On je Bůh víry." A ačkoliv člověk nyní vůbec nevidí, že je nutné pracovat ve víře, neboť je před ním vše odhaleno, stále však musí věřit výše rozumu, že je možné se ve víře ještě posílit.

A v tom tkví smysl řečeného: „A viděl *Jisra'el* velikou sílu... a uvěřili ve Stvořitele." (*Exodus, Šemot*) To znamená, že nehledě na to, že se stali hodni „vidět", když obdrželi „zrak", přesto měli stále sílu se spoléhat na víru.

A kvůli tomu je nutné vyvinout zvláštní úsilí, aby nedošlo k pádu ze stávajícího stupně, podobně „Libní a Šimeí" (*Exodus, Šemot* 6, 17). Vždyť jinak se ukáže, že budou moci poslouchat Tóru a Přikázání pouze během jakéhosi osvícení, jako by to byla nezbytná podmínka. Oni ji však musí poslouchat bez jakýchkoliv podmínek. Proto člověk během osvícení musí dbát na to, aby nepoškodil své odhodlání kráčet ve tmě. A to je dostatečné pro toho, kdo rozumí.

239. Rozdíl mezi Světlem svátku *Šavu'ot* a šabatní denní modlitbou

Slyšel jsem

Existuje rozdíl mezi svátkem *Šavu'ot*, ve kterém dochází k vzestupu *Ze'ir Anpinu* k *Arich Anpinu*, do jeho „vousu" (*Dikna*, דיקנא), a *Šabatem* v době denní modlitby, kdy také nastává vzestup k *Arich Anpinu*.

Šavu'ot znamená *Mochin de-Chochma* na stupni *JiŠSUT*, tedy na úrovni *Biny*, která se vrací k tomu, aby se stala *Chochmou*. Kdežto *Šabat* je světlo *GaR de-Bina*, které se vztahuje k samotné *Chochmě*. Je pokládáno za Světlo, jež ještě nevystoupilo z *Roš* (hlavy) a dovnitř kterého se odívá *Mocha Stima'a* (מוחא סתימאה, skrytý rozum), příslušející ke *GaR de-Chochma*, a nikoliv k úrovni *VaK*. A poněvadž se vztahuje ke *GaR*, nemůže... ale jenom zdola Nahoru, bez veškerého šíření Světla dolů. A proto je považováno za ženské Světlo (*Or Nekeva*). Vždyť se vůbec nešíří dolů. Proto se *Šabat* vztahuje k *Nukvě* (k ženským kvalitám).

Ale takto to neprobíhá ve sváteční den, který patří k *ZaT*[100] *de-Bina*, jež se vztahuje k úrovni *VaK*, jehož Světlo se šíří dolů. Proto se ani po všech vzestupech, které v realitě existují, přesto nemění pořádek duchovních stupňů.

Z toho důvodu národy světa uznávají svátky víc než *Šabat*, ačkoli má *Šabat* vyšší stupeň. Příčina tkví v tom, že svátky patří k *ZaT de-Bina*, při němž nastává odhalení Světla dolů. Kdežto *Šabat* patří ke *GaR de--Bina*, při kterém nedochází k odkrytí Světla směrem dolů. A je samozřejmé, že *Šabat* je z hlediska výše úrovně nesrovnatelně vyšší než sváteční den.

240. Přivolej ty, kteří Tě hledají a požadují odhalení Tvé tváře

Slyšel jsem 1. den během Slichot (ze vzpomínek mého otce a Učitele)

„Přivolej ty, kteří Tě hledají a kteří požadují odhalení Tvé tváře, odpověz jim ze Svých nebeských výšin, nezakrývej Své ucho před jejich žalostnými nářky." (Modlitba „odpuštění" pro první den)

Takže… Cílem stvoření bylo těšit stvořené. Avšak proto, aby byla náprava naprosto úplná, je třeba osladit míru soudu milosrdenstvím. Vždyť soud patří k velkému, vyspělému stavu (*Gadlut*), avšak aby člověk tímto způsobem nedospěl k vlastnostem protikladným ke Stvořiteli, je nutný určitý kompromis. Podle soudu by dostal více, ale vydal by se na nebezpečnou cestu, kde by mohl přijít k vlastnostem, které jsou v rozporu s duchovním. Pokud se k němu přidá míra milosrdenství, pak nepřijme Světlo velkého stavu a tehdy může dosáhnout podobnosti s duchovním. A náprava spočívá v tom, že se přijímající *Kli* stává „přijímající kvůli odevzdávání".

Z toho důvodu, když člověk začne požadovat odhalení Stvořitele, stále ještě přemýšlí jenom o přijetí. A ten, kdo se snaží přijmout, se cítí neuspokojený, a proto je nazván zatraceným. A „zatracený se nemůže přimknout k Požehnanému". Avšak ten, kdo přijímá kvůli odevzdání,

---

[100] *ZaT* (ז"ת) – akronym pro *Zajin Tachtonot* (ז' תחתונות), dosl. sedm nižších, míní se sedm spodních *Sfirot* v *Parcufu*.

se nazývá požehnaný, protože nepociťuje nedostatek. Vždyť nepotřebuje nic přijímat pro sebe. Celý problém tudíž spočívá v tom, aby se stal požehnaným. A pouze pomocí Tóry a Přikázání je možné obrátit *Kli* přijímání na *Kli* odevzdání. A o to se modlíme: „Přivolej ty, kteří tě hledají."

Jsou dva druhy hledajících Stvořitele. Jedni hledají Stvořitele pouze kvůli odhalení Jeho tváře a touží jen po odevzdání. Z toho důvodu, pokud prosí Stvořitele o spásu, je to pouze kvůli Němu samotnému. A o tom je řečeno: „Kteří požadují odhalení Tvé tváře." Vždyť už nezpůsobí škodu Nahoře, protože se očistili od egoistického přijímání.

A „žalostné nářky" vydávají ti, jejichž modlitby a prosby jsou stále ještě kvůli svému vlastnímu prospěchu, a chtějí se ke Stvořiteli přiblížit pouze z toho důvodu, což znamená, že se ještě neočistili od egoismu.

A proto existují dva druhy práce Stvořitele. Je člověk, který si přeje, aby se ve světě odhalil Stvořitel a všichni se dozvěděli, že na světě existuje Vyšší síla. A pak tato práce neznamená jeho vlastní zájem, ale pouze jeho prostou, nezaujatou touhu. A v takovém případě nelze říci, že něco přijímá – vždyť neprosí, aby byl přiblížen ke Stvořiteli, ale přeje si pouze to, aby byla ve světě odhalena Jeho sláva.

A je člověk, který se modlí, aby se přiblížil ke Stvořiteli. A tehdy se již jeho centrem stává vlastní zájem, protože tím, že se přiblíží ke Stvořiteli, chce získat Světlo. A toto se nazývá „lítostí" a „nářky" a před tím „nezakrývej Své ucho". A ti, kteří dosud potřebují lítost – to znamená, že prosí, aby je přiblížili – mohou křičet a na to „nezakrývej Své ucho".

Vždyť křičí jenom ten, kdo pociťuje nedostatek. Avšak potom nebude naříkat, nýbrž bude mít pouze požadavek, jako dobré přání, „přání světu". A proto při odhalení Stvořitele může existovat pouze požadavek.

„Ze Svých nebeských výšin" – znamená „oči", tedy světlo *Chochma*. A tehdy se naplňují samotným Světlem hojnosti, protože se jejich *Kelim* již napravily pro přijímání kvůli odevzdání. Avšak pro ty, kdož žádají o soucit, „nezakrývej Své ucho". „Ucho" je *Bina*. A oni musí přitáhnout sílu, která jim poskytne vlastnost odevzdání… na základě světla *Chasadim*.

241. Volejte Ho, dokud je blízko

Slyšel jsem

"Volejte Ho, dokud On je blízko." (Izajáš 55, 6) A jak pochopit: „dokud je blízko"? Vždyť je řečeno, že „Celá země se plní Jeho slávou". Znamená to, že je stále blízko. A co tedy značí „dokud"? Jako kdyby se stávalo, že je doba, kdy On je vzdálený.

Jde o to, že jakékoliv stavy jsou vždy hodnoceny z hlediska člověka, který je postihuje a cítí. A pokud člověk necítí, že k němu je Stvořitel blízko, pak mezi nimi žádná blízkost nevzniká. Vždyť se vše určuje pocity člověka. A může to být tak, že jeden člověk cítí, že svět je plný dobra, ale druhý necítí, že tento svět je dobrý. A pak nemůže říci, že existuje dobrý svět, ale soudí podle svého pocitu – to znamená, že vidí svět plný utrpení.

A před tímto varuje Prorok: „Volejte Ho, dokud On je blízko!" Přichází a říká: „Vězte, že pokud vás Stvořitel volá, znamená to, že je blízko." Takže je vám nyní dána možnost: máte-li citlivé srdce, pocítíte, že je k vám Stvořitel blízko. A to je příznak přiblížení Stvořitele a potvrzení, že to tak je. Vždyť je známo, že člověk podle své přirozenosti není schopen splynout se Stvořitelem. Je to proti jeho přirozenosti, jelikož byl stvořen s jediným přáním – přijímat potěšení. Sloučení však nastává pouze v odevzdání. Ale díky tomu, že Stvořitel člověka volá, rodí se v něm druhá přirozenost a on si přeje svou původní přirozenost anulovat a přimknout se ke Stvořiteli.

Proto by měl člověk vědět, že když pronáší slova Tóry a modlitby, je to jenom zásluhou Stvořitele. A nechť ho ani nenapadne říci, že mu pomáhá „jeho vlastní síla a jeho pevná ruka" (*Deuteronomium*), poněvadž to je opravdu nad jeho síly. A podobá se to člověku, který zabloudil v hlubokém lese a nevidí žádný způsob, jak se dostat ven k lidskému obydlí. A tehdy ztratí veškerou naději a vůbec si nevzpomene na návrat domů. Ale ve chvíli, kdy v dáli vidí nějakého člověka nebo slyší lidský hlas, okamžitě se v něm probudí vášnivá touha po návratu do svého rodiště a začne křičet a prosit, aby někdo přišel a zachránil ho.

A také, pokud se člověk vzdálí z dobré cesty a ocitne se na špatném místě a přivykne-li si na život mezi divokými a dravými zvířaty, pak se kvůli svému egoismu nikdy nezamyslí, že se musí vrátit tam, kde sídlí rozum a Svatost. Avšak slyší-li hlas, který ho volá, probouzí se v něm pokání. A volá ho hlas Stvořitele, a nikoliv jeho vlastní hlas. Pokud však ještě nedokončil svou práci na cestě nápravy, není schopen pocítit a uvěřit, že je to hlas Stvořitele – a myslí si, že je za vše zavázán pouze vlastní síle a pevnosti své ruky. Proto je Prorokem dána výstraha, že člověk musí přemoci své vlastní názory a myšlenky a plně věřit, že to je hlas Stvořitele.

Z toho důvodu, když chce Stvořitel vyvést člověka z temného lesa, ukáže mu v dálce nějaké Světlo a člověk sebere zbytek svých sil a vrhá se tam, kde se ukazuje Světlo, aby se k němu dostal. Ale pokud nespojuje toto Světlo se Stvořitelem a neříká, že ho takto volá Stvořitel, pak se mu Světlo ztratí a on znovu zůstane stát uprostřed hlubokého lesa. To znamená, že nyní pozbyl možnosti otevřít celé své srdce Stvořiteli, aby On přišel a zachránil ho z temného místa, tudíž z jeho egoismu, a přivedl ho na místo, kde přebývá rozum a jež je určeno lidem (synům Adama), což značí „podobný Vyššímu" (*Adame la-Eljon*, אדמה לעליון), to jest touze po odevzdání a sloučení se Stvořitelem. A to znamená, že nevyužívá svou šanci a nadále zůstává stejný jako předtím.

242. Potěšit chudáka ve sváteční den

Slyšel jsem 3. polosváteční den svátku Sukot

V Knize *Zohar* je řečeno: „Potěšit chudáka znamená rozdělit se se Stvořitelem." A Ba'al HaSulam vysvětlil: „Když Stvořitel vidí, že práce v *Lo Lišma* (pro sebe) nevede k *Lišma* (pro Stvořitele), pozvedne se do výše, aby zničil svět – aby proň vyschl tok Světla." (Předmluva ke Knize *Zohar* body 6–7)

A o době, kdy k člověku přichází záře Shora, je možné říci, že ačkoliv se dosud neočistil od egoismu, přesto tuto záři využívá k tomu, aby se pozvedl ze své nízkosti a s její pomocí se přiblížil k vlastnosti odevzdání, což znamená, že ho *Lo Lišma* vede k *Lišma*. Tudíž následuje cestu Tóry.

A toto se nazývá „Ten, kdo se raduje o svátcích". Svátek je dobrý den. A je pochopitelné, že pro člověka není větší svátek než doba, kdy mu svítí nějaká záře a přibližuje ho ke Stvořiteli.

243. Proč prověřují stín v noci *Hošana Raba*

Slyšel jsem 24. den měsíce Adar Alef v roce Tav-Šin-Gimel
(1. března 1943) v Tel Avivu

Existuje zvyk, že každý člověk v noci *Hošana Raba* (sedmý den svátku *Sukot*) prověřuje svůj stín. A pokud má stín, je si jistý, že s ním bude všechno v pořádku (*Ša'ar ha-Kavanot*, Komentáře k zákonům *Sukotu*, 6–7)

Stín znamená oděv, do kterého se obléká Světlo. A bez oděvu není Světlo, protože není Světlo bez *Kli*. A v souladu s velikostí oděvu se Světlo odhaluje a zvětšuje. A jakmile člověk ztratí oděv, ve stejné míře z něho mizí i Světlo, které k tomuto oděvu patří.

A v tom tkví podstata pravdy a víry. Pravdou se nazývá Světlo a vírou *Kli*, což představuje Stvořitele a Jeho *Šchinu*. A proto je řečeno: „Stvořím člověka k obrazu Našemu" (*Genesis*) a „podoben stínu chodí člověk." (Žalm 39) To znamená, že posun člověka závisí na jeho obrazu, tedy na víře. A proto se v noci *Hošana Raba* člověk musí podívat, zda je jeho víra dokonalá.

Říkáme, že se „obraz" nachází ve Vyšších světech. Ale vždyť Nahoře nemá víra žádnou váhu a to, co si představujeme jako pevninu, je Nahoře oceán Světla! My však dáváme tento název tomu, co se nachází Nahoře, poněvadž se nám to takto – v podobě stínu – odhaluje a my po ztělesnění dole pojmenováváme jeho zdroj Nahoře.

Bina se nazývá vírou, což znamená světlo *Ozen* (ucho), schopnost slyšet. *Chochma* se nazývá zrakem, který se otevírá zásluhou Světla, jež přichází do přijímajících Kelim, a značí *Ejnajim* (oči).

244. Všechny světy

Slyšel jsem 12. den měsíce Adar v roce Tav-Šin-Gimel (17. února 1943) v Tel Avivu

Všechny světy, ve kterých rozlišujeme mnoho stupňů a ukrytí, existují pouze z hlediska duší, které z těchto světů přijímají. V souladu s tím pochopíme pravidlo: „Vše, co nepostihujeme, nemůžeme poznat podle jména", neboť jméno označuje porozumění.[101] To znamená, že všechna jména, *Sfirot* a čísla existují jenom z hlediska přijímajících.

---

[101] Znamená to, že poznávající subjekt dává jméno podle toho, jak se mu poznávaný objekt jeví, jaké má z jeho hlediska vlastnosti. V souladu s tím je pro

Z toho důvodu rozlišujeme tři aspekty:[102]

1. *Acmuto* (Jeho podstata), o kterém vůbec nehovoříme, protože místo, od kterého začínáme hovořit, vychází z Myšlenky stvoření, kde jsme včleněni do potenciálu, jak je napsáno: „Výsledek děje je vložen do prvopočáteční Myšlenky."

2. Myšlenka stvoření. Nazývá se *Ejnsof* (Nekonečno) a je to spojení mezi *Acmutem* a dušemi. Toto spojení chápeme jako Jeho touhu činit dobro Svým stvořením a mimo tohoto spojení – touhy činit dobro – nemáme žádné vyjádření. Proto zde nemůžeme nic vnímat ani odhalit.

V důsledku toho, že všechny aspekty ve světech existují pouze z hlediska duší, světy samy o sobě nemůžeme postihnout. Proto jsou světy samy také považovány za *Acmuto* a jejich dosažení není možné. Z hlediska duší, které ze světů přijímají, jsou světy považovány za *Ejnsof*.

Příčina toho spočívá v tom, že toto spojení mezi světy a dušemi je tím, co světy předávají duším. To se šíří z Jeho touhy činit dobro Svým stvořením, což představuje souvztažnost mezi *Acmutem* a stvořenými bytostmi. Toto spojení se nazývá *Ejnsof*. Znamená to, že když začínáme hovořit o Vyšším světle, hovoříme o dvou aspektech společně: o postihujícím a zároveň o postihovaném, takže hovoříme o tom, jak na postihujícího zapůsobilo postihované.

Avšak samostatně, odděleně je *Ejnsof* nenazýváme. Postihované samo o sobě se nazývá *Acmuto* a samotní postihující se nazývají „duše", což je počáteční rozlišení, jež je částí celku vzhledem k touze přijímat, která se nazývá „něco z ničeho" a která byla vtisknuta do duší. (A Stvořitel stvořil takovou realitu proto, abychom ji cítili právě takto.)

Z toho vyplývá, že co se týče samotných světů, všechny jsou považovány za jednoduchou jednotu a v Božství nedochází k žádným změnám, jak je řečeno: „Já Pán (י-ה-ו-ה) se neměním." V Božství nejsou žádné *Sfirot* nebo *Bchinot* (rozlišení), v Něm samotném chybí dokonce i ta nejkrásnější slova, proto na vše pohlížíme jako na *Acmuto*. Všechny *Sfirot* a rozlišení přicházejí až s člověkem, který odhaluje

---

člověka Bůh jednou „laskavý", „dobrotivý", jindy „trestající", „pomstychtivý" apod.

[102] Třetím aspektem je Duše. Viz článek 3. Podstata duchovního porozumění.

Vyšší světlo. Stvořitel nám dal smysly, jelikož si přál, abychom pociťovali a pochopili hojnost, jak je řečeno: „Jeho touha činit dobro Svým stvořením."

To znamená, že množství rozlišení (aspektů) přijímáme v souladu s tím, jak na naše smysly působí Vyšší světlo. Celkově se naše smyslové vnímání nazývá „touha přijímat" a v míře přijímání rozlišujeme mnoho částí a detailů, vzestupů a pádů, rozšíření a vyprázdnění, poněvadž se touha přijímat již nazývá „stvořením" a počátečním aspektem něčeho z ničeho.

Z tohoto důvodu právě z místa, kde touha přijímat získává první dojmy, v míře těchto dojmů také začíná vyjádření částí. Toto všechno pak již představuje „vzájemný vztah mezi Vyšším světlem a touhou přijímat", který se nazývá „Světlo a *Kli* (nádoba)". A naopak, Světlo bez *Kli* není nijak vyjádřeno, protože na Světlo bez někoho, kdo ho postihuje, čili bez *Kli*, se stále pohlíží jako na *Acmuto*, o kterém je zakázáno hovořit, protože On je nepostihnutelný. A jak bychom mohli hovořit o něčem, co nepostihujeme?

Z toho vyplývá, že to, co v duchovním nazýváme „Světlem a *Kli*", v době, kdy se Světlo a *Kli* nacházejí pouze v potenciálu, se nazývá *Ejnsof* před omezením (*Cimcum*) světa a považuje se za kořen, což znamená, že potenciál připustí realizaci. Existuje mnoho světů a rozlišení, které začínají v *Cimcum* a sestupují až do světa *Asija*, kde je vše zahrnuto v potenciálu. Postihující je pak postihuje prakticky, protože v odhalování duchovního je toto množství detailů určeno zrealizovaným činem.[103]

Z toho je pochopitelné, proč říkáme, že nám Stvořitel pomůže nebo že nás Stvořitel uzdraví, že nás spasí nebo že nám dal Stvořitel dar; Pane, pošli mi dobrý obchod a tak dále. V tomto rozlišujeme dva aspekty: (1) Stvořitele, (2) něco, co se z Něho šíří.

První se považuje za *Acmuto*, o kterém je zakázáno hovořit, protože Ho nepostihujeme.

Druhým je aspekt, který se z Něho šíří. Považuje se za šířící se Světlo, které vstupuje do našich *Kelim*, to znamená do naší touhy přijímat, a pohlíží se na Něho jako na *Ejnsof*, to jest jako na spojení, které má Stvořitel s nižším člověkem, jehož si Stvořitel přeje těšit. Touha těšit je považována za Světlo, které se z Něho šíří a které nakonec přichází

---

[103] Až po realizaci činu můžeme pozorovat jeho působení na nás.

do touhy přijímat, což znamená, že touha přijímat přijímá šířící se Světlo.

Z toho vyplývá, že se šířící se Světlo nazývá *Ejnsof* a šířící se Světlo proniká k nižšímu přes mnoho opon, zásluhou kterých Jej nižší mohou přijímat. To označuje, že všechny aspekty a změny byly vytvořeny speciálně v přijímajícím v míře, ve které na něho zapůsobila spása, a veškeré množství jmen aspektů ve světě odpovídá dojmům nižšího. V té době je mnoho aspektů vytvářených v potenciálu, z něhož nižší získává dojem v praxi.

Jinými slovy, postihující a postihované přichází společně, neboť bez postihujícího v postihovaném neexistuje žádná forma. Vždyť z hlediska koho získává formu? Z hlediska toho, kdo ho postihuje. Koneckonců, On přece ve světě neexistuje, a co se týče dosahování Jeho samého a toho, jakou formu získává – to je nedosažitelné. Pokud tedy nemáme možnost postihnout Jeho samého a On tudíž nemůže být zobrazen našimi smysly, jak pak můžeme říci, že postihované v sobě samo o sobě získá nějakou formu, když *Acmuto* vůbec nemůžeme postihnout? Můžeme tedy hovořit pouze o našich vlastních vjemech (pocitech) v míře, ve které na nás zapůsobilo šířící se Světlo.

Je to podobné tomu, jako když zkoumáme stůl. Na základě našich smyslů, hmatem, cítíme, že je to tvrdý předmět. Pomocí našich smyslů (vjemů) můžeme také určit jeho délku a šířku atd.

To však nutně neznamená, že stůl bude vypadat stejně, jako ho vidíme my, i očích někoho, kdo má odlišné smysly, například v očích anděla. Když se anděl bude dívat na stůl, stůl samozřejmě nebude mít stejnou formu. Nejspíše ho uvidí podle svých smyslů. Jelikož však neznáme smysly anděla, nemůžeme z perspektivy anděla vyjádřit nebo určit jakoukoliv formu stolu.

Z toho vyplývá, že když Ho nemůžeme postihnout, nemůžeme říci, jakou formu z Jeho perspektivy mají světy. Ve světech odhalujeme pouze to, co je postihováno našimi smysly a pocity. A taková byla vůle Stvořitele, abychom Vyšší světy postihovali tímto způsobem, a znamená to, že ve Světle nedochází k žádným změnám a že všechny změny jsou v *Kelim*, tedy v našich pocitech, jelikož je vše měřeno podle našich smyslových vjemů a představivosti.

Z toho proto plyne, že pokud na jeden duchovní objekt hledí více lidí, každý z nich jej postihuje odlišně, v souladu se svou představivostí a vnímáním. Podobně se v jednom člověku bude měnit vnímání duchovního objektu podle jeho stavů, neboť jej duchovní objekt změní.

Z toho důvodu i on sám pokaždé cítí odlišnou formu, a to všechno v důsledku toho, že Světlo je jednoduché a beztvaré a všechny tvary existují pouze z hlediska přijímajících.

245. Před zrozením novorozence

Slyšel jsem 21. den měsíce Ijar (duben–květen) v Jeruzalémě

„Před zrozením novorozence je završeno, zda kapka semene bude hlupákem, nebo mudrcem atd. Není však řečeno, zda bude spravedlivým, nebo hříšníkem."

V souladu s tím bychom si tedy měli položit otázku. Vždyť hlupák nemůže být spravedlivým, protože „Člověk nezhřeší, dokud do něho nevstoupí duch pošetilosti". Také je napsáno: „Ten, kdo je hlupák po všechny své dny, jak může mít na výběr, když je mu souzeno být hlupákem?"

Měli bychom také porozumět napsanému: „Viděl Stvořitel, že spravedlivých je málo, vstal a zasadil je do každé generace." Je třeba vysvětlit, že slovo „málo" znamená, že jich je stále méně, a když jsou zasazeni do každé generace, znásobí se. Také bychom měli pochopit alegorii vyjádřenou slovy „zasadil je" a také to, že slovo „málo" je v přítomném čase. A jak se rozmnožují rostliny?

Zde je zapotřebí objasnit, že hlupák, nebo mudrc se vztahuje pouze k přípravné, počáteční fázi, stejně jako „dá moudrost mudrci." To znamená, že jsou lidé, kteří se narodili se silnou vůlí, širokým srdcem a bystrou myslí, a my je nazýváme „mudrci", protože jsou schopni přijmout Jeho moudrost. A jsou naopak lidé, kteří se narodili hloupí, což znamená, že jsou to omezení lidé, jejichž myšlenky a touhy jsou jen o nich samých. Neznají, co znamená vnímat druhé, protože nechápou, co je dávat druhým. Tak jak by mohli dosáhnout stupně spravedlivých? Není možné se stát spravedlivým, dokud není dosažena láska ke Stvořiteli, a pokud člověk necítí lásku k druhým, nemůže začít milovat Stvořitele, jak je vysvětleno slovy rabiho Akivy: „,Miluj bližního svého jako sebe samého' je velkým pravidlem Tóry." V souladu s tím tito lidé nemají na výběr. A přesto „On neřekl, zda bude spravedlivým, nebo hříšníkem", což znamená, že opravdu mají na výběr.

Musíme to chápat tak, jak řekli naši mudrci: "Viděl jsem, že spravedlivých je málo." Pojmenování "spravedliví" označuje ty, kteří jsou schopni a jsou připraveni k *Dvekutu* (splynutí) s Ním; a těch je málo. To je příčina toho, proč je zasadil do každé generace. V důsledku toho již mají hloupí na výběr – jít ke spravedlivým v generaci, spojit se s nimi a držet se jich. Tím získají sílu a schopnost na sebe vzít břemeno Království nebeského. Budou schopni vykonávat svaté dílo, protože jim spravedliví poskytnou své myšlenky a touhy. Zásluhou pomoci, kterou obdrží od spravedlivých v generaci, se také budou moci pozvednout na stupeň spravedlnosti, třebaže tyto vlastnosti nezískali od přírody. Prostřednictvím *Dvekutu* se spravedlivými však nabydou odlišné vlastnosti.

Z toho vyplývá, že když budou spravedliví zasazeni do každé generace, budou spravedliví moci pozvednout své současníky do výšky stupňů. Kdyby byli spravedliví v jedné generaci, hlupáci by neměli možnost se pozvednout na cestu Svatosti.

Na základě toho pochopíme nápravu, která spočívá v tom, že On je zasadil do každé generace, protože tím byli znásobeni spravedliví. Stejně jako když se rostliny zasadí do země, vyroste mnoho odnoží.

Zároveň můžeme porozumět podstatě volby. Pokud se člověk narodí jako hlupák, což znamená, že je vzdálen od schopnosti dávat druhým, potřebuje spojení se spravedlivými. Nové vlastnosti, které hlupáci získají od spravedlivých, je ovlivní, když se budou rozhodovat, což znamená, že se podrobí a přijmou vedení spravedlivých. Bez toho by se pro ně Tóra stala smrtelným jedem. Pouze prostřednictvím *Dvekutu* se spravedlivými budou odměněni *Dvekutem* se Stvořitelem.

Je známo, že když dva lidé stojí naproti sobě, pravá strana jednoho je naproti levé druhého a levá je naproti pravé druhého. Hovoříme tedy o dvou cestách: (1) pravé, která znamená cestu spravedlivých, jejichž přání je pouze dávat, a (2) levé, jež je cestou hříšníků, neboť touží pouze po vlastním prospěchu, v důsledku čehož jsou odděleni od Života životů a jsou považováni za mrtvé, jak je řečeno našimi mudrci: "Hříšníci se během svého života nazývají mrtvými."

Z toho vyplývá, že i když se se člověk učí pravé cestě, stále se ještě nachází naproti levé straně Stvořitele. Na základě toho se pro něho jeho Tóra stává smrtelným jedem, neboť skrze Tóru a *Micvot* (Přikázání), vykonává-li to z levé strany, je jeho záměrem posílit vlastní tělo. To znamená, že dříve chtěl uspokojit své tělo pouze potěšením z tohoto světa. Na základě plnění Tóry a *Micvot* chce, aby mu Stvořitel poskytl také potěšení v budoucím světě. Z toho vyplývá, že zásluhou Tóry rostou jeho přijímací nádoby. To znamená, že dříve chtěl jenom bohatství tohoto světa; poté, co se zabývá Tórou a *Micvot*, chce také bohatství budoucího světa. Tímto způsobem Tóra způsobuje smrt, protože tím člověk ještě doplňuje svou skutečnou touhu přijímat.

A tím spíše, jestliže se zabývá Tórou a *Micvot* z levé strany – to znamená, že jeho počáteční záměr je pouze přijímat, což je považováno za levou stranu. To je určitě nesprávné. Měli bychom se však snažit dosáhnout *Dvekutu* tím, že se staneme stejnými jako Stvořitel, splyneme s Ním v jedno a pak nebude existovat pravá ani levá strana; člověk dosahuje rovnocennosti formy se Stvořitelem. Tehdy se jeho pravá strana stává pravou stranou Stvořitele. Z toho vyplývá, že se jeho tělo stalo oděvem duše. Když se poté začne zabývat fyzickými záležitostmi, nebude se starat o potřeby svého těla více, než jak je to vhodné pro jeho duši. Je to podobné tomu, když si člověk pro své tělo vybírá oděv – nezvolí si oděv delší nebo širší než jeho tělo. Spíše se bude snažit, aby oděv na jeho tělo přesně padl. V opačném případě nebude oděv nosit.

Je to podobné krejčímu, který zhotoví muži oblek. Když si muž oblek zkusí, pokud je oděv příliš dlouhý a příliš široký, vrátí jej krejčímu. Přesně tak si tělo musí obléci duši, přičemž tělo nesmí být větší než duše, což znamená, že potřeby jeho těla nesmí být příliš velké, větší než to, co potřebuje pro svou duši.

Je však třeba vědět, že dosáhnout *Dvekutu* s Ním není snadné a že „Ne všichni, kdo chtějí přijmout Pána, mohou přijít a přijmout Ho". Proto jsou zapotřebí spravedliví v generaci. Jestliže se člověk přimkne ke skutečnému Učiteli, jehož touhou je pouze odevzdávat, a když poté dělá to, co se líbí jeho Učiteli – čili nenávidí to, co nenávidí jeho Učitel, a miluje to, co miluje jeho Učitel – tehdy se může učit Tóru, která nebude smrtelným jedem.

V tom tkví smysl slov „Vstal a zasadil je do každé generace", aby se díky tomu mohli všichni spojit se spravedlivými a mohli také dosáhnout skutečného *Dvekutu* s Ním.

Nechť pro tebe není matoucí, že jsou na světě zapotřebí hlupáci. Koneckonců by všichni mohli být moudrými. Všechno však musí mít nositele. Hlupáci jsou zapotřebí proto, aby byli nositeli touhy přijímat.

Ti, kdo chtějí kráčet cestami Stvořitele, od nich tímto způsobem mohou obdržet pomoc, jak je napsáno: „Až vyjdou, spatří mrtvá těla lidí, kteří se Mne zřekli, neboť jejich červ neumírá a jejich oheň neuhasne, a budou strašlivou výstrahou všemu tvorstvu." (Izajáš 66, 24) Jak je řečeno našimi mudrci, budou prachem pod nohama spravedlivých, neboť tím budou spravedliví odlišeni, aby mohli chválit a děkovat Stvořiteli za to, že je k Sobě přiblížil. To se nazývá „prach pod jejich nohama" atd. A znamená to, že když uvidí konec nízkých, budou moci postupovat vpřed.

246. Vysvětlení, co je štěstí

Slyšel jsem 7. den měsíce Sivan

Slovo „štěstí" znamená něco, co je výše rozumu. To znamená, že ačkoliv by podle rozumu měl nastat určitý vývoj událostí, štěstí způsobí jiný, lepší.

Z toho je pochopitelné, co je napsáno: „Synové, život a výživa nezávisí na zásluhách, ale na štěstí." Je známo, že všechny vlivy pocházejí zejména ze světla *Chochma*, které se nazývá „levou linií". Proto by se vše mělo šířit konkrétně z levé linie, což se nazývá „podle zásluh". Avšak všechno, co se odtud šíří, je temnota.

Ukazuje se, že je to však přesně ze střední linie, kde se *Chochma* zmenšuje z *GaR* na *VaK*, a tam již existuje bod *Chirik*[104]. *Chochma* se šíří přesně odtud, i když by bylo smysluplnější, aby se *Chochma* šířila z levé linie. To však není správná posloupnost. Namísto toho se *Chochma* šíří právě ze střední linie, kde je zmenšení *Chochmy*.

247. Myšlenka je považována za výživu

Slyšel jsem 24. den měsíce Adar v roce Tav-Šin-Dalet
(19. března 1944) v Jeruzalémě

V člověku je možné rozlišit tři těla:
- vnitřní tělo, které je oděvem duše *K'duše* (Svatosti);
- *Klipat* (skořápka) *Noga*;
- hadí kůže (*Mišcha de-Chivija*).

---

[104] *Chirik* (א) vyjadřuje zvuk „i"; jeho zápis je předveden na písmenu *Alef*.

Aby byl člověk osvobozen od posledních dvou těl a byl schopen používat pouze vnitřní tělo, je zapotřebí náprava (*Sgula*), jejíž podstata je myslet pouze na věci, které se týkají vnitřního těla. To znamená, že by myšlenka měla vždy být o jediné moci, to jest, že „Není nikoho jiného kromě Něho", jenž činí a bude činit všechny skutky, a na světě není stvoření, které by se mohlo odloučit od *K'duše*.

A jelikož člověk nemyslí na dvě vnější těla, umírají, protože nemají žádnou výživu a nic, co by je udržovalo při životě. Proto mu po hříchu Stromu poznání Stvořitel řekl: „V potu své tváře budeš jíst svůj chléb," protože před hříchem nebyla životní síla závislá na chlebu.

Po hříchu, když se mu na tělo nalepila hadí kůže, se život stal závislým na chlebu – čili výživě, a pokud nedostane výživu, zemře. Jedná se o velikou nápravu, aby se člověk osvobodil od těchto dvou těl, neboť se musí snažit, aby nepřemýšlel o tom, co je v jejich prospěch, protože myšlenky jsou výživou pro dvě vnější těla.

Z toho důvodu musí člověk myslet pouze na vnitřní tělo, vždyť je oděvem duše *K'duše*. Měl by tudíž myslet pouze na to, co se nachází vně jeho kůže. To znamená, že tyto myšlenky přinášejí prospěch tomu, co je vně jeho kůže, vně touhy přijímat.

Vně kůže člověka se *Klipot* (pl. od *Klipy*) nemají za co zachytit, protože *Klipot* se mohou zachytit pouze za to, co se nachází uvnitř kůže člověka, a nikoliv vně kůže. To znamená, že se přisají ke všemu, co je oděné do těla, a nemohou se přidržet ničeho, co oděné není.

Když člověk vytrvá a zůstane jen s myšlenkami, které jsou vně jeho kůže, bude odměněn tím, co je napsáno: „A vně mojí kůže to rozbili." „To" je *Šchina* (Božství), která se nachází vně kůže člověka. „Rozbít" znamená, že to bylo vytvořeno vně jeho kůže. Tehdy je odměněn: „a ze svého těla uvidím svého Boha". V té době ze svého těla spatří svého Boha, což znamená, že přichází *K'duša* a obléká se do vnitřní části těla. To však nastává právě tehdy, když člověk souhlasí s prací vně své kůže, což znamená, že nemá žádný oděv, a poté je odměněn oděním. Avšak hříšníci – kteří chtějí pracovat právě tehdy, když mají oděv, což znamená „uvnitř kůže" – zemřou bez moudrosti. Je to proto, že poté neobdrží odění a nejsou ničím odměněni.

ת.נ.צ.ב.ה.

Hebrejská abeceda

Znak	Název	Výslovnost	Hodnota
א	Alef		1
ב	Bet/Vet	b/v	2
ג	Gimel	g	3
ד	Dalet	d	4
ה	Hej	h	5
ו	Vav	v	6
ז	Zajin	z	7
ח	Chet	ch	8
ט	Tet	t	9
י	Jud	j	10
כ,ך	Kaf/Chaf (Sofit)	k/ch	20
ל	Lamed	l	30
מ,ם	Mem (Sofit)	m	40
נ,ן	Nun (Sofit)	n	50
ס	Samech	s	60
ע	Ajin		70
פ,ף	Pej/Fej (Sofit)	p/f	80
צ,ץ	Cadi	c	90
ק	Kuf	k	100
ר	Reš	r	200
ש	Šin/Sin	š/s	300
ת	Tav	t	400

Další knihy Michaela Laitmana v češtině

Kabala. Základní principy

Kniha jednoho z nejvýznamnějších učitelů kabaly z kabalistického hlediska napoví začátečníkům odpovědi na základní otázky, které trápí každého přemýšlivého člověka odnepaměti: Kdo jsem? Proč existuji? Odkud jsem přišel? Co je zde mým úkolem? Byl jsem zde již dříve? Proč existuje utrpení? Opakovaným čtením této knihy si člověk rozvíjí vnitřní vnímavost, smysly a jiný, hlubší přístup k životu. Tyto nově získané schopnosti vás naučí vnímat dimenzi, která je skryta našim běžným smyslům. Čtenář se naučí nově získaným vnitřním zrakem odhalovat duchovní strukturu, jež nás obklopuje, téměř jako by se zvedala mlha.

Kniha Zohar

Kniha *Zohar* je považována za stěžejní kabalistickou práci. Kniha je napsána ve formě alegorických příběhů, jejichž prostřednictvím je však sdělován mnohem hlubší význam. Svým zvláštním jazykem *Zohar* popisuje uspořádání světa, koloběh duší, tajemství písmen a budoucnost lidstva. Kniha je unikátní svou silou duchovního působení na člověka a tím, že může mít kladný vliv na čtenářův osud. Michael Laitman ve svém komentáři, který integruje a dále rozvíjejí komentář velkého kabalisty 20. století Jehudy Ašlaga (Ba'ala HaSulama), srozumitelně vysvětluje jazyk kabaly, a tak každému čtenáři otevírá přístup k této knize, jež je právem považována za bránu do duchovního světa.

Od chaosu k harmonii

Kniha kombinuje základy starobylé moudrosti kabaly s nejnovějšími poznatky vědy, takže představuje jakýsi kompletní vzorec života. Kabala je moudrost, jež podporuje jednotu a celistvost a umožňuje správným způsobem využít rostoucí egoismus každého člověka. Kabala je dnes uznávána jako funkční, časem ověřená vědecká metoda, jež nás vede ke zlepšení našeho života. Její principy nám nabízejí řešení globální krize a vysvětlují, jak dosáhnout míru a naplnění. Kabala učarovala mnoha významným lidem v dějinách; například takovým osobnostem, jako je Newton, Leibnitz a Goethe.

Kniha je založena na esejích a seminářích vedených Michaelem Laitmanem. Zaměřuje se na osobní úroveň lidského vývoje – vysvětluje kořeny každé krize i peripetie, jež v životě zakoušíme, a popisuje, jak je můžeme vyřešit.

Sobectví, nebo altruismus?

Michael Laitman zasvětil svůj život výuce kabaly a srozumitelnému výkladu tohoto duchovního učení co nejširšímu okruhu lidí. Předkládá základní ideje kabaly tak, aby jim porozuměl každý čtenář a aby ukázal, jaké základní pohnutky a touhy hýbou lidskou psychikou a veškerým stvořením. Poutavě, a přitom v pouhých několika bodech popisuje, jak vznikl vesmír i naše Země se svými rozmanitými formami života. Vše směřuje k přesvědčivým důkazům, že vyšším projevem lidské bytosti je touha dávat a že nesobecká, laskavá koexistence je přirozeným cílem, k němuž má lidstvo směřovat. V tom také Michael Laitman vidí řešení současných problémů a nabízí praktická východiska, jak věci pozvolna zlepšovat.

Odhalená kabala

Kabala se zabývá zkoumáním světa a přírody. První průkopníci, kteří se pokoušeli analyzovat přírodu a její zákony, chtěli vědět, zda má naše existence nějaký smysl, a pokud ano, jaká je v tomto mistrovském plánu role lidstva. Ti, kdo dosáhli nejvyšší úrovně poznání, byli nazváni kabalisté. Prvním z nich byl Abrahám, jenž založil dynastii učitelů kabaly.

Kniha předního kabalisty Michaela Laitmana toto duchovní učení srozumitelně vysvětluje tak, aby běžnému modernímu člověku přineslo praktickou moudrost, jež nás může přivést ke klidnému prožívání světa a k životní harmonii.

Kabala pro začátečníky. První díl

Nabízíme vám nový učební materiál, který vznikal pod vedením vědce, kabalisty a doktora (Ph.D.), vedoucího Mezinárodní akademie kabaly Michaela Laitmana, pokračovatele klasické kabalistické školy, která je starší více než jedno tisíciletí. Michael Laitman zároveň vede moderní výzkum v oblasti tohoto učení, který obdržel mezinárodní uznání, je členem Mezinárodní rady mudrců (World Wisdom Council) a mnoha dalších mezinárodních organizací.

Při vytváření této učebnice byl poprvé učiněn pokus systematicky vyložit základní oblasti klasické kabaly pomocí současného vědeckého jazyka. Učebnice je sestavena na základě materiálů, knih a lekcí Michaela Laitmana, jakožto předmětu daného učení v Mezinárodní akademii kabaly. Učebnice obsahuje náčrtky, základní informace, odkazy na audio a videomateriály z lekcí i publikované klasické kabalistické zdroje.

Využívání studijních materiálů se doporučuje pro samostatné studium i jako učební materiál pro posluchače Mezinárodní akademie kabaly, otevírá možnost hlubšího studia originálních děl velkých kabalistů – Knihy *Zohar*, Učení deseti *Sfirot* (*Talmud Eser Sfirot*) a dalších.

Proč máme studovat tuto vědu?

Člověk cítí v průběhu celého života neustálou potřebu změn. Je však v jeho moci změny uskutečnit? Nebo se mohou realizovat pouze pod vlivem zvláštní vnější síly, která se nachází výše, než je náš svět?

Veškerá historie lidstva je nepřetržité hledání způsobu, jak změnit okolní přírodu, sebe a společnost s cílem dosáhnout lepšího stavu. Občas není toto hledání zbytečné a bez ušlechtilého cíle. Pokud však můžeme sledovat, doposud se nikomu nepodařilo v této oblasti uspět a učinit jakýkoli významný pokrok v realizaci svých úmyslů.

Příčina spočívá v tom, že náš svět je ovládán ohromným systémem sil, který nazýváme „Vyšší svět". Bez důkladného prostudování zákonů, na jejichž základě působí, do něho není možné zasahovat. Kabala nám poskytuje představu o uspořádání tohoto systému, o tom, jak ovlivňuje náš svět a jakým způsobem se můžeme do tohoto procesu správně zapojit a spatřit, jak s její pomocí změnit osud – svůj vlastní i celého lidstva.

Principy práce ve skupině

V první části knihy jsou uvedeny vybrané články Barucha Ašlaga (Rabaše), věnované principům práce ve skupině.

Ve druhé části knihy Michael Laitman komentuje Rabašovy články a odpovídá na otázky studentů.

Dosahování Vyšších světů

Od narození jsme zbaveni možnosti vnímat Vyšší světy, duchovní podstatu, Stvořitele. Chybí nám odpovídající smyslové orgány. Jak člověk může pocítit nepostřehnutelné? Jak v sobě můžeme pomocí kabaly rozvíjet schopnost vnímat duchovní?

Kdo jsem a proč existuji? Odkud jsem přišel, kam jdu, proč jsem se objevil na tomto světě? Je možné, že jsem tady již byl? Přijdu na tento svět znovu? Mohu poznat příčiny toho, co se mi děje? Proč do tohoto světa přichází utrpení a je možné se mu vyhnout? Jak najít klid, spokojenost, štěstí?

Kabala na tyto otázky odpovídá jednoznačně: pouze tehdy, když porozumíme duchovnímu světu, celému vesmíru, můžeme jasně vidět příčiny toho, co se s námi děje, důsledky všech svých činů, aktivně řídit svůj osud. Metodika odhalení duchovního světa se nazývá „kabala" a v této knize nám ji zevrubně popisuje Michael Laitman.

Kabala umožňuje každému člověku, aby ještě během života na tomto světě pocítil a pochopil duchovní svět, který nás řídí, a žil současně v obou světech. Tím člověk získá absolutní poznání, jistotu, štěstí.

Metodika integrální výchovy
(Besedy Michaela Laitmana s Anatolijem Uljanovem)

Svět se ocitl před těžkým rozhodnutím: buď absolutní zkáza, nebo všenárodní rozsáhlá budovatelská práce na nové úrovni. Budovatelská práce znamená, že přes všechny naše vzájemné rozepře a protiklady musíme vytvořit komfortní podmínky pro život každého z nás i našich rodin a na základě toho vybudovat stejné podmínky pro život celého lidstva.

Je to naprosto reálné, nejsou proto zapotřebí žádné revoluce ani nekonečná jednání – je to zkrátka běžná výchovná práce...

Připravujeme

Kabala pro začátečníky. Druhý díl

V druhém dílu učebnice kabaly máte možnost si rozšířit základní znalosti o systému vyššího řízení našeho světa a dozvědět se, jak se člověk k němu může organicky připojit jako aktivní integrální prvek, který bude schopen změnit nejen svoji existenci, ale i budoucnost celého lidstva.

Učebnice kabaly byla zpracována pod vedením vědce-kabalisty Dr. Michaela Laitmana, ředitele Mezinárodní akademie kabaly. Autoři do ní zařadili následující vědecko-informativní materiál: historie rozvoje kabaly, kabala a náboženství, srovnávací analýza kabaly a filozofie, kabala jako integrální věda a kabalistická antropologie.

Smyslem této učební pomůcky je umožnit nalézt odpovědi na všechny otázky, které studujícího v souvislosti s uvedenými tématy zajímají a které osvětluje kabala, i rozšířit obzory čtenáře v oblasti interakce mezi kabalou a jinými vědami, jež se týkají společenských a přírodních aspektů různých systémů znalostí.

Učení deseti *Sfirot* (*Talmud Eser Sfirot*)

Učení deseti *Sfirot* je stěžejní dílo, které spojuje hluboké poznání dvou velikých kabalistů – Ariho (16. století) a Ba'ala HaSulama (20. století). Je to základní učebnice vědy kabaly, která studentům odhaluje úplný obraz vesmíru. Materiál dané knihy je založen na kurzu, vedeném vědcem a kabalistou Michaelem Laitmanem, Ph.D., vedoucím Mezinárodní akademie kabaly, podle uvedeného kabalistického zdroje. Setkáte se zde s úplným překladem originálního textu prvních čtyř částí Učení deseti *Sfirot*, včetně přesných definic kabalistických termínů vysvětlených Ba'alem HaSulamem a jeho všestranných analýz zkoumaného materiálu v částech „Vnitřní vhled" (*Histaklut Pnimit*) ve formě, která je srozumitelná pro současného studenta. Kniha popisuje zrození duše, její strukturu a cesty dosažení věčnosti a dokonalosti. Text doplňují náčrty a odpovědi na otázky.

Vždy se mnou / O mém učiteli Rabašovi

V této knize Michaela Laitmana nejsou jenom vzpomínky na svého Učitele. Je vyjádřením praktické duchovní cesty zároveň s intimním příběhem o velkém kabalistovi, o tom, jak byly postaveny vztahy a společné studium (tudíž celý život) Učitele a žáka.

Nejhlubší spojení a konflikty, pomoc a odstrkování, oddanost a protest – prostřednictvím vzestupů a propadů předával Učitel moudrost kabaly svému nejbližšímu žáku, ve kterém spatřil možnost spojení, poslední spojovací článek k předání tajných znalostí z řetězce dávných mudrců současnému lidstvu.

Úvod do vědy kabaly (*Pticha*)

Cílem stvoření je touha Stvořitele poskytnout svou štědrou rukou potěšení stvořením. Za tímto účelem stvořil v duších velkou touhu přijmout toto potěšení, jež spočívá v hojnosti (*Šefa* – to, čím si nás Stvořitel přeje těšit). Touha přijímat je nádobou pro přijetí potěšení, které je obsaženo v hojnosti (*Šefa*).

„Úvod do vědy kabaly" (v hebrejštině známý pod názvem *Pticha*) je stěžejní práce, s jejíž pomocí člověk vstupuje do Vyššího světa. Největší kabalista minulého století, Jehuda Leib HaLevi Ašlag (zvaný Ba'al HaSulam), napsal tento článek jako jeden z úvodů ke Knize *Zohar*. Bez zvládnutí materiálu, který je vysvětlen v tomto článku, není možné správně porozumět jedinému slovu v Knize *Zohar*.

V připravované publikaci Michael Laitman komentuje *Pticha* a uvádí čtenáře do speciálního jazyka a terminologie kabaly. Odhaluje autentickou kabalu způsobem, který je současně racionální a vyzrálý. Čtenář tak má možnost uchopit logickou strukturu celého univerza a svého života v něm. Tato práce nemá sobě rovné z hlediska jasnosti, hloubky a přitažlivosti pro intelektově zaměřené čtenáře, kteří chtějí proniknout k jádru základních otázek o smyslu života.

Bez této knihy není možné v kabale pokročit. Je to klíč k veškeré kabalistické literatuře: k Učení deseti *Sfirot* (*Talmud Eser Sfirot*) – základní současné kabalistické učebnici, ke Knize *Zohar* i ke knihám Ariho. Je to klíč ke dveřím, které vedou z našeho do duchovního světa.

O organizaci *Bnei Baruch*

Bnei Baruch je nezisková organizace, která šíří moudrost kabaly, aby se urychlil duchovní růst lidstva. Kabalista Michael Laitman, Ph.D., žák a osobní asistent rabiho Barucha Šaloma HaLeviho Ašlaga (Rabaše), syna rabiho Jehudy Leiba HaLeviho Ašlaga (Ba'ala HaSulama, dosl. Pána žebříku, protože napsal tzv. „Žebřík", hebr. *Sulam*, jak se nazývá jeho „Komentář ke Knize *Zohar*"), kráčí ve šlépějích svého Učitele a vede skupinu k cíli mise. Jméno organizace – na počest Rabaše – v překladu znamená „Synové Barucha".

Laitmanova vědecká metoda poskytuje jedincům všech věr, náboženství a kultur přesné nástroje nutné k nastoupení fascinující cesty sebeobjevování a duchovního vzestupu. Organizace *Bnei Baruch* se soustřeďuje především na vnitřní procesy, jimiž každý prochází vlastním tempem, a vítá lidi každého věku a všech životních stylů, kteří se chtějí podílet na tomto prospěšném procesu.

V posledních letech probíhá masivní celosvětové hledání odpovědí na otázky života. Společnost ztratila schopnost vidět realitu takovou, jaká skutečně je, a na jejím místě se objevily povrchní a často zavádějící koncepty. *Bnei Baruch* oslovuje všechny, kdo usilují o více než o běžné povědomí. Oslovuje lidi, kteří chtějí pochopit skutečný smysl své existence.

Bnei Baruch nabízí praktické vedení a spolehlivou metodu pro pochopení světového fenoménu. Autentická výuková metoda Ba'ala HaSulama nejen pomáhá překonávat zkoušky a strasti každodenního života, ale spouští procesy, díky nimž jednotlivci překonávají aktuální hranice a omezení.

Ba'al HaSulam zanechal pro tuto generaci studijní metodu, která v podstatě trénuje jednotlivce, aby se chovali, jako by již dosáhli dokonalosti Vyššího světa, byť zůstávají zde, na nižší úrovni. Slovy Ba'ala HaSulama: „Tato metoda je praktický způsob k proniknutí do Vyššího světa, zdroje naší existence, zatímco stále žijeme v našem světě."

Kabalista je badatel, který studuje vlastní povahu pomocí této prokázané, časem otestované a přesné metody. Jejím prostřednictvím dosahuje dokonalosti a kontroly nad vlastním životem a plní skutečné životní cíle. Stejně jako člověk nemůže řádně fungovat v našem světě, aniž by o něm něco věděl, nemůže duše fungovat ve Vyšším světě, když o něm nic neví. Moudrost kabaly tyto znalosti poskytuje.

Kontakt

Bezplatné online kurzy kabaly a další možnosti studia, knihy autentické kabaly v češtině a kontakt na Bnei Baruch
www.kabacademy.eu/cz/

Blog Michaela Laitmana
https://www.laitman.cz

Michael Laitman na Twitteru
https://twitter.com/laitmanczsk

Největší celosvětový mediální archiv kabaly
https://kabbalahmedia.info

www.ingramcontent.com/pod-product-compliance
Lightning Source LLC
Chambersburg PA
CBHW051703160426
43209CB00004B/1003